부천시
협력기관 직원
통합채용

일반상식

부천시
협력기관 직원 통합채용
일반상식

개정 1판 1쇄 발행   2023년 4월 28일
개정 2판 1쇄 발행   2024년 4월 30일

편 저 자 │ 취업상식연구소
발 행 처 │ (주)서원각
등록번호 │ 1999-1A-107호
주   소 │ 경기도 고양시 일산서구 덕산로 88-45(가좌동)
대표번호 │ 031-923-2051
팩   스 │ 031-923-3815
교재문의 │ 카카오톡 플러스 친구 [서원각]
홈페이지 │ goseowon.com

PREFACE

최근 많은 공사·공단에서는 유능하고 참신한 인재를 선발하기 위해 전공 과목과 더불어 일반상식 시험을 함께 치르고 있습니다. 부천시 협력기관 직원 통합채용시험 역시, 업무 수행에 필요한 기본적인 능력·지식 등을 평가하기 위해 근무 기관에서 전공과목을 비롯한 4지 택1형의 일반상식 시험을 진행하고 있습니다. 본서는 부천시 협력기관 직원통합채용 일반상식 시험 대비를 위한 필독서로 타 공공기관 일반상식 시험 출제 경향을 분석하여 빈출 용어 및 이론 위주로 수록하였습니다. 수험생분들이 보다 효율적으로 대비할 수 있도록 구성하였습니다.

- 실제로 출제된 2023년~2021년 공공기관 일반상식 시험 복원·재구성하여 수록
- 최근 시사·경제·사회·문화 용어 등의 용어 수록
- 방대한 양의 일반상식 영역을 구분하여 핵심 문제 엄선 및 수록

합격을 향해 고군분투하는 당신에게 힘이 되는 교재가 되기를 바라며, 서원각이 진심으로 응원합니다.

STRUCTURE

기출문제 복원

2023년, 2022년, 2021년 하반기 공공기관 실제 기출문제를 복원하여 수록하였습니다. 기출문제를 통해서 시험을 준비 해보세요.

핵심이론 및 용어

중요도가 높은 용어와 함께 최신 이슈가 되고 있는 용어를 수록하였습니다. 또한 용어별로 중요도를 표시해두었습니다.

출제예상문제

영역별로 출제가 예상되는 문제를 선별하여 수록하였습니다.

CONTENTS

01 **기출복원문제**

2023 공공기관 기출복원문제 ……………………………………… **008**

2022년 공공기관 기출복원문제 …………………………………… **016**

2021년 공공기관 기출복원문제 …………………………………… **024**

02 **일반상식**

01. 정치 · 법률 ………………………………………………… **034**

02. 경제 · 경영 ………………………………………………… **071**

03. 사회 · 노동 ………………………………………………… **102**

04. 과학 · 기술 ………………………………………………… **126**

05. 지리 · 환경 · 의료 ………………………………………… **160**

06. 역사 · 철학 ………………………………………………… **194**

07. 매스컴 ……………………………………………………… **230**

08. 문화 · 예술 · 스포츠 ……………………………………… **248**

2023년 기출 출제경향

역사나 국어 등 타 기관들처럼 어느 한 쪽에 치우치지 않고 전 영역이 골고루 다양하게 출제되었다. 지엽적인 문제와 정확한 지식을 요구하던 2022년 필기시험에 비해 다소 낮은 난이도로, 평상시 뉴스나 인터넷 기사를 많이 접했더라면 큰 어려움이 없었을 것이다.

PART

01

기출
복원문제

01	2023년 공공기관 기출복원문제
02	2022년 공공기관 기출복원문제
03	2021년 공공기관 기출복원문제

1 다음의 지문으로 알 수 있는 국가의 통치형태로 옳은 것은?

> 나라에는 임금이 있다. 모두 여섯 종류의 짐승 이름으로 벼슬아치 이름을 삼는다. 마가(馬加)·우가(牛加)·저가(豬加)·구가(狗加)·대사(大使)·대사자(大使者)·사자(使者)가 있다. 읍락에는 우두머리가 있다. 신분이 낮은 백성들은 모두 머슴이라고 부른다. 제가(諸加)들은 각자 사출도(四出道)를 맡는다. 큰 구역(道大)을 맡은 이는 수천 집을 다스리고 작은 구역을 맡은 이는 수백 집을 다스린다. … (중략) … 가뭄이 계속되어 오곡이 익지 않으면 그 허물을 왕에게 돌려 각 가(加)들이 '왕을 바꾸어야 한다.'고 하거나 '왕을 죽여야 한다.'고 하였다.
>
> ─삼국지 위서 동이전─

① 부족 국가

② 연맹 왕국

③ 군장 국가

④ 중앙 집권 국가

TIP 위 지문은 부여에 대한 설명으로, 부여는 5부족 연맹 왕국이었다. 연맹왕국은 왕이 존재하나 왕권이 미약했다. 연맹 왕국 국가로는 부여, 고구려 등이 있다.
① **부족 국가** : 원시 사회에서 부족을 중심으로 형성된 국가다.
③ **군장 국가** : 연맹 왕국 이전의 단계, 즉 왕 없이 군장이 개별적으로 다스리는 형태로 옥저, 동예, 삼한 등이 있다.
④ **중앙 집권 국가** : 통치 권력이 중앙 정부에 집중되어 있는 통치 형태. 연맹 왕국의 왕이 주변 지역을 정복하면서 영역을 확대하고, 경제력과 군사력의 증대로 이어지면서 왕권이 강화되었다. 왕권이 성장하면서 왕위를 세습하고, 지역 세력들이 중앙의 귀족으로 흡수, 중앙 정부가 관등제를 통해 서열화했다.

Answer 1.②

2 왕의 생활공간을 넓힐 목적으로 세워졌으며, 태종이 세종에게 왕위를 물려주고 거처했던 수강궁에 전각을 보태어 세운 궁궐은?

① 경복궁   ② 덕수궁

③ 창덕궁   ④ 창경궁

> **TIP** ④ **창경궁** : 경복궁, 창덕궁에 이어 세 번째로 지어진 조선시대 궁궐로 성종이 왕실의 웃어른인 세조 비 정희왕후, 예종 비 안순왕후, 덕종 비 소혜왕후 등 세 분의 대비가 편히 지낼 수 있도록 창덕궁 이웃에 마련한 궁궐이 창경궁이다. 왕실 가족의 주거공간으로서 창덕궁의 보조궁궐 기능을 한 창경궁은 임진왜란 때 모두 불에 타 소진되었으나 광해군 연간에 다시 중건되었다.
> ① **경복궁** : 조선 왕조 제일의 법궁으로 '새 왕조가 큰 복을 누려 번영할 것'이라는 의미가 담겨 있으며, 한양(서울) 도시 계획의 중심이기도 하다. 1395년 태조 이성계가 창건하였고, 임진왜란 때 소진되었다가 1867년에 중건되었다.
> ② **덕수궁** : 조선을 통틀어 크게 두 차례 궁궐로 사용되었다. 임진왜란 때 피난 갔다 돌아온 선조가 임시 궁궐로 삼으면서, 조선 말기 러시아 공사관에 있던 고종이 옮겨 오면서 사용되었다. 본래 '경운궁'이었으나, 순종이 고종에게 장수를 비는 뜻으로 '덕수'라는 궁호를 올린 것이 그대로 궁궐 이름이 되었다.
> ③ **창덕궁** : 1405년(태종 5)에 이궁으로 지어진 궁궐이다. 1610년 광해군 때부터 1868년 경복궁을 중건할 때까지 약 258년 동안 가장 오랜 기간 왕들이 거처하며 정사를 펼친 곳이다.

3 대중의 호기심에 호소하여 선정적이고 비도덕적인 기사를 과도하게 취재하고 보도하는 저널리즘은?

① 팩 저널리즘   ② 옐로 저널리즘

③ 하이프 저널리즘   ④ 제록스 저널리즘

> **TIP** ① **팩 저널리즘** : 취재 방법이나 시각 등 독창성이 없고, 획일적이어서 개성이 없는 저널리즘을 말한다. 즉, 천편일률적인 보도를 뜻한다.
> ③ **하이프 저널리즘** : 오락만 있고 정보 따위가 전혀 없는 유형의 뉴스를 일컫는다.
> ④ **제록스 저널리즘** : 문서를 근거로 한 폭로 기사 또는 비합법적이거나 안이한 취재 방법으로 하는 일변도의 언론 경향을 일컫는다.

4 영화관이 자국 영화를 일정 일수 이상 상영하도록 하는 제도적 장치는?

① 스크린 숏

② 스크린셀러

③ 스크린 상한제

④ 스크린 쿼터제

> **TIP** ① **스크린 숏** : 화면이나 창의 이미지를 그래픽 파일로 서상 또는 그래픽 편집기로 복사한 화면을 일컫는다.
> ② **스크린셀러** : 영화를 뜻하는 '스크린(Screen)'과 '베스트셀러(Bestseller)'의 합성어로, 영화의 흥행으로 인기를 얻게 된 원작 소설을 말한다.
> ③ **스크린 상한제** : 관객이 몰리는 주요 시간대에 특정한 영화의 상영관 수를 제한하는 제도로, 특정 영화의 스크린 독과점 현상을 막기 위함이다.

Answer   2.④   3.②   4.④

5 잔혹한 참상이 벌어진 비극적인 역사적 장소나 재난·재해 지역을 돌아보는 여행으로 옳은 것은?

① 그린 투어리즘
② 다크 투어리즘
③ 볼런 투어리즘
④ 컬처 투어리즘

> **TIP** ② 다크 투어리즘 : 우리나라의 대표적 다크 투어리즘 장소로는 성대문 형무소, 비무장지대, 거제도 등이 있다. 블랙 투어리즘, 그리프 투어리즘이라고도 하며, 국립국어원은 우리말 대체로 '역사 교훈 여행'을 선정했다.
> ① 그린 투어리즘 : 도시민과 농촌 주민의 교류를 통해 농촌의 자연 경관, 전통문화, 생활 등을 체험할 수 있는 체류형 여가 활동을 일컫는다.
> ③ 볼런 투어리즘 : 봉사 활동을 하면서 해당 고장이나 국가를 여행하는 것을 일컫는다.
> ④ 컬처 투어리즘 : 여행과 문화를 결합하여 관광지의 살아 있는 문화를 체험할 수 있는 관광 여행을 일컫는다.

6 기업과 소비자의 관계를 통해 기업이 추구하는 사익(私益)과 사회가 추구하는 공익(公益)을 취하여 브랜드 가치를 높이는 마케팅은?

① 코즈 마케팅
② 디 마케팅
③ 앰부시 마케팅
④ 프로슈머 마케팅

> **TIP** ① 코즈 마케팅 : 유니세프의 기부 반지, CJ제일제당 미네워터 등 제품 판매와 더불어 기부를 연결한다는 특징을 가진다.
> ② 디 마케팅 : 자사 제품 구매를 의도적으로 줄이는 마케팅으로, 수익성이 높은 고객에게 집중한다.
> ③ 앰부시 마케팅 : 규제를 교묘하게 피하는 마케팅으로, 특히 스포츠 경기의 공식 후원사가 아님에도 광고 문구 등으로 홍보 효과를 극대화한다.
> ④ 프로슈머 마케팅 : 공모전 참여를 통해 소비자가 직접 아이디어를 제안하고 기업이 이를 바탕으로 제품을 개발하는 마케팅이다.

7 다음이 게재된 신문으로 옳은 것은?

> 천하의 일이 측량하기 어렵도다. 천만 뜻밖에도 5조약을 어떤 이유로 제출하였는고. 이 조약은 비단 우리나라만 아니라 동양 3국이 분열하는 조짐을 나타내는 것인 즉 이토 히로부미의 본래 뜻이 어디에 있느냐? … (중략) … 오호라 찢어질 듯한 마음이여! 우리 2,000만 동포들이여! 살았느냐? 죽었느냐? 단군 기자 이래 4,000년 국민 정신이 하룻밤 사이에 졸연히 망하고 멈추지 않았는가? 원통하고 원통하다. 동포여, 동포여!

① 독립신문
② 제국신문
③ 한성순보
④ 황성신문

> **TIP** 을사늑약의 부당함을 알리고 규탄하는 장지연의 시일야방성대곡으로, 황성신문에 게재되었다. 황성신문에 게재된 뒤 며칠 후에 영문과 한문으로 번역되어 대한매일신보에도 게재되었다.

Answer 5.② 6.① 7.④

8 주식 시장이 좋지 않을 것으로 판단되어, 공포심에 손실을 감수하고 매도하는 투매 현상은?

① 공매도

② 테이퍼링

③ 패닉셀

④ 숏 커버링

TIP ① 공매도 : 주식이나 채권을 가지고 있지 않은 상태에서 행사하는 매도 주문을 말한다.

② 테이퍼링 : 연방준비제도(Fed)가 양적완화 정책의 규모를 점진적으로 축소해 나가는, 일종의 출구전략 정책을 말한다.

④ 숏 커버링 : 주식 시장에서 빌려서 팔았던 주식을 되갚기 위해 다시 사는 환매수를 말한다.

9 흐름을 놓치거나 소외되는 것에 대한 불안 증세는?

① 포모 증후군

② 램프 증후군

③ 둠 증후군

④ 빌딩 증후군

TIP ② 램프 증후군 : 실제로 일어날 가능성이 없는 일에 대해 램프의 요정 지니를 불러내듯 수시로 꺼내 걱정하는 현상을 일컫는다.

③ 둠 증후군 : 컴퓨터 게임에 중독된 상태를 말한다.

④ 빌딩 증후군 : 사무실에서는 두통이나 무력감을 호소하다가 퇴근 후에는 말끔히 사라지는 증상을 일컫는다.

10 정부 또는 고위공무원이 공공지원 정책 분야 등에 지원은 하되, 운영에는 간섭하지 않음으로써 자율권을 보장하는 원칙은?

① 무관용 원칙

② 신뢰보호의 원칙

③ 부담공평의 원칙

④ 팔 길이 원칙

TIP ① 무관용 원칙 : 사소한 위법 행위도 죄질이 나쁜 경우 엄격하게 처벌한다는 원칙이다.

② 신뢰보호의 원칙 : 행정청이 국민에 대하여 행한 언동의 정당성 또는 계속성에 대한 보호가치가 있는 개인의 신뢰를 보호하는 원칙이다.

③ 부담공평의 원칙 : 국가가 국민의 수입과 세금을 낼 수 있는 능력에 따라 세금을 공평하게 부과하여야 한다는 원칙이다.

Answer 8.③ 9.① 10.④

11 동북풍을 달리 이르는 말로, 봄부터 초여름에 걸쳐 태백산맥을 넘어 영서 지방으로 부는 고온건조한 바람은?

① 갈마바람   ② 건들바람

③ 높새바람   ④ 하늬바람

> **TIP** ① 갈마바람 : 뱃사람들의 말로, 서남풍을 이르는 말이다.
> ② 건들바람 : 초가을에 선들선들 부는 바람으로, 먼지가 일고 작은 나뭇가지가 흔들리며 바다에서는 물결이 인다.
> ④ 하늬바람 : 주로 농촌이나 어촌에서 이르는 말로, 서쪽에서 부는 바람을 일컫는다.

12 경기침체 후 잠시 회복기를 보이다가 다시 경기 불황에 빠지는 현상은?

① 더블 딥   ② 어닝 쇼크

③ 펀더멘탈   ④ 골디락스

> **TIP** ② 어닝 쇼크 : 기업이 예상보다 저조한 실적을 발표해, 주가에 영향을 미치는 현상이다.
> ③ 펀더멘탈 : 경제성장률, 물가상승률, 경상수지 등 국가의 경제 상태를 나타내는 거시 경제지표들을 일컫는다.
> ④ 골디락스 : 뜨겁지도, 차갑지도 않은 이상적인 경제 상황, 즉 경제가 높은 성장을 이루고 있음에도 물가 상승이 없는 상태를 말한다.

13 이용자가 웹사이트에 접속할 때 자동으로 생성되는 임시 파일로 ID, 비밀번호, 검색 기록 등 개인 정보를 담고 있는 일종의 정보 파일은?

① 쿠키   ② 프락시

③ 액세스   ④ 브라우저

> **TIP** ② 프락시 : 시스템 일부 기능을 다른 것이 임시로 대행하는 것으로, 주 컴퓨터가 다운되었을 때 복구될 때까지 그 기능을 대신하는 시스템 등을 일컫는다.
> ③ 액세스 : 기억 장치에 데이터를 사용하거나 기억 장치에 있는 데이터를 탐색하고 읽는 과정을 말한다.
> ④ 브라우저 : 인터넷을 검색할 때 정보를 얻기 위해 사용하는 프로그램을 일컫는다.

Answer 11.③ 12.① 13.①

14 다음이 설명하는 사장성어는?

> 나무는 고요하고자 하나 바람이 그치지 않고(樹欲靜而風不止)
> 자식은 봉양하고자 하나 부모는 기다려 주지 않네(子欲養而親不待)
> 흘러가면 좇을 수 없는 것이 세월이요(往而不可追者年也)
> 가시면 다시 볼 수 없는 것은 부모이시네(去而不見者親也

① 풍수지탄(風樹之歎)
② 풍류운산(風流雲散)
③ 사면춘풍(四面春風)
④ 평지풍파(平地風波)

TIP ① 풍수지탄(風樹之嘆) : 부모에게 효도를 다하려고 생각할 때에는 이미 돌아가셔서 그 뜻을 이룰 수 없음을 이르는 말이다. 중국의 한시에서 유래되었다.
② 풍류운산(風流雲散) : 바람이 불어 구름을 흩어 버린다는 뜻으로, 자취도 없이 사라짐을 비유적으로 이르는 말이다.
③ 사면춘풍(四面春風) : 누구에게나 좋게 대하는 일. 또는 그런 사람을 비유적으로 이르는 말이다.
④ 평지풍파(平地風波) : 평온한 자리에서 일어나는 풍파라는 뜻으로, 뜻밖에 분쟁이 일어남을 비유적으로 이르는 말이다.

15 동일 업종의 기업이 경쟁의 제한 또는 완화를 목적으로 가격이나 생산량, 판로 등에 협정을 맺어 형성하는 독점 형태는?

① 카르텔
② 콘체른
③ 콤비나트
④ 트러스트

TIP ② 콘체른 : 하나의 지배적 기업과 두 개 이상의 피지배 기업으로 이루어진 기업 집단이다. 카르텔이나 트러스트와 달리 동종업계가 아닌 전반적으로 다른 산업들을 한데 모은 것이다.
③ 콤비나트 : 생산 과정에서 기술적 연관이 있는 여러 생산 부문을 집약적으로 한 지역에 형성한 기업 집단이다.
④ 트러스트 : 기업결합체라고 한다. 카르텔은 개개의 기업의 독립성을 보장하는 기업 연합이지만 트러스트는 동일 산업 내의 기업 합동이다.

Answer 14.① 15.①

16 다음 중 의미가 다른 것은?

① 얕잡다

② 칼칼하다

③ 껄껄하다

④ 컬컬하다

TIP ① **얕잡다** : 남의 재주나 능력 따위를 실제보다 낮추어 보아 하찮게 대하다.
② **칼칼하다** : 목소리가 조금 쉰 듯하고 거친 느낌이 있다.
③ **껄껄하다** : 사람의 목소리나 성미가 부드럽지 못하고 거칠다.
④ **컬컬하다** : 목소리가 쉰 듯하고 거친 느낌이 있다.

17 ( ) 안에 들어갈 것은?

( )은(는) 특정한 장소나 상황을 컴퓨터 그래픽으로 구현하여 간접적으로 경험할 수 있도록 하는 기술을 말한다. 최근에는 교육, 모의 면접, 지역 축제, 나아가 수술 시 ( )을(를) 적용하는 것만으로 진정제 투여량을 크게 줄일 수 있다는 연구 결과가 나왔다. 연구진은 환자에게 헤드셋과 노이즈 캔슬링 헤드폰을 착용하고 초원과 숲 등 휴식을 느낄 수 있는 환경이 설계된 360도 ( )기술을 적용했는데, 적용한 군은 평균 125mg/hr의 진정제가 사용되었고, 단순 진정군은 평균 750mg/hr의 프로포폴이 사용되었다.

① AI

② VR

③ UHD

④ RFID

TIP ② **VR** : 가상의 세계에서 실제와 같은 체험을 할 수 있도록 하는 기술이다. VR(가상현실)과 현실 세계에 가상정보를 더해 보여주는 AR(증강현실)을 혼합한 기술을 MR(혼합현실)이라고 한다.
① **AI** : 인간의 학습 능력과 추론 능력, 지각 능력, 이해 능력 등을 컴퓨터 프로그램으로 실현한 것으로 인공지능이라고 한다.
③ **UHD** : 고화질 해상도의 비디오와 다채널 및 실감형 오디오로, 시청자에게 현장감과 사실감을 제공한다.
④ **RFID** : 무선 주파수(RF)를 이용해 물건이나 사람을 식별할 수 있는 기술이다.

Answer 16.① 17.②

18 비트코인에 쓰인 기술로 옳은 것은?

① 블록체인　　　　　　　　　② 샤딩

③ 세그윗　　　　　　　　　　④ 온체인

> **TIP** ① **블록체인** : 온라인 거래 정보를 수정할 수 없도록 데이터를 블록(Block)으로 만들고 암호기술을 사용한 고리 모양의 체인(Chain)
> 으로 연결하여 분산 컴퓨팅 기술로 저장·관리하는 방식이다. 비트코인에 블록체인 기술이 사용되었다.
> ② **샤딩** : 한 곳에 저장돼 있던 데이터를 여러 샤드(수평 분할한 데이터베이스 테이블)에 중복 저장하거나 하나에만 저장할 수 있는
> 기술이다.
> ③ **세그윗** : 비트코인 등 암호화폐의 거래 시 데이터 용량을 줄이기 위해 데이터를 분리한 것이다. 블록체인의 외부에서 거래량의
> 일부를 처리하는 방법이다.
> ④ **온체인** : 블록체인 거래를 기록하는 방식 중 하나로, 네트워크에서 발생하는 모든 전송 내역을 블록체인에 저장한다.

19 '문화가 있는 날'에 대한 설명으로 옳지 않은 것은?

① 「문화기본법」에 근거하여 문화권을 보장하기 위해 지정했다.

② 매달 마지막 수요일에 혜택을 제공하고 있다.

③ 해당 날에는 4대궁, 종묘, 조선왕릉 등을 무료로 개방한다.

④ 스포츠 분야는 '문화가 있는 날'에 해당되지 않는다.

> **TIP** 스포츠를 포함하여 영화관, 공연장, 박물관, 미술관, 문화재 등 전국 2,000여 개 이상의 문화시설을 할인, 또는 무료 관람 등 다양한
> 문화 혜택을 제공하고 있다.
> ※ **문화가 있는 날** … 「문화기본법」 제12조 2항에 근거하여 문화표현과 활동에서 차별받지 않으며 자유롭게 문화를 창조하고 문화
> 활동에 참여할 수 있는 권리인 '문화권'을 보장하기 위해 지정한 날이다. 매달 마지막 수요일과 그 주간에 다양한 문화 혜택을
> 제공하고 있으며 지역문화 다양성과 지속 가능한 선순환 문화생태계 구축을 위한 맞춤형 사업(특화)도 추진하고 있다.

20 호스피스·완화의료에 대항하는 질환이 아닌 것은?

① 암

② 만성 위염

③ 만성 간경화

④ 후천성 면역 결핍증

> **TIP** **호스피스·완화의료** … 암, 후천성 면역 결핍증, 만성 폐쇄성 호흡기 질환, 만성 간경화에 해당하는 질환 말기 환자로 진단받은 환자
> 또는 임종 과정에 있는 환자(호스피스 대상 환자)와 그 가족에게 통증과 증상의 완화 등을 포함한 신체적, 심리사회적, 영적 영역에
> 대한 종합적인 평가와 치료를 목적으로 하는 의료를 말한다.

Answer　18.①　19.④　20.②

1 4대 보험에 포함되지 않는 것은?

① 국민연금

② 공무원연금

③ 건강보험

④ 고용보험

TIP ② **공무원연금** : 공무원이 퇴직할 경우나 공무 수행 중 사망하거나 부상, 질병에 걸리는 경우 지급하는 연금 제도로, 1960년에 시행되었다. 공무원연금공단이 운영하고 있으며, 공무원과 국가 또는 지방자치단체가 공동으로 비용을 부담한다.

① **국민연금** : 18세 이상 60세 미만 국내 거주국민(공무원·군인·사립학교 교직원 제외)을 대상으로 국민 개개인이 소득 활동을 할 때 납부한 보험료를 기반으로 하여 나이가 들거나, 갑작스런 사고나 질병으로 사망 또는 장애를 입어 소득활동이 중단된 경우 본인이나 유족에게 연금을 지급함으로써 기본 생활을 유지할 수 있도록 하는 정부 운영의 공적연금제도이다.

③ **건강보험** : 고액의 진료비로 인한 부담을 방지하고자 국민건강보험공단에서 국민의 보험료를 관리·운영한다. 필요시 보험급여를 제공함으로써 위험을 분담하고 필요한 의료 서비스를 받을 수 있도록 하는 사회보장제도이다.

④ **고용보험** : 1인 이상의 근로자를 고용하는 모든 사업 또는 사업장을 대상으로 근로자가 실직한 경우 생활안정을 위하여 일정 기간 동안 급여를 지급하는 사회보험 중 하나이다.

2 중대재해처벌법 특징으로 옳은 것은?

① 근로자의 건강을 위한 작업환경을 구축하는 것을 목적으로 한다.

② 사업장에서 사망 외 사고 시 사업주는 7년 이하의 징역 또는 1억 원 이하의 벌금이다.

③ 외국인 노동자는 등록 여부에 따라 상시근로자가 된다.

④ 동일한 사고로 2개월 이상 치료가 필요한 부상자가 10명 이상 발생 시 중대산업재해에 해당한다.

TIP ②「중대재해 처벌 등에 관한 법률」제10조에 의거하여 사망 외 사고의 경우 사업주 또는 경영책임자 등은 7년 이하의 징역 또는 1억 원 이하의 벌금에 처한다.

① 산업안전보건법의 목적으로, 중대재해처벌법은 기업의 안전보건조치를 강화하고 안전투자를 확대하여 중대산업재해를 예방, 종사자의 생명과 신체를 보호하는 것에 목적을 두었다.

③ 외국인 노동자도 등록 여부와 상관없이 포함된다.

④「중대재해 처벌 등에 관한 법률」제2조에 의거하여 동일한 사고로 2개월 이상 치료가 필요한 부상자가 10명 이상 발생 시 중대시민재해에 해당하며, 동일한 사고로 6개월 이상 치료가 필요한 부상자가 2명 이상 발생 시 중대산업재해에 해당한다.

Answer 1.② 2.②

3 집단학살, 전쟁 범죄, 반인도적 범죄를 저지른 개인을 처벌하는 전쟁범죄재판소는?

① 국제사면위원회

② 국가인권위원회

③ 국제형사재판소

④ 국제사법재판소

> **TIP** ③ 2002년 7월 1일에 설립되어 국제범죄를 범한 개인을 처벌하는 국제재판소이다. 국제 범죄자에 대한 재판을 맡는 국제법원으로 1998년에 마련된 로마조약에 근거해 발족되었으며 해당 국가가 전쟁범죄 등에 대한 재판을 거부하거나 재판할 능력이 없다고 판단될 때 재판 절차를 밟는다. 집단살해, 인도에 반한 죄, 전쟁 범죄, 침략 범죄의 4개 범죄군을 관할하며 우리나라는 2003년 2월 국제형사재판소 정식가입국이 되었다.
> ① 국제앰네스티로, 양심수로서 고통을 받는 사람들에 대한 구제활동을 전개하는 국제비정부기구이다.
> ② 국적, 인종, 신앙의 차이를 초월한 인권 보호와 신장을 목적으로 설립된 비정부기구로 1946년 국제연합 경제사회이사회 산하에 설치된 보조기관이다.
> ④ 국가 간 분쟁의 법적 해결을 목적으로 1945년에 창설된 국제기관이다. 국제연합과 함께 설립되었다.

4 4차 산업혁명에 대한 설명으로 옳지 않은 것은?

① 사물인터넷(IoT), 인공지능, 빅데이터 등 정보통신기술(ICT) 융합으로 이루어진다.

② 초연결, 초지능, 초융합을 핵심요소로 한다.

③ 가상현실(VR)과 증강현실(AR)도 4차 산업혁명에 해당된다.

④ 컴퓨터와 인터넷 기반의 지식정보 혁명이다.

> **TIP** 4차 산업혁명은 인공지능(AI)과 사물인터넷(IoT) 기술을 통해 현실세계와 가상세계가 융합되어 주도하는 차세대 산업혁명을 말한다. 컴퓨터와 인터넷 기반의 지식정보 혁명은 3차 산업혁명이다.

5 국무위원 해임에 대한 설명으로 옳은 것은?

① 국회는 국무총리, 국무위원에 대한 해임권을 갖는다.

② 국회재적의원 3분의 1 이상이 발의해야 하며, 국회재적의원 과반수의 찬성이 있어야 통과된다.

③ 해임건의안은 본회의에 보고된 때로부터 24시간 이내에 무기명 투표로 표결해야 한다.

④ 기간 내 표결하지 않은 해임건의안은 24시간 이후 본회의에 재차 상정할 수 있다.

> **TIP** ② 해임건의안이 성립되기 위해서는 국회재적의원 3분의 1 이상의 발의가 필요하며, 해임건의안이 통과되기 위해서는 재적의원의 과반수 찬성이 필요하다.
> ① 국회는 국무총리와 국무위원에 대한 해임건의권만 갖는다. 대통령이 해임권을 갖는다.
> ③ 보고된 때로부터 24시간 이후 72시간 이내에 무기명 투표로 표결해야 한다.
> ④ 본회의 상정 후 부결, 기간 내 표결하지 않은 해임건의안은 폐기된다.

Answer 3.③ 4.④ 5.②

6 과도하고 오랜 시간 반복된 장기적인 스트레스로 인해 육체적·정신적 피로감을 호소하는 증상은?

① 피터팬 증후군　　　　　　　　② 파랑새 증후군

③ 리플리 증후군　　　　　　　　④ 번아웃 증후군

> **TIP** ④ **번아웃 증후군** : 의욕적으로 일에 몰두하던 사람이 과도하고 오랜 시간 반복된 장기적인 스트레스에 노출되어 육체적·정신적 피로감을 호소하고 무기력해지는 현상이다. 모든 일에 의욕과 성취감이 없어지며 대인관계가 악화되고 잦은 두통 및 수면 장애 등의 증상을 동반한다.
> ① **피터팬 증후군** : 성인이 되어서도 현실을 도피하기 위해 스스로 어른임을 인정하지 않고 회피하려는 심리 상태를 말한다.
> ② **파랑새 증후군** : 현재 일에 흥미를 느끼지 못하고 미래의 막연한 행복을 추구하는 병적 증상으로 막연한 희망의 부정적인 측면을 의미한다.
> ③ **리플리 증후군** : 허구의 세계를 진실이라고 믿고 상습적인 거짓말과 행동을 하는 반사회적 성격장애를 말한다.

7 기업에서 협찬을 하는 대가로 영화나 드라마에서 해당 기업의 상품을 노출하는 광고는?

① PPL　　　　　　　　　　　② POP

③ 바이럴　　　　　　　　　　④ 어뷰징

> **TIP** ① **PPL** : 기업의 제품이나 상표, 로고 등을 노출시켜 기업 브랜드의 인지도를 향상하고 긍정적인 이미지를 구축하는 것을 목적으로 하는 광고를 PPL(간접 광고)이라고 한다.
> ② **POP** : 제품 판매전략의 하나로, 구매가 실제로 발생하는 장소에서의 광고를 말한다.
> ③ **바이럴** : 네티즌이 SNS나 커뮤니티 등을 통해 자발적으로 기업이나 상품을 홍보하는 기법으로, 바이러스처럼 확산된다고 하여 바이럴이라고 한다.
> ④ **어뷰징** : 클릭 수를 늘리기 위해 의도적으로 중복·반복기사를 전송하거나 인기검색어 순위에 올리기 위해 클릭수를 조작하는 행위이다.

8 국회의 동의를 거쳐 임명되는 인사를 모두 고르시오.

> ㉠ 대법관　　　　　　　　㉡ 헌법재판관
> ㉢ 헌법재판소장　　　　　㉣ 국무총리
> ㉤ 국회의원

① ㉠㉡㉢　　　　　　　　② ㉠㉢㉣

③ ㉡㉢㉣　　　　　　　　④ ㉢㉣㉤

> **TIP** ㉡ 헌법재판관 9명 모두 대통령이 임명한다.
> ㉤ 국회의원은 국민의 선거로 선출되며 임기는 3년이다.

Answer 6.④ 7.① 8.②

9 근로자의 노동쟁의 행위로 옳지 않은 것은?

① 프로보노　　　　　　　　② 파업

③ 태업　　　　　　　　　　④ 준법투쟁

TIP ① **프로보노** : '공공의 이익을 위한 무료봉사'라는 뜻으로, 공익을 위하여 변호사가 소외계층에 대해 무료로 법률 서비스를 제공하는 행위를 말한다.
② **파업** : 노동자들이 자신들의 요구사항을 관철시키기 위해 업무 수행을 일시적으로 중단하는 집단행동을 말한다.
③ **태업** : 표면적으로는 업무를 하면서 집단적으로 작업능률을 저하시켜 사용자에게 손해를 주는 행위를 말한다.
④ **준법투쟁** : 법규를 규정대로 지키면서 사용자에게 손해를 주는 노동 쟁의 방법으로 단체 휴가, 정시 퇴근, 안전 운전을 핑계로 하는 지나친 서행 운전 등이 있다.

10 헌법이 보장하고 있는 노동기본권 중에 하나이다. 노동조합 대표자가 노동 조건의 유지, 개선 또는 노동 협약의 체결에 관하여 직접 타협할 수 있는 권리는?

① 단결권　　　　　　　　　② 기본권

③ 단체교섭권　　　　　　　④ 단체행동권

TIP ① **단결권** : 헌법이 보장하고 있는 노동기본권의 하나로 노동자가 노동 조건을 유지·개선하기 위하여 단체를 결성하고 이에 가입할 수 있는 권리이다.
② **기본권** : 헌법에 의하여 보장되는 국민의 기본권리를 말한다.
④ **단체행동권** : 헌법이 보장하고 있는 노동기본권의 하나로 노동자가 노동 조건의 유지, 개선을 위하여 사용자에 대항하여 단체적인 행동을 할 수 있는 권리이다.

11 G7 국가에 포함되지 않는 국가는?

① 미국　　　　　　　　　　② 러시아

③ 프랑스　　　　　　　　　④ 독일

TIP G7 … 1970년대 국제사회가 세계경제의 위기를 대처하는 과정에서 출범하여, G7 정상 간 대화협의체로 국제정치·경제 사안에 대한 자유로운 토론의 장이다. G7 국가는 미국, 영국, 프랑스, 독일, 일본, 이탈리아, 캐나다 7개국이다.

Answer　9.①　10.③　11.②

12 노동삼권에 대한 설명으로 옳은 것은?

① 노동삼권의 주체는 모든 국민이다.
② 근로자 개인적 차원에서 보호하기 위함이다.
③ 특정직 공무원에게는 노동삼권이 제한된다.
④ 노동삼권은 어떤 경우에도 법률로써 제한할 수 없다.

> **TIP** ③ 일반직 공무원은 단결권과 단체교섭권은 인정되나 단체행동권은 제한되며, 특정직 공무원(경찰, 군인, 소방)은 노동삼권이 제한된다.
> ① 노동삼권의 주체는 근로자이다. 모든 국민은 근로권을 갖는다.
> ② 근로자의 집단적 활동을 보장하기 위한 것이며 근로권은 근로자를 개인적 차원에서 보호한다.
> ④ 국가안전보장, 질서 유지 또는 공공복리를 위해 필요한 경우에 한하여 법률로써 제한할 수 있다.

13 영구정지가 된 우리나라의 원전은?

① 한빛원전 1호기
② 고리원전 1호기
③ 한울원전 1호기
④ 새울원전 2호기

> **TIP** 고리원전 1호기 … 우리나라 최초의 상업용 원자로이다. 2007년 6월 수명 만료로 가동이 중단되었으나 지난 2008년에 10년간 재가동이 승인되어 2017년까지 연장 운영이 결정되었다. 그러나 한국 원전사고의 대부분이 고리 1호기에서 일어날 정도로 사고가 잦아 산업부에서는 고리원전 1호기를 2017년 6월 19일 영구정지를 결정하였다. 현재 우리나라 영구정지 원전에는 고리원전 1호기, 월성 1호기가 있다.

14 민간이 시설 건설을 하고 소유권을 정부에 이전하며, 시설의 운영권을 일정 기간 동안 가지면서 수익을 가져가는 사업은?

① BTL
② BTO
③ BOT
④ BOM

> **TIP** ② BTO : '건설(build) → 이전(transfer) → 운영(operate)'으로 진행된다. 민간 사업자가 직접 시설을 건설해 정부·지방자치단체 등에 소유권을 양도한 뒤 일정 기간 사업을 직접 운영하면서 투자금을 회수하는 사업이다.
> ① BTL : '건설(build) → 이전(transfer) → 대여(lease)'로 민간이 공공시설을 짓고 정부가 시설임대료를 지불하는 방식을 말한다.
> ③ BOT : '건설(build) → 소유(own) → 이전(transfer)'으로 진행되어 사업자가 자금을 조달하고 건설한 후 일정 기간 운영까지 맡는 방식이다.
> ④ BOM : 'bill of materia'로 모든 품목에 대해 상위 품목과 부품의 관계와 사용량, 단위 등을 표시한 도표 또는 그림을 말한다.

Answer 12.③ 13.② 14.②

15 대중에게 의견과 바람을 대변하는 정치활동으로 일반 대중의 인기에 영합하는 정치 형태는?

① 매니페스토   ② 마타도어

③ 포퓰리즘   ④ 게리맨더링

> **TIP** ③ **포퓰리즘** : 인민이나 대중 또는 민중을 뜻하는 라틴어 포풀루스에서 유래하여 일반적으로 대중의 견해와 바람을 대변하고자 하는 정치 활동을 가리킨다. 대중주의라고도 하며 엘리트주의와 상대되는 개념이다.
> ① **매니페스토** : 구체적인 예산 및 추진 일정을 갖춘 선거 공약을 말한다.
> ② **마타도어** : 근거 없는 사실을 조작하여 상대를 모략하거나 그 내부를 교란시키기 위한 흑백선전이란 뜻으로, 투우사를 뜻하는 메타도르에서 유래되었다.
> ④ **게리맨더링** : 특정 정당이나 후보자에게 유리하도록 하는 불공정한 선거구획정을 지칭한다.

16 자사와 경쟁사 및 고객에게 제공 가능한 가치를 분석하여 기업의 내·외부 핵심 요소를 도출하고 전략에 활용하는 도구는?

① HRM   ② MBO

③ SWOT 분석   ④ 3C 분석

> **TIP** ① **HRM** : 기업에 필요한 인력을 발굴하고 교육·개발하여 그들을 효율적으로 관리하는 인적자원관리를 말한다.
> ② **MBO** : 경영목표관리이다. 조직의 상·하위계층 구성원들이 참여하여 조직과 구성원의 목표를 설정하고 그에 따른 생산 활동을 수행한 뒤, 측정·평가함으로써 관리의 효율을 높이는 총체적인 조직관리체제이다.
> ③ **SWOT 분석** : 조직 내부의 강점과 약점을 조직 외부의 기회와 위협요인과 대응시켜 전략을 개발하는 기법으로, SO(강점 – 기회)전략, ST(강점 – 위협)전략, WO(약점 – 기회)전략, WT(약점 – 위협)전략이 있다.

Answer   15.③   16.④

17 긴급조정권에 관련된 옳은 설명을 모두 고르시오.

> ㉠ 긴급조정 기간 동안 파업을 제외한 쟁의행위를 제한한다.
> ㉡ 긴급조정 공표로부터 30일 동안 쟁의행위를 재개할 수 없다.
> ㉢ 긴급조정이 공표되면 공표 다음날부터 쟁의행위를 중지하여야 한다.
> ㉣ 노동부장관의 결정에 따라 중앙노동위원회에서 조정한다.
> ㉤ 긴급조정권이 발동 이후 15일간 조정에 들어간다.

① ㉠㉡㉢   ② ㉡㉢㉣
③ ㉡㉣㉤   ⑤ ㉢㉣㉤

> **TIP** ㉠ 긴급조정 기간인 30일 동안에는 파업 등 모든 쟁의행위를 할 수 없으며, 이를 어길 시 불법으로 간주하여 2년 이하의 징역 또는 2,000만 원 이하의 벌금형에 처해질 수 있다. 긴급조정권이 발동된 이후 중앙노동위원회에서는 파업을 해결하기 위한 조정을 바로 개시하게 하며 그 기간은 15일로 한다.
> ㉢ 긴급조정이 공표되면 공표 즉시 쟁의행위를 중지하여야 한다.

18 나프타(NAFTA)를 대체하는 미국 · 캐나다 · 멕시코 간 무역 협정은?

① USMCA   ② RCEP
③ CPTPP   ④ FTA

> **TIP** ① USMCA : 미국 · 캐나다 · 멕시코 등 북미의 3개국으로 구성된 자유무역협정이다. 2017년 NAFTA(북미자유무역협정) 재협상을 시작했으나 합의에 실패했고, 2018년 개정 협상을 재개하며 북미 3국의 새로운 무역협정의 명칭을 미국 · 멕시코 · 캐나다 협정이라고 명명했다.
> ② RCEP : 역내포괄적경제동반자협정으로, 동남아시아국가연합(ASEAN) 10개국과 한 · 중 · 일 3개국, 호주 · 뉴질랜드 등 15개국이 참여한다. 우리나라와 일본이 체결한 첫 FTA이다.
> ③ CPTPP : 포괄적 · 점진적 환태평양경제동반자협정으로, 기존에 미국과 일본이 주도하던 TPP에서 미국이 빠지면서 아시아 · 태평양 11개국이 새롭게 추진한 경제동맹체. 다양한 분야의 제품에 대한 역내 관세를 전면 철폐하는 것을 원칙으로 한다.
> ④ FTA : 자유무역협정으로, 국가 간 상품의 자유로운 이동을 위해 모든 무역 장벽을 완화하거나 제거하는 협정을 말한다.

Answer 17.③ 18.①

19 공유경제에 해당하는 서비스는?

① 정해진 시간만큼 자전거를 대여하여 이용한다.

② 보유한 집이나 차를 자신이 사용하지 않을 때 타인이 이용할 수 있도록 한다.

③ 택시 승객과 기사를 중개하여 승객이 택시를 손쉽게 이용할 수 있도록 한다.

④ 개인별 맞춤 서비스를 매달 결제하여 구독한다.

> **TIP** ④ 구독경제에 대한 설명이다. 구독경제란 이용 기간만큼 비용을 지불하는 개념으로 기업이나 공급자는 개인별 맞춤형 서비스를 개
> 개인에게 제공한다. 대표적으로 OTT서비스가 있다. 공급자(기업)가 제품 또는 서비스 자체의 판매방식을 구독방식으로 변화하여
> 소비자가 일정 기간 동안 제품 또는 서비스를 경험하는 것이다.
> ①②③ 공유경제는 소비자가 중개플랫폼을 통해 제품 또는 서비스를 이미 가지고 있는 보유자와 거래하여 일정 기간 동안 제품 또
> 는 서비스를 경험하는 것이다.
> ※ **공유경제** … 플랫폼 등을 활용해 자산·서비스를 다른 사람과 공유하여 사용함으로써 효율성을 높이는 경제모델이다. 개인, 기업,
> 공공기관 등이 유휴자원을 일시적으로 공유하는 활동도 공유경제에 포함된다.

20 기업이 지속가능한 경험을 위해 친환경, 사회적, 지배구조를 고려하여 사회적 책임을 다하는 기업의 경영 철학은?

① CSR   ② SDGs

③ ESG   ④ HRD

> **TIP** ① CSR : 기업의 사회적 책임경영(Corporate Social Responsibility)으로 직·간접적 이해 관계자에 대해 법적·윤리적 책임 등을 감
> 당하는 경영 기법이다. 주로 자선이나 기부, 환경보호 등의 사회공헌 활동으로 나타난다.
> ② SDGs : 지속가능한 개발 목표로 2016년부터 2030년까지 시행되는 유엔과 국제사회의 최대 공동목표이다. 총 17가지 주요 목
> 표와 169개 세부목표로 구성되어 있으며 유엔에서는 공식적으로 'Global Goals'이라고 한다.
> ④ HRD : 인적자원개발로 조직 내 성과, 역량 및 변화 가능성을 강화하기 위해 수행되는 활동이다.

Answer 19.④ 20.③

1 조선 중종 때 도학정치를 위한 개혁정리를 인물로, 위훈을 삭제하고 소격서를 폐지하였으며 현량과를 실시했으나 기묘사화에서 귀양을 가게 된 인물은?

① 조광조
② 김종직
③ 유성룡
④ 박팽년

TIP ① 조광조 : 중종반정 후 조정에 출사하여 유교적 이상정치를 현실에 구현하려는 다양한 개혁을 시도하였으나 기묘사화로 인해 끝나고 만다.
② 김종직 : 연산군 시기에 지은 조의제문 사건으로 무오사화가 발생하면서 부관참시를 당한다.
③ 유성룡 : 선조의 임진왜란 시기에 활약을 한 인물이다.
④ 박팽년 : 조선전기 사육신 중 한명으로 단종복위를 도모하였다.

2 민족문화수호운동을 펼친 인물과 활동의 연결이 옳지 않은 것은?

① 나철 – 대종교 창시
② 한용운 – 불교 유신론 주장
③ 신채호 – 조선어 학회 조직
④ 윤동주 – 항일 문학 작품 서술

TIP 신채호는 우리 민족의 우수성을 강조하는 역사 연구를 통해 민족의식을 고취하였다. 조선어 학회는 최현배를 비롯한 여러 한국 학자들이 조직하였다.

3 애국계몽운동을 한 비밀결사조직인 신민회와 관련이 없는 사람은?

① 안창호
② 윤봉길
③ 신채호
④ 박은식

TIP 윤봉길은 1931에 설립된 한인애국단에 참여하여 항일운동을 하였다.
※ **신민회** … 비밀결사조직으로 국권회복과 공화정체의 국민국가 건설을 목표로 하였다. 국내에서는 대성학교, 오산학교 등을 설립하였고, 경제적으로 실력양성운동을 펼쳤다. 중심인물로는 회장인 윤치호와 부회장 안창호과 유학자 출신인 장지연, 신채호, 박은식와 청년장교 출신인 이동휘, 이갑 등이 있다.

Answer 1.① 2.③ 3.②

4 한국의 세계기록유산이 아닌 것은?

① 훈민정음(해례본)
② kbs 특별생방송 '이산가족을 찾습니다'
③ 동의보감
④ 부산 임시수도정부청사

TIP 세계기록유산이 아닌 문화유산이다. 현재 동아대학교 박물관으로 국가 유산을 보유 · 전시하고 있다.

5 다음 사건을 시대 순으로 바르게 나열한 것은?

㉠ 신미양요	㉡ 병인양요
㉢ 척화비 건립	㉣ 강화도조약 체결

① ㉠㉡㉢㉣
② ㉡㉢㉠㉣
③ ㉡㉠㉢㉣
④ ㉢㉣㉠㉡

TIP '㉡ 병인양요(1866) → ㉠ 신미양요(1871) → ㉢ 척화비 건립(1871) → ㉣ 강화도 조약체결(1876)' 순이다.

6 임진왜란 중에 설치되었으며 조총과 화포를 주로 사용하는 포수가 주축을 이뤘던 군대의 명칭은?

① 훈련도감
② 별무반
③ 어영청
④ 삼별초

TIP ② **별무반** : 1104년 고려시대에 여진을 정벌하기 위해 설치되었던 군사조직이다.
③ **어영청** : 조선후기 1623년 인조반정으로 정세가 어수선하던 시기에 설치되었다.
④ **삼별초** : 1232년 고려시대에 시행되었던 경찰 및 전투 임무를 수행하는 부대이다.

Answer 4.④ 5.③ 6.①

7 경영 이론 중 하나로, 수직적인 계층조직에서 직무수행 능력이 부족한 직원이 고위직을 차지하게 된다는 이론을 나타내는 것은?

① 피터의 법칙   ② 파킨슨의 법칙

③ 하인리히 법칙   ④ 도플러 효과

> **TIP** ② 파킨슨의 법칙(Parkinson's Law) : 공무원의 수는 업무량과 관계없이 증가한다는 것을 의미한다.
> ③ 하인리히 법칙(Heinrich's Law) : 대형사고가 발생하기 전에 작은 사고가 발생하여 대형사고의 징후를 알려주는 것을 의미한다.
> ④ 도플러 효과(Doppler Effect) : 소리 파동의 근원지와 관측자 사이가 좁아질수록 파동 주파수가 높게 관측되는 현상을 의미한다.

8 그리스로마신화 조각가 이름에서 유래한 것으로 긍정적인 기대감으로 좋은 결과를 이뤄낸다는 것을 의미하는 용어는?

① 플라시보 효과   ② 피그말리온 효과

③ 베블런 효과   ④ 베르테르 효과

> **TIP** ① 플라시보 효과(Placebo Effect) : 치료효과가 없는 비활성의 약품을 환자에게 투여하면 긍정적인 믿음으로 실제 효과가 나타나는 현상이다.
> ③ 베블런 효과(Veblen Effect) : 가격이 오르지만 수요도 증가하는 효과를 의미한다.
> ④ 베르테르 효과(Werther Effect) : 유명인이 자살을 하면 그 사람과 자신을 동일시하여 모방하여 자살하는 것이다.

9 대체가 불가능한 토큰으로 디지털 자산에 고유한 인식 값을 부여하여 상호교환이 불가능한 것으로 가상자산에 자산의 소유권을 명확하게 지정하여 유일성 가치를 부여하는 것은?

① 암호화폐   ② 메타버스

③ NFT   ④ 알트코인

> **TIP** ① 암호화폐(Cryptocurrency) : 암호화 기술을 사용한 전자화폐를 의미한다.
> ② 메타버스(Metaverse) : 가상세계를 의미하는 것으로 가상세계에서 현실처럼 다양한 활동을 할 수 있는 공간이다.
> ④ 알트코인(Altcoin) : 비트코인을 제외한 모든 가상화폐를 의미한다.

Answer 7.① 8.② 9.③

10 다양한 증강현실의 모든 기술을 혼합 활용하여 확장된 현실을 창조하는 것으로 디바이스가 없어도 가상
체험이 가능한 것을 의미하는 용어는?

① XR   ② MR
③ AR   ④ VR

TIP ① XR : 가상현실(VR), 증강현실(AR), 혼합현실(MR) 등의 다양한 기술로 구현되는 현실과 비슷한 공간으로 실감기술이라고도 부른다.
② MR : 가상현실과 증강현실을 혼합한 기술로 현실 배경에 현실과 가상의 정보를 혼합시켜 공간을 만드는 기술이다.
③ AR : 기술이 컴퓨터 그래픽이 만든 가상환경에 사용자를 몰입하도록 함으로써 실제 환경은 볼 수 없다. HDM 기기를 머리에 쓰고 사용자가 가상공간을 볼 수 있다.
④ VR : 현실 세계에 3차원 가상물체를 겹쳐 보여주는 기술이다.

11 커피와 설탕, 바늘과 실처럼 함께 소비할 때 물건의 효용도가 증가하는 재화는?

① 정상재   ② 기펜재
③ 보완재   ④ 독립재

TIP ① 정상재 : 소득이 감소하면 수요도 함께 감소하는 것을 의미한다.
② 기펜재 : 열등재 일종으로 가격이 하락하면 수요도 함께 감소하는 것이다. 가격이 증가하면 수요량이 증가하기도 한다.
④ 독립재 : 다른 재화의 가격 변동에 영향을 받지 않는 재화이다.

12 폐목재나 자투리 천 등 사용되지 않는 물품이나 재고품을 새롭게 디자인하여 다른 용도로 사용하는 것은?

① 리사이클링   ② 프리사이클링
③ 크루얼티프리   ④ 업사이클링

TIP ① 리사이클링(Recycling) : 중고품을 재사용하는 것을 의미한다.
② 프리사이클링(Precycling) : 사전 재활용으로 물건 구매할 때 생기는 폐기물을 줄이기 위한 소비로 카페에서 텀블러 사용, 마트에서 그릇에 식품 담기 등을 의미한다.
③ 크루얼티프리(Cruelty - Free) : 동물실험이나 동물성 원료를 사용하지 않은 제품을 의미한다.

Answer   10.①   11.③   12.④

13 새끼를 길들여서 사냥을 할 때 쓰는 매를 의미하는 것은?

① 송골매

② 보라매

③ 참매

④ 산지니

> **TIP** ① 송골매 : 우리나라 천연기념물로 맷과의 새이다.
> ③ 참매 : 수릿과의 새로 우리나라 천연기념물이다.
> ④ 산지니 : 산에서 제풀로 자란 길 들이지 않은 매를 의미한다.

14 '까마귀 똥도 약이라니깐 물에 깔긴다' 속담과 유사한 뜻의 속담은?

① 개똥도 약에 쓰려면 없다.

② 고래싸움 새우 등 터진다.

③ 서당 개 삼 년이면 풍월을 읊는다.

④ 구더기 무서워 장 못 담글까.

> **TIP** '까마귀 똥도 약이라니깐 물에 깔긴다'는 평소에 흔하던 것도 막상 급하게 사용하려고 하면 없다는 것을 의미한다.

Answer 13.② 14.①

15 다음 밑줄 친 단어의 품사가 같은 것을 엮은 것은?

- 쌍둥이도 성격이 서로 ⊙ <u>다른</u> 법이다.
- 날씨가 건조하면 나무가 잘 ⊙ <u>크지</u> 못한다.
- 남부 지방에서 홍수가 ⓒ <u>나서</u> 수재민이 생겼다.
- 농담은 하지만 ⓔ <u>허튼</u> 말은 하지 않는다.
- 상대에게 자유를 주는 것이 진정한 사랑이 ⓜ <u>아닐까?</u>

① ⊙⊙   ② ⊙ⓒ
③ ⓒⓔ   ④ ⓔⓜ

TIP ⊙ 형용사
     ⊙ 동사
     ⓒ 동사
     ⓔ 관형사
     ⓜ 형용사(의문형으로 쓰이면서 물음이나 짐작을 의미하며, 사실을 긍정적으로 강조하는 효과를 주는 형용사)

16 다음 ⊙에 들어갈 문장으로 적절한 것은?

> 높임법에는 말하는 이가 듣는 이에 따라서 높이거나 낮추어 말하는 상대 높임법, 서술어의 주체를 높이는 주체 높임법, 서술어의 객체를 높이는 객체 높임법이 있다. 높임 표현은 한 문장에서 복합적으로 실현된다. (⊙   )은 대화의 상대, 서술어의 주체, 서술어의 객체를 모두 높인 표현이다.

① 아버지께서 할머니를 모시고 댁에 들어가셨다.
② 내가 어머니께 그렇게 말하면 될까요?
③ 어머니께서 아주머니께 이 김치를 드리라고 하셨습니다.
④ 주민 여러분, 잠시만 제 이야기에 귀를 기울여 주시기 바랍니다.

TIP 어머니께서(주체 높임법) 아주머니께(객체 높임법) 이 김치를 드리라고(객체 높임법) 하셨습니다(주체+상대높임법).

Answer 15.② 16.③

17 사이시옷 규칙이 바르게 쓰인 것은?

① 이 가요에 <u>노래말</u>은 아름답다.

② 그 집 <u>순대국</u>이 아주 맛있다.

③ <u>하교길</u>은 늘 아이들로 북적인다.

④ 선생님은 간단한 <u>인사말</u>을 건넸다.

> **TIP** ① 노랫말
> ② 순댓국
> ③ 하굣길

18 밑줄 친 부분에 띄어쓰기가 옳은 것은?

① <u>그 중에</u> 깨끗한 옷을 고르시오.

② 어제는 밤이 늦도록 옛 <u>책을</u> 뒤적였다.

③ 시간 날 때 낚시나 <u>한 번</u> 갑시다.

④ 사람들은 황급히 <u>굴 속으로</u> 모여들었다.

> **TIP** ① 그중에
> ③ '한 번'은 시도나 기회를 나타낼 때 사용하고 두 번이나 세 번의 의미로 사용하면 '한번'으로 사용한다.
> ④ 굴속으로

19 좋은 일에는 방해되는 일이 많다는 의미의 한자성어는?

① 호사다마(好事多魔)

② 창해일속(滄海一粟)

③ 설상가상(雪上加霜)

④ 견강부회(牽強附會)

TIP ② 창해일속(滄海一粟) : 넓은 바다에 떠 있는 한 알의 좁쌀이라는 의미이다.

③ 설상가상(雪上加霜) : 눈 위에 또 서리가 덮인다는 뜻으로 불행이 엎친데 덮친 격으로 생기는 것을 의미한다.

④ 견강부회(牽強附會) : 이치에 맞지 않는 말을 억지로 끌어 붙여 자신의 주장하는 조건에 맞추는 것을 의미한다.

20 표준어가 아닌 것은?

① 윗목

② 윗돈

③ 위층

④ 웃옷

TIP ② 상하 구별이 없는 경우에 '웃 -'을 사용한다. '웃돈'이 표준어이다.

① 웃돈 : 상하 구분이 있으면 '윗 -'으로 표현한다.

③ 위층 : 뒷말의 첫소리가 된소리나 거센소리일 경우 '위 -'로 표현한다.

④ 웃옷 : 겉옷을 의미하는 표준어이다.

Answer 19.① 20.②

평소 뉴스나 인터넷 기사를 자주 접한다면 낯설지 않을 것이다. 다만 정치·법률, 경제·경영, 역사·철학 분야에서는 정확한 개념을 물어보는 문제가 종종 출제되는 만큼 확실히 알아두는 것이 좋다. 또한 그동안 빈출 상식의 비중이 컸다면, 최근에는 최신 이슈를 다루는 문제의 비중이 높아지고 있으므로 최근에 많이 거론되는 이슈도 반드시 알아두는 것이 필요하다.

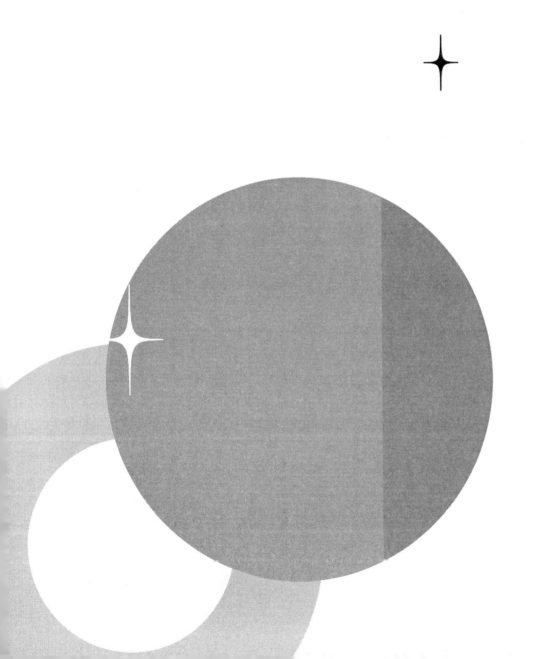

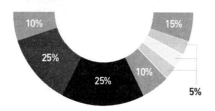

정치 · 법률	10%
경제 · 경영	25%
사회 · 노동	25%
과학 · 기술	10%
지리 · 환경 · 의료	5%
역사 · 철학	15%
매스컴	5%
문화 · 예술 · 스포츠	15%

PART

02

일반상식

01	정치 · 법률
02	경제 · 경영
03	사회 · 노동
04	과학 · 기술
05	지리 · 환경 · 의료
06	역사 · 철학
07	매스컴
08	문화 · 예술 · 스포츠

01 정치 · 법률

한 나라의 근간이 되는 기본 질서로서의 국가와 국민 간의 역할을 기초로 일반상식 시험에서 상시 출제되는 영역이다.
최근 급변하는 외교 관계와 정치를 중점적으로 파악해야 한다.

01 정치 · 행정 · 외교

☐ **국가유산청 ***

국가유산기본법 시행에 따라 기존 문화재청이 국가유산청으로 출범하였다. 뿐만 아니라 천연기념물 · 지질유산 같은 자연유산의 종합적 · 전문적 보존 · 연구 · 활용을 위한 '국립자연유산원'도 설립된다. 또 현대미술품의 해외 반출 규제가 완화되고, 생성된 지 50년 미만 유산을 대상으로 하는 '예비문화유산' 제도도 시행된다. 60여 년이 지난 문화재 분류 체계가 현행 정책 범위와 시대 변화를 반영하는 데 한계가 있고, 현행 분류체계가 유네스코 기준과 서로 달라 국제 기준과 연계된 기준이 필요하며 문화재는 재화적 성격이 강하므로 미래의 가치까지 폭넓게 아우르는 유산이 적합하여, 국가유산기본법 등 13개 법률의 '문화재' 용어가 '국가유산' 등으로 일괄 변경되었다.

☐ **특별자치도 ****

대한민국 행정구역으로, 관련 특별법에 근거하여 고도의 자치권을 보장받는 구역이다. 특별자치도로 지정된 지역은 중앙정부로부터 많은 권한을 위임받는다. 현재 제주특별자치도, 강원특별자치도, 전북특별자치도가 있다.

☐ **응고의 원칙 ***

북방 한계선(NLL)의 경계선이 여러 관행과 역사에 따라 법 제도로 응고되었다는 원칙으로 대한민국 정부가 북방 한계선 문제에 대해 주장하는 바이다.

더 알아보기

1953년 8월 30일 정전협정의 안정적 관리를 위해 설정된 후 우리 군이 60여 년 동안 북한의 도발을 차단하고 수차례 교전을 통해 지켜온 실질적인 해상 경계선이자 우리가 실효적으로 지배하는 관할 해역이다. 동해 NLL은 지상의 군사분계선(MDL) 연장성을 기준으로 설정, 서해 NLL은 서해 5개 도서와 북한 지역과의 중간선을 기준으로 한강하구로부터 서북쪽으로 12개 좌표를 연결하여 설정하였다.

□ 병립형 비례대표제 **

권자들이 정당에 투표하여 얻은 득표율대로 비례대표 의석을 나누는 것이다. '지역구 의원'과 '비례대표 의원'을 따로 선출하는데, 지역구에서는 한 명, 비례대표에서는 여러 명의 의원을 뽑는다. 각자 독립적으로 진행되며 서로에게 영향을 미치지 않는다.

더 알아보기

연동형 · 준연동형 · 권역별 비례대표제
- **연동형 비례대표제** : 하나의 정당이 지역구에서 얻은 의석 비율이 비례대표 지지율보다 낮을 경우 정당의 지지율에 맞춰 비례대표 의석을 채워준다.
- **준연동형 비례대표제** : 연동형 비례대표제보다 완화된 제도로, '정당지지율과 지역구 의석비율 차이에서 절반까지만 의석수를 채워준다.
- **권역별 비례대표제** : 비례대표 선거를 지역 단위로 나누어 시행하는 방식으로, 현재 47석인 전국 단위 비례대표를 수도권 16석, 중부권 15석, 남부권 16석 등으로 나누어 선거를 치른다.

□ 하마평(下馬評) *

새롭게 관직에 오를 후보들에 대한 세간의 소문, 즉 정계 개편이나 개각, 인사이동 등이 있을 때마다 후보자에 관하여 떠도는 풍설을 말한다. '물망에 오르다'와 같은 뜻으로 사용된다.

□ 특례시 *

도시 행정의 특수성을 고려해 위상을 높이고 별도 구분하기 위해 편의상 적용하는 행정 명칭이다. 인구 100만 이상 대도시가 기초자치단체 지위를 유지하면서 일반시와 차별화되는 '특례시'라는 법적지위와 '광역시'에 어울리는 행 · 재정적 자치권한 및 재량권을 부여받는 새로운 형태의 지방자치단체 유형이다. 특례시로 지정되더라도 권한이 달라지는 것은 없고, 도시 이름도 특별시나 광역시와 달리 기존과 동일하게 유지된다.

더 알아보기

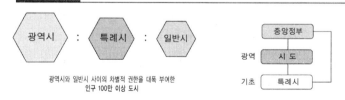

광역시와 일반시 사이의 차별적 권한을 대폭 부여한
인구 100만 이상 도시

□ 디지털플랫폼정부위원회 *

모든 데이터가 연결되는 디지털플랫폼 정부를 위한 대통령직속의 위원회이다. 홈택스, 위택스, 복지로, 인터넷등기소 등 모든 서비스를 하나의 ID와 한 번의 로그인으로 한 곳에서 이용할 수 있도록 하는 디지털플랫폼정부이다. 2026년까지 1,500여 종의 서비스를 연계 · 통합할 예정이다.

□ 레드라인(Red Line) *

대북정책에서 현재의 포용정책이 실패할 경우 봉쇄정책으로 전환하는 기준선을 의미한다. 북한과의 포괄협상을 1단계로 시도하지만 이것이 실패할 경우에는 2단계 봉쇄정책으로 전환을 검토해야 하며, 이때 정책전환을 위한 기준을 마련한 것이 레드라인이다.

□ 뉴 거버넌스(New Governance) **

일반 시민사회를 정부의 영역에 포함시켜 파트너로 인정해줌으로써 정부조직, 기업, 시민사회, 세계체제 등 이들 전부가 공공서비스와 관련해 신뢰를 통한 네트워크 구축을 강조하는 개념으로 협력 체제에 중점을 두는 것이다. 정부부문과 민간부문 및 비영리부문 간 협력적 네트워크를 통한 공공서비스 전달 과정에 있어서의 효율성을 목표로 한다.

□ 권력분리론 **

국가권력을 분리하여 각각 독립된 기관에 분산시켜 권력이 상호간에 견제와 균형을 통해 국민의 자유와 권리를 보장하기 위한 이론에 해당한다. 국가의 통치작용을 입법·행정·사법으로 나누고 각각의 독립기관에 귀속시켜 견제와 균형관계를 유지하면서 어떠한 기관도 국가의 전 기관을 지배할 수 없도록 하는 원리이다.

□ 국회 *

입법, 재정, 일반국정, 외교 역할을 한다. 입법에서는 헌법개정안 제안·의결권, 법률 제정·개정권, 조약 체결·비준동의권이 있다. 재정에서는 예산안 심의, 결산심사, 기금심사권, 재정입법권 등이 있다. 일반국정으로는 국정감사·조사권, 탄핵소추권 등이 있다. 외교활동에서는 초청외교나 방문외교활동, 국제회의 참석을 한다.

□ 국회의원 *

만 18세 이상이라면 선거권과 피선거권이 있다. 임기는 4년이다. 당해 국회의원 지역구에서 유효투표의 다수를 얻은 자는 지역구 국회의원 당선인으로 결정한다. 의석할당정당이 비례대표 국회의원 선거에서 얻은 득표비율에 따라서 비례대표 국회의원 의석을 배분한다. 국회의원은 현행범인 경우를 제외하고 회기 중에 국회의 동의 없이 체포나 구금이 되지 않는 불체포특권이 있다. 또한 국회에서 직무상 발언한 내용과 표결에 관해서 국회 외에서 책임지지 않는 면책특권이 있다.

더 알아보기

국회의원의 의무
• **헌법상의 의무** : 겸직금지의무, 청렴의무, 국익우선의무, 지위남용금지의무
• **국회법상의 의무** : 품위유지의무, 국회의 본회의와 위원회 출석의무, 의사에 관한 법령·규칙 준수의무

☐ **국회의장단 ***

무기명투표로 선거하되 재적의원 과반수의 득표로 당선된다. 1차 투표에서 과반수의 득표자가 없다면 2차 투표를 실시한다. 2차 투표에서도 과반수의 득표자가 없는 경우에는 최고득표자가 1인인 경우 최고득표자와 차점자에 대하여, 최고득표자가 2인 이상이면 최고득표자에 대하여 결선 투표를 하되, 재적의원 과반수 출석과 출석의원 다수득표자를 당선자로 한다. 의장 또는 부의장이 궐위된 때에는 지체 없이 보궐선거를 실시한다.

더 알아보기

- 의장 · 부의장 임기는 2년이다.
- 보궐선거에서 당선된 의장의 임기는 전임자의 잔임 기간으로 한다.
- 국회의 동의를 얻어서 사임이 가능하다.

☐ **한일청구권협정 ****

1965년 한일기본조약 중 청구권에 관한 협정으로 일본은 한국에 대해 조선에 투자한 자본과 일본인의 개별 재산 모두를 포기하고, 3억 달러의 무상 자금과 2억 달러의 차관을 지원하며, 한국은 대일 청구권을 포기하는 것에 합의했다. 일본은 이 조약을 체결하면서 이중적인 자세를 보였는데, 한국에 대해서는 이로써 전쟁 전의 역사를 청산하는 배상금의 성격임을 주장하면서 동시에 대내적으로는 경제협력의 일환이라는 입장을 취했다. 한국은 일본의 개인 보상을 인프라 투자에 유용한 것을 국민에게 공개하지 않았기 때문에 나중에 배상 청구의 견해 차이 등으로 한일 관계에 화근을 남겼다.

☐ **레임덕 현상(Lame Duck) ***

정치 지도자의 집권 말기에 나타나는 지도력 공백 현상을 말한다. 레임(Lame)은 다리를 저는, 절름발이의라는 뜻으로, 임기 만료를 앞둔 공직자의 통치력 저하를 기우뚱 걷는 절름발이 오리에 비유해 일컫는 것이다. 우리나라에서는 '권력누수현상'이라고 표현하기도 한다. 레임덕은 주요 현안에 대한 정책 결정이 늦어질 뿐만 아니라 공조직 업무능률을 저하시켜 국정 공백을 일으키는 등 나라 전체에 나쁜 영향을 끼칠 수 있는 위험한 현상이다.

더 알아보기

정치 지도자 지도력 현상
- **데드덕** : 권력공백 현상으로 사실상 가망이 없는 상황에서 사용된다.
- **브로큰덕** : 권력통제 불능상태 일컫는다.
- **시팅덕** : 어수룩하여 이용당하거나 공격받기 쉬운 대상을 일컫는다.
- **마이티덕** : 임기가 끝날 때까지 통치력 및 지지율이 유지되는 상태를 일컫는다.

□ 패스트트랙(Fast Track) ***

상임위에서 재적 위원 5분의 3이 찬성하면 법안을 지정하고 총 330일이 지나면 합의가 되지 않아도 법안을 통과시킬 수 있는 제도를 말한다. 국회법 제85조의 2에 규정된 내용으로 발의된 국회의 법안 처리가 무한정 표류하는 것을 막고 법안의 신속처리를 위해 마련되었다.

□ 의무투표제(義務投票制, Compulsory Voting) ***

의무적으로 유권자에게 투표에 참여하거나 선거일에 투표장에 오도록 하는 제도이다. 의무투표제에서는 유권자들에게 투표가 권리일 뿐 아니라 의무이기도 하다는 취지에서 투표 불참자에게 일정한 벌칙이나 불이익을 부과한다. 벌칙으로는 과태료 또는 투표권 박탈이 있고, 불이익으로는 공공서비스 이용을 제한하는 나라들이 있다.

□ 비둘기파 **

정치에서 비둘기파란 정치·사상·언론 또는 행동 따위가 과격하지 않고 온건한 방법을 취하려는 사람을 뜻하는 말이다. 비둘기파는 온순한 비둘기의 비유적인 표현으로, 베트남전쟁의 확대·강화를 주장했던 매파에 대립하여 이들은 전쟁을 더 이상 확대시키지 않고 한정된 범위 안에서 해결할 것을 주장하였다.

□ 양출제입(量出制入) *

국가의 재정계획 작성 시 지출 규모를 사전에 정하고 수입을 맞추는 원칙이다. 정부가 한 회계연도의 지출을 먼저 결정한 후 이에 맞게 세금을 거두는 방식이다. 반면 수입을 먼저 계산한 후 지출 규모를 맞추는 원칙은 양입제출(量出制入)이라고 한다. 우리나라는 국가재정 편성 원칙으로 양출제입을 적용하고 있으나 2012년 이후 계속되는 세금 부족 현상에 대한 대응책으로 2015년 예산안부터는 양출제입에서 양입제출로 변환되었다.

□ 사보임 **

사보임은 사임(맡고 있던 자리에서 물러남)과 보임(어떤 직책에 임명함)을 합친 말로, 국회 상임위원회나 특별위원회 위원을 교체하는 절차를 말한다. 기존 위원을 물러나게 하고 새 위원을 임명한다. 이는 원내대표의 고유 권한으로, 소속 의원들을 상임위원회에 배치, 상임위에서 물러나게 하는 권한도 있다. 사보임을 국회의장에 신청하고, 국회의장이 이를 승인하면 위원의 사보임이 완료된다.

□ 고노담화 *

1993년 8월 당시 관방장관이던 고노 요헤이가 일본군 위안부에 대해 사죄한 담화를 일컫는다. 그 주요 내용은 일본군 위안부 동원의 강제성을 인정한 것으로 1년 8개월 동안의 조사에 걸쳐 발표하였다. 한편, 아베 신조 일본 총리는 "위안부 문제는 필설로 다할 수 없을 만큼 가슴 아픈 일이며 고노담화를 부정하지 않고 계승하겠다."고 말한 바 있으나 책임 있는 사과나 보상 문제에 착수하겠다는 후속 발언은 끝내 나오지 않았다.

□ **캠파(Kampaniya) ***

정치단체가 선거운동·평화운동·재정모금운동 등에 대중을 참여하게 하는 특수한 조직 활동으로, 당원에 국한하여 실시하는 교육 캠파도 있으나 흔히 당 외의 대중을 대상으로 한다.

□ **특별재난지역 *****

태풍·홍수 등의 자연재해나 화재·붕괴 등의 대형 사고와 같은 인적재난, 에너지·통신·금융·의료·수도 등 국가기반체계의 마비와 전염병 확산 등으로 인해 극심한 피해를 입었을 때 수습 및 복구를 위해 특별한 조치와 지원이 필요가 인정되는 지역이다. 특별한 조치가 필요하다고 인정되는 경우, 중앙사고대책본부장은 중앙안전대책위원회의 심의를 거쳐 특별재난 지역으로 선포할 것을 대통령에게 건의할 수 있다(재난 및 안전관리기본법). 특별재난지역의 선포를 건의 받은 대통령은 당해 지역을 특별재난 지역으로 선포할 수 있다. 특별재난지역으로 선포된 지역은 대통령령이 정하는 응급대책 및 재해구호와 복구에 필요한 행정·재정·금융·세제 등의 특별지원을 받을 수 있다.

더 알아보기

국내 특별재난지역 선포 사례(2023. 04. 기준)

1995년 7월 삼풍백화점 붕괴사고 지역

2000년 4월 동해안의 고성·삼척·강릉·동해·울진 등에 발생한 사상 최대의 산불피해지역

2002년 8월 태풍 루사 피해지역

2003년 2월 대구지하철 화재참사를 겪은 대구 지역

2003년 9월 발생한 태풍 매미 피해지역

2007년 12월 유조선과 해상크레인 충돌로 인한 원유유출사고 피해를 입은 충남 태안군 일대

2008년 7월 태풍 및 집중호우 피해를 입은 경북 봉화군 등 67개 시·군·구 등

2012년 태풍 산바 피해지역

2016년 9월 지진 피해지역인 경북 경주

2016년 10월 태풍 차바 피해지역

2017년 7월 집중호우 피해가 속출한 충북 청주·괴산, 충남 천안지역

2017년 11월 규모 5.4의 지진이 발생한 경북 포항

2019년 4월 강원 대형 산불로 강원 고성군·속초시·강릉시·동해시·인제군 등 5개 시·군

2020년 3월 코로나19와 관련해 대구 및 경북의 일부 지역(경산, 청도, 봉화), 자연재해가 아닌 감염병으로 인한 첫 선포 사례이다.

2020년 8월 집중호우로 큰 피해를 본 경기 안성시, 강원 철원군, 충북 충주시·제천시, 음성군, 충남 천안시·아산시 등과 추가로 2020년 8월 전북 남원시와 전남 나주시, 구례·곡성·담양·화순·함평·영광·장성군, 경남 하동·합천군, 경기 이천시, 강원 화천군, 충북 단양군 등 20개 시·군·구와 충북 진천군 진천읍·백곡면, 전남 광양시 진월면·다압면 등 36개 읍·면·동 등

2022년 3월 경북 울진, 간원도 삼척 등 동해안 산불로 인한 특별재난지역 선포

2022년 8월 집중호우 피해로 서울 영등포구, 관악구, 경기 성남·광주·양평 등의 지역이 특별재난지역 선포

2022년 10월 이태원 참사로 용산 특별재난지역 선포

2023년 4월 강원도 강릉시 경포대 인근에서 강한 바람으로 확산된 산불피해로 특별재난지역 선포

2023년 7월 집중호우로 인한 세종시, 청주시, 괴산군, 논산시, 공주시, 청양군, 부여군, 익산시, 김제시죽산면, 예천군, 봉화군, 영주시, 문경시 특별재난지역 선포

□ **백서(白書)** ***

정부가 정치·외교·경제 등 각 분야에 대해 분석하고 전망하여 그 내용을 국민에게 알리기 위한 보고서이다. 1920년대에 영국 정부가 외교 정책을 알리는 보고서 표지 색에서 비롯되었다.

□ **국정감사** **

국정감사는 국회가 국정 전반에 대한 조사를 행하는 것을 말한다. 이는 국회가 입법 기능뿐만 아니라 정부를 감시하고 비판하는 기능을 가지고 있는 것에서 인정된 것이다. 헌법과 국정 감사 및 조사에 관한 법률에서 정하고 있는 '국정'의 개념은 의회의 입법 작용뿐만 아니라 행정·사법을 포함하는 국가 작용 전반을 의미한다. 여기서 개인의 사생활이나 신앙 같은 사적사항은 제외된다. '국정'은 국정감사, 국정조사의 대상이 되며 국정감사는 국정의 전반, 국정조사는 국정의 특정사안을 대상으로 하게 된다. 현재 국정감사는 소관 상임위원회별로 매년 정기국회 집회일 이전의 감사 시작일 부터 30일 이내의 기간을 정하여 감사를 시행한다. 본회의 의결에 의해 정기회 기간 중에 감사를 실시 할 수 있다. 감사, 조사의 대상기관은 국가기관, 특별시, 광역시, 도, 정부투자기관, 한국은행 등, 그리고 본회의가 특히 필요하다고 의결한 감사원의 감사 대상기관이다.

□ **국정조사권(國政調査權)** ***

국회가 특정한 국정사안에 관한 조사를 할 수 있는 권한이다. 국회의원의 4분의 1 이상이 요구할 경우 국회는 조사 사안에 대한 특별위원회를 구성하거나 해당 상임위에서 조사위원회를 구성하며, 조사위 의결로 국회폐회 중에도 활동할 수 있다. 그 범위는 안건의 심의와 직접 관련된 보고, 서류의 제출 요구, 참고인의 출석요구 등에 국한된다.

□ **국민연금** ***

보험원리에 따라 운영되는 대표적인 사회보험제도로, 즉 가입자, 사용자로부터 정률의 보험료를 받고, 이를 재원으로 사회적 위험에 노출되어 소득이 중단되거나 상실될 가능성이 있는 사람들이 다양한 급여를 받을 수 있는 제도이다. 노령으로 인한 근로소득 상실을 보전하기 위한 노령연금, 주소득자의 사망에 따른 소득상실을 보전하기 위한 유족연금, 질병 또는 사고로 인한 장기근로능력 상실에 따른 소득상실을 보전하기 위한 장애연금 등이 있다. 공무원, 군인, 사립학교 교직원을 제외한 18세 이상 60세 미만 국내거주국민은 강제가입을 채택하고 있다.

더 알아보기

사회보장제도 … 다양한 사회적 위험으로부터 모든 국민을 보호하여 빈곤을 해소하고 국민생활의 질을 향상시키기 위해 국가가 마련한 제도적 장치를 사회보장제도라고 한다. 우리나라에서 시행되고 있는 대표적인 사회보장제도는 국민연금, 건강보험, 산재보험, 고용보험, 노인장기요양보험 등과 같은 사회보험제도, 기초생활보장과 의료보장을 주목적으로 하는 공공부조제도인 국민기초생활보장제도, 그리고 노인·부녀자·아동·장애인 등을 대상으로 제공되는 다양한 사회복지서비스 등이 있다.

□ **당 3역(黨三役) ***

한 정당의 중추적인 실력자, 즉 사무총장, 원내대표, 정책심의회의장을 가리킨다.

□ **책임총리제 ****

한국은 대통령제를 채택하면서도 부통령 대신 국무총리라는 직책을 두고 있다. 헌법상 국무총리는 국정의 2인자로 행정부를 통괄하고, 국무회의 부의장으로서 국무위원의 임명·제청권, 해임 건의권 등을 행사할 수 있다. 책임총리제는 이러한 현실을 지양하고 대통령과 총리가 업무를 구체적으로 명료히 분담해 수행하는 분권형 국정운영체제의 일환이다.

□ **레퍼랜덤(Referendum) ***

일반적으로 헌법의 규정에 따라 국민이 입법 과정에 직접 참여하는 경우를 말한다.

□ **출구조사(Exit Poll) ****

투표를 마치고 나오는 유권자를 대상으로 면접 조사하여 투표자 분포 및 정당·후보자별 지지율 등의 정보를 얻는 선거여론조사를 말한다. 우리나라는 텔레비전, 라디오, 일간신문사에 한하여 투표소 50m 밖에서 출구조사를 허용하고 있다. 투표 마감 후 결과가 공표되어 선거 결과를 가장 빠르게 예측할 수 있다.

□ **컨벤션 효과(Convention Effect) *****

전당대회나 경선대회 같은 정치 이벤트에서 승리한 대선후보 또는 해당 정당의 지지율이 전에 비해 큰 폭으로 상승하는 효과를 의미하는 것으로, 전당대회 효과라고도 한다.

□ **중우정치(衆愚政治) ***

다수의 민중에 의해 지배되는 민주정치가 그 조직이 민주적일지라도 반드시 선정이 베풀어지는 것은 아니라는 뜻으로, 아리스토텔레스(Aristoteles)가 민주정치의 결함을 비꼬아서 한 말이다.

□ **민주정치(民主政治) ***

자유와 평등을 기반으로 한 국민에 의한 통치형태를 말한다. 기본적 인권 또는 다수결원칙, 법치주의 등을 그 속성으로 하며 국민이 직접 정치에 참가하는 직접민주제와 국민의 대표에 의해 통치하는 간접민주제가 있으나, 모두 의회제와 권력분립 등을 수반하는 국민의 정치참여를 뜻한다.

더 알아보기
_____

- **직접민주정치** : 순수민주정치라고도 하며, 국민이 대표자를 통하지 않고 직접 국가의사를 결정하는 제도를 말한다. 이 제도는 국민발안(InitiaTive)·국민투표(Referendum)·국민소환(Recall) 등의 형태로 나타나며, 현재 미국의 일부 주와 스위스의 Coaton에 있어서의 인민집회를 제외하고는 그 예가 드물다.
- **간접민주정치** : 대표민주정치라고도 하며, 대표자를 통해 국민의 의사가 간접적으로 정치에 반영되는 제도로서 내각책임제와 대통령중심제의 두 가지 형태가 있다.

□ 투키디데스 함정(Thucydides Trap) *

기존 패권국가와 빠르게 부상하는 신흥 강대국이 결국 부딪칠 수밖에 없는 상황을 의미한다. 원래 아테네와 스파르타의 전쟁에서 유래한 말이며 최근 미국과 중국의 상황을 설명하는 데 쓰여 주목받고 있다.

□ 대선거구제(大選擧區制) **

한 선거구에서 다수(보통 5인 이상)의 대표를 선출하는 제도이다. 이 제도는 전국적으로 큰 인물이 당선되기 쉬운 장점이 있으나, 선거구가 너무 넓어서 후보자의 인물·식견을 판단하기 어렵고 비용이 많이 드는 단점이 있다.

더 알아보기

- 중선거구제(中選擧區制) : 한 선거구에서 2 ~ 4명의 대표자를 선출하는 제도이다. 우리나라는 자치구·시·군의원 선거에서 채택한다.
- 소선거구제(小選擧區制) : 한 선거구에서 한 사람의 대표를 선출하는 제도이다. 선거구가 작기 때문에 선거관리와 투표가 간단하고 비용이 비교적 덜 들며, 선거인이 후보자를 잘 알 수 있는 동시에 정국이 안정되기 쉬운 장점이 있다. 우리나라는 지역구 국회의원 및 시·도의원 선거에서 채택하고 있다.

□ 뒤베르제의 법칙 ***

최다득표제 국가에서는 대체로 양당체제가 나타난다는 법칙으로, 이 법칙에 따르면, 소선거구제는 양당체제를 낳으며, 비례대표제는 다수 정당체제를 낳는다. 즉, 최다득표제를 선거제도로 채택하는 국가에서는 소수정당은 의석을 얻을 수 없고 두 개의 주요 정당이 남는다는 뜻이다. 심리적으로 소수정당을 지지하는 유권자는 사표를 만들지 않기 위해서 당선확률이 높은 당에 투표하는 경향이 있기 때문에 이와 같은 특징이 나타난다.

□ 캐스팅보트(Casting Vote) **

의회의 표결에 있어서 가부동수(可否同數)인 경우 의장이 던지는 결정권 투표나, 2대 정당의 세력이 거의 같을 때 그 승패를 결정하는 제3당의 투표를 말한다. 우리나라는 가부동수일 때 부결로 간주한다.

□ 일대일로(一帶一路) *

중국에서 출발하여 아시아와 유럽 대륙을 연결하는 거대 프로젝트로, 2013년 시진핑 중국 국가 주석이 중앙·동남아시아 순방에서 제시한 '신(新) 실크로드 전략'을 지칭한다. 이 프로젝트는 중국에서 중앙아시아, 동남아, 중동 등 지역을 거쳐 유럽에 이르는 지역을 육로와 해로로 연결해 관련국과 경제협력을 강화하는 사업이다. 중앙아시아와 유럽을 잇는 육상 실크로드(일대)와 동남아시아와 유럽, 아프리카를 연결하는 해상 실크로드(일로)를 말한다.

□ 재팬 패싱 *

일본 소외, 일본 배제라는 뜻으로 최근 한반도를 둘러싼 국제 정세에서 일본이 빠진 채 논의하는 현상을 뜻하는 용어이다.

□ **쿼드 플러스(Quad Plus)** **

미국, 인도, 일본, 호주 4개국이 참여하는 비공식 안보회의체 쿼드에 한국과 베트남, 뉴질랜드 3개국을 더한 구상을 말한다.

□ **선거권(選擧權)** **

국가기관으로서의 국민이 각종 공무원을 선임하는 권리로서 선거에 참여할 수 있는 지위 또는 자격을 말한다. 우리나라의 경우 선거권을 갖는 요건으로는 대한민국 국민이어야 하고, 선거일 현재 19세 이상이어야 한다. 소극적 요건으로는 금치산 선고를 받지 않았어야 하며, 금고 이상의 형을 선고받고 그 집행이 종료된 상태여야 하며, 선거범, 정치자금부정수수죄 및 선거비용관련 위법행위에 관한 벌칙에 규정된 자 또는 대통령·국회의원·지방의회의원·지방자치단체의 장으로서 그 재임 중의 직무와 관련하여 수뢰·사전수뢰 내지 알선수뢰, 알선수재에 규정된 죄를 범한 자로서 100만 원 이상의 벌금형을 선고받고 그 형이 확정된 후 5년 또는 형의 집행유예 선고를 받고 그 형이 확정된 후 10년 이상이 경과되어야 하고, 법원의 판결 또는 다른 법률에 의하여 선거권이 정지 또는 상실되어서도 안된다.

더 알아보기

- **피선거권** : 선거에 의해 일정한 공직에 취임할 수 있는 자격으로 단순히 입후보할 수 있는 자격과는 구별되고, 그 요건은 선거권보다 더욱 엄격한 자격을 요구한다.
- **대통령** : 선거일 현재 5년 이상 국내에 거주하고 있는 40세 이상의 국민
- **국회의원** : 선거일 현재 25세 이상의 국민
- **지방의회의원 및 지방자치단체장** : 선거일 현재 계속하여 60일 이상 당해 지방자치단체의 관할구역 안에 주민등록이 되어 있는 주민으로서 25세 이상의 국민

□ **사전투표** *

사전투표(事前投票) 또는 조기투표(早期投票)라고도 하며, 유권자가 지정된 선거일 이전에 투표를 할 수 있도록 하는 제도를 말한다. 우편을 통하거나, 사전투표를 위해 지정된 투표소에서 실시하며, 실시 방법과 기간은 관할 기관과 선거의 종류에 따라 다르다. 사전투표는 통상적으로 투표 참여율을 높이고, 선거 당일의 투표소 혼잡을 막기 위해 시행한다. 사전투표는 선거 기간 동안 투표 장소를 벗어난 곳에 있다거나, 투표 업무 종사자, 선거 운동원, 의료 일정 등의 사유로 인하여 선거일에 선거를 할 수 없는 유권자의 선거를 위해 도입되었다. 사전투표는 기존의 부재자투표의 편의성을 높이기 위해 수정 도입된 것이다. 사전투표는 사전신고를 하지 않아도 되고, 투표소는 관할 구역 안의 읍·면·동마다 설치된다. 선거일 전 5일부터 2일간 선거가 진행되며 투표용지는 사전투표소에서 인쇄로 교부한다. 투표시간은 기존 부재자 투표와 동일한 오전 6시부터 오후 6시까지다.

□ **게리맨더링(Gerrymandering)** ***

선거구를 특정 정당이나 후보자에게 유리하게 인위적으로 획정하는 것을 말한다. 이것은 1812년 미국의 게리(Gerry)라는 매사추세츠 주지사가 자기의 소속 정당에 유리하게 선거구를 획정한 결과 샐러맨더 (Salamander : 희랍신화 속의 도롱뇽)와 비슷한 기형의 선거구가 된 데서 유래되었다.

□ **보궐선거** ***

대통령이나 국회의원, 지역구 의원 등이 그 임기 중에 사직·사망·실격함으로 인해 궐석(闕席)이 생길 경우, 그 자리를 보충하기 위하여 그 구역에 한해 실시하는 선거이다. 당선자는 전임자의 잔임기간만 재임하며, 보결선거(補缺選擧)라고도 한다.

더 알아보기

- **재선거** : 선거 자체에 문제가 있는 경우, 당선자가 없는 경우 다시 한 번 치르는 선거를 말한다.
- **총선거** : 의회를 처음으로 구성하거나 전원을 경신하기 위해 실시하는 선거를 말한다.
- **지방선거** : 지방 자치법에 따라 지방의회 의원 및 장을 뽑는 선거이다.

□ **메리토크라시(Meritocracy)** **

출신이나 가문 등이 아닌 실적과 능력에 따라 지위 및 보수가 결정되는 체제를 말한다. 능력주의, 실력주의라고도 하며 아리스토크라시(Aristocracy)에 상응하는 개념이다.

□ **로그롤링(Logrolling)** **

선거를 도와주고 그 대가를 받거나 이권을 얻는 행위를 의미한다. 원래는 '통나무 굴리기'라는 뜻으로, 서로 협력하여 통나무를 모은다든가 강물에 굴려 넣는 놀이에서 유래되었다.

□ **마타도어(Matador)** **

출처를 위장하거나 밝히지 않는 선전으로 흑색선전의 의미로 정치권에서 널리 쓰인다. 근거 없는 사실을 조작하여 상대를 중상모략하는 행위를 뜻한다. 스페인어 'Matador(마따도르)'에서 유래하였으며, 붉은 천으로 투우를 유인하여 마지막에 정수리를 찌르는 '투우사(Bullfighter)'를 지칭한다.

□ **매니페스토(Manifesto)** **

선거 시에 목표와 이행 가능성, 예산 확보의 근거를 구체적으로 제시한 유권자에 대한 공약을 말한다. 공약의 달성 가능성(Achievable), 검증 가능성(Measurable), 구체성(Specific), 타당성(Relevant), 기한 명시(Timed)의 다섯 가지를 평가 기준으로 삼는다. 또 공약의 지속성(Sustainability), 자치력 강화(Empowerment), 지역성 (Locality), 후속조치(Following)의 첫 글자를 딴 SELF지수도 평가 기준으로 삼는다. 이 지표는 대체로 유권자와 밀접한 지방선거에서 의의를 둔다.

□ 플레비사이트(Plebiscite) *

직접민주주의의 한 형태로 국민이 국가의 의사결정에 참여하는 제도로 일종의 국민투표이다. 최고통치자가 권력의 계속유지와 관련해 신임을 물을 경우 채택하는 등 주로 항구적인 정치상태를 창출하는 데 쓰인다. 특정인의 통치나 영토의 변경에 대하여 임의적으로 국민의 표결에 부치는 것이다.

□ 초치 **

상대국 때문에 문제가 발생한 경우 상대국 외교관을 외교 당국 사무실로 불러내어 항의하는 것을 말한다.

더 알아보기

- **아그레망** : 외교 사절을 파견할 때 상대국에게 얻는 사전 동의를 말한다.
- **페르소나 그라타** : 외교 사절을 받아들이는 국가에서 호의를 가지고 받아들이는 사람을 말한다.
- **페르소나 논 그라타** : 외교 사절을 받아들이는 국가에서 받아들이기를 기피하는 사람을 말한다.

□ CVID(Complete, Verifiable, Irreversible Dismantlement) **

완전(Complete)하고, 검증가능(Verifiable), 불가역적인(Irreversible) 핵폐기(Dismantlement)를 의미하는 말로, 미국 부시 대통령이 북핵문제에 대한 미국의 목표를 천명할 때 사용한 표현이다. 북한 핵개발 프로그램을 복구 불가능한 상태로 만들어야 한다는 의미로, 미국은 북핵 6자회담에서도 CVID 방식의 핵문제 해결을 북한에 요구하였다.

더 알아보기

북한 비핵화 원칙

구분	내용
FFVD (Final, Fully Verified Denuclearization)	• 최종적이고 완전히 검증된 비핵화 • 2018년 7월 마이크 폼페이오 국무장관의 3차 방북에 앞서 미국 국무부가 제시한 개념
CD (Complete Denuclearization)	• 완전한 비핵화 • 2018년 6월 12일 싱가포르에서 있었던 트럼프 대통령과 김정은 위원장 간의 북미정상회담에서 공동성명에 명시된 개념
PVID (Permanet, Verifiable, Irreversible Peace)	• 완전하고 검증 가능하며 되돌릴 수 없는 핵 폐기 • 마이크 폼페이오 미 국무장관이 2018년 5월 취임 시 언급한 개념
CPD (Complete and Permanent Dismantlement)	• 완전하고 영구적인 폐기 • 북한 핵무기를 비롯하여 생화학무기와 탄도미사일을 완전하고 영구적으로 폐기한다는 의미
CVID (Complete, Verifiable, Irreversible Dismantlement)	• 완전하고 검증가능하며 되돌릴 수 없는 핵폐기 • 조지 부시 행정 1기에 북한 핵문제를 해결하고자 수립된 원칙
CVIG (Complete, Verifiable, Irreversible Guarantee)	• 완전하고 검증 가능하며 되돌릴 수 없는 안전보장 • 마이크 폼페이오 미 국무장관이 김정은 북한 국무위원장과 논의해 CVID에 대한 안전보장 방안으로 제시한 개념
CVIP (Complete, Verifiable, Irreversigle Peace)	• 완전하고 검증 가능하며 되돌릴 수 없는 평화 • 북한 비핵화와 함께 미국이 북한의 체제를 보장할 경우 한반도에 완전한 평화가 찾아온다는 의미

□ **외교행낭** **

본국과 재외공관 사이에 문서 및 공용물품을 주고받기 위해 사용되는 문서 발송 가방으로, 외교관계에 관한 비엔나 협약27조로 국제법상 각국의 권리로 인정되었다. 우리 정부는 인도 현지 한인회의 요청에 따라 산소발생기대를 외교 행낭으로 보낸 바 있다.

□ **대사** ***

국가를 대표하여 외교교섭을 행하기 위하여 외국에 파견되는 외교사절의 제1계급으로, 특명전권대사의 약칭이며, 전권대사라고도 한다. 대사는 경력직 공무원인데 그중 특정직 공무원으로서 국가의 원수로부터 다른 국가의 원수에게 파견된다.

더 알아보기

- **공사** : 국가를 대표하여 외교교섭을 하기 위해 외국에 파견되는 제2급 외교사절로, 특명전권공사의 약칭이다. 그 아래에 변리공사 · 대리공사가 있다.
- **영사** : 자국의 통상과 국민보호를 위해 외국에 파견하는 공무원을 말한다. 본국에서 파견되는 파견영사와 다른 나라에 거주하는 사람 중에서 선임되는 명예영사(선임영사)가 있다.

□ **국민권익위원회** *

불합리한 행정으로 국민의 권익침해가 발생한다면 이를 신속하게 해결하고 부패행위를 효과적으로 예방하기 위한 목적으로 국가청렴위원회, 국민고충처리위원회, 국무총리 행정심판위원회의 3개 기관을 통합하여 2008년 2월 29일 출범하였다.

□ **행정규칙** **

행정기관의 독자적인 권한으로 정립하는 일반 · 추상적인 규범으로, 법규의 성질을 가지지 않기 때문에 행정명령이라고도 한다. 조직규칙, 근무규칙, 영조물 규칙, 훈령, 지시, 예규 등이 있다.

□ **행정주체** **

행정권을 행사하고 법적 효과를 궁극적으로 귀속되는 당사자를 의미한다. 행정법 관계에서는 행정권의 담당자인 당사자를 행정주체라고 한다. 국가는 시원적으로 행정권을 가지고 있는 행정주체이며, 공공단체는 국가로부터 존립 목적을 부여 받아 행정목적을 수행하는 공법인에 해당한다. 이외에도 공공조합, 영조물 법인, 공법상 재단 등이 있다.

□ **행정객체** **

행정주체의 상대방으로 행정권의 발동대상이 되는 자를 의미한다. 공공단체와 사인은 모두 행정객체가 될 수 있지만 국가는 시원적 권리주체로 행정객체가 될 수 없다.

□ **국빈방문(State Visit)** **

가장 격식이 높은 방문으로, 국가 원수가 외국 국가 원수의 공식 초청을 받아 방문하는 일을 말한다. 초청국의 요청으로 성사되는 것이 아니라 양 국가 간 사전 협의를 통해 이루어진다. 정상 방문 규모에 따라 공식방문(Official Visit), 공식 실무방문(Official Working Visit), 실무방문(Working Visit), 사적방문(Private Visit)로 구분할 수 있다.

더 알아보기

해외정상 방문

구분	내용
국빈방문	• 대통령의 공식 초청에 의한 외국 국가 원수의 방문 • 재임국가별 1회로 제한(해당 원수 재선 시 재차 국빈 방문 가능)
공식방문	대통령 명의의 초청으로 이뤄진 정상이나 행정부 수반의 방문
공식실무방문	공식 초청에 의한 것이나 국빈 또는 공식방문이 아닌 방문
실무방문	공식 초청장을 발송하지 않았지만 공무 목적의 방문
사적방문	휴양 등 개인적 목적으로 방문

02 법률

□ **공무담임권** ***

공직에 임명될 수 있는 공직취임권과 피선거권을 포함한 권리이다. 즉 임명직 공무원에서는 피임용될 권리를 말하며 선거직 공무원에서는 피선거권을 의미한다. 헌법은 모든 국민에게 법률이 정하는 바에 의하여 주권자가 국가기관이 될 수 있도록 한다. 따라서 공무담임권은 입법·사법·행정·지방자치단체·공공단체 등 일체의 직무를 담당할 수 있는 국민의 기본권으로, 피선거권보다 넓은 범위의 개념이다.

□ **공수처법** *

정식 명칭은 고위공직자비리수사처 설치 및 운영에 관한 법률안으로 2020년 8월 4일 국회 본회의를 통과했다. 이 법안은 공수처장 인사청문 근거 규정 마련을 위한 인사청문회법, 국회법 개정안, 공수처장 후보 추천위원회 운영규칙 제정안 등 공수처 후속 3법을 말한다. 고위공직자 등의 범죄행위를 상시적으로 수사·기소할 수 있는 고위공직자비리수사처를 설치하여 고위공직자 등의 부정부패와 권력남용을 방지함을 목적으로 한다. 이 법안에서 규정하고 있는 고위공직자란 차관급 이상의 공무원 및 국가공무원법에 따른 고위공무원단에 속하는 공무원, 국회의원, 지방자치단체의 장, 법관 및 검사, 교육감, 준장급 이상의 장교, 경무관급 이상의 경찰공무원 등으로 해당 직에서 퇴임한 날로부터 3년이 지나지 아니한 자를 포함한다.

□ **국민참여재판(國民參與裁判)** **

2008년 1월 1일부터 시행된 한국형 배심원 재판제도를 말한다. 배심원은 만 20세 이상의 대한민국 국민으로 해당 지방법원 관할구역에 거주하는 주민 중 무작위로 선정돼 법적 구속력이 없는 평결을 내리고, 선고 형벌에 대해 토의하는 등의 재판 참여의 기회를 갖는다. 2008년 2월 12일 대구지방법원에서 처음 열렸다. 국민참여재판은 형사재판으로 특수공무집행방해치사, 뇌물, 배임수재, 특수강도강간의 사건들에 적용되며, 배제결정이 있거나 피고인이 원하지 않을 경우 해당하지 않는다. 법정형이 사형·무기징역 등에 해당할 경우 9명, 그밖의 사건은 7명, 피고인·변호인이 공소사실의 주요 내용 인정 시엔 5명으로 하며, 5명 이내의 예비 배심원을 둔다. 판사가 배심원과 다른 선고를 할 경우, 판사가 피고인에게 배심원의 평결 결과를 알리고, 다른 선고를 한 이유를 판결문에 밝힌다.

□ **국민소환제** *

부적격한 국회의원을 임기 전 파면할 수 있도록 하는 제도를 의미한다. 일정 기준 이상의 유권자가 지역구·비례대표 국회의원에 대한 국민소환투표에 찬성하면, 투표가 진행되고 그 결과에 따라 해임이 가능하다. 국민의 손으로 선출된 대표를 다시 국민의 손으로 내칠 수 있다는 것으로 '국민파면' 혹은 '국민해직'이라고도 한다.

□ **헌법(憲法)** ***

헌법은 국가의 통치조직과 통치의 기본원리 그리고 국민의 기본권을 보장하는 법이다. 형식적 의미의 헌법은 성문헌법으로서 규정되어 있는 내용과 관계없이 헌법이라는 이름을 가진 규범을 말하며, 영국과 같은 불문헌법 국가에서는 형식적 의미의 헌법이 존재하지 않는다. 우리나라는 성문헌법 · 민정헌법 · 경성헌법으로서 국민주권주의, 자유민주주의, 복지국가의 원리, 국제평화주의, 조국의 평화적 통일의 지향 등을 기본으로 한다.

• 헌법의 개정절차

절차	내용
제안	대통령 : 국무회의 심의, 국회의원 : 재적 과반수
공고	대통령이 공고, 20일 이상
국회의결	공고된 날로부터 60일 이내, 재적의원 3분의 2 이상 찬성
국민투표	국민투표로 확정, 국회의원 선거권자 과반수의 투표와 투표자 과반수의 찬성, 국회의결 후 30일 이내
공포	대통령의 공포, 즉시 공포(거부권 없음)

• 헌법의 개정과정

시기	주요 내용	공화국
제1차(1952)	대통령직선제, 국회양원제	제1공화국 (대통령제)
제2차(1954)	초대대통령 중임제한 철폐, 국민투표제 채택	
제3차(1960)	내각책임제, 대법원장 · 대법관선거제	제2공화국 (의원내각제)
제4차(1960)	반민주행위자 · 부정축재자 · 부정선거관련자 처벌을 위한 소급입법의 근거인 헌법 부칙 마련	
제5차(1962)	대통령제, 단원제, 법원에 위헌법률심사권 부여	제3공화국 (대통령제)
제6차(1969)	대통령 3선 취임 허용, 대통령 탄핵소추요건 강화	
제7차(1972)	통일주체국민회의 신설, 대통령 권한 강화, 국회 권한 조정, 헌법 개정 절차 이원화	제4공화국 (유신헌법)
제8차(1980)	대통령 간선제, 단임제(7년), 구속적부심 부활, 연좌제 금지, 국정조정권 부여, 헌법 개정 절차 일원화	제5공화국 (대통령제)
제9차(1987)	대통령 직선제, 단임제(5년), 국정조사권 부활로 국회 권한 강화, 비상조치권 국회 해산권 폐지로 대통령 권한 조정	제6공화국 (대통령제)

□ **헌법소원(憲法訴願)** **

공권력의 행사 또는 불행사에 의해 헌법상 보장된 기본권을 침해당했다고 생각되는 개인이나 법인이 권리를 되찾기 위해 헌법재판소에 그 심판을 요구하는 것을 말한다. 이때의 공권력에는 입법 · 사법 · 행정이 모두 포함되는 것이 원칙이지만, 현행 「헌법재판소법」 법원의 판결을 대상에서 제외하고 있어 법원의 판결을 뒤엎는 헌법소원을 낼 수는 없다.

□ **헌법재판소(憲法裁判所)** ***

헌법에 관한 분쟁 또는 의의(疑義)를 사법적으로 풀어나가는 재판소로, 1960년 제2공화국 헌법에 헌법재판소 설치가 규정되었으나 무산되고, 1987년 10월 말 공포된 개정 헌법에서 헌법위원회가 헌법재판소로 바뀌어 1988년 최초로 구성되었다. 헌법재판소는 대통령·국회·대법원장이 각각 3명의 위원을 선임해 9인의 재판관으로 구성되고 대통령이 국회의 동의를 얻어 재판관 중에서 위원장을 임명한다. 헌법재판소는 법원의 제청에 의한 법률의 위헌여부 심판, 탄핵의 심판, 정당의 해산 심판, 국가기관 상호 간과 국가기관과 지방자치단체 간 및 지방자치단체 상호 간의 권한쟁의에 관한 심판, 법률이 정하는 헌법소원에 관한 심판을 담당한다.

□ **위헌제청(違憲提請)** **

소송을 진행 중인 소송당사자가 당해 사건에 적용될 법률이 헌법에 위반된다고 주장하거나 법원의 직권에 의해 헌법재판소에 위헌법률심판을 제청하는 제도이다. 위헌제청의 대상은 대한민국의 모든 법률·긴급명령·조약 등이고, 대상이 되지 않는 것은 명령·규칙·조례·관습법 등이다. 법원이 위헌법률심판을 제청한 때에는 당해 소송사건은 정지되나 법원이 긴급하다고 인정하는 경우, 종국재판 외의 소송절차 진행이 가능하다. 위헌제청신청을 기각하는 결정에 대하여는 민사소송에 의한 항고나 재항고를 할 수 없다. 헌법재판소의 결정이 내려지면 제청법원은 그 결정에 따라 중단된 소송절차를 속개한다.

□ **죄형법정주의(罪刑法定主義)** ***

어떤 행위가 범죄가 되고 또 그 범죄에 대해 어떠한 처벌을 할 것인가를 미리 법률로써 명문화시켜야 한다는 원칙이다. 이 원칙은 현대형벌제도의 기초이며, 국가권력의 남용을 방지하여 국민의 자유와 인권을 보장하려는 데에 그 목적이 있다. 관습형법금지의 원칙, 소급효금지의 원칙, 명확성의 원칙, 유추해석금지의 원칙, 적정성의 원칙을 내용으로 한다.

□ **법조브로커(Law Broker)** *

변호사, 법무사의 법률 서비스 업무에 대해 중개를 해 주는 알선업자를 말한다. 호주와 뉴질랜드에서는 비법률가의 법조브로커가 합법이다. 한국에서는 변호사와 법무사만이 법률사무에 대한 알선, 중개를 유료로 할 수 있고, 비법률가의 알선 중개는 변호사법 위반으로 형사 처분된다.

□ **경제활성화법안** **

경제 관련 2개 법률안, 노동 관련 5개 법률안 등의 7개 법안에 고용노동부 지침 2개를 포함하여 포괄적으로 이르는 용어이다. 경제 관련 법률안은 기업활력제고특별법(원샷법)과 서비스산업발전기본법이며, 노동 관련 5개 법률안은 근로기준법·고용보험법·산업재해보험법·기간제 및 단시간근로자 보호 등에 관한 법률·파견근로자보호 등에 관한 법률의 일부 개정안을 이른다.

□ 알선수재죄 **

돈이나 물건의 대가를 받고 다른 사람의 업무처리에 관한 것을 잘 처리해 주도록 중간에서 알선한 경우 성립하는 죄. 처벌규정은 형법상 알선수뢰죄, 특정범죄가중처벌법상 알선수재죄, 특정경제범죄가중처벌법상 알선수재죄 등 3가지 규정이 있다. 형법상 알선수뢰죄는 공무원이 지위를 이용, 다른 공무원의 직무처리에 직·간접 영향을 미쳤을 때 적용된다. 이는 다른 공무원의 직무처리에 영향을 미친다는 점에서 공무원 자신의 직무에 관한 청탁을 받는 뇌물죄와 다르다. 또 특정범죄가중처벌법상 알선수재죄는 공무원이 아니더라도 공무원처럼 영향력을 행사할 수 있는 사람이 공무원의 직무에 대해 알선하고 돈을 받았을 경우에 적용되며, 특정경제범죄가중처벌법상 알선수재죄는 알선대상이 공무원이 아니라 금융기관일 경우 적용된다.

□ 집단소송제 *

기업의 허위공사·분식결산 등으로 피해를 입은 투자자가 손해배상청구소송을 제기해 승소하면 같은 피해를 입은 다른 사람들도 별도의 재판절차 없이 동일한 배상을 받을 수 있도록 하는 제도이다. 원래 집단소송제는 파산·제조물책임·환경·시민권·소비자취업차별 등 광범위한 사안에 대해 적용되는 것이지만, 우리 정부는 증권거래와 관련된 사안에 대해서만 도입하였다. 구체적으로는 유가증권신고서와 공개매수신고서의 허위·부실기재, 사업보고서 및 반기·분기보고서의 허위·부실기재, 수시공시와 조회공시사항의 허위·부실공시 등이다. 대표소송제와 혼동되는 경우가 많은데 대표소송제는 회사를 대표해 경영진을 대상으로 제기하는 소송으로 승소 시 보상금도 회사로 돌아가는 반면, 집단소송제는 피해를 본 투자자들이 직접 보상받는다.

□ 원샷법 ***

기업들이 인수합병(M&A) 등 사업 재편을 쉽게 할 수 있도록 상법·세법·공정거래법 등의 관련 규제를 특별법으로 한 번에 풀어주는 법이다. 정식 명칭은 '기업활력제고를 위한 특별법'이다. 발의된 제정안은 그동안 지주회사의 선제적 구조조정을 가로막았던 계열사 출자 제한 규정 등을 완화하는 내용을 담고 있다. 원샷법 지원 대상은 과잉공급 업종으로 제한된다.

□ 특별검사제(特別檢事制) **

정치적 중립성을 지키기 위하여 고위 공직자의 위법 혐의나 비리가 발견되었을 때 수사와 기소를 행정부로부터 독립된 변호사가 담당하게 하는 제도이다. 미국에서 먼저 정착되었으며, 우리나라의 경우 1999년 옷로비 사건에 특별검사제를 처음 도입하였고, 대북 송금에 관한 조사를 조사하기 위하여 실시하였다.

□ 플리 바겐(Plea Bargain) **

사전형량조정제도를 말한다. 유죄를 인정하는 대신 형량을 경감을 받는 것으로 '플리 길티(Plea Guilty)'라고도 한다. 우리나라의 경우 플리 바겐에 대한 법적 근거는 없으나 기소에 대한 검사의 재량을 폭넓게 인정하는 기소편의주의와 기소독점주의를 채택하고 있어 수사의 형태가 암묵적으로 플리 바겐과 비슷하게 이루어지고 있다. 뇌물사건이나 마약범죄 등의 수사에 주로 활용된다.

□ **사면(赦免)** ***

대통령의 고유권한으로, 형의 집행을 면제해주거나 형 선고의 효력을 없애주는 조치를 말한다. 특정 죄목에 대해 일괄적으로 처벌을 면해주는 일반사면과 사면의 대상을 일일이 정해 취해지는 특별사면의 두 가지가 있다. 특별사면은 다시 가석방 또는 복역 중인 피고인의 남은 형 집행을 면제해주는 조치인 잔형집행면제, 집행유예를 받은 사람에게 형의 선고를 없었던 일로 해주는 형선고실효 두 가지 방법이 있다. 또 행정처분취소는 경찰청 등 행정기관의 처분을 면해주는 조치이며, 징계사면은 말 그대로 징계를 받은 사실을 없던 일로 하는 것이다. 파면이나 해임을 뺀 정직, 견책, 감봉을 받은 전·현직 공무원들의 징계기록이 없어지고 호봉승급 등 인사상의 불이익을 받지 않게 된다.

□ **복권(復權)** *

상실된 특정 권리·자격을 회복시키는 것으로 헌법 및 사면법상 대통령의 명에 의해, 형법에 의한 형의 선고, 파산법에 의한 파산선고로 상실 또는 정지된 자격을 회복시키는 것이다. 복권은 형의 집행을 종료하거나 집행면제를 받은 자에 한해서만 행해지는 것인데, 형의 선고에 의한 기성의 효과는 복권이 되어도 변경되지 않는다. 일반복권은 대통령령으로 하고, 특정한 자에 대한 복권은 대통령이 행하되 법무장관의 상신과 국무회의의 심의를 거쳐야 한다. 특별복권은 검찰총장의 신청으로, 형의 집행종료일 또는 집행이 면제된 날로부터 3년이 경과된 자에 대해 법무부장관의 상신을 거쳐 대통령이 행한다.

□ **소멸시효(消滅時效)** *

권리를 행사할 수 있음에도 불구하고 권리를 행사하지 않는 상태가 일정 기간 계속된 경우 권리소멸의 효과를 인정하는 제도를 말한다. 시효제도(時效制度)는 사회질서의 안정, 채증(採證)의 곤란 등의 이유로 인정되고 있으나 점유권, 일정한 법률관계에 필연적으로 수반되는 상린권, 담보물권 등은 소멸시효에 걸리지 않는다.

□ **유추해석(類推解釋)** *

어떠한 사항을 직접 규정한 법규가 없을 때 그와 비슷한 사항을 규정한 법규를 적용하는 법의 해석을 말한다. 형법에서는 죄형법정주의의 원칙상 금지된다.

더 알아보기

법의 해석에는 크게 유권해석과 학리해석(무권해석)이 있다. 유권해석은 해석하는 기관에 따라 입법해석·행정해석·사법해석으로 구별되고, 학리해석은 문리해석·체계해석·논리해석으로 구별된다. 유추해석은 논리해석에 해당하며, 논리해석에는 확장해석·축소해석·반대해석 등이 있다.

□ **초상권(肖像權)** ***

자기의 얼굴이나 모습이 함부로 그림으로 그려지거나 사진으로 촬영당하지 아니할 권리, 또는 자기의 그림이나 사진이 함부로 신문·잡지 및 서적 등에 게재당하지 아니할 권리를 말한다.

□ **감청영장(監聽令狀)** *

수사기관에서 공공연하게 이루어졌던 도청을 엄격히 금지하고 수사상 필요할 때에만 제한적으로 피의자 등의 통화내용을 엿들을 수 있게 한, 일종의 '합법화된 도청'을 말한다. 1993년 12월 제정된 「통신비밀보호법」에 도입해 1994년 6월부터 시행되었다.

□ **위임명령(委任命令)** *

법률 또는 상위명령에 의하여 위임된 사항을 규정하는 법규명령을 말하는 것으로, 수탁된 범위 내에서는 새로이 개인의 권리·의무에 관한 사항, 즉 법률사항에 관하여 규정할 수 있다.

더 알아보기

집행명령(執行命令) ··· 일반적으로 시행령 혹은 시행규칙이란 이름으로 많이 쓰이는 것으로, 법률을 집행하기 위하여 필요한 세칙(細則)을 정하는 명령을 말한다. 명령은 법률의 위임에 의한 경우 외에는 집행명령으로서만 허용된다.

□ **심급제도(審級制度)** *

심급을 달리하는 법원에서 두 번 또는 세 번까지 재판을 받을 수 있게 하는 제도로서, 국민의 자유와 권리보호에 신중을 기하고 공정하고 정확한 재판을 받게 하기 위한 목적에서 만들어진 제도이다. 우리나라에서도 다른 민주국가와 마찬가지로 4계급 3심제이며, 제1심과 제2심은 사실심을 원칙으로 하고 제3심은 법률심이다.

□ **상소(上訴)** **

소송법상 법원의 판결 또는 결정에 대하여 억울하다고 생각하는 당사자가 그 재판의 확정 전에 상급법원에 대하여 다시 심판해 줄 것을 요구하는 소송행위를 말하며, 항소·상고·항고가 있다.

□ **상고(上告)** *

고등법원이나 지방법원 합의부의 제2심 판결에 대하여 억울하게 생각하는 당사자가 그 재판의 확정 전에 대법원에 다시 재판을 청구하는 것을 말한다. 상고심에서는 법심판의 법령위반만을 심사대상으로 하기 때문에 당사자는 법적 평가의 면에 한하여 불복을 신청할 수 있으므로 보통 상고심을 법률심이라고 한다. 상고를 할 수 있는 재판은 원칙적으로 항소심의 종국판결에 한하지만 불항소합의가 있을 때의 비약적 상고(민사소송법), 또는 특수한 사건에서 고등법원이 제1심이 되는 때(행정소송법)에는 예외가 인정되고 있다. 상고를 할 수 있는 자는 원판결의 파기로 이익이 있는 자에 한하며, 상고제소기간은 항소의 경우와 같은 제한이 있다.

더 알아보기

• **비상상고(非常上告)** : 형사소송에서 판결이 확정된 후에 그 사건의 심리가 법령에 위반된 것을 발견한 경우에 한해 검찰총장이 대법원에 불복신청을 하는 제도이다. 이때 피고인의 구제를 주된 목적으로 하지 않으며, 다만 법령의 해석·적용의 시정이 주목적이다.
• **비약상고(飛躍上告)** : 형사 또는 민사소송에 있어서 제1심 판결에 대한 항소를 제기하지 않고 직접 상고법원인 대법원에 상소하는 것을 말한다.

□ **항소(抗訴)** *

지방법원이나 그 지원(支院)에서 받은 제1심 판결에 대하여 억울하다고 생각하는 당사자가 그 재판이 확정되기 전에 고등법원이나 또는 지방법원 본원 합의부에 다시 재판을 청구하는 것을 말한다. 항소기간은 민사소송의 경우에는 2주일, 형사소송은 7일 이내이며, 항소기일이 지나면 선고는 확정된다. 또한 보통 군법회의 판결에 대한 고등군법회의에서의 상소도 항소라 한다.

□ **항고(抗告)** *

지방법원의 결정이나 명령에 대하여 불복(不服)이 있는 당사자 또는 제3자가 상급법원에 상소하는 것을 말한다. 불복을 신청할 수 없는 결정·명령이라도 헌법해석의 착오, 기타 헌법위반이 있음을 이유로 할 때는 대법원에 특별항고를 할 수도 있다.

□ **법률행위(法律行爲)** *

사법상 법률요건의 하나로, 법에 의하여 행위자가 원하는 그대로의 법률효과가 인정되는 행위를 말한다. 법률행위가 성립하기 위해서는 당사자·내용·의사표시의 3개 요건을 필요로 하며, 이 성립요건이 갖추어져 있지 않으면 법률행위는 성립하지 않는다. 법률행위의 형태는 단독행위·계약·합동행위 등의 세 가지로 나뉜다.

□ **필요적 변론사건(必要的辯論事件)** *

법에 정해진 형량이 사형·무기 또는 최하 3년 이하의 징역·금고형인 죄목으로 피고인이 기소된 사건을 말하는 것이다. 이러한 사건들은 피고인이 유죄로 인정될 경우 무거운 처벌을 받기 때문에 형사소송법에서 변호인 없이 재판을 열 수 없도록 규정하고 있다.

□ **체포영장제** *

임의동행과 보호유치 등 탈법적 수사관행을 막기 위한 제도를 말한다. 체포영장제는 피의자가 죄를 범했다고 의심할 만한 상당한 이유가 있을 때 사전에 판사로부터 체포영장을 발부받아 체포하고 48시간 내에 구속영장을 청구하지 않을 경우 즉시 석방하는 제도로, 기존 긴급구속제도는 긴급체포제로 대체된다.

더 알아보기

- **영장실질심사제** : 법관이 구속영장을 발부하기 전 피의자를 직접 불러 심문한 뒤 영장발부 여부를 결정하는 제도이다.
- **피의자석방제** : 구속적부심 청구 시 보증금 납입을 조건으로 하는 것으로 보석제도를 기소전단계까지 확대하고 피고인에게 소송계류중인 증거서류 등에 대한 열람청구권을 인정해 피고인의 방어권을 강화한 것이다.

□ **인정사망제도(認定死亡制度)** *

수재나 화재 등 사망확률이 높은 사고의 경우, 시신이 발견되지 않더라도 이를 조사한 관공서 등이 사망으로 인정하면 별도의 재판을 거치지 않고 사망신고를 할 수 있도록 하는 제도이다.

□ **청원권(請願權)** *

국가기관이나 지방자치단체에 대하여 국민이 희망을 진술할 수 있는 권리를 말한다. 공무원의 비위 시정에 대한 징계나 처벌의 요구, 손해의 구제, 법령 또는 규칙의 제정·폐지·개정 등에 관하여 그 희망을 문서로써 진정할 수 있다. 청원을 접수한 국가기관은 공정 신속히 심사·처리하여 청원인에게 그 결과를 회답해 줄 의무가 있다. 그러나 반드시 청원의 내용대로 실행할 의무는 없다.

□ **속인주의(屬人主義)** **

국민을 기준으로 하여 법을 적용하는 주의를 말한다. 즉, 한 나라 국민은 자기 나라에 있든지 외국에 있든지 그가 소속한 나라의 법에 적용을 받는다는 것이다. 우리나라 국적법은 속인주의를 원칙으로 하되, 예외적으로는 속지주의를 보충하고 있다. 국적법에서는 혈통주의라고도 한다.

더 알아보기

속지주의(屬地主義) … 영역을 기준으로 법을 적용하는 주의를 말한다. 즉, 한 국가의 영역 안에 있어서는 자기 나라 사람이거나 외국사람이거나를 불문하고 다같이 그 나라의 법을 적용한다고 하는 것이다. 국적법에서는 출생지주의라고도 한다.

□ **알 권리(Right to Know)** *

모든 정보원으로부터 일반적인 정보를 수집할 수 있는 권리로 국민이 정치적·사회적 문제에 관한 정보를 자유롭게 접할 수 있고 쉽게 알아볼 수 있는 권리이다. 개인의 경우 공공기관과 사회집단에 대해 정보를 공개하도록 청구할 수 있는 권리를 의미하며, 언론기관의 경우 정보를 공개하도록 청구할 권리뿐만 아니라 취재의 자유를 의미한다.

□ **즉결심판** *

증거가 명백하고 죄질이 경미한 범죄사건(20만 원 이하의 벌금, 구류, 과료에 해당)에 대하여 정식 형사소송 절차를 밟지 않고 「즉결심판에 관한 절차법」에 의거, 경찰서장의 청구로 순회판사가 행하는 약식재판이다. 주로 「경범죄처벌법」 위법사범(무임승차, 무전취식, 허위신고, 음주소란, 새치기 등), 가벼운 폭행죄, 단순 도박죄, 「도로교통법」상의 자동차주정차금지위반, 「향토예비군설치법」상의 예비군훈련불참자 등을 들 수 있다. 즉결심판의 청구는 관할 경찰서장이 서면으로 하는데 검사의 기소독점에 대한 예외이다. 즉결심판에 있어서는 피고인의 자백만으로써 유죄를 인정할 수 있고 피고인이 피의자신문조서의 내용을 부인하더라도 유죄를 인정할 수 있도록 증거조사의 특례가 인정된다. 즉결심판에 불복하는 경우 피고인은 고지를 받은 날로부터 7일 이내에 소관 지방법원 및 지방법원 지원에 정식재판을 청구할 수 있다. 정식재판의 판결이 나면 즉결심판은 효력을 잃는다.

□ **액세스권(Right of Access)** *

국민이 자신의 사상이나 의견을 발표하기 위해 언론매체에 자유로이 접근하여 이용할 수 있는 권리로, 매체접근권이라고도 한다.

□ **일사부재리(一事不再理)의 원칙** *

「형사소송법」에서 일단 판결이 확정되면 같은 사건에 관하여 다시 공소의 제기가 허용되지 않는다는 원칙으로, 이에 위배된 공소는 면소판결을 받는다. 단, 「민사소송법」에서는 이 원칙이 적용되지 않는다.

□ **불고불리(不告不理)의 원칙** *

법원은 원칙적으로 검사가 공소제기를 하지 않으면 공판을 개시할 수 없고, 또 검사로부터 공소가 제기된 사건에 한하여 심리할 수 있다는 원칙이다. 다만, 준기소절차의 경우에는 예외이다.

□ **구인영장(拘引令狀)** *

법원이 심문을 목적으로 피고인이나 그 밖의 관계인을 강제로 부르기 위해 발부하는 영장이다. 구속영장의 '구속'은 구인과 구금(拘禁)을 포함하는 개념이며, 흔히 말하는 구속영장은 구금영장을 가리킨다. 이때 구금은 구치소에 인치시켜 수사하는 것이고, 구인은 구치소가 아닌 지정된 장소에서의 조사를 말하며 구금할 필요가 없다고 판단될 때에는 24시간 이내에 석방하도록 되어 있다.

□ **미필적 고의(未必的故意)** **

어떤 결과가 발생할지도 모르나 경우에 따라서는 그렇게 되어도 상관없다고 생각하는 경우에 존재하는 고의를 가리킨다. 즉, 범죄사실이 발생할 가능성을 인식하고도 이를 용인하는 것을 말한다. 이런 경우에는 과실범이 아니라 고의범으로서 처벌된다.

□ **반의사불벌죄(反意思不罰罪)** ***

친고죄와 달리 고소 없이 처벌 가능하나 피해자가 처벌을 희망하지 않는다는 의사를 표시하면 처벌을 할 수 없는 범죄로, 단순존속폭행죄 · 과실상해죄 · 단순존속협박죄 · 명예훼손죄 등이 있다.

더 알아보기

친고죄(親告罪) … 범죄의 피해자나 기타 법률이 정한 자의 고소가 있어야만 공소 가능한 범죄로, 형법상 간통죄 · 강간죄 · 준강간죄 · 강제추행죄 · 준강제추행죄와 미성년자 간음죄, 모욕죄 등이 있다. 고소는 범인을 알게 된 날로부터 6개월 안에 해야 한다. 단, 성폭력범죄의 처벌 및 피해자보호에 관한 법률상의 친고죄에 해당할 경우에는 1년 안에 해야 한다.

□ **배임죄(背任罪) ***

타인의 사무를 맡아서 처리하는 자가 자기나 제3자의 이익을 위하여 또는 본인(주인)에게 손해를 가하기 위해서 그 임무에 위배되는 행위를 하는 죄를 말한다.

□ **명예훼손죄(名譽毁損罪) ***

형법 307조의 명예훼손죄는 공연히 구체적인 사실이나 허위 사실을 적시(摘示)하여 사람의 명예를 훼손함으로써 성립하는 범죄를 말한다. '공연히'는 불특정 다수인이 인식할 수 있는 상태를, '명예'는 사람의 인격에 대한 사회적인 평가로서 명예의 주체에는 자연인·법인·기타 단체가 있다. 오로지 공공의 이익에 관한 사실을 적시한 경우에는 처벌하지 아니하나, 진실한 사실을 적시한 경우에 2년 이하의 징역·금고나 500만 원 이하의 벌금에 처하고, 허위의 사실을 적시한 경우는 5년 이하의 징역·10년 이하의 자격정지나 1,000만 원 이하의 벌금에 처한다. 형법상 명예훼손죄는 '반의사불벌죄'로 피해자가 원치 않으면 처벌할 수 없다. 민법상 명예훼손은 불법행위로 간주되어 위자료를 청구할 수 있다.

□ **과징금(課徵金) ***

국가가 국민에게 징수하는 것으로 행정법상 의무위반에 대한 제재로 과하는 금전 부담에 해당한다. 사법권에 의한 벌금, 과료, 재판비용 등이 있고 행정권에는 수수료, 특허료 등이 있다. 일반적으로 경제법상의 의무를 위반하여 경제이익을 얻는 경우 부과한다.

□ **과태료(過怠料) ***

법률질서에 대한 위반이기는 하지만 형벌을 가할 만큼 중대한 일반 사회법익의 침해가 아니라고 인정되는 경우에 부과하는 현행 질서상의 질서벌을 말한다. 예를 들면 출생신고를 하지 않아서 「가족관계의 등록 등에 관한 법률」을 위반하였을 경우 해당 관청에 물게 되는 돈 따위를 말한다. 즉, 과태료는 행정법상 법령위반자에 대한 금전적인 벌로서 형(刑)은 아니다.

더 알아보기

과료(科料) … 경범죄에 과하는 재산형으로 형법이 규정하는 형벌의 일종이다. 그 금액이 적고 또는 비교적 경미한 범죄인에 대해 과한다는 점에서 벌금과 차이가 있다.

□ **벌금(罰金) ***

과료(科料), 몰수(沒收)와 같은 재산형으로 일정금액을 국가에 납부하게 하는 형벌에 해당한다. 벌금을 납입하지 않는 자는 3년 이하 기간에 노역장에 유치하여 작업 복무를 한다.

□ **징벌적 손해배상 ****

처벌적 손해배상으로 가해자가 피해자에게 무분별한 불법 행위를 저지른 경우에 민사재판에서 가해자에게 징벌목적으로 부과하는 손해배상이다. 실제 손해액보다 훨씬 많지만 5배가 넘지 않는 범위에서 책임을 묻는다.

□ **살찐 고양이법** ***

탐욕스러운 자본가를 비유하는 표현으로 2008년 세계 경제를 어려움에 빠트린 글로벌 금융 위기를 초래했지만, 세금 혜택과 보너스 등으로 큰 이익을 보는 은행가와 기업인을 비난하는 말로 쓰이면서 널리 알려졌다. 2019년 7월 16일, 경기도의회에서 일명 '살찐 고양이법'이 통과됐다. 자치단체 산하 공공기관의 임원들이 지나치게 많은 연봉을 받는 것을 제한하는 내용의 법령 또는 조례(지방자치단체의 의회에서 제정한 자치법규)를 뜻한다.

□ **공동정범(共同正犯)** *

공동실행의 의사와 공동실행의 사실이 있을 때 두 사람 이상이 공모하여 죄를 범하는 경우, 누가 정범이고 종범인지를 구별할 수 없는 상태의 범죄를 말한다.

□ **간접정범(間接正犯)** *

본인 스스로가 범죄를 행하지 아니하고 타인을 이용하여 간접적으로 범죄행위를 하게 하는 범인을 말한다. 예를 들면 사정을 전혀 모르는 간호사로 하여금 환자에게 약 대신 독물을 주게 한다든지, 광인(狂人)을 시켜 사람을 죽이는 행위 같은 것이다.

□ **공소시효(公訴時效)** ***

확정판결 전에 시간의 경과에 의하여 형벌권이 소멸하는 제도를 말한다. 공소시효의 기산점은 범죄행위가 종료된 때부터 시작된다. 현행법상 인정되는 공소시효는 7종류가 있으며, 공소가 제기된 범죄는 판결의 확정이 없이 공소를 제기한 때로부터 25년을 경과하면 공소시효가 완성한 것으로 간주한다. 2015년 8월 형사소송법 개정안이 시행되면서 살인죄에 대한 공소시효를 폐지했다.

더 알아보기

- 사형에 해당되는 범죄 : 25년
- 무기징역 또는 무기금고 : 15년
- 장기 10년 이상의 징역 또는 금고 : 10년
- 장기 10년 미만의 징역 또는 금고 : 7년
- 장기 5년 미만의 징역 또는 금고, 장기 10년 이상의 자격정지 또는 벌금 : 5년
- 장기 5년 이상의 자격정지에 해당하는 범죄 : 3년
- 장기 5년 미만의 자격정지, 구류, 과료 또는 몰수에 해당하는 범죄 : 1년

□ **기소편의주의(起訴便宜主義)** **

기소에 있어 검사의 재량을 인정하는 것으로 공소제기에 필요한 정도의 혐의가 있고 또 소송조건을 구비하였다고 하더라도 반드시 기소하는 것이 아니라 검사에게 기소·불기소에 대한 재량의 여지를 인정하는 것을 말한다. 우리나라 현행법은 1심 판결 전이라면 검사는 언제든지 공소를 취소할 수 있다.

□ 네이밍 법안 ***

법의 명칭은 따로 있지만 법안을 발의한 사람이나 피해자 및 가해자 등 특정 인물의 이름을 붙인 법안이다. 주목도나 홍보효과가 높아 복잡한 법률명을 대신하여 사용된다. 네이밍 법안은 사건을 공론화 시킬 수 있어 해당 사안을 확실하게 드러낼 수 있다는 이점이 있다. 그러나 피해자의 이름이 붙은 법안은 실질적인 내용이 전달되지 않고 감정에 호소할 수 있다는 점과 안타까운 마음에 선입견을 갖게 되어 부작용을 야기할 수 있다. 또한 피해자의 이름을 붙이게 될 때에는 유가족에게 상처가 될 수 있으므로 신중해야 한다.

더 알아보기

네이밍 법안 종류

- **김영란법**(부정청탁 및 금품 등 수수의 금지에 관한 법률) : 당시 국민권익위원회 위원장 김영란 대법관이 발의하여 김영란법이라고 불린다. 공직자를 비롯한 언론인과 사립학교 교직원 등은 1회 100만 원을 초과하는 금품을 수수할 시 형사처벌(3년 이하의 징역 또는 3,000만 원 이하의 벌금)을 받도록 규정하고 있다. 김영란법이 허용하는 상한액은 식사 3만 원, 선물 5만 원, 경조사비 5만 원이다.
- **민식이법**(도로교통법 일부개정안 및 특정범죄가중처벌 등에 관한 법률 일부 개정안) : 어린이 보호구역에서 차량에 치여 사망한 김민식 군 사건을 계기로 발의하여 민식이법이라고 불린다. 어린이 보호 구역 내 무인 교통단속용 장비 및 안전시설을 설피하고 스쿨존에서 13세 미만 어린이에게 교통사고를 일으킬 경우 사망 시 무기징역 또는 3년 이상의 징역, 상해를 입혔을 경우 1년 이상 15년 이하의 징역 또는 500만 원 이상 3,000만 원 이하의 벌금이 부과된다.
- **임세원법**(의료법 일부 개정안) : 환자가 휘두른 흉기에 찔려 숨진 강북삼성병원 임세원 교수 사건을 계기로 발의하여 임세원법이라고 불린다. 의료인에게폭력을 휘둘렀을 경우 처벌이 가중되고 주취 감경 규정을 적용하지 않아 의료인과 환자를 법적으로 보장한다. 상해를 입혔을 경우 7년 이하의 징역 또는 1,000만 원 이상 7,000만 원 이하의 벌금이 부과되고, 중상해를 입혔을 경우 3년 이상 10년 이하의 징역, 사망에 이르게 한 경우 무기징역 또는 5년 이상의 징역에 처하게 된다.
- **김용균법**(산업안전보건법 개정안) : 비정규직 청년 노동자 김용균 씨가 운송설비 점검 중 컨베이어 벨트에 끼어 사망한 사건을 계기로 발의하여 김용균법이라고 불린다. 사업주의 책임 범위를 확장하고 사업주가 안전조치를 위반하면 3년 이하의 징역 또는 3,000만 원 이하의 벌금에 처한다. 노동자가 사망할 시 7년 이하의 징역 또는 1억 원 이하의 벌금에 처한다.
- **조두순법**(성폭력 범죄의 처벌 등에 관한 특례법) : 등교 중이었던 여아를 성폭행하여 피해아동에게 중상해를 입힌 조두순 사건을 계기로 발의하여 조두순법이라고 불린다. 처음에는 피해아동의 이름으로 불리다가 후에 가해자 조두순이름인 조두순법으로 변경되었다. 음주나 약물로 인한 심신미약 상태에도 형을 감경하지 않으며 미성년자에 대한 성폭력 공소시효는 피해자가 성년에 달한 날부터 진행한다.
- **기타** : 신해철법(의료사고 피해구제 및 의료분쟁 조정법 개정안), 해인이법(어린이 안전관리에 관한 법률안), 하준이법(주차장법개정안, 도로교통법 개정안), 구하라법(부모가 부양의 의무를 게을리 하였을 경우 부모 상속권 박탈 개정안) 등

□ 수사지휘권 **

법무부 장관은 구체적 사건에 대해 검찰총장을 지휘·감독할 수 있다는 검찰청법 제8조에 근거하여 특정 사건에 대해 검찰 수사를 지휘·중단할 수 있는 권한을 일컫는다. 법무부장관의 첫 수사지휘권 발동은 2005년 10월 검찰의 국가보안법 수사와 관련하여 있었으며 2020년 7월에 검언유착 의혹과 관련하여 6건 발동한 바 있다.

□ 선고유예(宣告猶豫) *

영미법에서 비롯된 형사정책적 제도로서 일정한 범인에 대하여 범죄를 인정함에 그치거나 또는 일정 기간 유죄의 판결을 하는 것을 유예하고, 그 기간을 무사히 경과한 경우는 그 유죄의 판결을 언도하지 않는 제도를 말한다. 선고유예는 형의 선고를 유예한다는 점에서 형의 집행을 유예하는 집행유예와 다르다.

□ **집행유예(執行猶豫)** *

형사정책적 입장에서 인정한 제도로서 유죄를 인정한 정상에 의하여 일정 기간 그 형의 집행을 유예하여 유예기간 중 특별한 사고 없이 그 기간을 경과한 때에는 형의 선고는 효력을 상실하게 하고 형이 없었던 것과 동일한 효과를 발생케 하는 제도이다. 집행유예는 3년 이하의 징역 또는 금고의 형을 선고할 경우 정상에 참작할 사항이 있을 때, 1년 이상 5년 이하의 기간 동안 형의 집행을 유예하는 제도이다.

□ **체포동의안** *

국회 회기 동안 불체포 특권을 가진 국회의원에게 적용되는 동의안으로, 영장 판사가 동의안을 국회에 보내 국회의원 과반수 출석과 과반수 찬성을 받아야 구속할 수 있다.

□ **일수벌금제** *

범행의 경중에 따라 일수(日收)를 정하고 피고인의 재산 정도를 기준으로 산정한 금액에 일정 비율을 곱하여 최종 벌금 액수를 정하는 방식을 말한다.

□ **근저당권** **

채권자와 채무자 사이에서 일정한 지속적 거래계약으로부터 발생하는 불특정 채권을 장래의 결산기에 있어서 채권 최고액까지 담보하기 위한 저당권을 말한다.

□ **이해충돌방지법** **

국회는 2021년 4월 29일 임시회 본회의를 열어 공직자가 직무를 수행할 때 자신의 사적 이해관계로 인해 공정하고 청렴한 직무수행을 저해하는 것을 방지하기 위한 법안을 통과시켰다. 해당 법안은 지난 2013년 이른바 김영란법(부정청탁금지법)의 일부로 발의되었으나 공직자의 직무범위가 모호하다는 이유로 보류되었다. 2021년 3월 LH 직원들의 부동산 투기 사태를 계기로 법안이 처리되어 공포 후 준비 기간을 거쳐 1년 후 시행되었다.

더 알아보기

이해충돌방지법 주요 내용
• 직무 관련자에 대한 사적 이해관계 신고
• 부정취득 이익 몰수 및 추징
• 직무상 비밀 이용 재산상 이익 취득 금지

□ **행정심판** *

행정청의 부당한 처분으로 권리 및 이익을 침해받은 국민이 행정기관에 제기하여 이를 법적으로 구제받을 수 있도록 하는 제도를 말한다.

□ 개헌저지선(改憲沮止線) ***

국회에서 헌법개정안 통과를 막을 수 있는 정족수로 국회의원 전체의 1/3에 해당한다. 헌법개정안이 가결되려면 국회의원의 2/3 이상의 찬성이 필요하므로 '개헌저지선', 즉 재적의원 1/3이 반대하면 헌법개정안은 의결될 수 없다. 국회의원 수가 300명(비례대표 포함)이라고 가정하면 200명 이상이 찬성해야 개헌안을 국민투표에 부칠 수 있다. 101명이 반대하면 개헌안은 국회에서 부결되는 것이다.

□ 공소권 없음 **

한수사기관이 법원에 재판을 청구하지 않는 불기소처분의 한 유형을 말한다. 수사기관이 공소권 없음 결정을 내릴 수 있는 경우는 아래와 같다.

- 확정판결이 있는 경우
- 사면이 있는 경우
- 공소시효가 완성된 경우
- 범죄 후 법령의 개폐로 형이 폐지된 경우
- 법률의 규정에 의하여 형이 면제된 경우
- 피의자에 대하여 재판권이 없는 경우
- 동일사건에 관하여 이미 공소가 제기된 경우
- 친고죄 및 공무원의 고발이 있어야 논하는 죄의 경우 고소 또는 고발이 무효 또는 취소된 때
- 반의사불벌죄의 경우 처벌을 희망하지 않는 의사표시가 있거나 처벌을 희망하는 의사표시가 철회된 경우
- 피의자가 사망하거나 피의자인 범인이 존속하지 않게 된 경우

□ 농르풀망의 원칙(Priciple Of Non - Refoulement) *

망명자를 박해가 우려되는 국가로 송환해서는 안 된다는 즉, 강제송환금지의 원칙이다. 1954년에 발효된 난민의 지위에 관한 조약에 규정되어 있다. 우리나라는 이 원칙을 근거로 탈북자를 난민으로 간주하여 보호하고 있다.

□ 블랑꼬 판결 **

블랑꼬라는 소년이 국영 담배운반차에 치여 부상을 당하자, 이 사건이 국영인가 행정인가에 대한 재판관할에 대한 문제가 발생하였다. 이에 최고사법재판소의 대표자로 구성된 관할재판소에서 동사건을 공역무과실 이론에 입각하여 국가배상책임사건으로 확정하고 그 관할을 행정재판소로 인정하였다. 이 판결은 공역부 관념을 최초로 인정하여 행정법 적용범위와 행정재판의 관할권을 확대하는 계기가 되었고 국가배상을 인정한 최초의 판례가 되었다.

□ 체계(體系) · 자구(字句)심사권 ***

상임위를 통과한 법률안이 관련법과 충돌하지 않는지(체계), 법안에 적힌 문구가 적절한지(자구) 심사하는 기능이다. 이 과정에서 법사위가 사실상 '상원' 역할을 하면서 정치적인 이유로 법안 통과를 막는 등의 비판이 끊이지 않았다. 때문에 이를 폐지하자는 국회법 개정안이 발의되었으며, 법조계에서는 폐지 시 위헌적인 법률이 늘어날 수 있다는 우려의 목소리도 있다.

□ 행정선례법 *

행정청의 선례가 계속 반복되면서 형성된 관습법을 의미한다. 국세기본법에 따라 비과세관행이 성립된 후에는 새로 소급하여 과세할 수 없다고 규정한다. 신뢰보호 원칙을 명문화한 실정법상의 규정이기도 하다.

□ 민중관습법 *

민중 사이에서 공법관계에 대한 일정한 사항이 오랜 시간에 걸쳐서 관행으로 성립되는 것을 의미한다. 온천사용권, 관개용수이용권 등이 있다.

□ 무하자재량행사청구권 **

개인이 행정청에 대하여 적법한 재량처분을 구하는 적극적인 공권을 의미한다. 재량행위만 인정되는 것으로 행정청이 재량권의 한계를 준수하면서 처분을 할 것을 구할 수 있는 절차적 권리이다. 이는 특정 처분을 행할 것을 요구할 수 있는 실체적인 권리는 아니다. 독일에서 주장되어 우리나라에서 널리 인정되고 있다.

□ 시효 *

당해 법률관계의 진실에 관계없이 일정한 사실 상태가 일정기간 계속된 경우 그 사실 상태를 그대로 인정하여 법적으로 보호함으로써 법률생활의 안정을 기하려는 제도를 의미한다. 특별한 규정이 없는 경우 민법의 규정이 적용된다.

더 알아보기

소멸시효 … 일정 기간 동안 권리불행사의 상태가 계속된 경우에 권리자의 권리를 소멸시키는 제도이다.

□ **제척기간** *

법률관계의 신속한 결정을 위해서 일정한 권리에 대해서 법률이 정한 존속기간을 의미한다. 행정심판, 행정소송의 제기기간 등이 있다. 일정한 기간 동안에 권리를 행사하지 않으면 권리가 소멸된다는 점이 소멸시효와 유사하지만 법률관계의 신속한 확정을 목적으로 하기 때문에 그 기간이 짧고 중단제도가 없다는 점에서 시효와 구별된다.

□ **개인정보보호법** ***

개인정보의 처리 및 보호에 관한 사항을 정하여 개인의 자유와 권리를 보호하고 나아가서 개인의 존엄과 가치를 구현함을 목적으로 하는 것이다. 개인정보로는 살아있는 개인에 대한 정보로 성명, 주민등록번호, 영상 등이 있다. 정보의 주체는 처리되는 정보에 의하여 알아볼 수 있는 사람으로 그 정보의 주체가 되는 사람을 의미한다.

□ **재의요구권** **

집행 기관이 의회의 의결에 이의가 있는 경우, 이의 수리를 거부하고 의회에 반송할 수 있는 권리. 집행 기관의 거부권을 의미한다.

01 출제예상문제

1 행정주체가 될 수 없는 곳은?

① 서울특별시   ② 국민건강보험공단

③ 국립중앙도서관   ④ 한국학술진흥재단

> **TIP** 국립대학(서울대학교 제외), 도서관, 극장, 박물관, 의료원 등은 영조물이지만 법인격을 취득하지 않았기 때문에 행정주체가 될 수 없다.

2 법안에 특정 사람의 이름이나 기업의 명칭이 들어가는 것으로 사회적으로 공론화가 되며 여론의 주목으로 받을 수 있는 법안을 의미하는 용어는?

① 역선택   ② 조례

③ 패싱다운   ④ 네이밍 법안

> **TIP** ① 역선택 : 정보의 격차로 품질이 낮은 상품을 선택하는 현상을 의미한다.
> ② 조례 : 지방자치단체 의회에서 제정되는 자치법규를 의미한다.
> ③ 패싱다운 : 농구 경기에서 공격팀 선수가 공을 동료에게 패스함과 동시에 상대 팀 바스켓 방향을 향해 파고 들어가는 동작을 말한다.

3 육군 부대가 한 지역에 계속 주둔하며 그 지역 경비와 군대의 질서 및 군기 감시, 시설물 보호를 목적으로 제정한 대통령령은?

① 분수령   ② 위수령

③ 비상계엄령   ④ 경비계엄령

> **TIP** 위수령 … 육군 부대가 한 지역에 계속 주둔하면서 그 지역의 경비, 군대의 질서 및 군기(軍紀) 감시와 시설물을 보호하기 위하여 제정된 대통령령을 의미하는 것으로 제정된 위수령에 따르면 위수사령관은 치안유지에 관한 조치에 관하여 그 지구를 관할하는 시장 · 군수 · 경찰서장과 협의하여야 하며, 병력 출동은 육군참모총장의 사전승인을 얻어야 하나 사태가 위급한 경우 사후승인도 가능하도록 하였다. 병기는 자위상(自衛上)의 필요, 진압 · 방위 등의 필요가 있을 때에 사용하며, 사용하였을 때는 즉시 육군참모총장에게 보고하도록 하였다.

Answer   1.③   2.④   3.②

4 중대재해처벌법 대상에 대한 설명으로 옳은 것은?

① 정규직 노동자만 상시근로자에 속한다.

② 배달 라이더의 경우 사업장과 별도 계약을 했어도 상시근로자에 포함될 수 없다.

③ 중대재해처벌법 대상이 되려면 상시근로자가 5명 이상이어야 한다.

④ 한 달 중 30일을 운영하며 평일 4명, 주말 5명이 근무하는 식당의 상시근로자는 9명이다.

TIP ③ 2022년 1월부터 50명 이상 사업장에 적용했던 중대재해처벌법이 상시근로자 5 ~ 50명 미만 사업장에도 확대시행되었다.

① 정규직 노동자뿐만 아니라 기간제·단시간·일용직 아르바이트생 등 근로계약을 맺고 노동을 제공하는 자는 상시근로자에 속한다.

② 배달 라이더와 사업장이 별도의 근로계약을 맺었다면 배달 라이더도 상시근로자에 해당된다.

④ 연인원(하루 근무자 수 × 가동일수) ÷ 가동일수로. 평일 연인원(4 × 20)과 주말 연인원(5 × 8)을 한 달 가동일수 30일로 나누면 상시근로자는 4명이다.

5 우리나라 최초의 공산권 수교 국가는?

① 북한 　　　　　　　　　② 중국

③ 소련 　　　　　　　　　④ 라오스

TIP 우리나라는 1990년 9월 30일에 소련과 수교를 맺었다.

6 레임덕(Lame Duck)이란 무엇인가?

① 군소정당의 난립으로 인한 정치적 혼란 현상

② 임기 후반에 나타나는 정치력 약화 현상

③ 국가부도의 위기에 처한 후진국의 경제혼란 현상

④ 선진국과 개발도상국 사이에 나타나는 정치적 갈등 현상

TIP 레임덕(Lame Duck) … 현직 대통령이 선거에 패배할 경우 새 대통령이 취임할 때까지 국정정체상태가 빚어지는 현상을 기우뚱 걷는 오리에 비유해서 일컫는 말이다.

Answer 4.④　5.③　6.②

7 법률의 신속한 확정을 목적으로 하여 일정한 권리에 대해서 법률이 정한 존속기간을 의미하는 것은?

① 소멸시효　　　　　　　　　　　　② 제척기간
③ 취득시효　　　　　　　　　　　　④ 기산점

> **TIP** ① **소멸시효** : 일정한 기간 동안 권리불행사의 상태가 계속된 경우 권리자의 권리를 소멸시키는 제도이다.
> ③ **취득시효** : 타인의 물건을 일정 기간 계속하여 점유하면 점유자가 그 물건의 소유권을 취득하게 되는 시효이다.
> ④ **기산점** : 만료점에 대해서 기간의 계산이 시작되는 시점이다.

8 대통령제와 의원내각제의 요소를 결합한 절충식 정부 형태를 무엇이라 하는가?

① 연방정부제　　　　　　　　　　　② 연립내각제
③ 이원집정부제　　　　　　　　　　④ 혼합정부제

> **TIP** 이원집정부제 … 평상시에는 의원내각제 정부형태를 취하나, 비상시가 되면 대통령에게 강력한 대권을 부여하여 신속하고 강력하게 국정을 처리하는 제도로, 독일 바이마르공화국과 프랑스 제5공화국이 실제로 채택하였다.

9 정식으로 외교 관계를 수립하지 않은 국가 간 외교 관계를 수립하기 위한 전 단계로 상호 간에 설치하는 사무소를 의미하는 것은?

① 예정사무소　　　　　　　　　　　② 연락사무소
③ 외교사무소　　　　　　　　　　　④ 정식사무소

> **TIP** 통상적으로 국제 사회에서 두 나라간의 외교 관계 수립은 절차상 처음부터 대사관을 설치하는 경우는 드물고 사전에 연락사무소나 상주대표부 설치 등으로 시작하는 게 보통이다.

10 핵 확산 금지조약(NPT)에 의한 핵 보유국은?

① 북한　　　　　　　　　　　　　　② 영국
③ 독일　　　　　　　　　　　　　　④ 튀르키예

> **TIP** 1970년에 발효된 핵 확산 금지조약(NPT)에 의한 핵 보유국은 미국, 영국, 러시아, 프랑스, 중국으로 UN 안보리 상임 이사국이다. 그 외 다른 국가는 NPT상 모두 핵무기 비보유국에 해당한다.

Answer　7.② 8.③ 9.② 10.②

11 가해자의 행위가 다분히 악의적이고 반사회적일 경우 실제 손해액보다 많은 배상을 부과하는 제도로 옳은 것은?

① 과실상계
② 징벌적 손해배상
③ 지연배상
④ 전보배상

TIP ① **과실상계**: 채무불이행이나 불법행위에서 채권자에게도 과실이 있는 경우 손해배상의 책임과 금액 결정 시 과실을 참작하는 것을 말한다.
③ **지연배상**: 채무의 이행이 지연됨으로써 발생한 손해에 대한 배상을 말한다.
④ **전보배상**: 본래의 채무 이행을 대신하는 손해배상을 의미한다.

12 외교사절 임명 절차 중 가장 첫 번째 절차로 옳은 것은?

① 신임장·소환장 작성
② 아그레망 부여
③ 신임장 수여
④ 외교사절 부임

TIP 가장 먼저 신임장·소환장을 작성하여 신임대사 발령 통보 협조문 접수 및 결재 후 파견국으로 송부한다. 그후 대통령으로부터 신임장을 수여받고 외교부장관이 배석한 곳에서 환담을 가진다. 다음으로 파견국에서는 아그레망 절차를 가지고, 아그레망이 부여되면 외교사절로 부임할 수 있다.
※ **아그레망** … 정식으로 임명된 외교사절을 상대국이 거절함으로써 국제분쟁이 일어나는 것을 방지하기 위한 제도로 외교사절을 임명하기 전 상대국에서 신원 조회하는 것을 말한다. 아그레망 절차에서 페르소나 그라타(Persona grata)와 페르소나 논 그라타(Personanon grata)로 구분할 수 있는데, 페르소나 그라타는 아그레망을 인정받아 외교사절로 임명 가능한 사람을 말하며, 페르소나 논 그라타는 임명 전, 외교관의 전력 등을 문제 삼아 기피 인물로 선언하는 것을 말한다. 임명 후에도 외교사절 임무를 다하지 못하면 재직 중에도 페르소나 논 그라타로 지정될 수 있다.

Answer 11.② 12.①

13 헌법재판소의 권한을 모두 고른 것은?

> ㉠ 법원의 위헌법률심사제청이 있을 때 법률이 헌법에 위반되는지의 여부를 심판한다.
> ㉡ 국회로부터 탄핵소추를 받은 자가 있을 경우 이를 심판한다.
> ㉢ 명령 · 규칙 · 처분이 헌법이나 법률에 위반되는지의 여부를 최종적으로 심판한다.

① ㉠   ② ㉠㉡
③ ㉡㉢   ④ ㉠㉢

TIP ㉢ 명령 · 규칙 · 처분 등의 심사권은 대법원의 권한이다.

14 섀도캐비닛(Shadow Cabinet)이란?

① 각외대신   ② 후보내각
③ 각내대신   ④ 야당내각

TIP 섀도캐비닛(Shadow Cabinet) … '그늘의 내각' 또는 '그림자 내각'으로 번역하기도 하며, 영국 야당의 최고지도부인 의원간
부회의를 말한다. 야당이 정권을 잡았을 때에 대비한 내각이다.

15 개인정보 보호법에서 정보주체의 권리가 아닌 것은?

① 개인정보 처리에 관한 정보를 제공받을 권리
② 개인정보 처리에 관한 동의 여부를 결정할 권리
③ 개인정보 처리를 위해 가족의 정보를 요구할 권리
④ 개인정보 처리로 발생한 피해를 공정한 절차에 따라 구제받을 권리

TIP 정보주체의 권리
㉠ 개인정보의 처리에 관한 정보를 제공받을 권리
㉡ 개인정보의 처리에 관한 동의 여부, 동의 범위 등을 선택하고 결정할 권리
㉢ 개인정보의 처리 여부를 확인하고 개인정보에 대하여 열람(사본의 발급을 포함한다. 이하 같다)을 요구할 권리
㉣ 개인정보의 처리 정지, 정정 · 삭제 및 파기를 요구할 권리
㉤ 개인정보의 처리로 인하여 발생한 피해를 신속하고 공정한 절차에 따라 구제받을 권리

Answer 13.② 14.④ 15.③

16 '사전형량조정제도'로 유죄 인정하여 형량을 경감 받는 제도를 의미하는 것은 무엇인가?

① 원샷법   ② 플리 길티
③ 사면   ④ 유추해석

TIP 유죄를 인정하는 대신 형량을 경감받는 것으로 '플리 바겐', '플리 길티'이다. 주로 뇌물, 마약 범죄 등에 수사된다.

17 '자유권의 보장'을 가장 잘 표현한 말은?

① 최대다수의 최대행복
② 국민의, 국민에 의한, 국민을 위한 정치
③ 신문 없는 정부보다 정부 없는 신문
④ 요람에서 무덤까지

TIP ③ 언론의 자유(토머스 제퍼슨)
① 사회적 기본권(벤담)
② 민주정치(링컨)
④ 사회적 기본권(베버리지 보고서)

18 외교적으로 꼭 필요한 동반자라는 뜻으로, 외교 관계에서 구심점 역할을 하는 핵심 국가를 일컫는 말은?

① 코드아담
② 린치핀
③ 코너스톤
④ 아포스티유

TIP ② **린치핀** : 본래 마차나 수레, 자동차 바퀴가 빠지지 않도록 축에 꽂는 핀을 가리킨다. 미국은 린치핀을 주로 미·일 관계에만 사용했는데, 2010년 G20 정상회의에서부터 한미 동맹 관계를 린치핀이라고 사용하기 시작하였다.
① **코드아담** : 미국의 미아찾기 프로그램으로 다중이용시설에서 미아가 발생할 경우 시설봉쇄 등 현장에서 바로 실행하여 수색하는 시스템이다.
③ **코너스톤** : 외교상에서는 린치핀과 함께 '꼭 필요한 동반자'라는 뜻을 가진다. 주로 미·일 관계를 상징하고 있다.
④ **아포스티유** : 협약에 따라 문서의 관인이나 서명을 대조하여 진위를 확인하고 발급하는 것으로, 아포스티유가 부착된 공문서는 아포스티유 협약 가입국에서 공문서로서의 효력을 갖는다.

Answer 16.② 17.③ 18.②

19 우리나라 헌법전문이 직접 언급하지 않은 것은?

① 기회균등

② 권력분립

③ 평화통일

④ 4 · 19민주이념 계승

> **TIP** 대한민국 헌법전문 … 유구한 역사와 전통에 빛나는 우리 대한민국은 3 · 1운동으로 건립된 대한민국임시정부의 법통과 불의에 항거한 <u>4 · 19 민주이념을 계승</u>하고 조국의 민주개혁과 <u>평화적 통일</u>의 사명에 입각하여 정의 · 인도와 동포애로써 민족의 단결을 공고히 하고, 모든 사회적 폐습과 불의를 타파하며, 자율과 조화를 바탕으로 자유민주적 기본질서를 더욱 확고히 하여 정치 · 경제 · 사회 · 문화의 모든 영역에 있어서 각인의 <u>기회를 균등히</u> 하고 능력을 최고도로 발휘하게 하며, 자유와 권리에 따르는 책임과 의무를 완수하게 하여 안으로는 국민생활의 균등한 향상을 기하고 밖으로는 항구적인 세계평화와 인류공영에 이바지함으로써 우리들과 우리들의 자손의 안전과 자유와 행복을 영원히 확보할 것을 다짐하면서 1948년 7월 12일에 제정되고 8차에 걸쳐 개정된 헌법을 이제 국회의 의결을 거쳐 국민투표에 의하여 개정한다.

20 징역형 집행 정지 요건으로 옳지 않은 것은?

① 연령 70세 이상인 때

② 잉태 후 6월 이상인 때

③ 피고인의 주거가 분명하지 아니한 때

④ 형의 집행으로 인하여 현저히 건강을 해하거나 생명을 보전할 수 없는 염려가 있는 때

> **TIP** 징역, 금고 또는 구류의 선고를 받은 자에 대하여 다음 각 호의 1에 해당한 사유가 있는 때에는 형을 선고한 법원에 대응한 검찰청검사 또는 형의 선고를 받은자의 현재지를 관할하는 검찰청검사의 지휘에 의하여 형의 집행을 정지할 수 있다〈형사소송법 제471조 제1항〉.
> 1. 형의 집행으로 인하여 현저히 건강을 해하거나 생명을 보전할 수 없을 염려가 있는 때
> 2. 연령 70세 이상인 때
> 3. 잉태 후 6월 이상인 때
> 4. 출산 후 60일을 경과하지 아니한 때
> 5. 직계존속이 연령 70세 이상 또는 중병이나 장애인으로 보호할 다른 친족이 없는 때
> 6. 직계비속이 유년으로 보호할 다른 친족이 없는 때
> 7. 기타 중대한 사유가 있는 때

Answer 19.② 20.③

02 경제 · 경영

일반상식 시험에서 가장 출제빈도가 높은 파트로, 최근 시사를 중심으로 경제 전반에 걸쳐 흐름을 파악하여 대비해야한다.

01 경제 · 금융

☐ **근원 개인소비지출** **

근원 개인소비지출은 개인소비지출(PCE)에서 가격 변동성이 커 전체적인 경제 트렌드를 왜곡할 수 있는 식료품과 에너지를 제외한 지수다. 근원 개인소비지출은 중앙은행 등의 정책 결정권자들에게 인플레이션 추세를 보이기 위해 사용된다.

더 알아보기

개인소비지출(PCE) … 소비자가 최종적으로 사용하기 위해 구매한 모든 상품과 서비스의 총액으로, PCE가 증가하면 소득이 증가하고 소비자 신뢰도도 증가했음을 나타낸다.

☐ **소프트랜딩** ***

경기 성장세가 꺾이지만 급격한 둔화로까지는 이어지지 않는 것을 말한다. 원래 비행기나 우주선이 기체에 무리가 가지 않도록 착륙하거나 궤도에 진입하는 기법을 가리키는 우주항공 용어였으나, 경제 분야에서는 급격한 경기침체나 실업률 증가를 야기하지 않으면서 경기가 서서히 가라앉는 것을 일컫는다.

더 알아보기

하드랜딩 … 경기 성장률이 2 ~ 3%에 불과한 선진국에서는 경기가 침체되어 갑자기 마이너스 성장을 하게 될 경우 충격이 크다는 의미에서 하드랜딩이라고 한다.

☐ **디프레션(Depression)** **

리세션보다 침체 정도가 더 심한 상태로 경기후퇴를 일컫는 리세션보다 경제 활동이 일반적으로 침체되는 상태다. 물가와 임금이 하락하고 생산이 위축되며 실업이 늘어난다. 즉, 리세션은 경기가 정점을 찍은 뒤 둔화되는 과정이라면 디프레션은 경기가 침체된 상태 자체를 의미한다. 또한 디프레션은 경기가 침체된 불황이라는 점에서 지속적으로 물가가 하락하는 디플레이션과 다르다.

□ **도강세(渡江稅)** **

출처를 설명하기 어려운 자금을 실명 전환 할 때 부과하는 과징금 즉, 금융 실명제가 실시되면서 지하 경제에서 형성된 자금에 대해 과징금(10 ~ 20% 부담금)을 납부하면 더 이상 잘못을 묻지 않고 실명 전환을 해주던 것을 마치 배삯을 내면 강을 건네주는 것과 같아 도강세라고 한다.

□ **잠재 산출량** **

한 나라의 경제에서 이용가능한 노동 · 자본 · 토지(생산요소)와 생산기술을 결합해 만들 수 있는 재화와 서비스의 최대 산출량을 의미한다. 경제의 실제 산출량은 잠재 산출량보다 클 수도, 작을 수도 있다.

□ **기준 금리** ***

한국은행의 최고 결정기구인 금융통화위원회에서 매달 회의를 통해서 결정하는 금리로, 한국은행의 환매조건부 채권 매매, 대기성 여수신 등 금융기관 간 거래의 기준이 되는 금리를 말한다. 한은이 기준금리를 올리면 시중 금리도 상승하게 되고 기준금리를 낮추면 시중 금리도 떨어지게 된다.

□ **PF대출(Project financing)** ***

대출을 할 때 사업주의 신용이나 물적인 담보가 아닌 프로젝트 자체의 경제성에 중점을 두는 자금조달방식을 의미한다. 일반적으로 부동산개발과 관련한 사업에서 PF대출이 많이 이루어진다. 금융회사에서 부동산 개발에 필요한 자금을 시행사에 대출해주고 이자를 챙기는 것으로 높은 이자율이 특징이다.

□ **디폴트(Default)** **

채무자가 공사채나 은행 융자, 외채 등의 원리금 상환 만기일에 지불 채무를 이행 할 수 없는 상태를 말한다. 채무자가 민간 기업인 경우에는 경영 부진이나 도산 따위가 원인이 될 수 있으며, 채무자가 국가인 경우에는 전쟁, 혁명, 내란, 외화 준비의 고갈에 의한 지급 불능 따위가 그 원인이 된다.

□ **골든크로스(Golden Cross)** **

주가나 거래량의 단기 이동평균선이 중장기 이동평균선을 아래에서 위로 돌파해 올라가는 현상을 말한다. 이는 강력한 강세장으로 전환함을 나타내는 신호로 받아들여진다. 이동평균선이란 특정 기간 동안의 주가의 평균치를 이어놓은 선을 말한다. 일반적으로 증권시장에서는 골든크로스 출현을 향후 장세의 상승신호로 해석한다. 또 골든크로스 발생 시 거래량이 많을수록 강세장으로의 전환 가능성이 높다는 의미이다.

□ **기저효과** **

특정 시점의 경제 상황을 평가할 때 비교의 기준으로 삼는 시점에 따라 주어진 경제상황을 달리 해석하게
되는 현상이다. 호황기의 경제상황을 기준시점으로 현재의 경제상황을 비교할 경우, 경제지표는 실제 상
황보다 위축된 모습을 보인다. 반면, 불황기의 경제상황을 기준시점으로 비교하면, 경제지표가 실제보다
부풀려져 나타날 수 있다.

□ **브릿지론(Bridge loan)** **

일시적으로 자금을 연결해주는 것으로 임시방편 자금의 대출을 의미한다. 급하게 자금이 필요한 경우 단
기차입 등을 통해서 자금을 일시적으로 융통하는 것이다.

□ **신디케이트론(syndicated loan)** *

2개 이상의 은행에 차관단을 구성하여 같은 조건으로 기업에 자금을 융자하는 대출방법으로 대규모로 중
장기 자금을 빌려줄 때 이용한다.

□ **K자형 회복** **

학력·고소득 노동자는 경기침체에서 빠르게 회복하는 반면에 저학력·저소득 노동자는 회복이 어렵거나
오히려 소득이 감소하는 등의 양극화 현상을 일컫는다. 보통은 경기 하락이 급격하게 나타났다가 회복되
는 V자형, 일정 기간 동안은 침체되다가 회복되는 U자형으로 나타난다.

□ **톱니 효과(Ratchet Effect)** ***

소득이 높았을 때 굳어진 소비 성향이 소득이 낮아져도 변하지 않는 현상을 말한다. 관성 효과가 작용하
면 소득이 감소하여 경기가 후퇴할 때 소비 성향이 일시에 상승한다. 소비는 현재의 소득뿐만 아니라 과
거의 소득에도 영향을 받고 있어 소비자의 소비지출은 소득과 동반하여 변동하는 것이 아니라 안정적인
경향을 보여 경기후퇴 시에도 빠르게 변동을 보이진 않는다. 이처럼 소비의 상대적 안정성으로 경기가 후
퇴하여도 소비가 소득의 감소와 같은 속도로 줄어들지 않게 되어 경기 후퇴 속도는 상당히 완화된다.

□ **경제고통지수** **

국민들이 실제로 느끼는 경제적 생활의 고통을 계량화하여 수치로 나타낸 것으로 보통 일정 기간 동안의
소비자물가상승률(CPI)과 실업률을 합하여 소득증가율을 빼서 나타낸다. 경제고통지수는 미국 브루킹스연
구소의 경제학자 아서 오쿤(Arthur Okun)이 고안한 것으로 고통지수의 수치가 높다는 것은 실업률이나
물가의 상승이 높아져 국민이 느끼는 경제적 어려움도 수치가 높은 만큼 크다는 것이며, 수치가 낮다는
것은 경제적 어려움도 그만큼 적다는 것이다.

□ 지하경제 *

신고 되지 않은 재화나 용역의 합법적 생산, 불법적인 재화나 용역의 생산, 은폐된 현물소득 등의 세 가지로 구분된다. OECD의 개념규정에서는 강도 등 범죄에 의한 비생산적 불법 활동은 지하경제에 포함시키지 않지만, 실제로 대부분의 연구에서는 비생산적 불법 활동의 자료를 이용해 지하경제의 규모를 추정하고 있다.

□ 뱅크데믹 **

은행과 팬데믹의 합성어로, 은행파산에 대한 공포가 급속하고 빠르게 감염병처럼 퍼져나간다는 것을 의미한다. 2023년 3월 10일 미국 실리콘밸리은행 파산으로부터 시작되어 전 세계에 공포가 번져나가면서 나타난 용어이다.

□ 리퀴드 소비 **

소비성향이 액체와 같이 고정적이지 않고 변화가 많고 잘 섞이는 특징을 가진 소비를 의미한다. 변화가 순간적으로 빠르기 때문에 예측이 어렵고 선택의 주기와 유행이 짧은 것으로, 숏폼 콘텐츠를 소비하듯이 브랜드에 충성심을 가지지 않고 소비를 하는 것을 의미한다.

□ 피구 효과(Pigou Effect) ***

임금의 하락이 고용의 증대를 가져온다는 피구(A.C. Pigou)의 이론을 말한다. 즉, 기업의 임금 인하는 사람들이 보유하고 있는 현금이나 예금잔고의 실질가치를 인상하는 결과가 되어 일반물가수준은 하락하게 된다. 이러한 실질현금잔고의 증가는 소득에 변화가 없더라도 소비지출을 증가시키므로 결과적으로 고용을 증대시킨다.

□ 베블런 효과(Veblen Effect) **

허영심에 의해 수요가 발생하는 것으로, 가격이 상승한 소비재의 수요가 오히려 증가하는 현상이다. 예를 들면, 값비싼 귀금속류나 고가의 가전제품, 고급 자동차 등 경제상황이 악화되어도 수요가 줄어들지 않는데, 이는 자신의 부를 과시하거나 허영심을 채우기 위해 구입하는 사람들이 있기 때문이다.

□ 리카도 효과(Ricardo Effect) *

일반적으로 호경기 때에는 소비재 수요 증가와 더불어 상품의 가격 상승이 노동자의 화폐임금보다 급격히 상승하게 되므로 노동자의 임금이 상대적으로 저렴해진다. 이 경우 기업은 기계를 대신하여 노동력을 사용하려는 경향이 발생하는데, 이를 리카도 효과라 한다.

□ **전시 효과(Demonstration Effect)** **

후진국이나 저소득자가 선진국이나 고소득자의 소비양식을 본떠 그 소비를 증대시키는 경향으로, 신문·라디오·영화·TV 등의 선전에 대한 의존도가 크다. 근대 경제이론에서는 전시효과에 의해 소비 성향이 상승함으로써 저축률이 저하되므로 자본축적을 저지한다고 하여 문제시하고 있다. 듀젠베리 효과라고도 한다.

□ **밴드왜건 효과(Bandwagon Effect)** ***

소비재가 가격하락이 됐을 때 새로운 소비자가 이 소비재의 수요자로 등장해 수요량이 증가하게 되는데 이것도 밴드왜건 효과라 한다. 따라서 가격의 하락에 수반한 수요량의 증가는 가격효과의 부분과 밴드왜건 효과의 부분으로 나눌 수 있다.

□ **파노플리 현상(Panoplie Effect)** ***

소비자가 특정 제품을 소비하면 그 제품을 소비하는 집단 혹은 계층과 같아진다는 환상을 갖게 되는 현상이다. 소비자가 구매한 제품을 통해 지위와 가치를 드러내려는 욕구에서 발생하며, 연예인이나 유명인이 사용하는 것으로 알려진 제품 수요가 높아지는 현상도 파노플리 현상이다.

□ **인앱 결제** *

구글이나 애플이 자체 개발한 내부결제 시스템으로, 웹이 아닌 자사 스토어 앱에서 유료 앱이나 콘텐츠를 결제하는 방식이다. 수단에는 상관없으나 결제 시스템은 자사 시스템을 사용하도록 되어 있다. 게임 회사에만 해당되다가 모든 디지털 콘텐츠 결제에 해당 시스템을 확대 적용하겠다고 밝혔으며, 최대 30%의 수수료 지불 및 공정거래 위반 등으로 인한 논란이 일었다. 구글의 인앱결제 강제를 금지하는 「전기통신사업법 개정안」이 2021년 9월 국회를 통과했으며 2022년 3월 8일에는 일부 개정령안을 의결하였다. 시행령 개정안은 지난 2021년 9월 세계 최초로 앱 마켓사업자의 의무를 명확히 규정한 「전기통신사업법」 개정에 따른 후속조치로, 앱 마켓사업자의 이용자 보호의무, 앱 마켓 운영 실태조사, 신설 금지행위의 유형·기준 및 과징금 부과 기준 등을 구체화하여 이른바 인앱결제 강제금지법이 시행되었다.

□ **사이드카(Side Car)** **

선물시장이 급변할 경우 현물시장에 대한 영향을 최소화함으로써 현물시장을 안정적으로 운용하기 위해 도입한 프로그램 매매호가 관리제도의 일종이다. 주식시장에서 주가의 등락폭이 갑자기 커질 경우 시장에 미치는 영향을 완화하기 위해 주식매매를 일시 정지시키는 제도인 서킷 브레이커(Circuit Braker)와는 다르다. 주가지수 선물시장을 개설하면서 도입하였는데, 지수선물가격이 전일종가 대비 5% 이상 상승 또는 하락해 1분간 지속될 때 발동하며, 일단 발동되면 발동 시부터 주식시장 프로그램 매매호가의 효력이 5분간 정지된다. 그러나 5분이 지나면 자동적으로 해제되어 매매체결이 재개된다. 주식시장 후장 매매 종료 40분 전(14시 20분) 이후에는 발동할 수 없으며, 또 1일 1회에 한해서만 발동할 수 있도록 되어 있다.

□ 리디노미네이션(Redenomination) ***

디노미네이션은 화폐, 채권, 주식 등의 액면금액을 의미한다. 리디노미네이션은 한 나라의 화폐를 가치의 변동 없이 화폐, 채권, 주식 등의 액면을 동일한 비율의 낮은 숫자로 표현하거나, 새로운 통화단위로 화폐의 호칭을 변경하는 것으로, 우리나라에서는 1953년에 100원을 1환으로, 화폐개혁이 있었던 1962년에 10환을 1원으로 바꾼 일이 있으며, 2004년에 1,000원을 1원으로 바꾸는 안이 논의되기도 했다. 리디노미네이션을 실시할 경우에 거래편의 제고, 통화의 대외적 위상재고, 인플레이션 기대심리 억제, 지하자금의 양성화 촉진 가능성 등의 장점 등이 있으나, 새 화폐 제조와 컴퓨터시스템·자동판매기·장부 변경 등에 대한 큰 비용, 물가상승 우려, 불안심리 초래 가능성 등의 문제가 있다.

더 알아보기

주요 사례

- **튀르키예** : 1998년부터 화폐 단위 변경 추진 위원회를 구성하고 7년간의 논의 끝에 터키의 화폐 단위 100만 리라를 1 신리라로 변경하는 데 성공하였다. 리디노미네이션 이후 지금까지도 혼란 없이 사용되고 있어, 리디노미네이션의 대표적인 성공 사례로 평가 받고 있다.
- **프랑스** : 취지 및 방법을 국민들에게 널리 홍보하여 심리적 불안함을 해소하였고, 3년에 걸쳐 신권과 구권을 병행하여 혼란을 최소화하였다. 이와 같은 과정 속에서 발생할 수 있는 부정부패를 방지하기 위한 처벌조항도 만들었고, 1960년에 100 대 1의 리디노미네이션을 시행하여 성공적인 결과를 거두었다.
- **짐바브웨** : 물가 안정을 위해 2006년에 화폐 단위를 1,000 대 1로 절하하였으나, 환율과 물가가 함께 급등하는 혼란을 겪었다. 극심한 인플레이션이 계속되자, 2008년에는 100억 대 1, 2009년에는 1조 대 1의 리디노미네이션을 시행하였다. 그럼에도 물가가 치솟자 짐바브웨는 2015년 자국 화폐인 짐바브웨달러를 폐기하고 미국 달러를 쓰기로 결정하였고, 리디노미네이션의 대표적인 실패 사례로 손꼽히고 있다.
- **베네수엘라** : 물가 상승을 잡기 위한 개혁이었지만, 오히려 물가 상승에 가속도가 붙어 하이퍼인플레이션 을 초래하였다. 2008년에 1,000 대 1를 시행하고 2018년에는 10만 대 1 리디노미네이션을 시행하였으나, 2018년에 물가 상승률은 1만%를 훌쩍 넘었다.

□ 기펜의 역설(Giffen's Paradox) *

재화의 가격이 하락하면 수요가 증가하고 가격이 상승하면 수요가 감소하는 것이 일반적이나, 열등재의 경우 그 재화의 가격이 하락해도 오히려 수요가 감소하는 경우가 있다. 이러한 현상을 기펜의 역설이라고 하며, 이러한 재화를 기펜재라고 한다.

□ 중위소득 ***

총가구를 소득 순으로 순위를 매겨 중간을 차지하는 가구의 소득을 말한다. 이는 통계청이 발표하는 가계동향 조사를 바탕으로 하며, 국민기초생활보장의 급여 기준을 정하는 지표로 활용한다.

□ 트리플위칭데이(Triple Witching Day) *

주가지수선물, 주가지수옵션, 개별주식옵션의 만기가 동시에 겹치는 날로 3개의 주식파생상품의 만기가 겹쳐 어떤 변화가 일어날지 아무도 예측할 수 없어 혼란스럽다는 의미에서 생긴 말이다. 트리플위칭데이는 현물시장의 주가가 다른 날보다 출렁일 가능성이 상존하는데 이를 가리켜 만기일 효과(Expiration Effect)라고 부른다. 또한 결제일이 다가오면 현물과 연계된 선물거래에서 이익을 실현하기 위해 주식을 팔거나 사는 물량이 급변, 주가가 이상 폭등·폭락하는 현상이 나타날 가능성이 크다. 특히 결제 당일 거래종료시점을 전후해서 주가의 급변동이 일어날 수 있다. 미국의 경우는 S&P500 주가지수선물, S&P100 주가지수옵션, 개별주식옵션 등의 3가지 파생상품계약이 3·6·9·12월 세 번째 금요일에, 한국은 3·6·9·12월의 두 번째 목요일에 트리플위칭데이를 맞게 된다.

□ 불마켓(Bull Market) **

황소가 뿔을 하늘을 향해 찌르는 모습처럼, 시장시세의 강세나 강세가 예상되는 경우를 말한다. 최근 저점대비 20% 이상 상승했을 때를 의미하곤 한다. 강세시장을 예고하는 패턴으로는 장기하락 후의 상승 전환 등이 있다.

더 알아보기

베어마켓(Bear Market) … 곰이 앞발을 아래로 내려치는 모습처럼, 주식시장이 하락하거나 하락이 예상되는 경우를 말한다. 거래가 부진한 약세 시장을 의미한다. 최근 고점 대비 20% 이상 하락하는 경우를 의미한다. 장기간 베어마켓이 진행되는 가운데 일시적으로 단기간에 급상승이 일어나는 경우를 베어마켓랠리(Bear Market Rally)라고 하는데 그 기간은 길지 않은 편이다.

□ 서킷브레이커(Circuit Breakers) ***

주가가 급격하게 하락할 때 매매를 일시적으로 중단하는 제도이다. 뉴욕증권거래소에서 1987년 10월 이른바 블랙먼데이(Black Monday)의 증시폭락 이후 최초로 도입되었으며, 우리나라에서는 유가증권시장에 1998년 12월 7일부터 국내주식가격 제한폭이 상하 15%로 확대되면서 도입되었고 코스닥시장은 2001년 9·11테러 이후 이 제도가 도입되어 그날 처음 발동되었다. 서킷브레이커는 주가가 폭락하는 경우 거래를 정지시켜 시장을 진정시키는 목적으로 주가지수가 전일종가 대비 10% 이상 하락한 상태로 1분 이상 지속될 경우 발동된다. 서킷브레이커가 발동되면 처음 20분 동안 모든 종목의 호가 접수 및 매매거래가 정지되며, 향후 10분 동안 새로 동시호가만 접수되고, 하루 한 번만 발동할 수 있으며, 장 종료 40분 전에는 발동할 수 없다. 우리나라의 경우를 보면 매매 거래 중단 요건은 주가지수가 직전 거래일의 종가보다 8%(1단계), 15%(2단계), 20%(3단계) 이상 하락한 경우 매매 거래 중단의 발동을 예고할 수 있다. 1, 2단계 발동 시 20분간 거래가 중단되고 3단계 땐 즉시 매매가 종료된다.

□ **업틱룰(Up-Tick Rule)** ***

공매도에 따른 직접적인 주식 가격 하락 방지를 위해 직전 가격 이하로 공매도 호가 제출을 금지하는 제도이다.

□ **소비자물가지수(CPI : Consumer Price Index)** *

전국 도시의 일반소비자가구에서 소비목적을 위해 구입한 각종 상품과 서비스에 대해 그 전반적인 물가수준동향을 측정하는 것이며, 이를 통해 일반소비자가구의 소비생활에 필요한 비용이 물가변동에 의해 어떻게 영향을 받는가를 나타내는 지표이다.

□ **생산자물가지수(PPI : Producer Price Index)** *

대량거래로 유통되는 모든 상품의 가격변동을 측정하기 위해 작성된 지수이다. 도매물가지수를 사용해 오다 1990년부터 생산자물가지수로 바뀌었다. 이 지수는 1차 거래단계 가격을 대상으로 한다. 국내 생산품은 생산자 판매가격을, 수입품의 경우는 수입업자 판매가격을 기준으로 하고 이것이 불가능할 경우 다음 거래단계인 대량도매상 또는 중간도매상의 판매가격을 이용한다. 소비자물가지수와 같은 특수 목적 지수와는 달리 상품의 전반적인 수급동향을 파악할 수 있고 포괄범위가 넓기 때문에 국민경제의 물가수준측정에 대표성이 가장 큰 지수이다. 한편 생산자물가지수는 기업 간의 중간거래액을 포함한 총거래액을 모집단으로 하여 조사대상품목을 선정하였기 때문에 원재료, 중간재 및 최종재에 해당되는 품목이 혼재되어 있어 물가변동의 중복계상 가능성이 크다고 할 수 있다. 이러한 생산자물가지수의 한계를 보완하기 위하여 한국은행은 '가공단계별 물가지수' 또한 편제해 오고 있다.

□ **쇼트 스퀴즈(Short Squeeze)** ***

주가 하락을 예상했던 공매도 투자자들이 주가 상승으로 인한 손실이 발생하여 추가 손실을 예방하기 위해 상품이나 주식을 매수하는 것을 말한다. 이러한 주식 구입은 주식 가격을 더욱 상승시킨다.

□ **보완재(補完財)** *

재화 중에서 동일 효용을 증대시키기 위해 함께 사용해야 하는 두 재화를 말한다. 이들 재화는 따로 소비할 경우의 효용합계보다 함께 소비할 경우의 효용이 더 크다. 보완재의 예로는 커피와 설탕, 버터와 빵, 펜과 잉크 등이 있다.

□ **대체재(代替財)** *

재화 중에서 동종의 효용을 얻을 수 있는 두 재화로, 경쟁재라고도 한다. 대체관계에 있는 두 재화는 하나의 수요가 증가하면 다른 하나는 감소하고, 소득이 증대되면 상급재의 수요가 증가하고 하급재의 수요는 감소한다. 예를 들어 버터(상급재)와 마가린(하급재), 쌀(상급재)과 보리(하급재), 쇠고기(상급재)와 돼지고기(하급재) 등이다.

□ **경제 4단체** **

전국경제인연합회, 대한상공회의소, 한국무역협회, 중소기업중앙회를 말한다. 전국경제인연합회는 순수민간단체이며, 나머지 단체는 반관반민(半官半民)의 성격을 띤 대(對)정부 압력단체의 역할을 한다.

더 알아보기

- 경제 5단체 : 전국경제인연합회, 대한상공회의소, 한국무역협회, 중소기업중앙회, 한국경영자총협회
- 경제 6단체 : 전국경제인연합회, 대한상공회의소, 한국무역협회, 중소기업중앙회, 한국경영자총협회, 한국중견기업연합회

□ **신용점수제** ***

2021년 1월 1일부터 신용등급제(1 ~ 10등급)는 신용점수제(1 ~ 100점)로 개편되어 전면 실시되고 있다. 개인신용평가회사에서는 신용등급을 산정하지 않고 개인신용평점만을 산정하여 금융소비자와 금융회사에 제공한다. 이에 따라 금융권 신용 위험 관리역량을 제고하고 금융회사별 리스크 전략, 금융소비자 특성에 따라 차별화된 서비스 제공이 가능해졌다. 또한 세분화된 대출 심사 기준을 도입하여 획일적인 대출 여부에서 벗어나 저신용층의 금융접근성까지 제고되었다.

□ **신용경색** **

금융시장에 공급된 자금의 절대량이 적거나 자금이 통로가 막혀있을 때 발생하는데, 특히 돈의 통로가 막혀 발생하는 신용경색은 치유하기가 어렵다. 신용경색이 발생하면 기업들은 자금 부족으로 인해 정상적인 경영이 어려워지고 무역업체들도 수출입 활동에 큰 제약을 받게 된다. 신용경색이 나타나는 과정은 먼저 일부 은행의 도산이나 부실화로 인해 금융시스템 내의 대출가능 규모가 줄어들게 되고, 이들 은행과 거래하던 기업들이 차입이 어려워지면서 기업의 도산 확률이 높아지게 된다. 이렇게 되면 건전한 은행들도 높아진 기업의 신용위험과 유동성위험 등에 대비하여 대출규모를 축소하기 때문에 금융시스템 내의 유동성 부족으로 자금공급의 악순환이 발생하게 되는 것이다. 우리나라의 경우도 1998년 외환위기 시 극심한 신용경색으로 인해 많은 기업들이 도산한 경험이 있다.

□ **빈곤의 악순환(Vicious Circle of Poverty)** *

후진국은 국민소득이 낮기 때문에 국내저축이 미약하므로 높은 투자가 형성될 수 없다. 따라서 국민소득의 성장률이 낮으며, 이런 현상이 되풀이되는 과정을 빈곤의 악순환이라고 한다. 미국의 경제학자 넉시(R. Nurkse)가 '저개발국의 자본형성 제문제'에서 처음 사용했다.

□ **덤머니(Dumb Money)** ***

금융 시장에 대한 전문성이 높은 기관투자자나 규모가 큰 개인투자자의 자금을 지칭하는 스마트머니와 반대되는 자금으로, 상대적으로 전문성이 결여된 개인투자자의 자금을 일컫는다.

□ 모라토리엄(Moratorium) ***

전쟁·천재(天災)·공황 등으로 경제가 혼란되어 채무이행에 어려움이 생길 때 국가의 공권력에 의해 일정 기간 채무의 이행을 연기 또는 유예하는 것을 뜻한다. 이는 일시적으로 안정을 도모하기 위한 채무국의 응급조치로서, 채무의 추심이 강행되면 기업도산의 수습을 할 수 없게 되는 우려에서 발동한다. 모라토리엄을 선언하면 국가신인도가 직강하되고 은행 등 금융업체들의 신용도가 사실상 제로상태에 빠지므로 대외경상거래가 마비된다. 이에 따라 수출이 힘들어지고 물가가 상승하며 화폐가치가 급락한다. 대규모 실업사태와 구조조정의 고통이 장기화되며, 외채사용이 엄격히 통제된다.

□ 스펜데믹(Spendemic) ***

여행이나 야외활동 관련 소비가 줄고 집안에서 생활하면서 배달음식, 인테리어 소품 등으로 나타나는 과소비 현상을 말한다. 특히나 집안에서 느끼는 무료함을 소비로 해소하고자 하는 보복소비로도 이어진다.

□ 시장조성자 ***

주식 등 상품 거래 시 매도와 매수 양방향에 호가를 제공하여 유동성을 공급함으로써 거래가 이뤄질 수 있도록 하는 증권사이다. 한국거래소와 계약된 업체만 시장조성자가 될 수 있다.

□ 개인워크아웃제도(개인신용회복지원제도) **

금융기관 간 맺은 '신용회복지원협약'에 따른 신용불량자 구제 제도이다. 최저생계비 이상의 소득이 있는 개인 또는 개인사업자가 채무과다로 현재의 소득으로는 채무상환을 할 수 없어 신용불량자로 등재되어 있는 경우 신용회복지원위원회에 개인워크아웃신청을 하면, 금융기관의 채무를 일정 부분 조정하여 줌으로써 신용불량자가 경제적으로 회생할 수 있도록 도와주는 제도이다. 개인워크아웃제도는 사회적으로 신용불량자가 급증하자 금융감독원이 신용불량자 증가 억제 및 금융이용자보호대책의 일환으로 마련한 제도로 2002년 10월 도입되었다.

□ 슬럼플레이션(Slumpflation) *

'Slump(슬럼프)'와 'Inflation(인플레이션)'의 합성어로, 불황 중의 인플레이션을 말한다. 스태그플레이션보다 그 정도가 심한 상태이다.

□ 인플레이션(Inflation) **

상품거래량에 비해 통화량이 과잉증가함으로써 물가가 오르고 화폐가치는 떨어지는 현상이다. 과잉 투자·적자 재정·과소 생산·화폐 남발·수출 초과·생산비 증가·유효 수요의 확대 등이 그 원인이며, 기업이윤의 증가·수출 위축·자본 부족·실질 임금의 감소 등의 결과가 온다. 타개책으로는 소비 억제, 저축 장려, 통화량 수축, 생산 증가, 투자 억제, 폭리 단속 등이 있다.

□ **디플레이션(Deflation)** *

상품거래에 비하여 통화량이 지나치게 적어 물가는 떨어지고 화폐가치가 오르는 현상이다. 지나친 통화량 수축, 저축된 화폐의 재투자 부진, 금융활동의 침체, 구매력 저하 등이 원인이며 생산 위축, 실업자 증가, 실질 임금 증가 등의 결과가 나타난다. 이를 타개하기 위해서는 유효 수요 확대, 통화량 증대, 저금리 정책, 조세 인하, 사회보장, 실업자 구제 등의 정책이 필요하다.

□ **하이퍼인플레이션(Hyperinflation)** **

물가 상승이 통제 불가의 상태인 인플레이션을 말한다. 물가 상승으로 인한 거래비용을 급격하게 증가시켜 실물경제에 타격을 미치며, 정부나 중앙은행이 과도하게 통화량을 증대시킬 경우에 발생하는데, 전쟁 등 사회가 크게 혼란한 상황에서도 발생한다.

□ **팬플레이션(Panflation)** **

영국 주간 경제지가 2012년 「팬플레이션의 위험」이라는 기사에서 처음 사용한 용어로, 사회 전반에 거품현상이 만연해지면서 가치 기준이 떨어지는 현상이다. 주간 경제지는 팬플레이션 현상을 조절하지 못할 경우 심각한 사회문제를 야기할 것이라고 경고하면서 직함 인플레이션을 사례로 들었는데, 직장에서의 직함을 남용하여 불합리한 임금 인상을 야기하고 있다고 지적하였다.

□ **스태그플레이션(Stagflation)** ***

'Stagnation(침체)'과 'Inflation(인플레이션)'의 합성어로, 경기침체하의 인플레이션을 의미한다. 경기가 후퇴함에 따라 생산물이나 노동력의 공급초과현상이 일어남에도 불구하고 물가가 계속해서 상승하는 현상을 말한다.

□ **레인지 포워드(Range Forward)** *

불리한 방향의 리스크를 헤지하기 위해 옵션을 매입하고 그에 따른 지급 프리미엄을 얻기 위해 유리한 방향의 옵션을 매도하여 환율변동에 따른 기회이익을 포기하는 전략이다. 환율 변동으로 인해 발생할 수 있는 이익과 손실을 모두 일정 수준으로 제한함으로써 환 리스크는 일정 범위 내로 제한된다.

□ **왝더독(Wag The Dog)** **

꼬리가 개의 몸통을 흔든다는 뜻으로, 앞뒤가 바뀌었다는 말이다. 증권시장에서 주가지수 선물가격이 현물지수를 뒤흔드는 현상으로, 주식시장이 장 마감을 앞두고 선물시장의 약세로 말미암아 프로그램 매물이 대량으로 쏟아져 주가가 폭락하는 경우를 나타내는 현상을 일컫는다. 여기서 프로그램 매물이란 선물과 현물의 가격차이가 벌어졌을 때 상대적으로 싼 쪽을 사고 비싼 쪽을 팔아 이익을 남기는 거래방식이다. 주로 투신사 등의 기관투자자의 거래에서 이용되고 컴퓨터로 처리하기 때문에 프로그램 매매라고 한다.

□ **파킹(Parking) 통장 ****

잠시 주차를 하듯 짧은 시간 여유자금을 보관하는 통장을 의미한다. 일반 자유입출금 통장처럼 수시입출금이 가능하면서 비교적 높은 수준의 금리를 제공하는 게 특징이다. 정기예금이나 적금과 달리 상당기간 자금이 묶이지 않기 때문에 최근 각광받고 있다. 파킹(Parking) 통장은 불안한 투자환경과 시장 변동성 속에서 잠시 자금의 휴식처가 필요하거나 당장 목돈을 사용할 계획이 없는 투자자들에게 유용하다. 특히 하루만 맡겨도 금리 수익을 거둘 수 있다는 게 장점으로 꼽힌다. 일반적인 자유입출금 통장이 연 0.1 ~ 0.2%(세전) 수준의 이자를 주는 반면 파킹통장은 일정 금액 이상이 통장에 '파킹'되어 있으면 연 2% 이상의 높은 금리를 지급한다.

□ **자기자본투자(PI : Principal Investment) ****

증권사들이 고유 보유자금을 직접 주식·채권·부동산 및 인수·합병(M&A) 등에 투자해 수익을 얻는 것으로 주식거래 중개와는 별도로 한다. 해외 투자은행들은 위탁수수료 수익 비중에 비해 자기자본투자의 비중이 높지만 국내 증권사들의 경우 위탁수수료 수익 비중이 자기자본투자에 비해 높다.

□ **역모기지론(Reverse Mortgage Loan) ***

고령자들이 보유하고 있는 주택을 담보로 금융기관에서 일정액을 매월 연금형식으로 받는 대출상품이다. 주택연금 또는 장기주택저당대출이라고 한다. 부동산을 담보로 주택저당증권(MBS)을 발행하여 장기주택자금을 대출받는 제도인 모기지론과 자금 흐름이 반대이기 때문에 역모기지론이라고 한다. 주택은 있으나 경제활동을 할 수 없어 소득이 없는 고령자가 주택을 담보로 사망할 때까지 자택에 거주하면서 노후 생활자금을 연금 형태로 지급받고, 사망하면 금융기관이 주택을 처분하여 그동안의 대출금과 이자를 상환 받는다. 역모기지론의 가입조건은 부부가 모두 65세 이상이여야 하고, 6억 원 미만의 주택을 가진 사람을 대상으로 한다. 고령자가 사망 시 또는 계약 시까지 주택에 살면서 노후생활비를 받으므로 주거 안정과 노후소득보장을 받을 수 있다. 우리나라는 2006년부터 종신형 역모기지론이 도입되었으며, 주택금융공사의 공적보증으로 대출기간을 종신으로 늘렸으며, 현재 조건이 완화되어 담보대출이나 전세보증금이 끼어 있는 집도 이용할 수 있다.

□ **주택담보대출비율(LTV : Loan To Value ratio) ****

금융기관에서 주택을 담보로 대출해 줄때 적용하는 담보가치대비 최대대출가능 한도를 말한다. 주택담보대출비율은 기준시가가 아닌 시가의 일정비율로 정하며, 주택을 담보로 금융기관에서 돈을 빌릴 때 주택의 자산 가치를 얼마로 설정하는 가의 비율로 나타낸다.

□ **개인종합자산관리계좌(ISA : Individual Savings Account) ****

하나의 통장으로 예·적금은 물론 주식·펀드 등 파생 상품 투자가 가능한 통합계좌이다. 근로자와 자영업자, 농어민의 재산 형성 등을 위해 2016년에 도입한 것으로 운용 지시를 가입자가 직접 하는 신탁형과 전문가에게 운용을 맡길 수 있는 일임형으로 나뉜다.

02 경영 · 산업

□ 캐즘(Chasm) **

본래 지층에 균열이 생기면서 단절되는 것을 뜻하는 지질학 용어이나, 1991년 제프리 무어박사가 스타트업 성장 과정을 캐즘에 빗대 설명하면서 경제·경영분야에서도 사용되고 있다. 경제·경영분야에서 캐즘은 첨단기술 제품이 소수의 혁신적 성향 소비자들이 지배하는 초기 시장에서 대중화 단계에 이르기 전, 일시적으로 수요가 침체되거나 감퇴하는 현상을 일컫는다.

□ 매그니피센트 7 **

미국의 7개 빅테크 기업(마이크로소프트·애플·알파벳·아마존·엔디비아·메타·테슬라)을 일컫는다.

더 알아보기

AI5 … AI랠리를 이끈 5개 기업(엔디비아 · 마이크로소프트 · AMD · TSMC · 브로드컴)을 일컫는다.

□ 풀필먼트(Fulfillment) **

판매자 대신 물류 전문업체가 배송, 보관, 재고관리, 교환 등 모든 과정을 담당하는 서비스를 일컫는다. 즉, 물류 일괄 대행 서비스로 이커머스 시장이 확대되면서 주목받고 있다. 풀필먼트는 '이행'이라는 뜻으로 물류사이트 등의 유통기업이 자사 사이트에서 물건을 사는 고객에게 제공하는 자체 고객 주문 처리 과정으로, 상품 입고뿐만 아니라 보관, 포장, 출하, 배송 등 모든 과정을 통합해서 운영한다.

□ 진실의 순간(MOT : Moments of Truth) **

소비자가 기업 또는 제품에 대한 이미지를 결정하는 시간은 15초 내외의 짧은 순간이라는 마케팅 용어다. 소비자가 광고나 직원을 마주하면서 갖게 되는 느낌이 기업의 이미지를 결정짓는다는 뜻이다.

□ 집적 이익(集積利益) **

어떠한 지역에 산업이나 인구가 집중되면서 서로 간에 분업 또는 노동력 및 소비시장이 형성되면서 도로나 편의 시설이 마련되고 투자 효율 및 생활 효율이 좋아지면서 얻는 경제적 이익을 의미한다.

□ **동의의결제** **

사업자가 소비자 피해에 대한 재발 방지 대책과 피해 보상을 제안하면 법적 제재 없이 종결시켜주는 제도 즉, 공정거래법 위반혐의로 조사를 받는 기업이 스스로 피해구제, 원상회복 등 합당한 시정방안을 제시하는 경우 공정거래위원회가 위법 여부를 확정하지 않고 심의 절차를 신속하게 종결해주는 제도다. 이때, 부당한 공동행위(카르텔) 사건이나 고발요건에 해당하는 사건은 동의의결 대상에서 제외한다. 기존에는 동의의결 절차 개시 후 마련된 잠정 동의의결안에만 의견수렴 절차를 규정했으나, 공정거래법 개정에 따라 동의의결 개시 여부를 결정하는 단계에서도 신고인 등 이해관계인의 의견을 청취할 수 있는 의견수렴 절차를 신설했다. 이에 동의의결 절차 전반에서 이해관계인의 의견을 더욱 충실히 반영할 수 있을 것으로 기대된다.

□ **자본잠식** *

기업의 적자가 늘어나면서 잉여금이 마이너스가 되는 것이다. 자본 총계가 납입자본금보다 적은 것을 의미한다. 자본 총계가 마이너스로 되는 경우 완전자본잠식이다.

더 알아보기

납입자본금 ··· 주식을 발행하여 인수납입이 된 자금을 의미한다.

□ **그린워시(Green Wash)** ***

기업이 실제로는 환경에 악영향을 끼치는 제품을 생산하면서도 광고 등을 통해 친환경적인 이미지를 내세우는 행위를 말한다. 환경에 대한 대중의 관심이 늘고, 친환경 제품에 대한 선호가 높아지면서 생겼다. 환경친화적인 이미지를 상품 제작에서부터 광고, 판매 등 전 과정에 걸쳐 적용·홍보하는 그린 마케팅이 기업의 필수 마케팅 전략 중 하나로 떠오르면서, 실제로는 친환경적이지 않은 제품을 생산하는 기업들이 기업 이미지를 좋게 포장하는 경우가 생겨나고 있는 것이다. 이러한 기업들의 이율배반적인 행태를 고발하기 위해 미국의 다국적기업 감시단체 기업 감시는 매년 지구의 날, 대표적인 그린워시 기업을 선정하고 있다.

□ **주식회사(株式會社)** ***

1인 이상의 발기인에 의해 설립되며 유한책임의 주주로 구성되는 물적 회사이다. 자본금은 균일한 금액으로 표시되어 있는 주식으로 분할되고 매매·양도가 가능하다. 구성기관으로는 의결기관인 주주총회, 집행 및 대표기관인 이사회와 대표이사, 회계감사기관인 감사의 세 기관이 있다. 주식회사는 주식에 의한 대자본의 형성, 주주의 위험분산, 자본과 경영의 분리 등이 특징이라 할 수 있다.

더 알아보기

- **단자회사(短資會社)** : 8·3조치 이후 단기자금의 공급을 제도화할 목적으로 「단기금융업법」에 의하여 설립된 단기금융회사로, 제2금융이라 한다. 시중의 3개월 이내의 단기유휴자금을 고금리로 흡수하여 국내 기업체에 기업자금으로 공급해 준다. 주요 업무는 3개월 내의 단기융자, 어음할인·매매·인수 및 보증 등으로 은행과 유사한 업무를 한다.
- **지주회사(持株會社)** : 타회사의 주식을 많이 보유함으로써 그 기업의 지배를 목적으로 하는 회사로, 이를 모회사(母會社), 지배를 받는 회사를 자회사(子會社)라고 한다. 현행 「독점규제 및 공정거래에 관한 법률」에서는 한 회사가 다른 회사 주식의 50% 이상을 보유하고 있을 때 전자를 모회사, 후자를 자회사라 한다.
- **합명회사(合名會社)** : 무한책임사원만으로 구성된 회사로 각 사원이 회사의 채권자에 대하여 직접 책임을 지는 데에서 대외적으로 인적 신용이 중시되고, 사원의 책임강도는 내부적으로 사원 상호간의 신뢰관계를 필요한다.
- **합자회사(合資會社)** : 무한책임과 유한책임사원으로 구성된 회사로 이원적 조직의 회사이다. 무한책임사원이 기업경영을 하고, 유한책임사원은 자본을 제공하여 사업에서 생기는 이익을 분배 받는다.

□ 팹리스(Fabless) *

반도체를 설계만 하고 제작은 하지 않는 기업을 말한다. '공장(Fab)이 없다(Less)'는 뜻의 팹리스는 중앙처리장치(CPU)나 모바일프로세서(AP), 통신모뎀·이미지센서 같은 시스템 반도체(비메모리) 칩의 설계를 맡는다. 팹리스의 설계에 따라 반도체를 생산만 하는 기업은 파운드리(Foundry)라고 한다.

□ 가젤형 기업(Gazelles Company) *

상시 근로자 10인 이상이면서 매출이나 순고용이 3년 연속 평균 20% 이상인 기업으로, 빠른 성장과 높은 순고용 증가율이 가젤(빨리 달리면서도 점프력도 좋은 영양류의 일종)과 닮았다는 데서 이름이 유래됐다. 자생적 성장을 이룬 기업을 지칭하므로 인수합병은 제외된다. 특히 가젤형 기업 중에서도 매출 1,000억 원 이상의 기업은 슈퍼 가젤형 기업이라고 한다. 가젤형 기업은 규모가 작아 눈에 띄지 않지만, 틈새시장을 집요하게 파고들어 세계 최강자 자리에 오른 히든 챔피언과는 차이가 있다. 히든 챔피언이 매출 시장에 비중을 더 두는 데 비해 가젤형 기업은 안정적인 일자리 창출에 중추적인 역할을 하고 있기 때문이다.

□ 고객관계관리(CRM : Customer Relationship Management) ***

기존고객의 정보를 분석해서 고객의 특성에 맞는 마케팅을 전개하는 것이다. 전산시스템과 인터넷의 발달로 다양한 고객관리를 할 수 있게 되면서 새로운 마케팅기법으로 각광받고 있다. 고객에 대한 정보자료를 정리·분석해 마케팅 정보로 변환함으로써 고객의 구매패턴을 지수화하고, 이를 바탕으로 마케팅프로그램을 개발·실현·수정하는 고객 중심의 경영 기법을 의미한다. 다시 말해 기업이 고객의 성향과 욕구를 미리 파악해 이를 충족시켜 주고, 기업이 목표로 하는 수익이나 광고효과 등 원하는 바를 얻어내는 기법을 말한다. 영화관을 예로 들자면, 회원카드를 통하여 고객이 어떤 영화를 얼마나 자주 보고 언제 보는가를 CRM을 통해 고객의 취향을 파악해, 취향에 맞는 영화가 개봉될 때를 맞춰 할인쿠폰이나 개봉정보를 알려줄 수 있다. 이 경우 무작위로 정보를 보내는 것보다 비용과 효과 면에서 유리할 것이다.

□ 고객경험관리(CEM : Customer Experience Management) *

고객이 어떻게 생각하고 느끼는지를 파악하고, 이를 토대로 고객의 경험을 데이터 하여 구축한 것으로, 기업은 모든 접점에서 고객과 관계를 맺고 각기 다른 고객 경험 요소를 서로 통합해준다. 그리고 고객에게는 감동적인 경험을 갖도록 해주어 기업 가치를 높인다. 고객은 단순히 가격과 품질만을 검토하여 이성적으로 제품을 구매하는 것이 아니라, 친절한 매장 직원이나 편리한 주문시스템 같은 감성적 요인으로 구매를 하는 경향이 있다는 측면에서 등장한 고객관리기법으로 콜롬비아 비즈니스 스쿨의 번트 슈미트 교수(Bernd. Schmitt)가 저서 「CRM을 넘어 CEM으로」에서 처음 소개하였다.

□ 나노 경영(Nano Management) *

맥이트(McIT) 이론에 기초하여 지속적 고용 유지와 부가가치 창출을 동시에 성취한다는 경영이론이다. 맥이트(McIT)란 경영(Management), 문화(Culture) 그리고 정보기술(Information Technology)의 앞 글자를 딴 것이다. 나노는 '10억분의 1'을 의미하는 것으로 나노기술은 원자와 분자를 직접 조작하고 재배열하여 기존에 존재하지 않던 신물질을 개발하는 기술이다. 나노기술처럼, 나노 경영은 기업이 수행하는 아주 작은 세부 활동들을 분석하여, 이를 보다 큰 차원에서 결합·응용하여 보다 효율적으로 기업을 경영하는 것을 의미한다. 창조·지식경영과 함께 주 30시간의 업무활동과 10시간의 학습활동을 목표로 한 스피드 경영 및 시간 관리가 그 핵심이다.

□ B2B · B2C ***

B2B는 Business to Business(기업 對 기업)의 줄임말로 기업과 기업이 전자상거래를 하는 관계를 의미하며, 인터넷 공간을 통해 기업이 원자재나 부품을 다른 기업으로부터 구입하는 것이 대표적이다. 일반소비자와는 큰 상관이 없지만 거래규모가 엄청나서 앞으로 전자상거래를 주도할 것으로 보인다. B2C는 Business to Consumer의 줄임말로 기업이 개인을 상대로 인터넷상에서 일상 용품을 판매하는 것이 대표적이다. 현재 인터넷에서 운영되고 있는 전자상거래 웹사이트의 대부분이 B2C를 겨냥하고 있다. 이밖에도 전자상거래의 유형 중에는 C2B, C2C도 있으나 차지하는 비중은 미미한 편이다.

□ 어닝 쇼크(Earning Shock) ***

기업이 시장에서 예상했던 것보다 저조한 실적을 발표하여 주가에 영향을 미치는 현상으로, 어닝은 주식시장에서 기업의 실적을 뜻한다. 분기 또는 반기별로 기업들이 집중적으로 그동안의 영업 실적을 발표하는 시기를 어닝 시즌이라 한다. 영업 실적은 해당 기업의 주가와 직결되기 때문에 투자자들은 이에 민감할 수밖에 없는데, 어닝 쇼크는 어닝 시즌에 기업이 발표한 영업 실적이 시장의 예상치보다 훨씬 저조하여 주가에 충격을 준다는 의미에서 붙여진 용어이다. 영업 실적이 시장의 예상치보다 저조한 경우에는 주가 하락으로 이어지는 경우가 일반적이며, 영업 실적이 좋더라도 예상했던 것보다 저조하면 주가가 하락하기도 한다.

어닝 서프라이즈(Earning Surprise) ··· 영업 실적이 예상보다 높은 경우에 주가가 큰 폭으로 상승하는 현상으로, 기업이 실적 발표 시 시장에서 예상했던 실적과 다른 발표를 하는 것을 말한다. 우리나라에서는 깜짝 실적이라고도 한다. 시장의 예상치보다 실적이 저조하면 기업이 아무리 좋은 실적을 발표해도 주가가 떨어지기도 하고 반대로 저조한 실적을 발표해도 예상치보다 높거나 낮은 두 가지 경우 모두를 나타낼 수 있지만, 통상 서프라이즈의 의미가 좋은 것을 나타내는 의미로 사용되기 때문에 실적이 예상치보다 높은 경우에 해당한다.

☐ 아웃소싱(Outsourcing) **

제품생산 · 유통 · 포장 · 용역 등을 하청기업에 발주하거나 외주를 주어 기업 밖에서 필요한 것을 조달하는 방식을 말한다. 특히 업무가 계절적 · 일시적으로 몰리는 경우 내부직원, 설비를 따로 두는 것보다 외부용역을 주는 것이 효율적이다. 주로 기업에서 활용됐으나 최근에는 정부부문도 일상적 관리업무나 수익성이 있는 사업 등을 민간에 맡기거나 넘겨 효율성을 높이면서 조직을 줄이는 것이 세계적인 추세이다.

☐ 풋백옵션(Putback Option) *

일정한 실물 또는 금융자산을 약정된 기일이나 가격에 팔 수 있는 권리를 풋옵션이라고 한다. 풋옵션에서 정한 가격이 시장가격보다 낮으면 권리행사를 포기하고 시장가격대로 매도하는 것이 유리하다. 옵션가격이 시장가격보다 높을 때는 권리행사를 한다. 일반적으로 풋백옵션은 풋옵션을 기업인수합병에 적용한 것으로, 본래 매각자에게 되판다는 뜻이다. 파생금융상품에서 일반적으로 사용되는 풋옵션과 구별하기 위해 풋백옵션이라고 부른다. 인수시점에서 자산의 가치를 정확하게 산출하기 어렵거나, 추후 자산가치의 하락이 예상될 경우 주로 사용되는 기업인수합병방식이다.

☐ 콤비나트(Combinat) *

국내의 독립된 기업이 생산공정에 있어서 낭비 축소, 부산물의 공동이용 등 기술합리화를 위해 지역적 · 다각적으로 결합하여 기업을 경영하는 기업집단의 형태를 말한다. 콤비나트화의 목적은 원재료의 확보, 생산의 집중화, 유통과정의 합리화 등으로 원가절감을 기하는 것이다.

☐ 린 스타트업(Lean Startup) ***

아이디어를 빠르게 최소요건제품(시제품)으로 제조한 뒤 시장의 반응을 통해 다음 제품 개선에 반영하는 전략이다. 단기간에 제품을 만들고 성과를 측정한 후, 다음 제품 개선에 반영하는 것을 반복하여 성공 확률을 높이는 경영 방법의 일종이다. 시제품을 제조하여 시장에 내놓고 반응을 살피며 수정하는 것이 핵심이다. 일본 도요타자동차의 린 제조방식을 본 뜬 것으로, 미국 실리콘밸리의 벤처기업가 에릭 리스가 개발했다. 린 스타트업은 만들기 → 측정 → 학습의 과정을 반복하면서 꾸준히 혁신해가는 것을 목표로 한다.

□ **BCG매트릭스(BCG Matrix) ★★★**

컨설팅 전문회사인 'Boston Consulting Group'에 의해 개발된 것으로 기업 경영전략 수립의 분석도구로 활용된다. 이는 사업의 성격을 단순화, 유형화하여 어떤 방향으로 의사결정을 해야 할지를 명쾌하게 얘기해 주지만, 사업의 평가요소가 상대적 시장점유율과 시장성장률뿐이어서 지나친 단순화의 오류에 빠지기 쉽다는 단점이 있다. X축은 상대적 시장점유율, Y축은 시장성장률을 놓고 각각 높음·낮음의 두 가지 기준을 정한 매트릭스로 구성하여 사업을 4가지로 분류한다.

> ### 더 알아보기
>
> - Star 사업 : 수익과 성장이 큰 성공사업으로 지속적인 투자가 필요하다.
> - Cash Cow 사업 : 기존 투자에 의해 수익이 지속적으로 실현되는 자금 원천사업으로 시장성장률이 낮아 투자금이 유지·보수에 들어 자금산출이 많다.
> - Question Mark 사업 : 상대적으로 낮은 시장 점유율과 높은 성장률을 가진 신규사업으로 시장점유율을 높이기 위해 투자금액이 많이 필요하며, 경영에 따라 Star 사업이 되거나 Dog 사업으로 전락할 위치에 놓이게 된다.
> - Dog 사업 : 수익과 성장이 없는 사양사업으로 기존의 투자를 접고 사업철수를 해야 한다.

□ **파운드리(Foundry) ★★**

팹리스 업체가 설계한 반도체를 전담하여 제조하는 생산 전문 기업이다. 반도체 산업 기업은 크게 IDM, 팹리스, 파운드리, OSAT 네 가지로 구분할 수 있다. IDM은 설계부터 최종 완제품까지 자체적으로 수행하는 기업이며 팹리스는 반도체 설계만을 전담한다. OSAT는 파운드리가 생산한 반도체의 패키징 및 검사를 수행한다. IDM 중 일부는 자사 외에 다른 기업의 반도체를 생산하는 파운드리 기능을 함께 수행하기도 하는데, 우리나라에서는 삼성전자, SK하이닉스 등이 IDM이면서 파운드리 기능을 수행하고 있다.

□ **특허괴물(Patent Troll) ★★★**

제품을 생산·판매하지 않고 특허권 또는 지식재산권만을 집중적으로 보유하여 로열티로 이익을 창출하는 전문회사를 가리킨다. 대량의 특허권을 매입하거나 원천기술을 보유한 소규모 기업을 인수·합병하여 특허권을 확보한 후 특정기업이 무단으로 사용한 제품이 출시되면 해당 기업을 상대로 사용료를 요구하거나 소송 등을 통해 막대한 보상금을 챙긴다. 최근에는 개발 전 단계의 아이디어까지 선점하는 경우가 많아 문제로 지적되고 있다. 특허괴물이란 용어는 미국의 반도체 회사 인텔(Intel)이 1998년 테크서치(Techsearch)라는 회사로부터 당한 소송 사건에서 인텔 측 변호사가 이 회사를 특허 괴물이라고 비난한 데서 유래되었다.

□ **스핀오프(Spinoff) ★**

정부출연연구기관의 연구원이 자신이 참여한 연구결과를 가지고 별도의 창업을 할 경우 정부보유의 기술을 사용한데 따른 로열티를 면제해 주는 제도를 말한다. 이를 실시하는 국가들은 기술이 사업화하는 데 성공하면 신기술연구기금을 출연토록 의무화하고 있다. 또 기업체의 연구원이 사내창업(社內創業)을 하는 경우도 스핀오프제의 한 형태로 볼 수 있다.

□ **백기사(White Knight)** **

경영권 다툼을 벌이고 있는 기존 대주주를 돕기 위해 나선 제3자이다. 이때 우호적인 기업인수자를 백기사라고 한다. 백기사는 목표기업을 인수하거나 공격을 차단해 준다. 백기사처럼 기업을 인수하는 단계까지 가지 않고 기업의 주식확보를 도와주는 세력을 백영주(White Squire)라고 한다.

□ **스톡옵션(Stock Option)** ***

주식매입선택권으로 기업이 전문경영인이나 핵심기술자를 고용하면서 일정 기간 후 채용할 때의 약속한 가격으로 주식을 살 수 있도록 하는 제도를 말한다. 입사 후 기업 성장으로 주가가 오르면 주식 차익을 챙길 수 있어 고급인력을 초빙하는 데 유리하다.

□ **레이더스(Raiders)** *

기업약탈자 또는 사냥꾼을 뜻한다. 자신이 매입한 주식을 배경으로 회사경영에 압력을 넣어 기존 경영진을 교란시키고 매입주식을 비싼 값에 되파는 등 부당이득을 취하는 집단이다. 즉, 여러 기업을 대상으로 적대적 M&A를 되풀이하는 경우를 말한다.

□ **그린메일(Green Mail)** **

기업사냥꾼(Green Mailer)이 대주주에게 주식을 팔기 위해 보낸 편지를 말한다. 기업사냥꾼들이 상장기업의 주식을 대량 매입한 뒤 경영진을 위협해 적대적 M&A를 포기하는 대가로 자신들이 확보한 주식을 시가보다 훨씬 높은 값에 되사들이도록 강요하는 행위이다.

□ **신디케이트(Syndicate)** *

카르텔 중 가장 결합이 강한 형태로, 중앙에 공동판매소를 두어 공동으로 판매하고 이익을 분배하는 기업집중의 형태이다. 공동판매카르텔이라고도 한다.

□ **카르텔(Cartel)** *

기업연합을 뜻하는 것으로, 같은 종류의 여러 기업들이 경제상·법률상의 독립성을 유지하면서 상호 간의 무리한 경쟁을 피하고 시장을 독점하기 위해 협정을 맺고 횡적으로 연합하는 것을 말한다. 협정의 내용에 따라 구매카르텔, 생산카르텔(생산제한·전문화 등), 판매카르텔(가격·수량·지역·조건·공동판매 등)이 있다. 우리나라에서는 「독점규제 및 공정거래법」에 의해 원칙적으로 금지되어 있다.

□ **워크아웃(Workout)** **

기업가치회생작업으로, 기업과 금융기관이 서로 합의해서 진행하는 일련의 구조조정 과정과 결과를 말한다. 미국의 GE사가 1990년대 초 개발한 신(新)경영기법이다. 사전적 의미로는 운동·훈련 등으로 몸을 가뿐하게 하는 것으로, 종업원들이 근무장소에서 벗어나 회사 내 문제점에 대한 토론을 벌이고 이를 통해 회사의 발전방안을 도출해 내는 의사결정방식이다.

□ **콘체른(Konzern)** *

동종(同種) 또는 이종(異種)의 각 기업이 법률상으로는 독립하면서 경제상으로는 독립을 상실하고 하나의
중앙재벌 밑에서 지배를 받는 기업집중의 형태로, 재벌이라고도 한다. 일반적으로 거대기업이 여러 산업
의 다수기업을 지배할 목적으로 형성된다.

□ **기업공시(IR : Investor Relation)** *

투자자 관리. 기업이 투자자와의 관계에서 신뢰를 쌓기 위해 기업에 대한 모든 정보를 제공하는 활동을 말한
다. 증권시장에서의 주식투자는 다른 저축수단과는 달리 기업에 대한 각종 정보를 바탕으로 투자의사를 결정하
게 된다. 따라서 투자자의 현명한 투자의사를 결정시키기 위해서 발행회사의 경영 상태나 재무상황을 정확하게
알려주어야 한다. 이로써 증권시장에서의 공정한 가격형성에도 도움이 되는 것이다. 만일 그릇된 정보나 루머
에 의해서 주식의 가격이 결정되고 올바른 정보는 일부세력이 독점하게 되면 결국 주식의 가격형성은 왜곡을
일으켜 주식시장은 투기경향을 나타내게 되는 것이다. 그래서 「증권거래법」이나 「상법」에 의해서 기업공시에
대한 각종 제도를 마련하고 증권거래소가 직접 나서서 기업 내용을 알려주도록 되어 있다. 증권거래소의 기업
공시 내용은 정기적인 공시, 수시 공시, 풍문조회 등으로 구분된다. 정기적인 공시란 증권거래소가 상장회사에
대한 기업공시실을 마련하여 신주를 발행할 때는 제출된 유가증권 신고서, 사업설명서, 유가증권 발행실적 보
고서와 함께 매 결산기마다 제출된 재무제표, 반기 결산보고서 등을 비치하여 열람하게 하는 제도이다.

□ **IR(Investor Relations)** ***

기업설명회를 뜻한다. 기관투자가, 펀드매니저 등 주식투자자들에게 기업에 대한 정보를 제공하여 투자자
들의 의사결정을 돕는 마케팅 활동의 하나이다. 기업입장에서는 자사주가가 높은 평가를 받도록 함으로써
기업의 이미지를 높이고 유상증자 등 증시에서의 자금조달이 쉬워지는 효과를 거둘 수 있다. IR은 효과를
극대화하기 위해 기업의 장·단점과 계량화되지 않은 정보를 신속·정확·공평하게 계속적으로 알려야 한다.

□ **트러스트(Trust)** *

동종 또는 유사한 기업의 경제상·법률상의 독립성을 완전히 상실하고 하나의 기업으로 결합하는 형태로,
이는 대자본을 형성하여 상대경쟁자를 누르고 시장을 독점으로 지배할 수 있다. 일반적으로 거액의 자본
을 고정설비에 투자하고 있는 기업의 경우에 이런 형태가 많다. 트러스트의 효시는 1879년 미국에서 최
초로 형성된 스탠더드 오일 트러스트(Standard Oil Trust)이다.

□ **EBITDA** *

기업에서 영업활동으로 얻은 현금창출 능력을 나타내는 수익성 지표를 의미한다. 법인세, 이자, 감가상각
비, 차감전 영업이익으로 순이익을 의미한다.

□ 디 마케팅(Demarketing) **

소비자의 자사 제품 구매를 의도적으로 줄이는 마케팅이다. 수익성이 낮은 고객을 줄이고 충성도가 높은 (수익성이 높은) 고객에게 집중하기 위한 마케팅으로, 소비자보호나 환경보호 등 사회적 책무를 강조하면서 기업의 이미지를 긍정적으로 바꾸는 효과가 있다.

□ 넛지 마케팅(Nudge Marketing) ***

넛지는 '팔꿈치로 슬쩍 찌른다'의 뜻으로 넛지 마케팅은 사람들을 원하는 방향으로 유도하되 선택의 자유는 개인에게 있다는 것이다. 즉 특정 행동을 유도하지만 직접적인 명령이나 지시를 동반하진 않는 것이다.

□ 버즈 마케팅(Buzz Marketing) ***

입소문 마케팅 또는 구전 마케팅(Word of Mouth)이라고도 한다. '특정 제품에 대한 긍정적 반응을 퍼뜨리도록 하다'는 점에서 기존의 입소문과 같다고 할 수 있으나 최근에는 인터넷과 포드캐스트 같은 기술을 이용하여 순식간에 퍼뜨릴 수 있으며, 매스미디어를 통한 마케팅보다 비용이 저렴하고 기존의 채널로 도달하기 어려운 소비자들에게 까지 접근할 수 있다는 장점을 지닌다.

□ TPO 마케팅 **

시간(Time), 장소(Place), 상황(Occasion) 즉 시간과 상황과 장소에 맞춰 고객의 니즈를 충족시키기 위한 차별화된 마케팅 전략을 말한다.

□ 엠부시 마케팅(Ambush Marketing) **

2002년 한·일 월드컵을 계기로 주목받기 시작한 엠부시 마케팅은 '매복'이란 본래 뜻처럼 숨어서 교묘히 규제를 피해가는 마케팅 기법이다. 스포츠 이벤트에서 공식적인 후원업체가 아니면서도 광고문구 등을 통해 스포츠 이벤트와 관련이 있는 업체라는 인상을 주어 고객의 시선을 모으고 마케팅 효과를 극대화하는 판촉 전략을 말한다.

□ 코즈 마케팅(Cause Marketing) ***

기업에서 사회적으로 높은 관심을 가지고 있는 환경, 인권, 빈곤, 보건 등에 기부, 투자 또는 후원을 하여 기업의 이익을 추구하는 마케팅 기법에 해당한다. 소비자의 관계를 통해 기업이 추구하는 사익(私益)과 사회가 추구하는 공익(公益)을 동시에 얻는 것을 목표로 한다. 제품 판매와 더불어 기부를 연결하는 것이 코즈 마케팅의 주요 특징이다.

□ 이커머스(E - Commerce) ***

전자상거래의 줄임말로 온라인 네트워크를 이용하여 상품 및 서비스를 사고파는 행위를 말한다. 상품 거래 외에도 고객 마케팅이나 광고, 정부의 제품이나 서비스 조달 등의 거래도 이커머스에 포함된다.

□ **제조물책임법(PL : Product Liability)** *

소비자가 상품의 결함으로 손해를 입었을 경우 제조업자는 과실이 없어도 책임이 있다는 무과실책임이 인정되어 기업이 배상책임을 지도록 하는 것이다. 우리나라 현행 민법에서는 피해자 측이 과실을 입증하지 못하면 기업은 책임을 면할 수 있게 되어 있다. 그러나 수입품에 의한 소비자피해가 발생했을 때에는 해당 외국기업이 배상책임을 지도록 하고 있다.

□ **ISO 9000시리즈** *

국제품질보증제도이다. 국제표준화기구(ISO)가 1987년 제정한 '품질경영 및 품질보증에 관한 품질보증모델' 국제규격에 의해 제품 또는 서비스를 공급하는 공급자의 품질시스템을 평가해 품질보증능력과 신뢰성을 인정해 주는 제도를 말한다. 즉, 단순히 제품의 품질규격 합격 여부만을 확인하는 일반품질인증과는 달리 해당 제품이나 서비스의 설계에서부터 생산시설 · 시험검사 · 애프터서비스 등 전반에 걸쳐 규격준수 여부를 확인하여 인증해 주는 제도이다. ISO 9000시리즈는 제품의 설계 · 생산시설 · 시험검사 등의 인증대상을 어디까지 포함시키느냐에 따라 9001, 9002, 9003, 9004 4가지로 분류되는데, 9001규격이 가장 포괄적인 규격이다. 우리나라는 1993년부터 시행하고 있다.

□ **CEO(Chief Executive Officer)** *

최고의사결정권자를 의미한다. 최고경영자가 회장직을 겸하는 경우도 있으나 두 직책이 분리되는 경우도 있다. 분리되는 경우 회장이 단지 이사회를 주재하는 권한만을 행사하는 데 반해 최고경영자는 경영 전반을 통괄한다. 실권은 최고경영자에게 있다.

더 알아보기

- CIO(Chief Information Officer) : 최고정보경영자 또는 정보담당임원을 말한다. 경영환경이 정보 중심으로 급변함에 따라 각 기업들은 정보화문제를 총괄하는 고위직 책임자를 필요로 하게 되었고, 이를 CIO라 부르게 되었다. 미국에서는 일반적으로 부사장급에서 선임되고 있으며, 도입 초기단계인 우리나라에서는 이사급에서 선임된다.
- CKO(Chief of Knowledge Officer) : 최고지식경영자 혹은 지식경영리더로 불리며 신세대에 맞는 독특하고 기발한 아이디어를 내는 것이 주된 업무이다.
- COO(Chief of Operating Officer) : 개발된 제품을 사업으로 연결시키는 역할을 담당하면서 회사내 사업추진의 총책임자로 활약하는 경영자를 일컫는 용어이다.
- CDO(Chief of Distribution Officer) : 최고경영자인 CEO보다 한 단계 상위개념이다. 단순한 최고경영자에서 벗어나 회사 내의 A부터 Z까지 모든 업무를 하나하나 꼼꼼히 챙기는 전문경영자를 의미한다.
- CFO(Chief of Finance Officer) : 벤처기업 내의 재무에 관련된 모든 업무를 담당하는 경영자로서 다양한 루트를 통해 자금을 원활히 조달하는 전문화된 인력을 말한다.
- CCO(Chief of Contents Officer) : 벤처기업의 콘텐츠 기획과 운영에 관한 모든 책임과 권한이 부여된 전문경영자를 말한다.
- CTO(Chief of Technology Officer) : 기업 내 기술총책임자를 의미한다.

□ **오픈프라이스제(Open Price 制)** *

최종 판매업자가 제품의 가격을 표시해 제품가격의 투명성을 높이는 제도를 말한다. 그동안 제조업자가 턱없이 높은 권장소비자가격을 매겨 놓고 유통업자가 소비자에게 판매할 때 이를 대폭 할인해 주는 식으로 영업을 했다. 이 제도를 도입하면 판매자 간의 가격경쟁을 유도할 수 있어 최종소비자는 더욱 싼값으로 제품을 구입할 수 있게 된다. 제조업자가 가격을 편법으로 인상할 필요도 없어진다.

□ **리콜(Recall)** *

소환수리제를 의미한다. 자동차에서 비행기까지 모든 제품에 적용되는 소비자보호제도로서 자동차와 같이 인명과 바로 직결되는 제품의 경우 많은 국가에서 법제화해 놓고 있다. 2만여 개의 부품으로 구성된 자동차의 경우 부품을 일일이 검사한다는 것은 기술적으로 불가능하며 대부분 표본검사만 하기 때문에 품질의 신뢰성이 완벽하지 못해, 이에 대한 사후보상으로 애프터 서비스제와 리콜제가 있다. 애프터서비스제가 전혀 예기치 못한 개별적인 결함에 대한 보상임에 비해 리콜제는 결함을 제조사가 발견하고 생산일련번호를 추적, 소환하여 해당 부품을 점검·교환·수리해 주는 것을 말한다. 리콜은 반드시 공개적으로 해야 하며, 소비자에게 신문·방송 등을 통해 공표하고 우편으로도 연락해 특별점검을 받도록 해야 한다.

□ **SWOT 분석** ***

조직내부의 강점과 약점을 조직외부의 기회와 위협요인과 대응시켜 전략을 개발하는 기법을 말한다.

더 알아보기

내부환경요인 외부환경요인	강점(Strength)	약점(Weakness)
기회(Opportunity)	SO(강점 – 기회전략) 강점으로 시장기회를 활용하는 전략	WO(약점 – 기회전략) 약점을 극복하여 시장기회를 활용하는 전략
위협(Threat)	ST(강점 – 위협전략) 강점으로 시장위협을 회피하는 전략	WT전략(약점 – 위협전략) 시장위협을 회피하고 약점을 최소화하는 전략

□ **헤일로 효과(Halo Effect)** ***

인물이나 상품을 평정할 때 대체로 평정자가 빠지기 쉬운 오류의 하나로 피평정자의 전체적인 인상이나 첫인상이 개개의 평정요소에 대한 평가에 그대로 이어져 영향을 미치는 등 객관성을 잃어버리는 현상을 말한다. 특히 인사고과를 할 경우 평정자가 빠지기 쉬운 오류는 인간행동이나 특성의 일부에 대한 인상이 너무 강렬한 데서 일어난다.

02 출제예상문제

1 G20의 G가 의미하는 단어로 옳은 것은?

① Group   ② Global

③ Ground   ④ Good

> **TIP** G20(Group of 20) … 세계 주요 20개국을 회원으로 하는 국제기구로 다자간 금융 협력을 위해 결성되었다.

2 국방 · 경찰 · 소방 · 공원 · 도로 등과 같이 정부에 의해서만 공급할 수 있는 것이라든가 또는 정부에 의해서 공급되는 것이 바람직하다고 사회적으로 판단되는 재화 또는 서비스를 무엇이라고 하는가?

① 시장실패   ② 공공재

③ 사유재   ④ 보이지 않는 손

> **TIP** 공공재에는 보통 시장가격은 존재하지 않으며 수익자부담 원칙도 적용되지 않는다. 따라서 공공재 규모의 결정은 정치기구에 맡길 수밖에 없다. 공공재의 성질로는 어떤 사람의 소비가 다른 사람의 소비를 방해하지 않고 여러 사람이 동시에 편익을 받을 수 있는 비경쟁성 · 비선택성, 대가를 지급하지 않은 특정 개인을 소비에서 제외하지 않는 비배제성 등을 들 수 있다.

3 환경에 악영향을 끼치면서 광고에서는 친환경적인 이미지를 내세우는 행위로 옳은 것은?

① 퍼팅 그린   ② 그린벨트

③ 그린워시   ④ 그린피스

> **TIP** ① 퍼팅 그린(Putting Green) : 골프에서 홀 둘레에 퍼팅하기 좋도록 잔디를 가꾸어 놓은 구역을 말한다.
> ② 그린벨트(Green Belt) : 개발제한구역으로 도시의 무질서한 확산을 방지하고 환경을 보전하기 위해 설정한 녹지대를 말한다.
> ④ 그린피스(Green Peace) : 1971년에 설립된 국제 환경보호 단체로, 핵 실험 반대와 자연보호 운동 등의 활동을 펼치고 있다.

Answer   1.①   2.②   3.③

4 자원의 희소성이 존재하는 한 반드시 발생하게 되어 있으며 경제문제를 발생시키는 근본요인이 되는 것은?

① 기회비용　　　　　　　　　　　② 매몰비용

③ 한계효용　　　　　　　　　　　④ 기초가격

> **TIP** 인간의 욕구에 비해 자원이 부족한 현상을 희소성이라 하는데, 희소한 자원을 가지고 인간의 모든 욕구를 충족시킬 수 없기 때문에 인간은 누구든지 부족한 자원을 어느 곳에 우선으로 활용할 것인가를 결정하는 선택을 해야 한다. 이렇게 다양한 욕구의 대상들 가운데서 하나를 고를 수밖에 없다는 것으로 이때 포기해 버린 선택의 욕구들로부터 예상되는 유·무형의 이익 중 최선의 이익을 기회비용(Opportunity Cost)이라고 한다.

5 우리나라 기준으로 서킷브레이커는 주가 하락이 몇 % 이상일 때부터 발동되는가?

① 5%　　　　　　　　　　　　　② 8%

③ 10%　　　　　　　　　　　　④ 15%

> **TIP** 우리나라의 경우 서킷브레이커는 직전 거래일의 종가보다 8%(1단계), 15%(2단계), 200%(3단계) 이상 하락한 경우 매매 거래 중단의 발동을 예고할 수 있다.

6 경기 침체나 위기 이후 회복될 쯤 경기 부양을 위해 내놓았던 정책을 거둬들이며 경제에 미치는 영향을 최소화하는 전략적 경제 정책은 무엇인가?

① 출구전략　　　　　　　　　　　② 양적완화

③ 워크아웃　　　　　　　　　　　④ 세일 앤드 리스 백

> **TIP** 출구전략 ⋯ 경기 침체나 위기가 끝나갈 쯤 입구전략을 끝내고, 물가의 급격한 상승을 동반한 인플레이션과 같은 부작용을 막기 위해 시장에 공급된 통화를 거둬들이고, 금리를 올리며, 세제 감면 혜택을 줄이고, 정부의 적자 예산을 흑자 예산으로 바꾸는 등의 조치를 취한다.

Answer 4.① 5.② 6.①

7 비공개로 모집한 소수의 투자자에게 받은 자금을 주식이나 채권 등에 운용하는 펀드는?

① 공매도
② 사모펀드
③ 공모펀드
④ 숏커버링

TIP ① 공매도 : 주식이나 채권이 없는 상태에서 매도주문을 내는 것이다. 가지고 있지 않은 주식이나 채권을 판 후 결제일이 돌아오는 3일 안에 해당 주식이나 채권을 구해 매입자에게 돌려주면 되기 때문에, 약세장이 예상되는 경우 시세차익을 노리는 투자자가 활용하는 방식이다.
② 공모펀드 : 50인 이상의 불특정 다수의 투자자를 대상으로 공개적으로 자금을 모아 운용하는 펀드를 말한다. 주로 개인투자자들을 대상으로 자금을 모집한다.
③ 숏커버링 : 주식시장에서 빌려서 판 주식을 되갚기 위해 다시 사는 환매수이다. 즉, 공매도 주식을 다시 매수하는 것이다.

8 상당 기간 자금이 묶이지 않기 때문에 최근 각광받고 있는 것으로 불안한 투자환경과 시장 변동성 속에서 잠시 자금의 휴식처가 필요하거나 당장 목돈을 사용할 계획이 없는 투자자들에게 유용한 이것은 무엇인가?

① 적금 통장
② 정기예금 통장
③ 파킹 통장
④ 마이너스 통장

TIP 파킹 통장 … 잠시 주차를 하듯 짧은 시간 여유자금을 보관하는 통장을 의미한다. 일반 자유입출금 통장처럼 수시입출금이 가능하면서 비교적 높은 수준의 금리를 제공하는데, 특히 하루만 맡겨도 금리 수익을 거둘 수 있다는 게 장점으로 꼽힌다.

Answer 7.② 8.③

9 엔젤계수에 속하지 않는 것은?

① 교육비

② 과외비

③ 의복비

④ 교제비

TIP 엔젤계수(Angel Coefficient) ⋯ 가계에서 지출하는 비용 중 유아에서 초등학생까지의 아이들을 위해 사용되는 돈이 차지하는 비중이다. 과외비, 학원비, 장난감 구입비, 용돈, 의복비, 아이들을 위한 외식비 등이 포함된다.

10 생산비와 인건비 절감 등을 이유로 해외로 생산시설을 옮긴 기업들이 다시 자국으로 돌아오는 현상을 말하는 용어는?

① 리마 신드롬

② 리먼사태

③ 리쇼어링

④ 오프쇼어링

TIP ③ 리쇼어링 : 생산비와 인건비 절감 등을 이유로 해외로 생산시설을 옮긴 기업들이 다시 자국으로 돌아오는 현상을 말한다. 온쇼어링(Onshoring), 인쇼어링(Inshoring), 백쇼어링(Backshoring)도 비슷한 개념으로서 오프쇼어링(Offshoring)과는 반대되는 말이다. 기술적인 측면에서 스마트 팩토리(Smart Factory)의 확산과 정책적인 측면에서 보호무역주의의 확산으로 인해 리쇼어링이 최근 활성화되고 있다.
① 리마 신드롬 : 인질범들이 포로나 인질들에게 정신적으로 동화되어 그들에 대한 공격적인 태도가 완화되는 현상을 의미한다.
② 리먼사태 : 2008년 9월 15일 미국의 투자은행 리먼브러더스 파산에서 시작된 글로벌 금융위기를 칭하는 말이다.
④ 오프쇼어링 : 기업업무의 일부를 해외 기업에 맡겨 처리하는 것으로 업무의 일부를 국내기업에 맡기는 아웃소싱의 범주를 외국으로 확대했다는 것이 차이점이다.

Answer 9.④ 10.③

11 다음 내용을 읽고 괄호 안에 들어갈 말로 가장 적절한 것을 고르면?

> 영국의 전래동화에서 유래한 것으로 동화에 따르면 엄마 곰이 끓인 뜨거운 수프를 큰 접시와 중간 접시 그리고 작은 접시에 담은 후 가족이 이를 식히기 위해 산책을 나갔는데, 이때 집에 들어온 ( )가 아기 곰 접시에 담긴 너무 뜨겁지도 않고 너무 차지도 않은 적당한 온도의 수프를 먹고 기뻐하는 상태를 경제에 비유한 것을 무엇이라고 하는가?

① 애덤 스미스   ② 임파서블
③ 세이프티   ④ 골디락스

TIP 골디락스(Goldilocks) … 경기과열에 따른 인플레이션과 경기침체에 따른 실업을 염려할 필요가 없는 최적 상태에 있는 건실한 경제를 의미한다. 이는 다시 말해 경기과열이나 불황으로 인한 높은 수준의 인플레이션이나 실업률을 경험하지 않는 양호한 상태가 지속되는 경제를 지칭한다.

12 중소기업이 은행에 유동성 지원을 신청할 경우, 은행은 해당 기업의 재무상태 등을 고려해 정상(A) · 일시적 유동성 부족(B) · 워크아웃(C) · 법정관리(D) 등의 등급으로 구분해 등급별로 차별 지원하는 프로그램은?

① 패스트트랙   ② 슬로우트랙
③ 미들트랙   ④ 스타트트랙

TIP 패스트트랙(Fast Track) … 일시적으로 자금난을 겪고 있는 중소기업을 살리기 위한 유동성 지원 프로그램을 의미한다.

13 BCG 매트릭스에서 고성장 저점율의 형태는 무엇인가?

① 별 사업부   ② 개 사업부
③ 젖소 사업부   ④ 물음표 사업부

TIP 물음표 사업부 … 높은 성장률을 지닌 사업부이나 동시에 시장 점유율을 높이기 위해 많은 자금을 필요로 하게 되는 사업부이다.

Answer 11.④ 12.① 13.④

14 2024년 4월 기준, 한국 중앙은행 기준금리는?

① 1.75%

② 2.50%

③ 3.00%

④ 3.50%

TIP 2024년 4월 12일 금융통화위원회가 기준금리를 3.50%로 발표하였다.

15 적대적 M&A로 옳지 않은 것은?

① 그린메일   ② 곰의 포옹

③ 공개매수   ④ 황금낙하산

TIP ④ 황금낙하산 : 인수 대상 기업의 CEO가 임기 전 사임하는 경우를 대비하여 거액의 퇴직금이나 일정 기간 동안의 보수 등을 받을 권리를 사전에 계약서에 기재하여 안정성을 확보하고 기업의 인수비용을 높이는 방어 수단이다.
① 그린메일 : 경영권을 위협하는 수준까지 주식을 대량으로 사들인 후 M&A를 포기하는 조건으로 자신들이 확보한 주식을 시가보다 훨씬 높은 값에 되사도록 위협하는 방법이다.
② 곰의 포옹 : 사전예고 없이 대상 기업 경영자에게 인수 의사를 전달하여 신속한 의사결정을 요구하는 방법이다.
③ 공개매수 : 매수 기간과 가격, 수량 등을 공개적으로 제시하고 불특정 다수의 주주로부터 매수하는 방법이다. 우호적·적대적·중립적 공개매수로 구분할 수 있지만, 대부분 적대적 공개매수에 해당한다.

16 기업의 사명, 역할, 비전 등을 명확히 하여 기업 이미지를 하나로 통합하는 것은?

① CI   ② CR

③ IR   ④ M&A

TIP ① CI : 같은 회사의 제품이라는 것을 식별할 수 있도록 해주는 기업 활동과 전략을 수립하는 작업으로, 기업의 이미지를 통합한다.
② CR : 각국의 서로 다른 경쟁 조건을 국제적으로 표준화시키는 다자간 협상이다.
③ IR : 기업이 주식 및 사채 투자자들에게 기업의 정보를 제공하기 위한 문서이다.
④ M&A : 기업의 인수와 합병을 말한다.

Answer 14.④ 15.④ 16.①

17 만년필 가격이 상승하며 만년필 소비가 감소하였다. 이때 만년필 잉크도 감소하였다고 할 때, 두 재화의 관계는?

① 독립재
② 대체재
③ 보완재
④ 공공재

TIP ③ **보완재** : 두 재화를 동시에 소비할 때 효용이 증가하는 재화이다. 하나의 재화의 가격이 상승(하락)할 때 다른 재화의 수요가 감소(상승)하면 두 재화는 보완재 관계다(예 : 빵과 잼).
① **독립재** : 두 재화가 서로 관련이 없이 독자적인 목적으로 사용되는 재화이다(예 : 양말과 반지, 티스푼과 휴대폰).
② **대체재** : 서로 대신하여 사용할 수 있는 관계의 재화를 말한다(예 : 쌀가루와 밀가루, 버터와 마가린).
④ **공공재** : 모든 사람이 공동으로 이용할 수 있는 재화나 서비스를 말한다(예 : 국방, 치안, 공기).

18 카르텔 등 동종기업이나 유사기업들이 경쟁을 제한하고 시장을 지배하기 위해 생산량, 판매량, 판매 가격 등을 협정하는 결합은?

① 수직적 결합
② 수평적 결합
③ 자본적 결합
④ 혼합 결합

TIP ① **수직적 결합** : 생산공정상 상호 연관이 있는 다른 업종의 기업이 비용을 줄이고 경영을 합리화하기 위해 결합하는 종단적인 결합이다(예 : 트러스트, 산업용 콘체른).
③ **자본적 결합** : 다른 기업에 대한 지배력을 강화하려는 경영다각화의 일종으로 기업집중이라고도 한다(예 : 콘체른).
④ **혼합 결합** : 인수 · 합병 절차를 이용하여 기업을 결합하는 과정에서 서로 전혀 상관없는 업종을 합하는 것을 말한다.

Answer 17.③ 18.②

19 다음에서 설명하는 효과로 적절한 것은?

> 소비자가 특정 제품을 소비하면 그 제품을 소비하는 집단 혹은 계층과 같아진다는 환상을 갖게 되는 현상이다. 소비자가 구매한 제품을 통해 지위와 가치를 드러내려는 욕구에서 발생하며, 연예인이나 유명인이 사용하는 것으로 알려진 제품 수요가 높아지는 현상도 이에 해당한다.

① 피구 효과　　　　　　　　　　② 파노플리 효과
③ 헤일로 효과　　　　　　　　　　④ 시너지 효과

TIP ① 피구 효과(Pigou Effect) : 임금의 하락이 고용의 증대를 가져온다는 피구의 이론을 말한다.
③ 헤일로 효과(Halo Effect) : 인물이나 상품을 평정할 때 피평정자의 전체적인 인상이나 첫인상이 개개의 평정요소에 대한 평가에 이어지는 현상을 말한다.
④ 시너지 효과(Synergy Effect) : 기업의 합병으로 얻은 경영상의 효과를 말한다.

20 다음 중 경기침체와 물가 상승이 동시에 발생하고 있는 상태를 나타낸 용어는?

① 스태그플레이션
② 슬럼플레이션
③ 하이퍼인플레이션
④ 팬플레이션

TIP 스태그플레이션(Stagflation) … 경기침체하의 인플레이션을 의미한다.
② 슬럼플레이션(Slumplation) : 불황 중의 인플레이션을 말한다. 흔히 스태그플레이션보다 그 정도가 심한 상태이다.
③ 하이퍼인플레이션(Hypcrinflation) : 물가 상승이 통제 불가의 상태인 인플레이션을 말한다.
④ 팬플레이션(Panflation) : 사회 전반에 거품현상이 만연해지면서 가치 기준이 떨어지는 현상을 말한다.

Answer　19.②　20.①

03 사회 · 노동

다양하게 일어나는 사회현상에 대한 개념 정리와 이들이 각 분야에 미치는 영향을 파악해야 한다.

01 사회

□ **배리어 프리(Barrier Free)** *******

장애인들도 편하게 살아갈 수 있는 도시를 만들기 위해 물리적 · 제도적 장벽을 제거하자는 운동이다. 본래 건물이나 거주 환경에서 층을 없애는 등 장애가 있는 사람이 사회생활을 하는 데에 물리적인 장애를 제거한다는 의미로 건축계에서 사용되었다. 최근에는 물리적 장벽뿐만 아니라 제도적이고 법률적인 장벽까지 제거하자는 움직임으로, 배리어 프리 영화제, 배리어 프리 한국어교육실습, 배리어 프리 스포츠, 배리어 프리 키오스크, 배리어 프리 아동권리 교육 진행 등 여러 분야에서 차별 없이 동등한 사회를 위한 배리어 프리가 진행되고 있다.

□ **올드머니룩(Old Money Look)** *****

집안 대대로 내려오는 유산으로 부를 축적한 상류층 또는 기득권층에서 즐겨 입을 법한 패션 스타일을 의미한다. 뉴머니룩이 화려하면서 부를 과시한다면, 올드머니룩은 단정하면서도 기품있는 이미지가 일상생활에 스며들어 브랜드 로고를 전면에 드러내지 않는다는 특징을 갖는다. 승마나 테니스 등 스포츠 일상복과 명문 사립학교 교복에서 착안된 프레피룩도 올드머니룩에 해당한다. 대체로 차분한 색상인 네이비, 베이지, 블랙 등이 활용되며, 트위드 재킷, 벨벳 코트, 니트, 옥스퍼드 셔츠 등이 대표적인 올드머니룩 아이템으로 꼽힌다. 디자인이 단순해지는 대신 옷 소재에 대한 관심도가 높아지면서 고급 원단으로 꼽히는 실크나 캐시미어의 검색량과 구매량이 늘어나는 추세다.

□ **영츠하이머(Youngzheimer)** ******

'젊음(Young)'과 치매를 뜻하는 '알츠하이머(Alzheimer)'의 합성어로, 젊은 나이에 겪는 심각한 기억력 감퇴, 건망증 등을 의미한다. 디지털 치매라고도 하는데, 과도한 디지털기기 사용이 영츠하이머에 영향을 미치기 때문이다. 디지털 기기에 의존하면서 무언가를 외우거나 뇌를 활발하게 사용하는 일이 줄어들면서 50대 미만의 연령층에게서 잦은 건망증 등으로 나타난다. 또, 직장이나 학교생활에서 겪는 스트레스나 우울증, 음주도 영츠하이머의 원인 중 하나로, 특히 음주로 겪는 단기 기억상실(블랙아웃), 일명 필름이 끊기는 경험은 자주 겪을수록 치매 발전 가능성이 높기 때문에 주의가 필요하다.

□ 미닝아웃(Meaning Out) *

정치·사회적 신념 및 가치관을 소비 행위 등을 통해 표출하는 것을 말한다. 대표적인 수단으로 SNS가 있으며 해시태그 기능을 통해 관심사를 공유하거나 옷이나 가방에 메시지를 담는 등 여러 형태로 나타난다.

□ 미라클 모닝(Miracle Morning) *

등교나 출근 준비를 하기 약 2시간 전에 기상하여 독서나 운동 등 자기계발을 하며 생활 루틴을 만드는 것을 말한다. 2016년에 미국 작가 할 엘로드의 자기계발서에서 처음 등장하였다.

□ 블랙컨슈머(Black Consumer) *

구매상품에 하자가 있다면 그것을 문제 삼아 기업을 상대로 과도한 피해보상금을 요구하거나 거짓으로 피해를 본 것처럼 꾸며 보상을 요구하는 사람들을 블랙컨슈머(Black Consumer)라고 한다. 대부분의 블랙컨슈머는 소비자관련 기관을 거치지 않고 기업에 직접적으로 문제를 제기하며 제품 교환보다는 금전적 보상을 요구하는 경우가 대부분이다.

더 알아보기

- **팬슈머**(Fansumer) : 직접 투자 및 제조 과정에 참여해 상품, 브랜드를 키워내는 소비자를 일컫는 용어로 '팬(Fan)'과 '컨슈머(Consumer)'의 합성어이다.
- **트라이슈머**(Trysumer) : '시도(Try)'와 '소비자(Consumer)'의 합성어로 완제품을 체험하고 구매를 결정하는 소비자를 말한다.
- **모디슈머**(Modisumer) : 제조업체에서 제시하는 방식이 아닌 사용자가 개발한 방식으로 제품을 활용하는 소비자를 말한다.

□ 디지털 유목민(Digital Nomad) **

원격 통신 기술을 적극 활용하며 단일한 고정 사무실 없이 근무하고 살아가는 인간형이으로 한곳에 정착하기를 거부하는 자유로운 기질의 유목민에 비유한 말이다. 인터넷과 업무에 필요한 각종 기기들과 제한되지 않은 작업공간만 있으면 시간과 장소에 구애받지 않고 일을 할 수 있는 사람들로 예를 들면, 하루는 일하는 중간에 서핑을 즐기기도 하고, 비가 내리는 날에는 창 밖 풍경을 보면서 작업을 하기도 한다.

□ 록다운 세대 *

이른바 '봉쇄세대'를 의미한다. 코로나19 유행으로 사회적 거리두기와 이동 제한 등을 실시함에 따라 교육과 수입에 제한이 생겨 구직에 어려움이 생긴 청년층을 일컫는다.

□ **고령사회(高齡社會)** ***

우리나라의 경우 고령자고용법 시행령에서 55세 이상을 고령자, 50 ~ 55세 미만을 준고령자로 규정하고 있다. UN에서는 65세 이상 노인이 전체 인구에 차지하는 비율로 고령화사회, 고령사회, 초고령사회를 구분하는데, 고령화사회는 총 인구 중 65세 이상 인구가 차지하는 비율이 7% 이상, 고령사회는 총 인구 중 65세 이상 인구가 차지하는 비율이 14% 이상, 초고령사회는 총 인구 중 65세 이상 인구가 차지하는 비율이 20% 이상이다. 우리나라는 지난 2018년 65세 이상 인구가 총 인구의 14%를 넘어 고령사회로 진입했으며 2025년에는 초고령사회로 진입할 것으로 전망된다.

□ **줌바밍(Zoombombing)** *

화상회의 플랫폼 '줌(Zoom)'과 폭격을 뜻하는 '바밍(Bombing)'의 합성어이다. 화상회의 혹은 비대면 수업 공간에 초대받지 않은 제3자가 들어와 욕설과 혐오 등 방해하는 것을 의미한다.

□ **가스라이팅(Gas Lighting)** **

거부, 반박, 전환, 경시, 망각, 부인 등 타인의 심리나 상황을 교묘하게 조작해 그 사람이 현실감과 판단력을 잃게 만들고, 이로써 타인에 대한 통제능력을 행사하는 것을 말한다. 가스라이팅은 '가스등(Gas Light)'이라는 비롯되었다.

□ **캐시리스 사회(Cashless Society)** ***

현금을 가지고 다닐 필요 없이 신용카드, 모바일 카드 등을 이용해 소비 · 상업 활동을 할 수 있는 사회를 말한다. IT산업의 발달로 컴퓨터와 전상망이 잘 갖춰지고, 금융기관 업무가 EDPS화(전자 데이터 처리 시스템화)되면서 캐시리스 사회가 가능해졌다.

□ **스몸비(Smombie)** **

스마트폰을 들여다보며 길을 걷는 사람들로 '스마트폰(Smart Phone)'과 '좀비(Zombie)'의 합성어이다. 이들은 스마트폰 사용에 몰입해 주변 환경을 인지하지 못하고 걷기에 사고 위험도가 높다. 전문가들은 미국에서 발생한 보행자 사고의 약 10%가 주위를 살피지 않고 스마트폰을 보며 걷다 일어난 것으로 추정했다. 그중 매년 6명이 사망한다는 분석이다.

□ **포모증후군(FOMO, Fear Of Missing Out)** ***

세상의 흐름에 자신만 뒤처지거나 소외되는 것 같은 두려움을 가지는 증상으로 고립공포감이라고도 한다. 소셜미디어에서 다른 사람들과 커뮤니케이션이 어렵거나 원활하게 진행되지 않는 상황을 심리적으로 불안해하는 것이 특징이다.

더 알아보기

JOMO(Joy Of Missing Out) … 자발적으로 SNS, 인터넷 등을 끊고 스스로에게 집중할 수 있는 여행이나 취미생활에 몰두하는 현상을 말한다.

□ **제노포비아(Xenophobia)** **

낯선 것, 이방인이라는 뜻의 '제노(Xeno)'와 싫어한다, 기피한다는 뜻의 '포비아(Phobia)'를 합쳐 만든 말이다. 외국인 혐오증으로 해석된다. 상대방이 악의가 없어도 자기와 다르다는 이유로 일단 경계하는 심리상태를 나타낸다. 경기 침체 속에서 증가한 내국인의 실업률 증가 등 사회문제의 원인을 외국인에게 전가시키거나 특히 외국인과 관련한 강력 범죄가 알려지면서 이런 현상이 더욱 심화되기도 한다.

□ **고슴도치 딜레마(Hedgehog's Dilemma)** ***

인간관계에 있어 서로의 친밀함을 원하면서도 동시에 적당한 거리를 두고 싶어 하는 욕구가 공존하는 모순적인 심리상태를 말한다. 고슴도치들은 추운 날씨에 온기를 나누려고 모이지만 서로의 날카로운 가시 때문에 상처입지 않으려면 거리를 두어야 한다는 딜레마를 통해 인간의 애착 형성의 어려움을 빗대어 표현한 것이다.

□ **불리사이드** **

온라인 공간에서 불특정 다수에 의하여 비난이나 거짓된 정보로 괴롭힘을 당한 피해자들이 정신적인 충격으로 자살하는 따돌림 자살을 말한다.

□ **인구 데드크로스 현상**

사망자 수가 출생아 수보다 많아지는 것을 말한다. 원래 주식시장에서 사용되는 용어로, 주가의 단기이동평균선이 중장기 이동평균선 아래로 뚫는 현상을 의미하기도 한다.

□ **스프롤 현상(Sprawl)** **

도시의 급격한 팽창에 따라 대도시의 교외가 무질서·무계획적으로 주택화되는 현상을 말한다. 교외의 도시계획과는 무관하게 땅값이 싼 지역을 찾아 교외로 주택이 침식해 들어가는 현상으로 토지이용에서나 도시 시설정비에서 극히 비경제적이다.

□ **빨대 효과(Straw Effect)** **

좁은 빨대로 컵 안의 내용물을 빨아들이듯, 대도시가 주변 도시의 인구 및 경제력을 흡수하는 대도시 집중현상을 일컫는다. 교통여건의 개선이 균형 있는 지역 개발이 아닌 지역 쇠퇴를 초래하는 부작용으로, 1960년대에 일본 고속철도 신칸센이 개통된 후에 도쿄와 오사카 도시로 인구와 경제력이 집중되어 제3의 도시 고베가 위축되는 현상에서 비롯되었다.

□ **도넛 현상(Doughnut Effect)** *

대도시의 거주지역과 업무의 일부가 외곽지역으로 집중되고 도심에는 상업기관·공공기관만 남게 되어 도심은 도넛모양으로 텅 비어버리는 현상이다. 이는 도시 내의 지가상승·생활환경의 악화·교통혼잡 등이 원인이 되어 발생하는 현상으로 도심 공동화 현상이라고도 한다.

□ **LID 증후군(Loss Isolation Depression Syndrome)** ***

핵가족화로 인해 노인들에게 발생할 수 있는 고독병의 일종이다. 자녀들은 분가해서 떠나고 주변의 의지할 사람들이 세상을 떠나면 그 손실에 의해 고독감과 소외감을 느끼며, 이런 상태가 지속되면서 우울증에 빠지는데 이를 고독고라고 한다.

□ **U턴 현상** **

대도시에 취직한 시골 출신자가 고향으로 되돌아가는 노동력 이동을 말한다. 대도시의 과밀·공해로 인한 공장의 지방 진출로 고향에서의 고용기회가 확대되고 임금이 높아지면서 노동력의 이동현상이 나타나고 있다.

□ **J턴 현상** *

대도시에 취직한 시골출신자가 고향으로 돌아가지 않고 지방도시로 직장을 옮기는 형태의 노동력 이동을 말한다. U턴 현상에 비해 이 현상은 출신지에서의 고용 기회가 적을 경우 나타나는 현상이다.

□ **팝콘 브레인(Popcorn Brain)** ***

미국 워싱턴대학교 정보대학원 교수가 만든 용어로, 디지털기기가 발달하면서 크고 강렬한 자극에만 마치 팝콘이 터지듯 뇌가 반응하는 현상을 '팝콘 브레인(Popcorn Brain)'이라 한다. 스마트폰과 같은 전자기기의 지나친 사용으로 뇌에 큰 자극이 지속적으로 가해지면서 단순하고 잔잔한 일상생활에는 흥미를 잃게 되는 것이다. 딱히 확인 할 것이 없음에도 스마트폰 화면을 켠다거나, 스마트폰을 하느라 할 일을 뒤로 미루는 것도 팝콘 브레인의 증상이다.

□ **트롤리 딜레마(Trolley Dilemma)** **

윤리학 분야의 사고실험으로, "다섯 사람을 구하기 위해 한사람을 죽이는 것이 도덕적으로 허용 되는가?"에 대한 질문으로 영국의 철학자 필리파 풋과 미국의 철학자 주디스 자비스 톰슨이 고안한 사고실험이다. 트롤리 사례와 육교 사례를 제시하여 윤리적 딜레마를 나타냈다.

더 알아보기

- **트롤리 사례**: 트롤리 전차가 철길 위에서 일하고 있는 다섯 명의 인부들을 향해 빠른 속도로 돌진한다. 레일 변환기 옆에 있는 당신이 트롤리의 방향을 오른쪽으로 바꾸면 오른쪽 철로에서 일하는 한 명의 노동자는 죽게 된다. 이러한 선택은 도덕적으로 허용 되는가.
- **육교 사례**: 트롤리가 철길 위에서 일하고 있는 노동자 다섯 명을 향해 빠른 속도로 달려간다. 당신은 철길 위의 육교에서 이 상황을 바라보고 있는데 당신 앞에 몸집이 큰 사람이 난간에 기대 아래를 보고 있다. 당신이 트롤리를 세우기 위해서는 그 사람을 밀어야 한다. 이러한 선택은 도덕적으로 허용될 수 있는가.

□ 논 제로 섬 게임(Non Zero Sum Game) **

한 쪽의 이익과 다른 쪽의 손실을 합하면 제로(0)가 되지 않는, 양쪽 다 이익이 되거나 손해가 나는 현상으로 논제로섬 게임은 대립과 협력의 요소가 모두 포함되어 있다. 참여자들이 서로 협력할 경우 양측의 이익을 모두 증가시킬 수 있는 반면 대립할 경우에는 이득을 모두 감소시킨다. 이는 주권국가와 주권국가의 관계로 이뤄지는 국제정치 분야에서도 자주 언급된다. 하지만 실제로 국제정치에서는 자국의 이익을 위해 조금의 양보도 하려하지 않는 '제로섬 게임'의 양상이 나타난다.

더 알아보기

제로섬 게임(Zero Sum Game) ··· 승자의 득점이 패자의 실점으로 이어지는 게임으로 제로섬사회란 사회 전체 이익이 일정하여 한쪽이 이득을 보면 다른 한쪽은 반드시 손해를 보게 되는 것을 말한다.

□ 인포데믹스(Infodemics) ***

근거 없는 추측이나 뜬소문과 같은 부정확한 정보가 전염병처럼 빠르게 전파되어 사회, 정치, 경제, 안보 등에 치명적인 위기를 초래하는 상황을 의미한다.

□ 노블리스 말라드 **

병들고 부패한 사회 고위층이란 의미로, 사회적 지위가 높은 사람들이 도덕적 의무를 다하는 노블레스 오블리주에 반대되는 뜻이다. 돈 많고 권력이 있는 엘리트 집단이 약자를 상대로 갑질 하고 권력에 유착해 각종 부정부패에 가담하는 것이 노블리스 말라드이다.

□ 캔슬 컬쳐(Cancel Culture) ***

SNS상에서 자신의 생각과 다르거나 특히 공인이 논란을 불러일으키는 발언 및 행동을 했을 때 팔로우를 취소하고 외면하는 행동을 말한다. 최근 일론 머스크가 가상화폐와 관련하여 자극적인 발언을 하자 지지자들이 공격적으로 돌아선 경우가 그 예시이다. 캔슬 컬쳐는 당초 소수자 차별 문제와 함께 확산된 온라인 문화로, 소수자 차별 발언 혹은 행동을 저지른 이들에게 문제를 지적하고자 '당신은 삭제됐어(You're Canceled)' 등의 메시지를 보내고 해시태그(#)를 다는 운동에서 시작됐다.

□ 게마인샤프트(Gemeinschaft) **

독일 사회학자 F.퇴니에스의 주장으로 혈연, 지연, 애정 등 본질 의지에 입각하는 공동사회를 말한다. 감정이 존재하기 때문에 감정적 대립이나 결합성이 두드러진다.

더 알아보기

게젤샤프트(Gesellschaft) ··· 본질 의지보다 선택 의지로 모인 이익사회를 말한다.

□ 무리별 분류 ***

구분	내용
이피족(Yiffie)	Young(젊은), Individualistic(개인주의적인), Freeminded(자유분방한), Few(사람 수가 적은). 1990년대 여피에 이어 등장. 여유있는 삶, 가족관계, 다양한 체험 등 자신의 목적을 위해 직장을 마다 하고 자신의 행복과 만족을 추구하는 청년들
예티족(Yettie)	Young(젊고), Entrepreneurial(기업가적인), Tech - Based(기술에 바탕을 둔), Internet Elite. 신경제에 발맞춰 일에 대한 열정으로 패션에 신경을 쓰지 않는 20 ~ 30대의 신세대 인간형
댄디족(Dandy)	자신이 벌어서 규모 있는 소비생활을 즐기는 젊은 남자들. 방송·광고·사진작가·컴퓨터 프로그래머 등의 전문직에 종사
시피족(Cipie)	Character(개성), Intelligence(지성), Professional(전문성). 오렌지족의 소비 지향적·감각적 문화행태에 반발, 지적 개성을 강조하고 검소한 생활을 추구하는 젊은이
슬로비족(Slobbie)	Slower But Better Working People. 성실하고 안정적인 생활에 삶의 가치를 더 부여하는 사람들
니트족(Neet)	Not In Education, Employment Or Training. 교육이나 훈련을 받지 않고 일도 하지 않으며 일할 의지도 없는 청년 무직자
좀비족(Zombie)	대기업·방대한 조직체에 묻혀 무사안일에 빠져있는 비정상적인 사람
딩크족(Dink)	Double Income, No Kids. 정상적인 부부생활을 영위하면서 의도적으로 자녀를 갖지 않는 젊은 맞벌이 부부
딘스족(Dins)	Dual Income, No Sex Couples. 성생활이 거의 없는 맞벌이 부부
듀크족(Dewks)	Dual Employed With Kids. 아이가 있는 맞벌이 부부
딘트족(Dint)	Double Income No Time. 경제적으로 풍족하지만 바쁜 업무로 소비생활을 할 시간이 없는 신세대 맞벌이
네스팅족(Nesting)	단란한 가정을 가장 중시하고 집안을 가꾸는 신가정주의자들
싱커즈족(Thinkers)	젊은 남녀가 결혼 후 맞벌이를 하면서 아이를 낳지 않고 일찍 정년퇴직해 노후생활을 즐기는 신계층
통크족(Tonk)	Two Only No Kids. 자식은 있되 자식뒷바라지에 의존하지 않고 취미·운동·여행 등으로 부부만의 생활을 즐기는 계층
우피족(Woopie)	Well Of Older People. 자식에게 의지하지 않고 경제적인 여유로 풍요롭게 사는 노년세대
유미족(Yummy)	Young Upwardly Mobile Mummy. 상향 지향적이고 활동적인, 특히 자녀에 대해 정열을 쏟는 젊은 어머니들
나오미족	Not Old Image. 안정된 결혼생활을 누리며 신세대 감각과 생활을 보여주는 30대 중반 여성들
루비족(Ruby)	Refresh(신선함), Uncommon(비범함), Beautiful(아름다움), Young(젊음). 평범·전통적인 아줌마를 거부해 자신을 꾸미는 40 ~ 50대 여성들
나우족(Now)	New Old Women. 40 ~ 50대에도 젊고 건강하며 경제력이 있는 여성들
노무족(Nomu)	No More Uncle. 나이와 상관없이 자유로운 사고와 생활을 추구하고 꾸준히 자기개발을 하는 40 ~ 50대 남자들
코쿠닝족(Cocooning)	누에고치(Cocoon)가 고치를 짓는 것처럼 자신의 활동반경을 축소시키는 현상을 코쿠닝(Cocooning) 트렌트라고 하며, 자신만의 안식처에 숨어 여가시간과 휴식을 적극적으로 보내는 사람들
스마드족(Smad)	각종 디지털 기기를 활용하여 정보를 신속하게 얻고, 얻은 정보를 분석하여 현명하게 구매하는 소비자
로하스족(Lohas)	Lifestyles Of Health And Sustainability. 개인의 정신적·육체적 건강 뿐 아니라 환경까지 생각하는 친환경적인 소비를 하는 사람들
파이어족(Fire)	파이어족은 경제적 자립(Financial Independence)을 토대로 자발적 조기 은퇴(Retire Early)를 추진하는 사람들

□ 세대별 분류 **

구분	내용
A세대	Aspirations(욕구)의 첫 글자에서 따온, 아시아·라틴아메리카 등의 신흥경제국가의 도시에 살고, 연간 2천만 파운드를 벌며 계속 소득이 늘어 소비욕구가 강해 세계경제의 메가트렌드를 주도하는 30 ~ 40대 중산층을 말한다.
C세대	컴퓨터 보급의 일반화로 탄생하여 반도체칩과 카드, 케이블 속에 사는 컴퓨터 세대. 또는 자신이 직접 콘텐츠를 생산·인터넷상에서 타인과 자유롭게 공유하며 능동적으로 소비에 참여하는 콘텐츠 세대를 말한다.
E세대	Enterpriser(기업가)의 첫 글자에서 따온, 스스로가 사업체를 세워 경영인이 되고 싶어 하는 사람들을 말한다.
G세대	Green과 Global의 첫 글자에서 따온, 건강하고 적극적이며 세계화한 젊은 세대를 말한다.
L세대	Luxury(사치)의 첫 글자에서 따온, 세계적으로 유명한 고가의 고급 브랜드를 일상적으로 소비하는 명품족을 말한다.
M세대	휴대전화를 통화 이외의 다양한 용도로 사용하는 나홀로족인 모바일세대 또는 1980년대 초반 이후 출생한 덜 반항적, 더 실질적, 팀·의무·명예·행동을 중시하는 밀레니엄세대를 말한다.
N세대	1977 ~ 1997년 사이에 태어나 디지털 기술과 함께 성장, 기기를 능숙하게 다룰 줄 아는 자율성·능동성·자기혁신·개발을 추구하는 디지털 문명세대를 말한다.
P세대	Passion(열정)·Potential Power(힘)·Participation(참여)·Paradigm – Shifter(패러다임의 변화를 일으키는 세대)의 첫 글자에서 따온, 열정과 힘을 바탕으로 사회 전반에 적극적으로 참여해 사회 패러다임의 변화를 일으키는 세대이다. 자유로운 정치체제하에서 성장하여 긍정적인 가치관을 가지며, 386세대의 사회의식·X세대의 소비문화·N세대의 생활양식·W세대의 공동체의식 등이 모두 포괄해서 나타난다.
Y세대	컴퓨터를 자유자재로 다루고 다른 나라 문화나 인종에 대한 거부감이 없는, 전후 베이비붐 세대가 낳은 2세들인 10대 전후의 어린이를 말한다.
X세대	50% 정도가 이혼·별거한 맞벌이 부모 사이에서 자라 가정에 대한 동경과 반발 심리를 가지며 개인적인 삶에 큰 의미를 두는 1961 ~ 1984년 사이에 출생한 세대이다.
Z세대	1990년대 중반에서 2000년대 초반에 태어난 젊은 세대로 디지털 네이티브가 특징이다.
부메랑세대	사회에 진출했다가 곧 독립을 포기하고 부모의 보호 아래로 돌아가는 젊은이들이다.
OPAL세대	Old People With Active Life. 경제력을 갖춘 5060세대를 일컫는 말이다. 베이비부머 세대인 58년생을 뜻하기도 한다. 이들은 은퇴를 한 후 새로운 일자리를 찾고, 여가 활동을 즐기면서 젊은이들처럼 소비하며 자신을 가꾸는 일에 많은 시간과 돈을 투자한다.
캥거루세대	경제적·정신적으로 부모에 의존해 생활을 즐기는 젊은 세대이다.
MZ세대	1980년대 초 ~ 2000년대 초 출생한 밀레니얼 세대와 1990년대 중반 ~ 2000년대 초반 출생한 Z세대를 통칭하는 말로 밀레니얼 세대와 Z세대를 통칭하여 MZ세대라고 한다. 오프라인보다 온라인, 사람과 대면하는 것보다 스마트 폰 화면이 익숙한 세대이다. 따라서 SNS기반 유통시장에서 강력한 영향력을 발휘하는 소비 주체로 부상하고 있다.
알파세대	2010 ~ 2024년 사이에 출생한 세대를 의미한다. 밀레니얼 세대의 자녀로 미니 밀레니얼이라고도 칭한다. 스마트폰을 태어나서부터 사용하였기 때문에 디지털과 매우 친밀한 세대이다.
잘파세대	1990년대 중반 ~ 2000년대 초반에 태어난 Z세대와 2010년대 초반 이후에 태어난 알파세대를 합친 것으로, 어떤 세대보다도 최신 기술을 아주 빠르게 받아들이고 활용한다는 특징이 있다.

□ 빌바오 효과(Bilbao Effect) **

도시의 랜드마크 건축물이 해당 지역에 미치는 영향을 이르는 말이다. 이는 스페인 북부 소도시 빌바오에서 비롯되었다. 빌바오는 과거에 제철소, 조선소로 융성하였으나 1980년대 불황으로 철강산업이 쇠퇴하자 바스크 분리주의자들의 연이은 테러로 급격히 실업률 등이 급격히 하락하였다. 이를 극복하기 위해 정부에서는 문화산업을 통한 도시재생사업을 계획하였고, 사업의 일환으로 구겐하임 미술관을 유치하였다. 미술관 개관 이후 빌바오에는 매년 100만 명의 관광객이 찾아오면서 관광업 호황이 이루어졌고, 이후 도시 랜드마크 건축물이 도시경쟁력을 높이는 효과를 나타내는 말로 사용되기 시작하였다.

□ 램프 증후군(Lamp Syndrome) *

실제로 일어날 가능성이 없는 일에 대해 마치 알라딘의 요술 램프의 요정 지니를 불러내듯 수시로 꺼내보면서 걱정하는 현상이다. 쓸데없는 걱정을 하는 사람들을 지칭하는 말로, 과잉근심이라고도 한다. 참고로, 뚜렷한 주제 없이 잔걱정이 가득한 경우에 해당하는 정신 장애를 범불안장애(Generalized Anxiety Disorder)라고 한다. 램프 증후군에서의 걱정은 대부분 실제로 일어나지 않거나, 일어난다고 해도 해결하기 어려운 것들이다. 그럼에도 불구하고 많은 사람들은 자신이 어떻게 할 수 없는 일에 대하여 끊임없이 염려하는 양상을 보인다.

□ 세계 자폐증 인식의 날 *

2007년 UN에서 만장일치로 매년 4월 2일 세계 자폐증 인식의 날로 선정되었다. 조기진단 및 적절한 치료 등을 돕고 사회적 인식을 높이기 위함으로 지정되었다. 이 날을 기념하기 위해 자폐증에 대한 관심과 보호를 요구하며 파란 불을 켜는 캠페인 'Light It Up Blue'은 우리나라 인천대교를 비롯하여 전 세계 약 1만 8천여 곳에서 매년 진행되고 있다.

□ 도서관의 날 **

도서관에 대한 이용을 촉진하고 관심을 높이기 위해 지정된 것으로 매년 4월 12일에 해당한다. 도서관 지식정보에 대한 알 권리를 보장하고 도서관 운영 서비스 등의 기본적 사항을 규정한 도서관법에 따라 지정되었다.

□ 블레임 룩(Blame Look) **

비난하다의 '블레임(Blame)'과 외모, 스타일을 뜻하는 '룩(Look)'의 합성어로, 사회적 물의를 일으킨 자들의 옷이나 액세서리 등 패션이 이슈가 되고 유명해지는 것을 말한다. 블레임 룩은 탈옥수 신창원이 검거될 당시 그의 옷이 주목 받고 이슈를 끌면서 시작되었다. 블레임 룩의 사례로 n번방 사건의 조주빈의 티셔츠, 최순실 게이트 당시의 구두, 정유라의 패딩 등이 있으며 최근에는 조두순의 패딩이 모자이크 처리 없이 그대로 노출되어 포털사이트 실시간 검색어에 오르는 등 주목을 받았다. 고의적인 구설수를 이용하는 노이즈 마케팅과는 다르게 블레임 룩의 경우는 부정적인 모습이 소비자들에게 노출 되어 매출은 감소하고 브랜드 이미지에 악영향을 미치기 때문에 브랜드의 호재로 적용되지 않는다.

02 노동

□ **조용한 사직(Quiet Quitting)** **

직장에서 최소한의 일만 하겠다는 의미를 담은 신조어다. 미국 뉴욕의 20대 엔지니어 틱톡 영상이 화제가 되면서 전 세계로 확산되었으며, 직장에서 최소한의 일(정시 출퇴근, 업무 시간 외 전화 및 메신저 응대 거부, 회사와 일상 구분 등)만 하겠다는 의미를 담는다. 그는 영상에서, "일이 곧 삶이 아니며, 당신의 가치는 당신의 성과로 결정되는 게 아니다"라고 하면서 많은 직장인들의 공감을 얻었다. 실제로 직장을 그만두는 것은 아니지만, 정해진 시간과 업무 범위 내에서만 일을 하고 초과근무를 거부하는 노동 방식을 뜻하는 '조용한 사직'에 대해 워싱턴포스트(WP)는 직장인이 허슬 컬쳐를 포기하고 주어진 것 이상을 해야 한다는 압박과 그런 생각을 중단하고 있다는 것을 보여준다고 분석했다.

□ **베네펙턴스 현상(Beneffectance Effect)** **

선행, 자비심을 뜻하는 'Beneficence'와 결과, 효과를 뜻하는 'Effectance'의 합성어로 업무 또는 일상생활에 있어서 자신의 공로와 기여는 부풀리고 실패에 대한 책임은 축소하는 행동 특성이다. 즉, 잘 되면 내 탓, 안되면 남의 탓의 사고방식이다. 사회심리학자 앤서니 그린월드에 의해 처음 명명되었다. 그에 따르면 우리의 뇌는 왜곡을 거치는데, 이때 자기 존중 욕구와 사회적 인정 욕구에 기인하여 실제 인식과 행동을 자신에게 유리하도록 왜곡하는 경향이 있다. 따라서 성공의 공로는 실제 보다 크게, 실패 시 책임과 반성은 가볍게 여긴다. 특히 팀 프로젝트에서 두드러지게 나타난다.

□ **황견계약** *

근로자가 노동조합에 가입하지 않을 것, 혹은 노동조합에서 탈퇴할 것을 고용조건으로 하는 근로계약을 말한다.

□ **홈 루덴스(Home Ludens)** *

밖에서 활동하지 않고 주로 집에서만 놀고 즐기는 사람들을 가리키는 신조어이다.

□ **생활임금제(生活賃金制)** **

최저임금보다 다소 높은 수준으로 저소득 근로자들이 최소한의 인간다운 삶을 유지할 수 있는 수준의 임금을 보장하는 제도다. 즉, 근로자들의 주거비, 교육비, 문화비 등을 종합적으로 고려해 최소한의 인간다운 삶을 유지할 수 있을 정도의 임금수준으로 노동자의 생계를 실질적으로 보장하려는 정책적 대안이다. 현재 일부 지자체가 조례 형태로 제정해 공공근로자 등에게 적용하고 있다. 그동안은 지자체가 생활임금제 조례 제정을 추진할 때마다 상위법에 근거 조항이 없어 상위법 위반 논란이 일었다.

근로장려세제 **

일정소득 이하의 근로 소득자를 대상으로 소득에 비례한 세액공제액이 소득세액보다 많은 경우 그 차액을 환급해 주는 제도로 저소득층의 세금 부담을 덜어주고 더 나아가 소득이 적은 이들일수록 보조금까지 받을 수 있어 '징세'라기 보다는 '복지'의 개념이 강하다. 이 제도는 원천징수 당한 세금을 되돌려 받는다는 점에서 연말정산과 비슷하나, 세금을 전혀 내지 않은 사람이라 하더라도 공제액과의 차액을 받을 수 있다는 점에서 연말정산과 차이가 있다.

노동3권(勞動三權) ***

노동자가 가지는 세 가지 권리로 단결권·단체교섭권·단체행동권을 말한다. 노동자의 권익(權益)을 위해 헌법상 보장되는 기본권으로서 사회권에 속하며, 단체행동권의 행사는 법률이 정하는 범위 내에서만 보장된다. 공무원의 경우 법률로 인정된 단순 노무에 종사하는 공무원 외에는 노동3권이 보장되지 않으며, 공무원에 준하는 사업체에 종사하는 근로자의 단체행동권은 법률에 의해 제한 또는 인정하지 않을 수 있다.

구분	내용
단결권	노동자가 근로조건 향상을 위해 단결할 수 있는 권리
단체교섭권	노동자의 노동시간, 임금, 후생복리 등의 조건에 관한 문제를 사용자 측과 단체적으로 협의할 수 있는 권리
단체행동권	단체교섭이 이루어지지 않을 경우 노사 간의 분쟁을 해결하기 위한 파업 등을 할 수 있는 권리

더 알아보기

사회권 … 개인의 생존, 생활의 유지·발전에 필요한 모든 조건을 확보하도록 국가에 요구할 수 있는 국민권리의 총칭으로 사회적 기본권 또는 생존권적 기본권이라고도 한다.

펫시터(Petsitter) **

'반려동물(Pet)'과 아이를 돌보는 직업을 지칭하는 영어단어 '베이비시터(Babysitter)'의 합성어로, 말 그대로 펫시터는 아이 대신 반려동물을 돌보는 직업을 의미한다.

정년 60세 연장법 *

「고용상 연령차별 금지 및 고령자 고용촉진에 관한 법률」일부 개정안에서는 현행법에 권고조항으로 되어 있던 정년을 의무조항으로 바꿔 60세로 연장하고, 2016년 1월 1일부터 공기업, 공공기관, 지방 공기업, 상시근로자 300인 이상 사업장에 적용하며 2017년 1월 1일부터는 국가 및 지방자치단체, 상시근로자 300인 미만 사업장에도 적용하기로 했다. 임금피크제와의 연계에 대해서도 '노사 양측이 임금체계 개편 등 필요한 조치를 취해야 한다'는 문구를 통해 사실상 의무화하였으며, 60세에 도달하지 않은 근로자를 특별한 사유 없이 해고할 경우 부당해고로 간주하여 해당 사업주를 처벌하도록 하였다.

□ **경제사회노동위원회** *

신뢰와 협조를 바탕으로 근로자, 사용자, 정부가 노동 · 경제 · 사회 정책을 협의하기 위해 설립된 사회
적 대화기구이자 대통령 자문기구. 노동자의 고용안정과 근로조건 등에 관한 노동정책 및 이에 중대한 영
향을 미치는 산업 경제 및 사회정책, 공공부문 구조조정의 원칙과 방향, 노사관계 발전을 위한 제도 개선
등에 대해 협의하는 역할을 담당한다.

□ **국제노동기구(ILO : International Labour Organization)** **

사회정의의 실현과 노동조건의 개선을 목적으로 1919년 베르사유조약에 의해 국제연맹의 한 기관으로 제
네바에서 창설되었으며 1946년 12월 유엔 최초의 전문기관으로 발족하였다. 각국의 노동입법, 적절한 노
동시간, 임금노동자의 보건 · 위생에 관한 권고나 그 밖의 지도를 하고 있다. 우리나라는 1991년 12월 9
일 151번째로 가입했다.

□ **최저임금위원회** *

최저임금법 제12조에 근거하여 설치된 고용노동부 소속기관이다. 근로자의 고용의 증진과 적정 임금의 보
장을 위해 최저임금을 심의한다. 근로자위원, 사용자위원, 공익위원 각 9명씩 총 27명으로 구성되어 매년
최저임금 수준을 심의 · 의결하며, 최저임금에 관한 심의 및 재심의, 최저임금 적용 사업의 종류별 구분에
관한 심의, 최저임금제도의 발전을 위한 연구 및 건의, 그 밖에 최저임금에 관한 중요 사항으로서 고용노
동부장관이 회의에 부치는 사항을 심의하는 기능을 수행하고 있다.

□ **워케이션(Worcation)** **

'일(Work)', '휴가(Vacation)'의 합성어로 휴가지에서의 업무를 인정하는 근무형태를 의미한다. 이는 직원
들의 장기휴가 사용을 보다 쉽게 만드는 새로운 형태의 근무제도이다.

□ **맨아워(Man Hour)** **

한 사람이 한 시간에 생산하는 노동(생산성) 단위를 일컫는다. 5명이 하루 6시간씩 열흘 동안 일을 했다
면 이는 300맨아워로 환산할 수 있다.

□ **공허노동(Empty Labor)** *

공허노동은 스웨덴의 사회학자 롤란드 폴센이 최초로 정의한 개념으로, 근무시간 중에 딴짓을 하는 것으
로, 인터넷 쇼핑몰을 서핑하거나 SNS를 하는 등 업무와 무관한 일을 하는 행위를 뜻한다.

□ 숍제도의 분류 **

노동조합이 사용자와 체결하는 노동협약에 조합원 자격과 종업원 자격의 관계를 규정한 조항(Shop Clause)을 넣어 조합의 유지와 발전을 도모하는 제도를 숍제도(Shop System)라 한다.

구분	내용
오픈숍 (Open Shop)	조합가입 여부에 관계없이 고용이나 해고에 차별대우를 하지 않은 제도로, 사용자는 노동자를 자유로 채용할 수 있고 노동자의 조합가입 여부도 자유의사인 것
유니언숍 (Union Shop)	회사와 노동조합의 협정에 의해 일단 채용된 노동자는 일정한 기간 내에 의무적으로 조합에 가입해야 하는 제도로, 미가입자·조합탈퇴자 및 조합에서 제명된 자는 사용자가 해고하도록 하는 것
클로즈드숍 (Closed Shop)	이해(利害)를 공통으로 하는 모든 노동자를 조합에 가입시키고 조합원임을 고용의 조건으로 삼는 노사 간의 협정제도로, 노동조합의 단결 및 사용자와의 교섭력을 강화하여 유리한 노동조건을 획득하려는 의도에서 나온 것
프레퍼렌셜숍 (Preferential Shop)	조합원 우선숍 제도로, 조합원은 채용이나 해고 등 단체협약상의 혜택을 유리하게 대우하기로 하고, 비조합원에게는 단체협약상의 혜택을 주지 않는 것
메인터넌스숍 (Maintenance of Membership Shop)	조합원 유지숍 제도로, 조합원이 되면 일정 기간 동안 조합원자격을 유지해야 하고, 종업원은 고용계속조건으로 조합원 자격을 유지해야 하는 것
에이전시숍 (Agency Shop)	조합이 조합원과 비조합원에게도 조합비를 징수하여 단체교섭을 맡는 것

□ 엘리트 이론(Elite Theory) **

모든 사회조직에서의 정책은 집단 사이의 갈등 또는 요구를 통해 만들어지는 것이 아니라 파워엘리트나 지배엘리트 등의 특정한 소수로 국한되어 정책이 좌우된다는 이론이다. 엘리트 이론은 아래와 같이 나뉜다.

구분	내용
고전적 엘리트 이론	어떤 사회에서 집단이 생기면 책임·사명·능력의 세 가지 요소를 가진 소수 엘리트가 사회를 통치하고 다수의 대중들은 이들의 의견이나 결정을 따라 결국 소수 엘리트에 의한 지배가 이루어질 수밖에 없다는 입장이다.
신 엘리트 이론	정치권력에는 이중성이 있어서 하나는 정책결정을 할 때 힘을 발휘하고, 다른 하나는 정책결정을 위한 정책문제의 선택에 있어서 그 영향력을 행사한다는 입장이다.
급진적 엘리트 이론	1950년대 밀스가 주장한 미국 권력구조에 대한 이론으로 파워엘리트는 단일 지배계급이 아닌 기업체, 정부 내 행정관료기구, 군대 요직에 있는 간부를 지칭하며 이들의 밀접한 결합이 심화되고 있다고 보았다.

□ **동맹파업**(同盟罷業) ***

노동조합 및 기타 노동단체의 통제 하에 조합원이 집단적으로 노무제공을 거부하면서 그들의 주장을 관철시키려는 가장 순수하고 널리 행하여지는 쟁의행위(爭議行爲)이다. 우리나라는 헌법에 근로자의 단체행동권을 보장하고 노동조합 및 노동관계조정법으로 쟁의행위의 합법성을 인정하는데, 헌법이 보장하는 쟁의권 행사의 범위를 일탈하지 않으면 쟁의행위에 대한 손해배상청구권은 면제된다. 동맹파업의 분류는 다음과 같다.

구분	명칭	내용
목적	경제파업	가장 일반적인 파업으로 근로자의 근로조건, 경제적 지위 향상 도모 파업
	정치파업	정부에 대해 근로자의 일정한 요구의 실현을 촉구하는 파업(헌법상 정당성을 인정받지 못함)
	동정파업	노동자가 고용관계에 있는 사용자와는 직접적인 분쟁이 없음에도 불구하고 다른 사업장의 노동쟁의를 지원하기 위하여 벌이는 파업(파업의 효과상승, 조합의식 강화)
규모	총파업 (General Strike)	총동맹파업으로 동일 기업·산업·지역의 전체 또는 전 산업이 공동의 요구를 관철시키고자 통일적으로 단행하는 파업
	지역파업	일부 지역만이 행하는 파업
	부분파업	특정의 일부 기업이나 분야에서만 행하는 파업
방법	Walk Out	노동자를 공장이나 사업장 밖으로 철수시켜 행하는 파업
	농성파업 (Sitdown Strike)	노동자가 사용자가 있는 곳이나 작업장, 교섭장소 등을 점거하여 주장을 관철시키기 위해 행하는 파업(강한 단결과 결의, 상대를 위압하여 유리한 교섭 촉진목적)
기타	살쾡이파업 (Wild Cats Strike)	노동조합이 주관하지 않고, 기층 근로자에 의해 자연발생적으로 일어나는 파업(미국의 노동운동이 제2차 세계대전을 고비로 노골적인 노사유착의 경향을 띠며 일어났고, 기습적·산발적인 형태로 전개된다는 점에서 살쾡이의 이름이 붙여짐)

□ **노동쟁의**(勞動爭議) *

근로자 단체와 사용자 사이의 근로시간·임금·복지·해고 등의 근로조건에 관한 주장의 불일치로 일어나는 분쟁상태를 말하며, 사전의 단체교섭 실시를 전제로 한다. 노동쟁의의 분류는 다음과 같다.

구분	내용
총파업	총동맹파업으로 동일 기업·산업·지역의 전체 또는 전 산업이 공동의 요구를 관철시키고자 통일적으로 단행하는 파업이다.
사보타지 (태업)	파업과는 달리 출근을 하여 정상근무를 하는 것처럼 보이나 실제로는 완만한 작업태도로 사용자에게 손해를 주어 요구조건을 관철시키려는 쟁의의 한 수단으로 조직적·계획적으로 행해질 경우에만 쟁의수단이 된다.
보이콧 (불매운동)	어떤 특정한 요구를 들어주지 않는 기업의 제품을 노동자를, 나아가 일반대중까지 단결하여 구매하지 않음으로써 상대방으로 하여금 요구를 들어주도록 하는 쟁의이다.
피케팅	총파업이나 보이콧 등의 쟁의행위를 보다 효과적으로 행하기 위하여 파업에 동참하지 않은 근로 희망자들의 공장이나 사업장 출입을 저지하여 파업에의 참여를 요구하는 행위이다.
직장폐쇄	사용자가 노동자의 요구를 거부하고 공장을 폐쇄하여 그 운영을 일시적으로 중단함으로써 노동쟁의를 보다 유리하게 해결하려는 행위로, 직장폐쇄만이 사용자가 행하는 유일한 쟁의행위이다.

노동자의 분류 ***

구분	내용
골드 칼라 (Gold Collar)	두뇌와 정보를 황금처럼 여기는 신세대를 상징하는 고도 전문직 종사자. 창의적인 일로 부가가치를 창출하는 인재로서 빌 게이츠와 스티븐 스필버그 감독 등이 있다. ※ 골드회사 : 직원의 창의성을 높이기 위해 근무시간과 복장에 자율성을 보장해 주는 회사
다이아몬드 칼라 (Diamond Collar)	지혜, 봉사심, 체력, 인간관계, 자기관리 능력의 다섯 가지 미덕을 고루 갖춘 인간형으로 성공할 가능성이 큰 경영인 또는 관리자
화이트 칼라 (White Collar)	육체적 노력이 요구되더라도 생산과 전혀 무관한 일을 하는 샐러리맨이나 사무직노동자. 블루칼라와 대비됨
블루 칼라 (Blue Collar)	생산, 제조, 건설, 광업 등 생산현장에서 일하는 노동자. 노동자들의 복장이 주로 청색인 점에 착안하여 생겨나 화이트칼라와 대비됨
그레이 칼라 (Gray Collar)	화이트 칼라와 블루 칼라의 중간층으로 컴퓨터·전자장비·오토메이션 장치의 감시나 정비에 종사하는 근로자
논 칼라 (Non Collar)	손에 기름을 묻히는 것도 서류에 매달려 있는 것도 아닌 즉, 블루 칼라도 화이트 칼라도 아닌 무색세대로 컴퓨터 세대
핑크 칼라 (Pink Collar)	가정의 생계를 위해 사회로 진출하는 주부. 남성 노동자인 블루 칼라와 대비됨
퍼플 칼라 (Purple Collar)	빨강과 파랑이 섞인 보라색으로 가정과 일의 균형과 조화를 추구하는 근로자
레인보우 칼라 (Rainbow Collar)	참신한 아이디어와 개성으로 소비자의 욕구를 만족시켜주는 기획관련 업종을 지칭하는 광고디자인, 기획, 패션업계 종사자. 1993년 제일기획(광고회사)에서 '무지개 색깔을 가진 젊은이를 찾는다'는 신입사원 모집공고에서 유래됨
네오블루 칼라 (Neo – Blue Collar)	새로운 감성미학을 표현해내고 개성을 추구하는 등 특유의 신명으로 일하는 영화·CF업계의 감성 세대
르네상스 칼라 (Renaissance Collar)	세계 정치·경제·문화의 다양한 콘텐츠들을 섭렵하여 자신의 꿈을 좇아 변신한 인터넷 사업가
일렉트로 칼라 (Electro Collar)	컴퓨터의 생활화에 따라 새롭게 등장하고 있는 직종으로 컴퓨터에 대한 이해도와 기술수준이 뛰어난 엘리트
실리콘 칼라 (Silicon Collar)	창의적인 아이디어와 뛰어난 컴퓨터 실력으로 언제라도 벤처 창업이 가능한 화이트 칼라의 뒤를 잇는 새로운 형태의 고급 노동자
스틸 칼라 (Steel Collar)	사람이 하기 힘든 일이나 단순 반복 작업을 하는 산업용 로봇
뉴 칼라 (New Collar)	4차 산업혁명 시대에 새롭게 등장한 직업 계층. 2016년 IBM 최고경영자(CEO) 지니 로메티가 처음 언급한 육체 노동직을 뜻하는 블루 칼라나 전문 사무직을 뜻하는 화이트칼라가 아닌 새로운 직업 계층

특수고용직 노동자 ***

근로계약이 아닌 위임 계약이나 도급 계약의 형태로 노무를 제공하고 수당을 받는 일에 종사하는 노동자를 말한다.

□ 실업의 종류 *

노동할 능력과 의욕을 가진 자가 노동의 기회를 얻지 못하고 있는 상태를 실업(失業)이라고 한다. 대표적으로 실업의 원리를 설명하는 이론에는 J.M. 케인스의 유효수요의 이론과 K. 마르크스의 산업예비군 이론이 있다.

구분	내용
자발적 실업 (自發的 失業)	취업할 의사는 있으나, 임금수준이 생각보다 낮다고 판단하여 스스로 실업하고 있는 상태를 말한다. 케인스(J.M. Keynes)가 1930년 전후 대공황기에 발생한 대량실업에 대해 완전고용을 전제로 설명하려 했을 때 분류한 개념의 하나로 비자발적 실업과 대비된다.
비자발적 실업 (非自發的 失業)	자본주의에서 취업할 의사는 있으나 유효수요(有效需要)의 부족으로 취업하지 못하는 상태를 말한다. 수요부족실업 또는 케인스적 실업이라고도 한다. 케인스는 불황기의 대량실업 구제책으로 확장적 금융·재정정책에 의한 유효수요 증가정책을 써야한다고 주장했다.
마찰적 실업 (摩擦的 失業)	일시적인 결여나 산발적인 직업 간의 이동에서 발생하는 시간적 간격 등에 의해 발생하는 실업형태이다. 기업의 부도로 근로자들이 직장을 잃는 경우가 해당되며 케인스가 분류했다.
경기적 실업 (景氣的 失業)	경기변동의 과정에 따라 공황이 발생하면 실업이 급증하고 번영기가 되면 실업이 감소하는 실업형태로, 장기적 성격을 가진다.
계절적 실업 (季節的 失業)	산업의 노동력 투입이 자연적 요인이나 수요의 계절적 편재에 따라 해마다 규칙적으로 변동하는 경우에 생기는 실업형태이다.
구조적 실업 (構造的 失業)	선진국에서 자본주의의 구조가 변화하여 생기거나 자본축적이 부족한 후진국에서 생산설비의 부족과 노동인구의 과잉으로 생기는 실업형태이다. 경제구조의 특질에서 오는 만성적·고정적인 실업이며 경기가 회복되어도 빨리 흡수되지 않는 특징이 있다.
기술적 실업 (技術的 失業)	기술진보에 의한 자본의 유기적 구성의 고도화로 인해 발생하는 실업형태이다. 주로 자본주의적 선진국에서 나타나며 자본수요의 상대적 부족으로 인해 발생한다. 마르크스형 실업이라고도 하며 실물적 생산력의 향상으로 노동수요가 감소한데 기인한다.
잠재적 실업 (潛在的 失業)	원하는 직업에 종사하지 못하여 부득이 조건이 낮은 다른 직업에 종사하는 실업형태로 위장실업이라고도 한다. 노동자가 지닌 생산력을 충분히 발휘하지 못하여 수입이 낮고, 그 결과 완전한 생활을 영위하지 못하는 반(半) 실업상태로, 영세농가나 도시의 소규모 영업층의 과잉인구가 이에 해당한다.
산업예비군 (産業豫備軍)	실업자 및 반실업자를 포함하는 이른바 상대적 과잉인구를 말한다. 자본주의가 발달해 자본의 유기적 구성이 고도화함에 따라 노동을 절약하는 자본집약적인 생산방법이 널리 채용되어 노동력이 실업으로 나타나는 것을 말한다. 마르크스는 이것을 자본주의 발전에 따르는 필연적 산물이라 하였다.

□ 블라인드 채용 ***

채용과정인 입사지원서 또는 면접 등에서 편견이 개입되어 불합리한 차별을 유발할 수 있는 출신지, 가족관계, 학력, 신체적 조건(키, 체중, 사진), 외모 등 항목을 기재하지 않음으로써 지원자들의 개인적 배경이 심사위원들에게 영향을 미치지 않고, 편견에서 벗어나 실력인 직무능력을 평가하여 인재를 채용할 수 있도록 시스템을 구축하여 지원하는 채용 제도이다.

□ 직장 내 괴롭힘 금지법 ***

「근로기준법」 제76의2 법률로, 법안은 직장 내 괴롭힘을 '사용자 또는 근로자가 직장에서의 지위 또는 관계 등의 우위를 이용하여 업무상 적정 범위를 넘어 다른 근로자에게 신체적 · 정신적 고통을 주거나 근무 환경을 악화시키는 행위'로 정의하였다. 이 법은 직장 내 갑질과 폭언, 폭행 등이 잇따라 노동 환경이 침해되고 있다는 지적에 따라 제정되었다.

□ 과로노인 *

늦은 나이에도 돈이 필요해 어쩔 수 없이 죽기 직전까지 일해야 하는 노인들을 의미한다. 연금이 모자라 신문 배달을 하고, 정리해고를 당해 편의점에서 일하는 노인, 치매에 걸린 어머니를 간병하느라 일을 계속해야만 하는 노인 등 그 유형은 다양하다.

□ 체크 바캉스 **

정부와 기업이 직원들의 휴가비를 지원하는 제도를 의미한다. 정부가 발표한 '경제정책방향'에서 민생경제 회복을 위한 방안 중 하나로 포함되었으면 이러한 체크 바캉스 제도는 노동자와 기업이 공동으로 여행 자금을 적립하고 정부가 추가 지원해주는 방식으로 운영된다.

□ 마스킹 효과(Masking Effect) ***

업무를 중요시 하여 건강이 나빠지는 것을 못 느끼는 현상이다. 의학적으로 얼굴이 창백할 정도로 건강이 좋지 않지만 핑크빛 마스크를 쓰면 건강한 것처럼 착각하게 된다는 것으로 현대직장인들이 자아성취에 대한 욕구의 증가로 업무를 우선시하여 건강을 잃는 것을 느끼지 못함을 말한다.

□ 데스크테리어(Deskterior) ***

'책상(Desk)'과 '인테리어(Interior)'의 합성어로, 책상을 정리정돈하고 주변 환경을 인테리어 하는 것을 말한다. 감정노동의 스트레스를 해소하고 심리적 안정을 느끼고자 직장인들 사이에서 열풍이 불기도 했다. 이와 관련하여 직장인들 트렌드 용어로 데스크테리어가 꼽히기도 했다.

□ 워라블(Worklife Blending) **

일과 삶의 적절한 블렌딩을 뜻하는 말로 업무시간을 포함한 일상생활 속에서 일과 관련된 영감을 얻고 업무로 이어지는 것을 의미한다. 워라블은 잘못 해석하면 '워커홀릭'처럼 보일 수 있지만 '자신이 주도적으로 한다'는 것이 가장 중요한 포인트이다. 이러한 라이프스타일에 맞춰 주거 형태도 달라지고 있다. '코워킹(Coworking)스페이스'와 '코리빙(Coliving)산업'이다. 일터와 생활공간을 연결하고 통합하는 다양한 주거 형태가 등장하고 있다.

더 알아보기

워라밸(Worklife Balance) … 일과 삶의 균형이라는 표현으로 1970년대 후반 영국에서 개인 업무와 사생활 간의 균형을 묘사하는 단어로 처음 등장하였다.

03 출제예상문제

1 다음이 설명하는 현상으로 옳은 것은?

> 해외에 머물던 범죄자 A가 황급히 인천공항으로 입국하면서 보인 패션이 화제이다. 온라인 커뮤니티상에선 A가 입은 맨투맨, 모자, 신발 등의 브랜드와 가격 정보를 공유하고, 온라인 패션몰에선 이를 할인가로 판매하면서 이른바 품절 대란을 일으켰다. 이러한 모방 현상의 시초는 1999년 탈옥수 신창원이 입었던 이탈리아 명품 브랜드 모조품 니트였다.

① 프레피 룩
② 놈코어 룩
③ 블레임 룩
④ 걸리시 룩

TIP ③ **블레임 룩**(Blame Look) : 사회적 물의를 일으킨 자들의 옷이나 액세서리 등 패션이 이슈가 되고 유명해지는 것을 말한다.
① **프레피 룩**(Preppy Look) : 프레피란 미국 동부 사립 고등학교 학생들을 말한다. 해당 출신에 대한 동경과 질투, 선망이 종합된 속칭으로 그들이 즐겨 입는 캐주얼한 복장을 프레피 룩이라고 한다.
② **놈코어 룩**(Normcore Look) : '평범한(Nomal)'과 '철저한(Hardcore)'의 합성어로, 의도적으로 특색이 없는 기능적이고 편안한 패션을 말한다.
④ **걸리시 룩**(Girlish Look) : 일반적인 소녀 스쿨룩 보다 프릴이나 리본 등의 소매, 스커트 장식이 도드라지는 캐주얼한 패션을 말한다.

2 일상적으로 일어나는 고유한 사실이나 문제임에도 평소에 잘 느끼지 못하다가 미디어에 의해 순식간에 부각되는 현상은?

① 낭떠러지 효과
② 피그말리온 효과
③ 루핑 효과
④ 파파게노 효과

TIP ③ **루핑 효과** … 이전에는 관심이 없다가 새로운 사실을 인식하게 되면서 영향을 받는 현상이다. 예를 들어 유명인의 자살을 언론을 통해 접하고 관심을 갖게 되면서 개개인의 불안심리가 조성되어 자살로 이어지게 된다.
① **낭떠러지 효과** : 자신이 정통한 분야에 대해서는 임무수행능력이 탁월하지만 조금이라도 벗어나면 문제해결능력이 붕괴되는 현상이다.
② **피그말리온 효과** : 타인의 관심이나 기대로 인해 능률이 오르는 긍정적인 현상을 말한다.
④ **파파게노 효과** : 자살과 관련한 언론보도를 자제하여 자살률을 낮추는 효과를 말한다.

Answer 1.③ 2.③

3 자신만의 공간에만 머물며 모든 일을 해결하는 사람들을 가리키는 용어는?

① 스마드족　　　　　　　　　　　② 코쿠닝족
③ 로하스족　　　　　　　　　　　④ 팬더족

TIP 코쿠닝족 … 식재료, 옷, 가전제품 등 많은 생활용품을 방안에서 클릭만 하면 살 수 있기 때문에 직접 발품을 팔지 않고 쉽게 일을 해결할 수 있다.

4 고소득을 올리며 여유 있는 삶을 즐기는 생산직 노동자를 지칭하는 말은?

① 퍼플 칼라　　　　　　　　　　　② 화이트 칼라
③ 네오블루 칼라　　　　　　　　　④ 레인보우 칼라

TIP ① 퍼플 칼라 : 근로시간과 장소를 탄력적으로 조정해 일하는 노동자다.
② 화이트 칼라 : 샐러리맨이나 사무직 노동자다.
④ 레인보우 칼라 : 아이디어와 변화에 능한 광고 디자인 등 기획 관련 업종 노동자다.

5 근로자가 노동조합에 가입하지 않을 것, 혹은 노동조합에서 탈퇴할 것을 고용조건으로 하는 근로계약은?

① 황견계약　　　　　　　　　　　② 유니언숍
③ 조건부계약　　　　　　　　　　④ 임금피크제

TIP ② 유니언숍 : 채용이 되면 반드시 노동조합에 가입해야 하며 조합으로부터 제명 · 탈퇴한 자는 회사가 해고해야 한다는 노조가입 강제제도
③ 조건부계약 : 부당노동행위의 유형으로, 근로자와 사용자 사이에서 근로자의 노동조합 가입 또는 탈퇴를 고용조건으로 하는 합의
④ 임금피크제 : 근로자가 일정 연령에 도달하면 임금을 삭감하는 대신 근로자의 고용을 보장하는 제도

6 '공익을 위하여'라는 라틴어 줄임말로 미국에서 소외 계층을 위해 무료 변론을 하는 변호사를 일컫는 말로 쓰이면서 대중화된 개념은?

① 애드호크(Ad Hoc)　　　　　　　② 페르소나 논 그라타(Persona Non Grata)
③ 프로보노(Probono)　　　　　　　④ 마니페스투스(Manifestus)

TIP 프로보노(Probono) … 라틴어 'Pro Bono Publico'의 줄임말로서 '정의를 위하여'라는 뜻이다. 지식이나 서비스 등을 대가없이 사회 공익을 위하여 제공하는 활동을 말한다.

Answer 3.② 4.③ 5.① 6.③

7 길을 걷는 중에도 스마트폰 사용에 몰입하여 주변을 인지하지 못해 사고 위험도가 높은 사람들을 가리키는 용어는?

① 퍼빙
② 스몸비
③ 디지털 유목민
④ 가스라이팅

TIP ② 스몸비 : 스마트폰을 들여다보며 길을 걷는 사람들로, '스마트폰'과 '좀비'의 합성어이다.
① 퍼빙 : 스마트폰을 사용하느라 같이 있는 사람을 소홀히 대하거나 무시하는 현상을 나타내는 용어로 예를 들어 스마트폰을 계속 보면서 대화를 이어가거나 메시지가 올 때마다 회신을 하는 등의 행위가 퍼빙에 해당한다.
③ 디지털 유목민 : 인터넷과 업무에 필요한 각종 기기들과 제한되지 않은 작업공간만 있으면 시간과 장소에 구애받지 않고 일을 할 수 있는 사람들을 일컫는다.
④ 가스라이팅 : 거부, 반박, 전환, 경시, 망각, 부인 등 타인의 심리나 상황을 교묘하게 조작해 그 사람이 현실감과 판단력을 잃게 만들고, 이로써 타인에 대한 통제능력을 행사하는 것을 말한다.

8 소비자의 특징이 브랜드 충성심이 낮고 유행주기가 짧으며 브랜드 선호도가 낮은 것을 표현하는 소비트렌드를 의미하는 것은?

① 리퀴드 소비
② 솔리드 소비
③ 생산적 소비
④ 스펜딩 폴리시

TIP ② 솔리드 소비 : 소비에 대한 집착이 높고, 유행의 주기가 길며 브랜드 선호도가 강한 특징이 있다.
③ 생산적 소비 : 상품을 만들기 위해서 물품을 소비하는 것을 의미한다.
④ 스펜딩 폴리시 : 경기불황일 때 재정지출을 늘려서 경기회복을 하기 위한 것으로 승수이론에서 기인한 것이다.

9 엘리트 이론의 종류로 옳지 않은 것은?

① 보수적 엘리트 이론
② 고전적 엘리트 이론
③ 신 엘리트 이론
④ 급진적 엘리트 이론

TIP 엘리트 이론(Elite Theory) … 모든 사회조직에서의 정책은 파워엘리트나 지배엘리트 등의 특정한 소수로 국한되어 정책이 좌우된다는 이론이다. 고전적 엘리트 이론, 신 엘리트 이론, 급진적 엘리트 이론으로 나누어진다.

10 「근로기준법」이 정한 근로자 최저연령은?

① 13세
② 15세
③ 16세
④ 17세

TIP 15세 미만인 자는 근로자로 사용하지 못한다. 다만, 대통령령으로 정하는 기준에 따라 고용노동부장관이 발급한 취직인허증을 지닌 자는 근로자로 사용할 수 있다(「근로기준법」제64조(최저 연령과 취직인허증) 제1항).

Answer 7.② 8.① 9.① 10.②

11 다음 상황과 관련된 용어로 옳은 것은?

> A는 환경보호를 위해 채식을 선언하고 매주 일요일마다 산에 있는 쓰레기를 주우러 간다. SNS에는 #환경보호 #줍깅 #채식 등의 해시태그로 환경오염의 심각성을 다수에게 알리고 관심사를 공유한다.

① 소확행

② 케렌시아

③ 업사이클링

④ 미닝아웃

TIP ④ 미닝아웃(Meaning Out) : 소비자 운동의 일환으로, 정치·사회적 신념을 소비행위를 통해 적극적으로 표현하는 것을 말한다.

① 소확행 : 일상에서 느낄 수 있는 소소하지만 확실한 행복을 의미한다. 일본 작가 무라카미 하루키가 레이먼드 카버의 단편 소설에서 따와 만든 신조어이다.

② 케렌시아(Querencia) : 스페인어로 피난처·안식처라는 뜻으로 일상에 지친 사람들이 몸과 마음을 쉴 수 있는 재충전 공간의 의미로 쓰인다.

③ 업사이클링(Up-Cycling) : 'Upgrade'와 'Recycling'의 합성어로, 디자인이나 활용도를 더하여 전혀 다른 제품으로 생산하는 것을 말한다.

12 핵가족화로 인해 노인들에게 발생할 수 있는 고독병의 일종을 나타내는 용어는?

① 팝콘브레인

② LID 증후군

③ 제노포비아

④ 빌바오 효과

TIP ② LID 증후군 : 자녀들은 분가하고 주변의 의지할 사람들이 세상을 떠나면 그 상실감에 의해 우울증에 빠지는데 이를 고독고(孤獨苦)라고 한다. 노인의 4고(苦)에는 빈고(貧苦), 孤獨苦, 병고(病苦), 무위고(無爲苦)가 있다.

① 팝콘브레인 : 전자기기의 지나친 사용으로 뇌에 큰 자극이 지속적으로 가해지면서 단순하고 잔잔한 일상생활에는 흥미를 잃게 되는 것을 말한다.

③ 제노포비아 : 상대방이 악의가 없어도 자기와 다르다는 이유로 일단 경계하는 심리 상태를 나타낸다. 흔히 외국인 혐오증으로 해석한다.

④ 빌바오 효과 : 도시의 랜드마크 건축물이 해당 지역에 미치는 영향을 이르는 말이다.

Answer 11.④ 12.②

13 실제로 일어날 가능성이 없는 일에 대해 수시로 걱정하는 현상은?

① 브레인 포그   ② 램프 증후군

③ 소셜 블랙아웃   ④ 포모 증후군

> **TIP** ② **램프 증후군** : 쓸데없는 걱정을 하는 사람들을 지칭하는 말로, 과잉근심이라고도 한다. 램프 증후군에서의 걱정은 대부분 실제로 일어나지 않거나, 일어난다고 해도 해결하기 어려운 것들이다.
> ① **브레인 포그** : 희뿌연 안개가 머리에 낀 것처럼 생각과 표현이 불분명한 상태를 말한다. 멍한 상태가 지속되며 집중력 감소와 기억력 저하, 우울, 피로감 등의 증상이 나타난다.
> ③ **소셜 블랙아웃** : 자발적으로 스마트폰, SNS, 인터넷 등으로부터 자신을 완전히 차단하고 스스로에게 집중하는 행위를 말한다.
> ④ **포모 증후군** : 세상의 흐름에 자신만 뒤처지거나 소외되는 것 같은 두려움을 가지는 증상으로 고립공포감이라고도 한다.

14 맞벌이를 하면서 자녀를 두지 않고 돈과 출세를 인생의 목표로 삼는 부부는?

① DINK족   ② TONK족

③ DINS족   ④ YOLO족

> **TIP** **딩크(DINK)족** … Double Income, No Kids의 약어로, 정상적인 부부생활을 영위하면서 의도적으로 자녀를 두지 않고 맞벌이하는 세대를 말한다.

15 다음이 설명하는 것은?

> 감정노동에 지친 △△ 씨는 업무 환경을 새롭게 환기하고자 평소 좋아하던 컬러의 사무용품을 구매하여 서류로 가득한 삭막한 책상을 꾸몄다. 작은 화분도 갖다 놓고 좋아하는 연예인 사진도 작게 붙여 놨다. 대단한 일을 한 것도 아닌데 자기 취향껏 꾸민 책상을 보니 심리적 안정도 느껴지고 업무능률도 높아지는 것 같다.

① 월테리어   ② 플랜테리어

③ 데스크테리어   ④ 아웃테리어

> **TIP** ① **월테리어** : 벽(Wall)을 활용한 인테리어를 말한다.
> ② **플랜테리어** : 식물을 활용한 인테리어를 말한다.
> ④ **아웃테리어** : 건물의 외부를 장식하는 것을 말한다.

Answer 13.② 14.① 15.③

16 다음 상황과 관련 있는 법으로 옳은 것은?

> 최근 병원 원장의 폭언과 욕설을 폭로하는 녹음 파일이 공개되었다. 해당 직원이 공개한 녹음 파일에는 수술을 앞둔 환자에게 마취를 늦게 했다는 이유로 간호사에게 폭언을 퍼붓는 원장 목소리가 담겨있었다. 특정 간호사의 업무 능력이 부족하다며, 여러 직원 앞에서 공개적으로 모욕을 주기도 했다. 또한 평소 업무와 관련 없는 사적인 지시도 빈번했다는 게 직원의 주장이다.
>
> 내부 직원 : 직원들에게 수시로 물 떠와라, 휴대폰 가져오라는 심부름을 시키기 일쑤다. 인권이 짓밟히는 느낌이다. 직원도 누군가의 가족인데….

① 정년 60세 연장법
③ 직장 내 괴롭힘 금지법
② 임금명세서 교부 의무화
④ 이해충돌방지법

TIP 직장 내 괴롭힘 금지법 … 이 법은 직장 내 갑질과 폭언, 폭행 등이 잇따라 노동 환경이 침해되고 있다는 지적에 따라 제정되었다.

17 실업의 유형 중 현재 직장에 만족하지 못하고 이직을 고려하거나 준비하고 있는 사람과 관련이 있는 것은?

① 마찰적 실업
③ 구조적 실업
② 경기적 실업
④ 비자발적 실업

TIP 실업의 유형
  ㉠ **자발적 실업** : 일할 능력을 갖고 있으나 일할 의사가 없어서 실업 상태에 있는 것
  • **마찰적 실업** : 일시적으로 직장을 옮기는 과정에서 실업상태에 있는 것
  • **탐색적 실업** : 보다 나은 직장을 찾기 위해 실업상태에 있는 것
  ㉡ **비자발적 실업** : 일할 의사와 능력은 갖고 있으나 일자리를 구하지 못하여 실업상태에 있는 것
  • **경기적 실업** : 경기침체로 인해 발생하는 대량의 실업
  • **구조적 실업** : 일부 산업의 급속한 사양화와 노동공급과잉으로 발생하는 실업

Answer   16.③   17.①

18 2024년 최저임금으로 옳은 것은?

① 8,720원   ② 9,160원
③ 9,620원   ④ 9,860원

> **TIP** ④ 2024년 최저임금은 9,860원으로 2023년 대비 2.5% 인상되었다.
> ① 2021년 최저임금
> ② 2022년 최저임금
> ③ 2023년 최저임금

19 UN의 국제노동기구는 무엇인가?

① ILO   ② WFTU
③ CIO   ④ ICFTU

> **TIP** ① ILO : 국제노동기구로, 1919년 베르사유조약에 의해 국제연맹의 한 기관으로 제네바에서 창설되었으며, 1946년 12월에 유엔 최초의 전문기관으로 발족하였다.
> ② WFTU : 세계노동조합연맹
> ③ CIO : 최고경영자 · 정보담당임원
> ④ ICFTU : 국제자유노동연합

20 임금 노동자들이 인간다운 삶과 실질적 생활을 유지할 수 있도록 최저임금 이상의 임금을 보장하는 제도를 무엇이라고 하는가?

① 성과급제
② 최고임금제
③ 문화임금제
④ 생활임금제

> **TIP** 생활임금제 … 근로자들의 주거비, 교육비, 문화비 등을 종합적으로 고려해 최소한의 인간다운 삶을 유지할 수 있을 정도의 임금수준으로 노동자들의 생계를 실제로 보장하려는 정책적 대안을 의미한다.

Answer 18.④ 19.① 20.④

04 과학 · 기술

신기술의 발달에 따른 과학 문제와 컴퓨터 · 정보통신에 대한 광범위한 내용이 출제되고 있어 기본용어 파악에 중점을 두어야 한다.

□ 하이퍼오토메이션 *

인공지능(AI), 로봇프로세스자동화(RPA), 자연어처리(NLP) 등 다양한 디지털 기술을 융합하여 업무 프로세스를 자동화하는 전략 기술을 말한다. 하이퍼오토메이션은 IT 비전문가도 AI와 심층 데이터를 활용해 자동화를 구축할 수 있다는 특징을 갖는다. 하이퍼오토메이션을 통해 생산성 증가 및 비용 절감, 정확성 향상 등 비즈니스 성과를 이룰 수 있기때문에 대화형 AI 챗봇을 활용한 SBI 손해보험, 고도화된 디지털 재무 플랜 플랫폼을 출시한 웰스파고, 생성형 AI 비서를 도입한 마이크로소프트 등이 이를 적용하고 있다. 또한 은행권에서도 AI 업무 자동화가 빠르게 확산되고 있다.

□ 초연결 사회(Hyper Connected Society) **

인터넷과 통신 기술이 발달하면서, 네트워크로 통해 사람, 데이터, 사물의 모든 것들이 연결된 사회를 말한다. 즉, 일상생활에 정보 기술이 깊숙이 들어오면서 모든 사물들이 거미줄처럼 인간과 연결되어 있는 사회이다. 스마트 기술의 성장, 빅데이터 구축, 스마트 기기 확산, 사물인터넷, 인공지능, 센서 등 기술발달로 언제 어디서나 상호 연결되어 정보를 주고받을 수 있는 IT기반이 생성되었으며, 제조, 유통, 의료, 교육 등 다양한 분야에서 지능적이고 혁신적인 서비스 제공이 가능해졌다.

□ 뇌 – 컴퓨터 인터페이스(BCI) **

뇌파를 통해 신경 세포를 자극하는 기술로, 신체의 움직임 없이 상상으로 기계에 명령을 내린다. 특정 동작을 시도할 때 해당하는 전기 신호가 두뇌를 구성하는 신경 세포에서 발생하는데 이 전기 신호를 뇌파라고 한다. BCI 기술은 중추신경계가 손상된 환자에게 유용하게 쓰일 수 있다. 소실된 중추신경계를 대체해 생각만으로 다양한 기기를 제어하거나 환자의 마비된 근육에 전기자극을 줘 중추신경계를 복구하는 게 가능하다. 급속한 고령화와 뇌질환 환자 증가로 장애가 생기는 사람이 늘어나는 추세라 BCI 기반 의료기기에 대한 수요는 커질 전망이다.

□ **메디컬 트윈(Medical Twin) ***

가상공간에서 개인 맞춤형 정밀 의료, 모의 수술, 의료기기 개발, 임상시험 등을 시뮬레이션 하는 기술이다. 현실에서 수집한 다양한 정보를 가상세계에서 분석하고 최적화 방안을 도출하여 현실에 최적화하는 지능화 융합기술로, 2003년에 미시간대학교 Michael Grieves 박사가 제품라이프사이클관리 관점에서 최초로 도입했다. 디지털 공간에 가상 환자를 생성하여 수술 방법, 치료 효과 등을 예측하고 안전성을 확보하여 부작용을 최소화하는 것을 목표로 한다. 인체를 개인의 수준엣 컴퓨터 모델링하는 것은 기술적 한계가 있어서 헬스케어 분야에서는 주목받지 못했으나, 최근 빅데이터, 인공지능(AI), 사물인터넷(IoT) 등 관련 기술의 발전으로 관심이 높아지고 있다.

□ **라이고(LIGO) ****

고급 레이저 간섭계 중력파 관측소로 100여 년 전 아인슈타인이 주장했던 중력파를 최초로 검출한 것은 라이고 중력파 검출기를 통해서다. 라이고는 2016년 2월 워싱턴 D.C. 외신기자클럽에서 기자회견을 열어 공간과 시간을 일그러뜨리는 것으로 믿어지는 중력파의 존재를 직접 측정 방식으로 탐지했다고 발표했다. 이번에 검출된 중력파는 블랙홀 두 개로 이뤄진 쌍성이 지구로부터 13억 광년 떨어진 곳에서 충돌해 지는 과정에서 나온 것으로, 중력파가 직접 검출된 것은 인류 과학역사상 처음이다.

□ **HDR(High Dynamic Range) ****

디지털 영상의 계조도 신호 표현 범위가 보다 넓은 명암 영역에 대응되도록 하여 밝은 부분은 더 밝게, 어두운 부분은 더 어둡게 표현할 수 있는 기술이다. 가장 보편적인 HDR 10, 구글의 독자 방식인 VP9 - Profile2, 돌비 비전 등 다양한 HDR 규격이 존재한다.

□ **네가와트(Negawatt) ***

전력 단위인 메가와트(Megawatt)와 부정적인, 소극적인이라는 의미의 네거티브(Negative)가 합쳐진 것을 의미한다. 다시 말해 새롭게 전기를 생산하는 대신 공장, 빌딩 등의 시설에서 전기를 절약하는 것이다. 네가와트는 1989년 국제학회에서 미국의 환경과학자 아모리 로빈스에 의해 처음 사용되었는데, 그는 새로운 발전소를 세워 공급을 늘리는 기존의 방식 대신 정확한 수요 관리와 에너지 관리를 통해 에너지 효율을 높이자고 주장했다. 전력의 특성상, 전력사용은 사용량이 높은 시간대와 낮은 시간대에서 차이를 보이고 계속된 전력생산은 잉여에너지를 만들게 되는데, 네가와트는 에너지 수요를 관리하고 잉여에너지를 그대로 낭비하지 않는 등의 효율적인 에너지 관리에 집중하는 방식이다.

□ **쿼크(Quark) ****

소립자의 기본 구성자로 업·다운·스트레인지·참·보텀·톱의 6종(種)과 3류(類)가 있다. 종(種)은 향(Flavor)을 류(類)는 색(Color)을 말하며, 하나의 향은 세 가지의 색을 가지고 있다. 업과 다운, 스트레인지와 참, 보텀과 톱은 각각 쌍을 이뤄 존재한다.

□ pH(Hydrogenion Exponent, 수소이온농도) *

어떤 용액 속에 함유되어 있는 수소이온의 농도를 말하는 것으로 pH = 7일 때 중성, pH > 7일 때 알칼리성, pH < 7일 때 산성이라고 한다. 물고기가 살 수 있는 담수의 pH는 보통 6.7 ~ 8.6이며, pH는 폐수를 중화 또는 응집시켜 화학적으로 처리할 때 그 기준이 된다.

□ 마하(Mach) **

비행기, 로켓 등 고속으로 움직이는 물체의 속도를 음속으로 나타낸 단위이다. 마하 1이란 소리가 1시간에 도달할 수 있는 거리를 말하며, 15℃일 때 소리의 속도가 초속 340m이므로 시속 1,224km를 말한다.

□ 옥탄가(Octane Number) **

가솔린 속에 함유되어 있는 이물질이 정제된 정도를 표시하는 수치로, 가솔린의 품질을 결정하는 요소이다. 옥탄가가 높을수록 엔진의 기능을 저하시키는 노킹현상이 일어나지 않으며 열효율이 높다.

더 알아보기

노킹(Knocking) ⋯ 내연기관의 기통 안에서 연료가 너무 빨리 발화하거나 이상폭발하는 현상을 말한다.

□ 3D 프린팅(Three Dimensional Printing) **

1980년대 미국의 3D 시스템즈社에서 처음 개발한 것으로 기업에서 시제품 제작용으로 활용했으나 현재는 여러 입체도형을 찍어내는 것으로 인공 뼈, 자전거 뼈대 등 다양한 곳에 상용화되어 사용되고 있다. 3D 도면을 제작하는 모델링을 하고 모델링 프로그램을 통해 이미지를 구현하여 제작한 뒤에 프린터로 물체를 만드는 단계로 총 3단계로 진행된다. 3D 프린터를 만드는 방식으로는 2차원 면을 쌓아올리는 적층형과 조각하듯 깎아내는 절삭형이 있다.

더 알아보기

3D 바이오 프린팅 ⋯ 3D 프린터와 생명공학이 결합된 기술로 세포의 형상이나 패턴을 제작하는 것이다. 컴퓨팅 기술과 사이버물리시스템(CPS : Cyber Physical System)이 연결된 기술이다. 손상된 피부부터 장기, 의수, 혈관 등 다양하게 활용될 수 있다.

□ 과불화 화합물(PFC) **

물과 기름에 쉽게 오염되지 않고 열에 강한 화학물질이다. 방수나 먼지가 묻지 않도록 하는 제품에 많이 사용되는데, 일회용 종이컵의 방수 코팅제, 가죽이나 자동차 표면처리제 등으로 활용된다. 과불화 화합물은 잘 분해되지 않아 환경오염의 원인이 되며 암을 유발하고 생식기능을 저하시킨다.

□ **제5의 힘** *

우주에 있는 중력, 전자기력, 약력, 강력 등 기본 4력 외에 또 하나의 새로운 힘으로, 과부하(過負荷)라고 불린다. 이 힘은 중력과 반대방향으로 작용하며 물체의 질량 및 원자 구성상태에 좌우되는 것이기 때문에 깃털보다는 동전에 더 강하게 작용하여 진공상태에서 깃털이 동전보다 더 빨리 떨어진다는 것이다.

더 알아보기

제4의 힘
- **통일장이론** : 자연계에 존재하는 네 가지의 힘, 즉 강력 · 약력 · 중력 · 기력의 관계를 한 가지로 설명하려는 이론이다.
- **핵력** : 강력과 약력을 합해 이르는 말이다.

□ **상대성이론(Theory of Relativity)** ***

미국 물리학자 아인슈타인(A. Einstein)에 의하여 전개된 물리학의 이론체계이다. 그는 1905년 기존의 뉴턴역학에 의하여 알려졌던 상대성이론을 시간 · 공간의 개념을 근본적으로 변경하여 물리학의 여러 법칙에 적용한 특수상대성이론과, 1915년 뉴턴의 만유인력 대신 특수상대성이론을 일반화하여 중력현상을 설명한 일반상대성이론을 완성하였다.

□ **뉴턴의 운동법칙(Law Of Motion)** ***

- **제1법칙(관성의 법칙)** : 물체가 원래의 상태를 계속 유지하려는 성질을 관성이라 한다. 즉, 외부로부터 힘을 받지 않는 한 정지상태의 물질은 계속 정지하려 하고, 운동중인 물체는 계속 등속직선운동을 한다는 것이다. 관성의 크기는 질량에 비례한다.
- **제2법칙(가속도의 법칙)** : 어떤 물체에 힘을 가하였을 때 생기는 가속도(a)의 크기는 작용하는 힘(F)의 크기에 비례하고 질량(m)에 반비례한다. 즉, F=ma이다.
- **제3법칙(작용 · 반작용의 법칙)** : 물체에 힘을 작용시키면 원래 상태를 유지하기 위해 물체는 반대방향으로 힘을 작용(반작용)한다. 이와 같은 물체에 힘을 가할 때 나타나는 작용과 반작용은 크기가 같고 방향은 반대이며, 동일직선상에서 작용한다.

더 알아보기

운동법칙 예시
- **관성의 법칙** : 정지하고 있던 버스가 갑자기 출발하면 서 있던 사람은 뒤로 넘어진다. 쌓아놓은 나무토막 중 하나를 망치로 치면 그 나무토막만 빠진다.
- **가속도의 법칙** : 달리던 버스가 갑자기 정지하면 서 있던 승객은 앞으로 넘어진다. 뛰어가던 사람의 발이 돌부리에 걸리면 넘어진다.
- **작용과 반작용의 법칙** : 포탄이 발사되면 포신이 뒤로 밀린다. 가스를 뒤로 분사하면서 로켓이 날아간다.

□ 케플러의 법칙(Kepler's Laws) **

- **제1법칙(타원궤도의 법칙)** : 모든 행성은 태양을 중심으로 타원궤도를 그리며 공전한다.
- **제2법칙(면적의 법칙)** : 태양과 행성을 연결하는 선분(동경)이 같은 시간에 그리는 면적은 일정하며, 행성의 속도가 근지점에서는 빨라지고 원지점에서는 느려진다.
- **제3법칙(주기의 법칙)** : 행성의 공전주기의 제곱은 타원궤도의 긴 반지름의 세제곱에 비례한다. 즉, 태양에 가까운 행성일수록 공전주기가 짧다.

□ 샤를의 법칙(Charles's Law) ***

샤를의 법칙은 기체의 부피는 1℃ 올라갈 때마다 0℃일 때 부피의 1/273씩 증가한다는 법칙으로, 프랑스의 과학자인 샤를(J.Charles, 1746 ~ 1823)이 발견하였다. 샤를의 법칙을 수학적으로 표현하면 $\frac{V}{T} = k$이다. 여기서 V는 부피, T는 절대온도이고, K는 상수이다.

□ 표면장력(表面張力) *

액체의 표면에 가지고 있는 자연상태에 있어서의 표면에너지를 말하는 것으로, 그 표면을 수축하려는 힘을 말한다. 이는 액체의 분자 사이에 인력의 균형이 표면에서 깨지고 액면 부근의 분자가 액체 속의 분자보다 위치에너지가 크기 때문에 이것을 될 수 있는 대로 작게 하려는 작용이 나타나는 것이다.

□ 초전도(超電導, Super Conductivity) **

어떤 물질을 절대온도 0˚k(−273℃)에 가까운 극저온상태로 냉각시켰을 때 갑자기 전기저항이 0이 되는 물리적 현상을 말한다. 초전도를 나타내는 물질을 초전도체라 하며 납 등의 금속이나 합금, 화합물 등 약 1,000여 종류가 있다.

더 알아보기

- **절대온도(Absolute Temperature)** : 물질의 특성과는 상관없이 정의되는 온도(˚k)로 섭씨 영하 273˚를 0˚로 하여 보통의 섭씨와 같은 눈금으로 잰 온도이며, 절대온도의 0˚k(절대영도)는 물리적으로 생각될 수 있는 가장 낮은 온도이다. 절대온도는 분자의 열운동에너지를 나타내는 척도로, 절대온도 0˚k(−273℃)는 모든 열운동이 없어진 상태를 말한다.
- **임계온도(Critical Temperature)** : 열역학적으로 온도와 부피, 압력을 변화시켰을 때 기체의 액화나 액체의 기화 등의 변화가 일어나지만, 특정 온도 이상이 되면 상태변화가 일어나지 않게 되는데, 이 특정 온도를 가리켜 임계온도라 한다.

□ 열의 이동 **

- **대류(對流)** : 열이 유체를 통하여 이동하는 현상으로, 이는 유체의 열 팽창으로 인한 밀도변화에 의해 일어나는 물질의 순환운동이다.
- **전도(傳導)** : 저온부와 고온부의 온도차에 의해 일어나는 열의 이동현상이다.
- **복사(輻射)** : 열이 중간에 다른 물질을 통하지 않고 직접 이동하는 현상을 말한다.

□ LPG(Liquefied Petroleum Gas, 액화석유가스) *

일반적으로 프로판가스로 통칭되며, 프로판이나 부탄 등 탄화수소물질을 주성분으로 액화한 것이다. 가정용 · 업무용 연료, 도시가스의 성분으로 사용되고 있다.

□ LNG(Liquefied Natural Gas, 액화천연가스) *

천연가스를 대량수송 및 저장하기 위해 그 주성분인 메탄의 끓는점(−162℃) 이하로 냉각하여 액화한 것이다. 운반비와 시설비가 많이 들지만 사용이 간편하고 열량이 높아, 청정에너지(클린에너지)로 주목받고 있다.

□ 안티몬(Antimon) **

안티모니(Antimony)라고도 불리며 원소기호는 Sb, 원자번호 51의 양성 원소를 의미한다. 이는 반 금속성의 성질을 띠고 있으며, 끓는점은 1,635℃, 녹는점은 630.63℃이다. 안티몬에 중독되면 주로 피부염과 비염 증세가 나타나며 눈 자극과 두통, 가슴통증, 목통증, 호흡곤란, 구토, 설사, 체중감소, 후각 장애 등의 증세가 나타나게 되며 산화안티몬 농도 4.2mg/㎥와 3.2mg/㎥에 하루 6시간씩 매주 5일, 1년 동안 노출된 실험용 쥐에게서 폐암이 발생하는 것으로도 알려지고 있다.

□ 청색기술(靑色技術, Blue Technology) **

자연에서 영감을 받거나 자연을 모방해서 만든 기술을 의미한다. 다시 말해 생물의 구조와 기능을 연구해 경제적 효율성이 뛰어나면서도 자연 친화적인 물질을 만드는 기술로, 예를 들어 일본의 고속열차 신칸센은 물총새를 본뜬 디자인으로 소음 문제를 해결한 사례가 있다. 동시에 청색기술은 온실가스 등 환경오염 물질의 발생을 사전에 막는 기술이라는 의미도 지니고 있다.

□ 조명도(照明度) *

어떤 물체의 단위면적이 일정한 시간에 받는 빛의 양으로, 조도라고도 한다. 단위는 럭스(lux)로 표시하며 이는 1촉광의 광원에서 1m만큼 떨어진 거리에서 직각이 되는 면의 조명도를 말한다. 독서나 일반사무실은 75 ~ 150lux, 응접실 · 안방 · 부엌 · 실험실은 50 ~ 100lux, 공부방 또는 제도 · 타이핑 · 재봉 등을 하는 데는 150 ~ 300lux의 밝기가 적당하다.

□ 리튬 − 이온전지(Lithium − Ion Battery) *

컴퓨터 · 휴대전화 등에 널리 사용되는 충전해서 사용할 수 있는 2차 전지를 말한다. 가벼움 · 큰 기전력 · 자가방전에 의한 적은 전력손실 · 미 방전 시에도 충전 가능한 특징이 있으나, 온도에 민감 · 제조 후 노화시작 · 폭발의 위험 등이 있다.

□ LCD(Liquid Crystal Display) **

2개의 유리판 사이에 액정을 주입해 인가전압에 따른 액정의 광학적 굴절변화를 이용하여 각종 장치에서
발생되는 여러 가지 전기적 정보를 시각정보로 변화시켜 전달하는 전기소자로 액정표시장치를 말한다. 기
술수준에 따라 STN(Super Twisted Nematic)과 TFT(Thin Film Transistor) 두 종류가 주로 사용되며,
STN제품은 가격이 싼 반면 화질이 떨어져 보급형에 주로 쓰이고 TFT제품은 응답속도가 빠르고 화질이
정밀해 노트북 컴퓨터 등 전문가 제품에 쓰이나 상대적으로 비싸다. LCD는 CRT와는 달리 자기발광성이
없어 후광이 필요하나 소비전력이 낮고 편리한 휴대성으로 손목시계, 계산기, 컴퓨터 등에 널리 사용되고
있으나 영하 20도의 저온과 영상 70도 이상의 고온에서는 작동하지 않는 단점이 있다.

더 알아보기

TFT - LCD(Thin Film Transistor Liquid Crystal Display) … 아주 얇은 액정을 통해 정보를 표시하는 초박막액정표시장치(超薄膜液晶標示裝置)이다. 소비전력이 적고, 가볍고 얇으면서 해상도가 높아 노트북, 컴퓨터, 휴대폰, 텔레비전, 디지털카메라 등의 디스플레이로 사용
된다.

□ AM OLED(Active Matrix Organic Light - Emitting Diode) **

능동형 유기발광다이오드라고 하며, 백라이트에 의해 빛을 발하는 LCD와는 달리 자체에서 빛을 발하는
디스플레이다. OLED는 형광이나 인광 유기물 박막에 전류를 흘리면 전자와 정공이 유기물 층에서 결합
하며 빛이 발생하는 원리를 이용한 디스플레이다. 이는 수동형 PM(Passive Matrix) OLED(하나의 라인이
한꺼번에 발광하는 구동방식)와 능동형 AM OLED(발광소자가 각각 구동하는 개별 구동방식)로 나뉜다. AM
OLED는 TFT LCD에 비해 무게·두께가 3분의 1 수준이며, 동영상 응답속도가 1,000배 이상 빨라 동영
상 잔상을 해결해주며, 화면이 선명하게 보이나 제조 단가가 비싼 것이 흠이다.

□ 빛의 성질 **

종류	내용
직진(直進)	빛이 입자이기 때문에 일어나는 현상(일식, 월식, 그림자 등)
반사(反射)	빛이 입자이기 때문에 어떤 매질의 경계면에서 다시 처음 매질 속으로 되돌아가는 현상
굴절(屈折)	한 매질에서 다른 매질로 통과할 때 그 경계면에서 방향이 바뀌는 현상(무지개, 아지랑이, 신기루 등)
간섭(干涉)	빛이 파동성을 갖기 때문에 일어나는 현상(물이나 비누방울 위에 뜬 기름의 얇은 막이 여러 색으로 보이는 것)
회절(回折)	빛이 파동성을 갖기 때문에 일어나는 현상으로, 틈이 좁거나 장애물의 크기가 작을수록 잘 발생
분산(分散)	빛이 복색광이기 때문에 굴절체를 통과하면서 굴절률에 따라(파장의 길이에 따라) 여러 개의 단색광으로 되는 현상(프리즘에 의한 분산 등)
산란(散亂)	빛이 공기 속을 통과할 때 공기 중의 미립자에 부딪쳐서 흩어지는 현상(저녁노을, 하늘이 파랗게 보이는 현상 등)
편광(偏光)	자연광은 여러 방향의 진동면을 갖지만, 전기석과 같은 결정축을 가진 편광판을 통과시키면 결정축에 나란한 방향으로 진동하는 빛만 통과(입체영화, 광통신 등)

나노(n : nano) *

10억분의 1을 의미하는 접두어이다. 나노 테크놀로지는 분자나 원자 하나하나의 현상을 이해하고 이를 직접 조작하려는 기술이다. 1나노미터에는 보통 원자 3 ~ 4개가 들어 있다. 나노미터는 10^{-9}m, 나노초 (nano 秒)는 10^{-9}초가 된다.

더 알아보기

- **기가**(Giga) : 미터계 단위 109(10억배)을 나타내는 접두어이다. 보통 단위명 앞에 붙여 109배를 나타낸다.
- **테라**(Tera) : 기가(Giga)의 1,000배, 즉 1조를 나타낸다.

나노기술(Nanotechnology) **

100만분의 1을 뜻하는 마이크로를 넘어 10억 분의 1 수준의 극 미세가공 과학기술로, 1981년 스위스 IBM연구소에서 원자와 원자의 결합상태를 볼 수 있는 주사형 터널링 현미경을 개발하면서 등장하였다. 1 나노미터는 사람 머리카락 굵기의 10만분의 1로 대략 원자 3 ~ 4개의 크기에 해당한다. 이 나노기술은 지금까지 알려지지 않았던 극 미세세계에 대한 탐구를 가능케 하고, DNA구조를 이용한 복제나 강철섬유 등의 신물질을 개발, 전자공학에서 정밀도가 실현되면 대규모 집적회로(LSI) 등의 제조기술을 크게 향상시킬 수 있다. 선진국에서는 1990년대부터, 우리나라는 2002년 나노기술개발촉진법을 제정하여 국가적으로 나노기술을 육성하고 있다.

탄소나노튜브(Carbon Nanotube) **

1991년 일본전기회사(NEC)의 이지마 스미오박사가 전기방법을 사용하여 흑연의 음극 상에 형성시킨 탄소 덩어리를 분석하는 과정에서 발견된, 탄소 6개로 이루어진 육각형 모양들이 서로 연결되어 관 형태를 이루고 있는 신소재를 말하며, 관의 지름이 수십 나노미터에 불과해 이 이름이 붙여졌다. 구리와 비슷한 전기 전도 · 다이아몬드와 같은 열전도율 · 철강의 100배인 강도를 지녀 15%가 변형되어도 끊어지지 않는다. 이 물질을 이용한 반도체와 평판 디스플레이, 배터리, 텔레비전브라운관 등의 장치가 계속 개발되고 있으며, 나노크기의 물질을 옮길 수 있는 나노집게로 활용되고 있다.

전자파(電磁波) *

전자장의 변화가 주위의 공간에 전파되는 파동이다. 진동회로에 전기진동이 일어나면 주위에 전장과 자장이 생기며, 진동전류의 주기적인 변화로 전자장도 주기적인 변화를 한다. 이 진동변화가 파동으로 주위의 공간에 전파되며, 그 성질은 빛과 같아서 진행속도도 같고 반사 · 굴절 · 간섭 · 회절 등의 현상을 일으킨다. 이는 독일 물리학자 헤르츠(H.R. Herz)에 의해 1888년 전기진동회로로부터 전자기파를 발생시키는데 성공, 전자기파의 존재가 실험적으로 증명되었다.

□ 전자기 법칙 *

구분	내용
쿨롱(Coulomb)의 법칙	두 전하 사이에 작용하는 전기력(척력 · 인력)은 두 전하 사이의 거리의 제곱에 반비례하며, 두 전하량의 곱에 비례한다.
옴(Ohm)의 법칙	도체에 흐르는 전류의 세기는 도체 양 끝의 전압에 비례하며, 전기저항에 반비례한다.
줄(Joule)의 법칙	저항이 큰 물체에 전류를 통과하면 열과 빛을 발생하는데, 일정한 시간 내에 발생하는 열량은 전류의 세기의 제곱과 도선의 저항에 비례한다.
앙페르(Ampére)의 법칙	도선에 전류가 흐르면 주위에 자기장이 형성되는데, 자기장의 방향은 전류의 방향을 오른나사의 진행방향과 일치시킬 때 나사의 회전방향이 된다.
플레밍(Fleming)의 법칙	• 왼손법칙 : 전류가 흐르는 도선이 자기장 속을 통과하면 그 도선은 자기장으로부터 힘을 받게 된다. 왼손 세손가락을 직각이 되게 폈을 때 검지를 자기장의 방향으로, 중지를 전류의 방향으로 가리키면 엄지는 힘, 즉 전자기력의 방향이 된다. • 오른손법칙 : 유도전류의 방향을 결정 시 오른손 세손가락을 직각이 되게 폈을 때 엄지는 도선의 방향을, 검지는 자기장의 방향을 가리키면 중지는 유도전류의 방향이 된다.
패러데이(Faraday)의 법칙	• 전자기 유도법칙 : 전자기유도로 회로 내에 발생되는 기전력의 크기는 회로를 관통하는 자기력선속의 시간적 변화율에 비례한다. • 전기분해법칙 : 전해질용액을 전기분해 시 전극에서 추출되는 물질의 질량은 전극을 통과한 전자의 몰수에 비례하고, 같은 전기량에 의해 추출되는 물질의 질량은 물질의 종류에 상관없이 각 물질의 화학 당량에 비례한다.
렌츠(Lenz)의 법칙	자석을 코일 속에 넣었다 뺐다 하면 코일에 유도전류가 생기는데, 이때 생긴 유도전류의 방향은 코일을 통과하는 자력선의 변화를 방해하는 방향으로 발생한다.

□ 휴먼증강(Human Augmentation) **

기계적인 수단, 약물, 뇌 신호 해석, 유전자 편집 등 다양한 기술을 결합하여 인체기능을 향상시키는 기술이다. 생산현장에서 인조 외골격으로 지구력을 높이거나 증강현실 안경으로 추가적인 시각전달을 받거나 배아의 유전자를 편집하여 장기를 배양하는 등 다양하게 응용할 수 있다. 뇌 – 컴퓨터 인터페이스를 통해 인조 외골격을 움직일 수 있다.

□ 패스트 폰(Fast Phone) **

스마트폰 시장에서 통신업체들이 기획 · 판매하는 가성비(가격 대비 성능)가 좋은 스마트폰을 말한다. 패션 업종에서 유행한 SPA(Specialty store retailer of Private label Apparel, 제조 · 유통 일괄형 의류) 브랜드는 유행에 따라 빠르게 제작되어 즉시 유통된다는 의미로 '패스트 패션(Fast Fashion)'이라고 불렸는데, 이것이 통신업계에 접목되면서 '패스트 폰'이라는 용어가 탄생했으며 하나의 흐름으로 자리 잡았다. '루나', '쏠', '갤럭시 J7', 'Y6'등 통신사 전용폰이 패스트 폰에 해당한다.

□ 줄기세포(Stem Cell) ***

줄기세포란 인간의 몸을 구성하는 서로 다른 세포나 장기로 성장하는 일종의 모세포로 간세포라 불리기도 한다. 이 줄기세포에는 사람의 배아를 이용해 만들 수 있는 배아줄기세포(복수기능줄기세포)와 혈구세포를 끊임없이 만드는 골수세포와 같은 성체줄기세포(다기능줄기세포)가 있다.

종류	내용
배아줄기세포 (Embryonic Stem Cell)	수정한지 14일이 안된 배아기의 세포로, 장차 인체를 이루는 모든 세포와 조직으로 분화할 수 있기 때문에 전능세포로 불린다. 1998년 이전까지 과학자들은 줄기세포가 배아가 성장하는 짧은 단계에만 존재하고 이를 몸에서 격리해서 살아있게 하는 데는 특별한 장치가 필요하기 때문에 격리·배양이 불가능하다고 믿었다. 그러나 1998년 존 기어하트(J. Gearhart) 박사와 제임스 토마스(J. Thomas) 박사의 연구팀은 각각 서로 다른 방법을 써서 인간의 줄기세포를 분리하고 배양하는 데 성공했다. 따라서 과학자들은 배아줄기세포를 이용하여 뇌질환에서 당뇨병, 심장병에 이르기까지 많은 질병을 치료하는 데 줄기세포를 이용할 수 있을 것으로 기대를 걸고 있다.
성체줄기세포 (Adult Stem Cell)	탯줄이나 태반 외에 탄생 후에도 중추신경계 등 각종 장기에 남아 성장기까지 장기의 발달과 손상 시 재생에 참여하는 세포이다. 성체줄기세포는 배아줄기세포와 달리 혈액을 구성하는 백혈구나 적혈구세포처럼 정해진 방향으로만 분화하는 특성이 있다고 알려져 왔다. 최근에는 뇌에서 채취한 신경줄기세포를 근육세포, 간세포, 심장세포로 전환시킬 수 있다는 사실이 알려지면서 성체줄기세포를 이용해 다양한 질병을 치료할 가능성이 밝혀지고 있다.

□ 외골격 로봇(Exoskeleton Robot) **

로봇 팔 또는 다리 등을 사람에게 장착해서 근력을 높여주는 장치를 의미한다. 다시 말해 인간의 몸을 지탱하는 기계 골격이 밖에 있다고 해서 붙여진 이름이다. 로봇을 입는다는 의미로 '웨어러블 로봇(Wearable Robot)'이라고도 한다. 외골격 로봇의 근본적인 목적은 팔에 로봇을 장착하여 무거운 포탄을 용이하게 옮기기 위함으로 1960년대 미 해군이 처음 개발하였다. 그후 미 국방부 지원을 받은 버클리대가 2004년에 '버클리 다리 골격'을 만들면서 본격적인 제작이 시작되었다. 이후 일본 사이버다인의 할, 이스라엘의 리워 등 환자를 위한 외골격 로봇이 나오기 시작하였다. 외골격 로봇은 뇌졸중 환자의 재활 운동에 사용가능한데, 뇌졸중을 앓으면 뇌의 운동 영역 일부에 손상을 입어 팔다리가 마비되게 된다. 이런 사람들에게 뇌 - 컴퓨터 기술을 접목하여 신체를 예전과 같이 사용하게 할 수 있는 외골격 로봇이 개발되고 있다.

□ 바이오세라믹스(Bioceramics) *

무기 비금속원료를 성형한 후 고온 처리한 것을 세라믹스라고 하고, 뼈나 경질 조직을 대체 할 때 사용되는 생체용 세라믹스가 바이오세라믹스이다. 이것은 주위의 생체조직과 어떤 화학 반응을 하지 않는 생불활성 세라믹스와 생체의 표면조직을 자극하여 칼슘의 축적을 촉진시켜 삽입된 세라믹스와 생체조직과의 접착력을 증가시키는 생활성 세라믹스로 나뉜다. 생불활성 세라믹스에는 고밀도·고순도의 알루미나(산화알루미늄)가 있고, 생활성 세라믹스에는 바이오유리·하이드록시아파타이트(Hydroxyapatite)가 있다. 치과용 재료, 중이소골의 성형, 뼈 보강재 등 오늘날 바이오세라믹스의 사용범위가 넓어지고 있다.

□ 갈릴레이 위성(Galilean Satellites) ***

목성의 위성 중 크기가 커서 가장 먼저 발견된 4개의 위성(이오, 유로파, 가니메데, 칼리스토)를 '갈릴레이 위성'이라고 한다. 1610년 갈릴레이가 손수 만든 망원경을 사용하여 처음으로 발견하여 지어진 이름이다. 목성의 제1위성 이오(Io), 제2위성 유로파(Europa), 제3위성 가니메데(Ganymede), 제4위성 칼리스토(Callisto)이다. 각각의 고유명은 네덜란드 천문학자 마리우스가 명명하였다. 이들 가운데 가니메데는 태양계의 위성 중 가장 커서 그 질량이 지구의 위성인 달의 2배나 된다.

□ 블루문(Blue Moon) ***

달의 공전주기는 27.3일이고, 위상변화주기는 29.5일이다. 양력기준으로 2월을 제외한 한 달은 30일 또는 31일이기 때문에, 월초에 보름달이 뜨게 되면 그 달에 보름달이 두 번 뜨는 경우가 생길 수 있다. 이때 한 달 안에 두 번째로 뜨는 보름달을 블루문(Blue Moon)이라고 말한다.

더 알아보기

천문 현상

구분	내용
슈퍼문	지구와 달 사이의 거리가 가장 가까워지는 때에 보름달이 뜨는 시기와 겹쳐 평소보다 더욱 크게 관측되는 보름달을 말한다.
블러드문	개기월식 때 달이 붉게 보이는 현상을 일컫는다.
슈퍼블러드문	슈퍼문과 개기월식이 동시에 일어나는 것을 말한다.
슈퍼블루블러드문	슈퍼문, 블루문, 블러드문이 동시에 일어나는 것을 말한다.

□ 크루드래곤(Crew Dragon) *

스페이스X(미국 민간 우주탐사기업)가 개발한 유인 캡슐로 민간 기업이 발사한 최초의 유인 캡슐이자 미국의 첫 상업 유인 우주선으로 기록되었다. 2019년 3월 시험 발사를 마치고, 두 명의 우주비행사가 탑승해 2020년 5월 30일 오후 3시 22분 팰컨9로켓에 실려 발사됐다. 발사된 지 약 19시간 만인 5월 31일 오후 11시 16분경 국제우주정거장(ISS)에 도착한 후, 도킹에 성공했다. 62일간의 임무수행을 마친 크루드래곤은 2020년 8월 2일 멕시코만 해상에 성공적으로 착수하면서 무사히 귀환하였다. 우주선이 육지가 아닌 바다를 통해 귀환하는 것을 스플래시 다운 방식이라고 하는데, 미국 우주비행사가 이 방식으로 귀환한 것은 1975년 이후 45년 만에 처음이다.

□ 플레어(Flare) ***

태양의 채층이나 코로나 하층부에서 돌발적으로 다량의 에너지를 방출하는 현상이다. 플레어는 흑점 가까이에서 발생하는데, 빛을 발하기 시작하면 수분 내에 급격히 밝아지면서 섬광(閃光)을 발한다. 그 밝기는 서서히 감광하여, 수십 분 또는 1시간 후에 본래의 밝기로 되돌아간다. 빛을 발하는 영역은 작은 플레어이며 지구의 표면적 정도이고, 큰 것은 약 10배가량이다.

□ **천리안 위성2B호** *

한국항공우주연구원이 개발한 정지궤도 위성으로, 대기환경과 해양환경을 관측하는 역할을 한다. 세계 최초로 정지궤도 위성에 환경탑재체(GEMS)를 탑재한 사례이다.

더 알아보기

지구 대기권 구분

구분	내용
열권	• 80km 이상인 영역이다. • 중간권 위에 위치하며 외기권에 접한다. • 대기권 중 밀도가 가장 낮고 온도가 가장 높다. • 우주 공간으로 볼 수 있으며 우주왕복선과 국제우주정거장 궤도는 열권에 포함된다.
중간권	• 50 ~ 80km • 성층권 위, 열권 아래에 위치하며 대기권에서 기온이 가장 낮다. • 유성이 관측되는 곳이다.
성층권	• 10 ~ 50km • 태양으로부터 오는 자외선을 흡수하여 가열되어 대류권과 달리 열적으로 안정되어 있어 대류가 일어나지 않는다. • 자외선을 흡수하는 오존이 밀집되어 있는 고도 25km 부근을 오존층이라고 부른다.
대류권	• 0 ~ 11km • 지표면으로부터 가장 인접한 대기층이다. • 대류권 상부에 좁고 수평으로 흐르는 강한 공기의 흐름인 제트기류가 분다.

□ **차량자동항법장치(車輛自動航法裝置, Car Navigation System)** **

자동차에서 사용하도록 개발된 지구위성항법시스템으로, 이 장치가 내장되어 차량의 위치를 자동으로 표시해 주며 일반적으로 내비게이션이라 부른다. 내비게이션은 현재 위치를 파악하고, 도로지도 · 바탕지도 · 시설물DB 등의 전자지도를 구성하여 경로안내를 제공한다.

더 알아보기

텔레매틱스(Telematics) ··· 'Telecommunication'과 'Informatics'의 합성어로 자동차와 무선통신을 결합한 신개념의 차량 무선인터넷 서비스 이다.

□ **텔넷(Telecommunication Network)** *

인터넷을 통해 원격지의 호스트 컴퓨터에 접속 시 지원되는 인터넷 표준 프로토콜을 말한다. 거리에 관계없이 쉽게 원격시스템에 접속할 수 있어 텔넷 응용서비스로 전세계의 다양한 온라인 서비스를 제공받을 수 있다.

□ **요소수(尿素水)** ***

경유를 넣는 자동차가 뿜어내는 오염물질, 즉 질소산화물을 줄여주는 물질로 최근에 출시된 경유차 대부분은 요소수를 주입해야 한다. 우리나라는 요소수를 만드는 데 필요한 요소를 약 97%가량 중국에서 수입한다.

□ GPS(Global Positioning System) ***

자동차 · 비행기 · 선박뿐만 아니라 세계 어느 곳에 있더라도 인공위성을 이용하여 자신의 위치를 정확히 파악할 수 있는 시스템으로 위성항법장치라고 한다. GPS수신기로 3개 이상의 위성으로부터 정확한 거리와 시간을 측정, 삼각 방법에 따라 3개의 각각 다른 거리를 계산해 현재의 위치를 나타낸다. 현재 3개의 위성으로부터 거리와 시간 정보를 얻어 1개 위성으로 오차를 수정하는 방법이 널리 쓰이고 있다. GPS는 처음 미국 국방성의 주도로 개발이 시작되었으며, 위성그룹과 위성을 감시 · 제어하는 지상관제그룹, 사용자그룹의 세 부분으로 구성돼 있다. 이는 단순한 위치정보 뿐만 아니라 항공기 · 선박의 자동항법 및 교통관제, 유조선의 충돌방지, 대형 토목공사의 정밀 측량 등 다양한 분야에 응용되고 있다.

더 알아보기

위치기반서비스(Location Based Service) ··· 위성항법장치나 이동통신망 등을 통해 얻은 위치정보를 기반으로 이용자에게 여러 가지 서비스를 제공하는 서비스 시스템을 말한다.

□ 수퍼 콜드 체인(Super Cold Chain) ***

콜드 체인이란 농축수산물, 의약품 등 온도에 따라 품질이 변화할 수 있어 온도 관리가 필요한 제품의 유통과정 전반에서 온도를 낮게 유지하여 제품의 품질과 안전을 보장하는 저온유통 시스템이다. 기존 콜드 체인은 일반적으로 영하 20도에서 영상 10도 사이 온도에서 수송한다. 수퍼 콜드 체인은 냉동된 백신은 2ml씩 주사 약병에 덜어 포장한다. 포장 트레이 한 칸에는 백신 195병이 들어갈 수 있으며 단열이 잘되는 특수 재질로 만든 특수 상자 하나에는 총 5칸을 넣는다. 포장된 백신은 냉동 설비를 갖춘 트럭으로 운송한다. 위치추적 및 온도 감시와 기록 기능이 있는 loT(사물인터넷)센서를 함께 포장하여 유통 과정의 정보를 기록한다. 이렇게 포장된 백신을 마지막으로 더 큰 상자에 넣는데, 이때 두 사장 사이에 약 22kg의 드라이아이스를 넣는다.

□ 칼리머(Kalimer) **

차세대 원자로로 한국형 액체금속로를 말한다. 고속의 중성자를 핵반응에 이용, 우라늄을 플루토늄으로 재순환시키는 고속증식로의 일종으로서 물이 아닌 금속인 액체나트륨을 냉각재로 이용하여 액체금속로라고 한다. 핵연료를 계속 증식하며 핵반응을 일으켜서 같은 원자로 속에서 에너지와 연료를 동시에 생산해내 기존 경수로보다 70배나 많은 에너지를 얻을 수 있다. 그러나 경수로에 비해 높은 건설단가와 액체나트륨 취급의 어려움, 안전문제, 핵연료 처리문제가 제기되고 있다. 한국원자력연구소가 1997년부터 개념설계를 시작으로 실용화를 계획하고 있다.

□ 방사성원소(放射性元素) **

원자핵으로부터 방사선(α선, β선, γ선)을 방출하고 붕괴하는 방사능을 가진 원소의 총칭이다. 천연방사성원소와 인공방사성원소로 나뉘며 좁은 뜻에서의 천연방사성 원소만을 가리키거나 그 중에서 안정 동위원소가 없는 라듐이나 우라늄의 원소를 지칭하기도 한다. 1896년 베크렐은 최초로 우라늄(u)을 발견하였으며, 1898년 퀴리부부는 광석 속에서 우라늄보다 강한 방사능을 가진 라듐(Ra)을 발견하였다. 원소가 처음 만들어졌을 때는 방사성원소와 비방사성원소가 존재했을 것으로 추정하는데, 이 중에서 반감기가 짧은 것은 모두 붕괴하고 반감기가 긴 원소만이 남아 존재한다고 추정한다.

더 알아보기

반감기(半減期) … 방사성원소가 붕괴하여 처음 질량의 반으로 줄어드는데 걸리는 시간을 말한다. 온도·압력 등의 외부조건에 영향을 받지 않고, 방사성원소의 종류에 따라 일정하므로 그 물질 고유의 성질이 없어짐을 파악하는 척도가 된다.

□ 핵융합(核融合, Nuclear Fusion) **

태양에서 에너지가 방출되는 원리가 핵융합이다. 수소의 원자핵인 양성자가 융합하여 헬륨 원자핵을 생성하는 핵융합 반응이 일어난다. 이 과정에서 반응물과 생성물의 질량 차이인 질량결손이 질량 − 에너지 등가원리에 의해 에너지로 생성된다. 이 과정을 사용하여 수소폭탄이 만들어졌는데, 이 무한하고 방사능도 적으며 방사성 낙진도 생기지 않는다.

더 알아보기

지구에서 구현할 핵융합 연료로 수소의 동위원소인 중수소와 삼중수소가 있다. 중수소는 양성자와 중성자, 삼중수소는 양성자와 중성자 2개로 구성된다.

□ 토카막(Tokamak) **

핵융합 때 물질의 제4상태인 플라스마 상태로 변하는 핵융합 발전용 연료기체를 담아두는 용기(容器)로서, 토로이드 형태의 장치 내부에 나선형 자기장을 형성하기 위해 유도전기장을 사용한다. 토카막은 핵융합 실험장치 중 하나이다.

□ 동위원소(同位元素) *

원자번호는 같으나 질량수가 다른 원소로 일반적인 화학반응에 화학적 성질은 같지만 물리적 성질이 다르다. 1906년 방사성원소의 붕괴과정에서 처음 발견되었으며 방사성 동위원소, 안정 동위원소가 있다. 예를 들면 수소의 동위원소로는 경수로(1H1)·중수소(1H2)·3중수소(1H3) 등이 있다.

□ **임계실험**(臨界實驗) **

원자로 속에서 최소의 연료를 사용하여 '원자의 불'을 점화하는 것이다. 핵연료를 원자로 안에 조금씩 넣어 가면 그 양이 어느 일정한 값을 넘었을 때 핵분열의 연쇄반응이 일어나기 시작한다. 즉, '원자의 불'이 점화된다. 이와 같이 핵분열이 지속적으로 진행되기 시작하는 경계를 '임계(Critical)', 이 핵연료의 일정량을 '점화한계량', 즉 '임계량'이라 부른다.

더 알아보기

- **냉각재**(冷却材) : 원자로에서 발생한 열을 적당한 온도로 냉각시켜 외부로 끌어내어 사용하게 하는 재료로, 원자력발전소에서는 이 열로 증기를 만들어 터빈을 돌린다. 천연우라늄원자로에는 탄산가스나 중수, 농축우라늄원자로에는 경수·중수·금속나트륨 등을 사용하고 있다.
- **감속재**(減速材) : 원자로의 노심(爐心)에서 발생하는 고속 중성자의 속도를 줄여서 열중성자로 바꾸기 위해 쓰이는 물질이다. 중성자는 원자핵반응에 중요한 역할을 맡고 있는데, 속도가 빠른 중성자는 원자핵에 포착되기 어려워 원자핵 반응을 효율적으로 할 수 없다. 따라서 중성자의 속도를 줄이기 위해 적당한 원소의 원자핵과 충돌시켜야 하는데, 이때 쓰여지는 것이 중수나 흑연 등의 감속재이다.

□ **반도체**(半導體) ***

물질은 크게 도체, 반도체, 부도체로 나뉜다. 반도체는 불순물의 첨가 유무에 따라 전기전도성이 늘기도 하고, 빛 또는 열에너지에 의한 일시적인 전기전도성을 갖기도 한다. 실리콘, 갈륨비소, 인듐인 등이 있으며 1948년 미국에서 트랜지스터가 개발됐고, 1958년에는 집적회로인 IC가 개발됐다. 전류를 한쪽 방향으로만 흐르게 하고, 그 반대 방향으로는 흐르는 못하게 하는 정류작용의 특성을 갖는 반도체 부품을 다이오드(Diode)라고 하며, 이것이 반도체 소자의 기본이 된다. 반도체는 트랜지스터와 다이오드 등으로 이루어진 집적회로소자 외에도 열전자방출소자, 발광소자 등의 첨단 전자산업에 응용되고 있다.

더 알아보기

- **메모리반도체의 종류**

구분	내용
D램	전기를 넣은 상태에서도 일정 주기마다 동작을 가하지 않으면 기억된 정보가 지워지는 휘발성메모리. 빠른 속도로 모바일기기나 PC의 시스템 메모리로 사용
S램	충전없이도 일정 기간 기억내용이 지워지지 않으므로 같은 집적도의 D램보다 고도화된 기술을 필요로 하는 반도체
플래시메모리	D램·S램과 달리 전원 꺼져도 저장정보가 지워지지 않는 비휘발성메모리. 디지털카메라, PDA, MP3플레이어 등에 사용
F램	D램(고집적도), S램(고속동작), 플래시메모리(비휘발성)의 장점만을 모아 제작된 통합메모리. PDA, 스마트폰, 스마트카드 등에 사용

- **집적회로**(IC) : 많은 전자회로 소자가 하나의 기판 위에 분리할 수 없는 상태로 결합되어 있는 초소형의 전자소자로 두께 1mm, 한 변이 5mm의 칩 위에 전자회로를 형성시켜 만들며 보통 마이크로칩이라 불린다.

□ 비메모리반도체(Non-Memory Chip) **

반도체는 데이터 저장에 활용되는 메모리반도체(D램, 플래시 등)와 정보처리 · 연산기능에 활용되는 비메모리반도체(PC의 중앙처리장치)로 나뉜다. 비메모리반도체는 특정 응용분야의 기기를 위한 주문형 반도체(ASIC) · 마이크로 컨트롤러 · 디지털신호처리(DSP) 칩 등으로 가전, 통신기기, 자동화 등에 폭넓게 활용된다. 비메모리반도체는 다품종 소량생산의 고부가가치 사업으로 반도체 시장의 70%를 차지한다.

더 알아보기

ASIC(Application Specific Integrated Circuit) … 주문형 반도체로 사용자가 특정용도의 반도체를 주문하면 반도체업체가 이에 맞춰 설계 · 제작해 주는 기술이다. 반도체산업이 발달하면서 이 기술의 비중이 급속도로 확산되고 있다.

□ 세빗(CeBIT) ***

세계적인 정보통신기술전시회로 독일 하노버에서 매년 개최된다. 미국의 컴덱스와 함께 세계 정보통신 분야를 대표하는 전시회로, 유무선 네트워크 · 디지털 및 온라인 이동통신 등의 통신분야에 주력하고 있다. 이미 소개된 제품 및 기술을 놓고 바이어들의 구매 상담을 벌여 시장의 환경변화를 가늠할 수 있다.

□ 챗GPT(Chat GPT) ***

그림을 그리는 AI 달리2(DALL-E2)로 알려진 AI 연구재단 오픈에이아이가 개발한 대화 전문 인공지능 챗봇이다. 챗GPT는 방대한 데이터베이스를 바탕으로 사람의 피드백을 활용한 강화학습을 사용해 자연스러운 대화를 나누고 질문에 대한 답변도 제공한다. 다른 챗봇과 달리 지식정보 전달, 대화 속 맥락을 이해하거나 이전의 질문 내용이나 대화까지 기억해 답변에 활용하고 있으며 특히 논문 작성, 번역, 노래 작사 · 작곡, 코딩 작업 등 다양한 분야의 업무 수행까지 가능하다는 점에서 기존 AI와는 확연히 다른 모습을 보이고 있다. 2018년 GPT-1 출시 이후 GPT-3.5에 해당하는 챗GPT를 공개했다. GPT 성능은 매개변수(파라미터) 개수가 중요한데, 오픈AI는 2023년 인간의 시냅스 수와 비슷한 수준의 100조 개 매개변수를 갖춘 GPT-4를 내놓겠다는 계획이다.

더 알아보기

오픈에이아이 … 인류에게 도움이 될 디지털 지능 개발을 목표로 2015년 설립한 비영리 법인으로, 2019년 영리 추구를 위한 자회사를 추가 설립하면서 AI 사업을 본격화했다. AI 언어모델 '지피티-3'(GPT-3), 그림을 그리는 AI '달리2'(DALL-E2), 다국어 음성인식 AI '위스퍼(Whisper)' 등을 개발했다.

□ 웨어러블 심전도 모니터링 **

웨어러블 기기를 활용한 원격 심전도 모니터링이 보편화되면 부정맥 조기 진단율이 높아지고 뇌졸중 등 중증질환 발생률을 줄일 수 있다. 측정된 사용자 데이터를 바로 진단하여 빠르게 확인할 수 있으며 가볍고 측정이 쉬운 것이 특징이다. 또한 코로나19로 인해 중요성이 높아진 비대면 진료에 원격 모니터링 의료기기로써 보탬이 될 것으로 보인다.

□ 사이버스쿼팅(Cybersquatting) *

유명한 조직·단체·기관·기업 등의 이름과 같은 인터넷 주소를 투기나 판매를 목적으로 선점하는 행위를 말한다. 인터넷 주소는 공유할 수 없다는 점을 이용해 미리 주소를 등록해 놓아, 해당 기업이 그 주소를 소유하고자 할 때 등록자에게 비용을 지불하기도 한다. 현재 국제 도메인과 인터넷 주소자원은 민간 국제기구인 ICANN(Internet Corporation for Assigned Names and Numbers)이 맡고 있다.

□ 퍼지 컴퓨터(Fuzzy Computer) ***

현재의 디지털 컴퓨터는 모든 정보를 2개의 값으로만 처리하기 때문에 모호성이 전혀 없는 것이 특징이다. 그러나 사람은 직감과 경험에 의해 융통성(퍼지)있는 행동을 한다. 이와 같이 사람의 행동과 동작을 컴퓨터에 적용하고자 하는 것이 퍼지 컴퓨터이다. 이전에는 인간의 뇌 중 계산능력이 뛰어난 왼쪽 뇌를 모방하여 개발되었다면, 퍼지 컴퓨터는 이미지 묘사, 상상, 판단기능을 수행하는 오른쪽 뇌를 모방하여 인간적인 사고나 판단 기능을 특화시킨 것이다.

□ 엣지 컴퓨팅(Edge Computing) **

중앙집중서버가 모든 데이터를 처리하는 클라우드 컴퓨팅과 다르게 분산된 소형 서버를 통해 실시간으로 처리하는 기술을 일컫는다. 사물인터넷 기기의 확산으로 데이터의 양이 폭증하면서 이를 처리하기 위해 개발되었다.

□ 클라우드 컴퓨팅(Cloud Computing) ***

인터넷상의 서버에 정보를 영구적으로 저장하고, 이 정보를 데스크톱·노트북·스마트폰 등을 이용해 언제 어디서나 정보를 사용할 수 있는 컴퓨팅 환경을 말한다. 인터넷을 이용한 IT 자원의 주문형 아웃소싱 서비스로 기업이나 개인이 컴퓨터 시스템의 유지·관리·보수에 들어가는 비용과 시간을 줄일 수 있고, 외부 서버에 자료가 저장되어 자료를 안전하게 보관할 수 있으며 저장공간에 제약도 해결될 수 있다. 그러나 서버가 해킹당할 경우 정보유출의 문제점이 발생하고, 서버 장애가 발생하면 자료 이용이 불가능하다는 단점이 있다. 2000년 대 후반에 들어 새로운 IT 통합관리모델로 등장하여 포털사이트에서 구축한 클라우드 컴퓨팅 환경을 통해 태블릿PC나 스마트폰 등의 휴대 IT기기로 각종 서비스를 사용할 수 있게 되었다.

□ 메타버스(Metaverse) ***

3차원 가상세계를 뜻한다. 기존의 가상현실보다 업그레이드된 개념으로 가상현실이 현실세계에 흡수된 형태이다. 즉, 가상세계의 현실화인 셈이며, 게임으로 가상현실을 즐기는 것보다 앞서서 가상의 세계에서 현실처럼 사회, 문화, 경제활동 등을 할 수 있는 것이다. 증강현실, 라이프로깅, 거울세계, 가상세계로 더욱 세분화할 수 있다. 메타버스는 1992년 미국 SF 소설 「스토 크래시」에서 처음 사용되었으며 이와 비슷한 사례로 영화 「아바타」가 있다. 언택트 문화가 활발해지면서 관련 사업이 더욱 각광받기 시작했는데, 특히 게임 산업이 두드러지고 있다. 우리가 잘 아는 닌텐도, 로블록스, 마인크래프트가 대표적인 예다.

□ 유비쿼터스(Ubiquitous) **

라틴어로 '언제 어디서나 존재한다'는 뜻의 유비쿼터스는 사용자가 네트워크나 컴퓨터를 의식하지 않고 장소에 구애 없이 자유로이 네트워크에 접속할 수 있는 정보통신환경을 말한다. 1988년 제록스 팰러앨토연구소의 마크 와이저(M. Weiser)가 처음 제시한 '유비쿼터스 컴퓨팅'이 효시다. 컴퓨터에 어떤 기능을 추가하는 것이 아니라 냉장고·시계·자동차 등과 같이 어떤 기기나 사물에 컴퓨터를 집어넣어 커뮤니케이션이 가능하도록 해주는 정보기술환경을 의미한다. 유비쿼터스화가 이루어지면 정보기술산업의 규모와 범위가 확대될 것임에 분명하지만, 정보기술의 고도화와 함께 광대역 통신과 컨버전스 기술의 일반화가 이루어져야 한다.

더 알아보기

광대역통신(廣帶域通信) … 1초 동안 200만 개 이상의 전기신호를 전달하는 통신으로 정보와 통신이 결합한 디지털 통신기술이다. 케이블을 통해 동영상 등을 동시에 전송할 수 있다.

□ CDMA(Code Division Multiple Access) ***

코드분할다중접속 또는 부호분할다중접속으로, 이동통신에서 다수의 사용자들이 동시에 주파수와 시간을 공유하며 접속 가능한 다중접속방식의 하나이다. 한정된 주파수를 여러 사람이 효율적으로 사용할 수 있도록 해주는 다중접속이 이동통신에서 필수적인 기술에 해당되며, CDMA·FDMA(주파수분할다중접속)·TDMA(시분할다중접속) 등의 방식이 있다. CDMA는 각각의 데이터에 고유번호(코드)를 붙여 정보를 전송하고 받는 쪽에서 이를 해독하는 방식으로 통화품질과 보안성이 뛰어나며, 하나의 주파수로 10명 이상이 통화할 수 있는 장점이 있다. 이보다 먼저 개발된 TDMA는 데이터를 시간단위로 3등분 해 전송하는 방식으로 안정성과 보편성을 무기로 유럽을 비롯해 세계 이동통신시장에서 상대적으로 높은 점유율을 기록하고 있다.

□ 5G 이동통신(5세대 이동통신) ***

5G의 정식 명칭은 'IMT - 2020'으로 이는 국제전기통신연합(ITU)에서 정의한 5세대 통신규약이다. 5G는 최대 다운로드 속도가 20Gbps, 최저 다운로드 속도가 100Mbps인 이동통신 기술이다. 이는 현재 사용되는 4G 이동통신 기술인 롱텀에볼루션(LTE)과 비교하면 속도가 20배가량 빠르고, 처리 용량은 100배 많다. 5G는 초고속, 초저지연, 초연결 등의 특징을 가지며 이를 토대로 가상·증강현실, 자율주행, 사물인터넷 기술 등을 구현할 수 있다.

더 알아보기

이동통신 세대별 비교

구분	1G(1세대)	2G(2세대)	3G(3세대)	4G(4세대)	5G(5세대)
주요 콘텐츠	음성통화	문자메시지	화상통화, 멀티미디어 문자	데이터 전송 및 실시간 동영상 스트리밍	VR, AR, 홀로그램, 자율주행
전송 속도	14.4kbps	144kbps	14Mbps	75Mbps ~ 1Gbps	20Gbps 이상
상용화	1984년	2000년	2006년	2011년	2019년
무선기술	AMPS	CDMA	WCDMA	WiMax/LTE	NR

□ 해커(Hacker) **

컴퓨터 시스템 내부구조나 컴퓨터 프로그래밍에 심취하여 이를 알고자 노력하는 기술자로서 뛰어난 컴퓨터, 통신 실력을 갖춘 네트워크의 보안을 지키는 사람이다. 1950년대 말 미국 MIT의 동아리 모임에서 유래했으며, 애플컴퓨터를 창업한 스티브 워즈니악(S. Wozniak)과 스티브 잡스(S. Jobs), 마이크로소프트를 창업한 빌 게이츠(B. Gates)도 초기에 해커로 활동했다. 해커는 정보의 공유를 주장하는 고도의 컴퓨터 전문가로서 컴퓨터 프로그램의 발전에 기여한 공로가 크며, 크래커와 구별하여야 한다.

더 알아보기

크래커(Cracker) … 고의나 악의적으로 다른 사람의 컴퓨터에 불법적으로 침입하여 정보를 훔치거나 데이터·프로그램을 훼손하는 사람으로 침입자(Intruder)라고도 한다

□ 와이브로(WiBro : Wireless Broadband Internet) ***

무선광대역인터넷 또는 무선초고속인터넷으로, 노트북컴퓨터·PDA·차량용 수신기 등에 무선랜과 같은 와이브로 단말기를 설치하여 이동하면서도 휴대폰처럼 초고속인터넷을 이용할 수 있는 무선 휴대인터넷 서비스이다. 외국에서는 Mobile WiMAX라고 불리며, 우리나라에서는 2002년 10월 정보통신부가 무선가입자용으로 사용하던 2.3㎓ 대역의 주파수를 휴대인터넷용으로 재분배하면서 개발이 시작되었다. 이에 한국전자통신연구원과 삼성전자 등이 순수 국내 기술로 기술표준 'HPi'를 개발, 2005년 미국 전기전자학회(IEEE)에 의해 국제표준으로 채택되었다. 그리고 2007년에 국제전기통신연합(ITU)이 와이브로를 3세대 이동통신의 6번째 기술표준으로 채택했다. 우리나라에서 2006년 KT·SK텔레콤이 서울과 수도권 일부 지역에서 세계 최초로 와이브로 상용서비스를 시작한 바 있다. 휴대전화에 인터넷 통신과 정보검색 등 컴퓨터 지원 기능을 추가한 지능형 단말기로서 사용자가 원하는 애플리케이션을 설치할 수 있는 것이 특징이다. 이동 중 인터넷 통신, 팩스 전송 등이 가능하며, 국내에서는 삼성전자와 LG정보통신에서 개인정보 관리 기능을 갖춘 제품을 출시하였다.

□ USB 킬러 ***

컴퓨터를 비롯한 전자 기기의 USB 단자에 꽂으면 고전압을 발생시켜 순식간에 전자 기기의 주요 부품을 파괴하는, USB 형태의 전자 장치를 말한다. 2015년에 '다크 퍼플(Dark Purple)'이라는 닉네임으로 활동하는 러시아의 보안 전문가가 '서지(Surge, 이상 전압)'를 보호하는 회로 작동테스트를 위한 목적으로 개발하였고, 미국과 유럽에서 각각 인증을 받았다. 하지만 국내외에서 USB 킬러를 악용한 범죄가 발생해 문제가 되고 있다.

□ 푸드테크 ***

'식품(Food)'과 '기술(Technology)'의 합성어로 식품과 기술을 결합하여 식품 생산에 혁신을 일으키는 기술산업을 의미한다. 스마트팜, 인공지능을 기반으로 한 식품 생산, 유전자 조작 식물 등의 다양한 식품 관련한 기술이다.

☐ **DDoS(Distributed Denial of Service)** **

분산서비스거부공격으로, 여러 대의 공격자를 분산·배치하여 동시에 서비스 거부를 동작시켜 특정 사이트를 공격하여 네트워크의 성능을 저하시키거나 시스템을 마비시키는 해킹방식의 하나이다. 이용자는 해당 사이트에 정상적으로 접속이 불가능하고, 주컴퓨터의 기능에 치명적 손상을 입을 수 있으며, 수많은 컴퓨터 시스템이 해킹의 숙주로 이용될 수도 있다. 공격은 대체로 이메일이나 악성코드로 일반사용자의 PC를 감염시켜 좀비PC를 만든 후 명령제어(C&C) 서버의 제어를 통해 특정 시간대에 동시에 수행된다.

☐ **허니팟(Honey Pot)** ***

컴퓨터 프로그램의 침입자를 속이는 최신 침입탐지기법으로, '해커 잡는 덫'이란 뜻이다. 크래커를 유인하는 함정을 꿀단지에 비유한 명칭이다. 컴퓨터 프로그램에 침입한 스팸과 컴퓨터바이러스, 크래커를 탐지하는 가상컴퓨터이다. 침입자를 속이는 최신 침입탐지기법으로 마치 실제로 공격을 당하는 것처럼 보이게 하여 크래커를 추적하고 정보를 수집하는 역할을 한다.

☐ **크롤링(Crawling)** *

무수히 많은 컴퓨터에 분산 저장되어 있는 문서를 수집하여 검색 대상의 색인으로 포함시키는 기술. 어느 부류의 기술을 얼마나 빨리 검색 대상에 포함시키느냐 하는 것이 우위를 결정하는 요소로서 최근 웹 검색의 중요성에 따라 발전되고 있다.

☐ **핵티비즘(Hacktivism)** **

자신들의 정치적·사회적인 목적을 달성하기 위해 자신과 노선을 달리하는 특정 정부나 기관, 기업, 단체 등의 웹 사이트를 해킹해 서버를 무력화 시키는 일련의 행위나 활동방식을 말한다. 2000년 이후 급속도로 늘어나 전 세계에서 광범위하게 활동하고 있는데, 인터넷에 자신들의 주장과 요구사항을 게재하거나 특정국가의 인터넷사이트에 침범하여 자료를 삭제하는 등 투쟁대상을 조롱함으로써 심리적인 효과도 거둔다.

☐ **파밍(Pharming)** **

피싱(Phishing)에 이어 등장한 인터넷 사기수법으로, 피싱이 금융기관 등의 웹사이트에서 보낸 이메일로 위장하여 사용자가 접속하도록 유도한 뒤 개인정보를 빼내는 방식인데 비해, 파밍은 해당 사이트가 공식적으로 운영 중인 도메인 자체를 중간에서 가로채거나 도메인 네임 시스템(DNS) 또는 프락시 서버의 주소 자체를 변경하여 사용자들로 하여금 공식 사이트로 오인하여 접속토록 유도한 뒤 개인정보를 빼내는 새로운 컴퓨터 범죄수법이다.

더 알아보기

스푸핑(Spoofing) … 외부의 악의적 네트워크 침입자가 임의로 웹사이트를 구성하여 일반 사용자의 방문을 유도해 인터넷 프로토콜인 TCP/IP의 결함을 이용, 사용자의 시스템 권한을 확보한 뒤 정보를 빼가는 해킹수법이다.

□ 슈퍼앱 ***

단일 앱 안에서 다양한 서비스를 제공받는 것이다. 슈퍼앱 한 곳에서 음식 배달, 금융업무, 게임, 티켓 예매 등의 서비스를 이용할 수 있는 것으로 소비자가 더욱 편하게 서비스를 이용할 수 있는 장점이 있다.

□ 챗봇(Chatter Robot) ***

문자 또는 음성으로 대화하는 기능이 있는 컴퓨터 프로그램 또는 인공지능이다. 사람처럼 자연스러운 대화를 진행하기 위해 단어나 구(句)의 매칭만을 이용하는 단순한 챗봇부터 복잡하고 정교한 자연어 처리 기술을 적용한 챗봇까지 수준이 다양하다.

더 알아보기

• **목표 및 지향점**

구분	내용
모든 사회 구성원이	인공지능 개발에서 활용에 이르는 전 단계에서 정부 및 공공기관, 기업, 이용자 등 모든 사회 구성원이 참조하는 기준
모든 분야에서	특정 분야에 제한되지 않는 범용성을 가진 일반원칙으로, 이후 각 영역별 세부 규범이 유연하게 발전해 나갈 수 있는 기반 조성
자율적으로 준수하며	구속력 있는 '법'이나 '지침'이 아닌 도덕적 규범이자 자율규범으로, 기업의 자율성을 존중하고 인공지능 기술발전을 장려하며 기술과 사회변화에 유연하게 대처할 수 있는 윤리 담론을 형성
지속 발전하는 윤리기준을 지향한다	사회경제, 기술 변화에 따라 새롭게 제기되는 인공지능 윤리 이슈를 논의하고 구체적으로 발전시킬 수 있는 플랫폼으로 기능

• **최고 가치** : 윤리기준이 지향하는 최고 가치를 '인간성'으로 설정하고, '인간성을 위한 인공지능'을 위한 3대 원칙 · 10대 요건 제시
• **3대 기본원칙** : 인간성을 구현하기 위해 인공지능의 개발 및 활용과정에서 '인간의 존엄성 원칙', '사회의 공공선 원칙', '기술의 합목적성 원칙'을 지켜야 한다.
• **10대 핵심요건** : 3대 기본원칙을 실천하고 이행할 수 있도록 인공지능 개발 ~ 활용 전 과정에서 '인권보장', '프라이버시 보호', '다양성 존중', '침해 금지', '공공성', '연대성', '데이터 관리', '책임성', '안전성', '투명성'의 요건이 충족되어야 한다.

□ 하이퍼텍스트(Hypertext) *

사용자에게 내용의 비순차적인 검색이 가능하도록 제공되는 텍스트이다. 문서 내에 있는 키워드나 특정단어가 다른 단어나 데이터베이스와 링크돼 있어 사용자가 관련문서를 넘나들며 원하는 정보를 얻을 수 있다. 백과사전처럼 방대한 분량의 데이터를 처리하는 데 유용하며, 인터넷상에서는 월드와이드웹이 하이퍼텍스트 서비스를 제공하고 있다.

□ HTTP(Hyper Text Transfer Protocol) *

마우스 클릭만으로 필요한 정보로 직접 이동할 수 있는 방식을 하이퍼 텍스트라고 한다. http는 이 방식의 정보를 교환하기 위한 하나의 규칙으로, 웹사이트 중 http로 시작되는 주소는 이런 규칙으로 하이퍼텍스트를 제공한다는 의미를 담고 있다.

□ **HTML(Hyper Text Markup Language)** *

하이퍼텍스트의 구조를 서술하는 일종의 컴퓨터언어이다. 직접 프로그램을 제작하는 데에 사용되는 C나 PASCAL과 달리 웹에서 사용되는 각각의 하이퍼텍스트 문서를 작성하는데 사용되며, 우리가 인터넷에서 볼 수 있는 수많은 홈페이지들은 기본적으로 HTML이라는 언어를 사용하여 구현된 것이다.

□ **디지털 디바이드(Digital Divide, 정보격차)** **

디지털 경제시대에 지식정보를 공유하지 못한 다수의 노동자 계층이 중산층에서 떨어져 나가 사회적 · 경제적으로 빈부격차가 심화되는 현상을 말한다. 디지털을 제대로 활용하는 계층은 지식도 늘고 소득도 증가하지만, 디지털을 제대로 이용하지 못하는 사람들은 발전할 수가 없어 격차가 심화된다. 정보화 초기단계에서 지구촌이 가까워질 것으로 예상했던 것과는 반대로 최근 정보화에 따른 격차가 커져 앞으로 사회 안정에 악영향을 미칠 것으로 전문가들은 보고 있다.

□ **디지털 컨버전스(Digital Convergence)** *

디지털 융합으로, 하나의 기기 · 서비스에 정보통신기술을 통합한 새로운 형태의 융합상품을 말한다. 디지털 기술이 발전함에 따라 등장한 것으로 유선과 무선의 통합, 통신과 방송의 융합, 온라인과 오프라인의 결합 등 세 가지로 압축된다. 유선과 무선의 통합은 휴대폰과 와이브로를, 통신과 방송의 융합은 DMB를, 온라인과 오프라인의 결합은 인터넷의 생활화로 나타나는 등 산업의 모든 분야에서 활발히 진행되고 있다. 앞으로는 인간 중심의 지능형 서비스가 가능한 유비쿼터스 사회로 진입하는 데에 디지털 컨버전스가 기본 전제가 된다.

□ **모바일 신분증** *

개인의 스마트폰 안에 신분증을 저장하여 편리하게 사용할 수 있는 것이다. 자신이 필요할 때 스마트폰을 통해서 개인의 신분증을 제공할 수 있다. 블록체인 기반의 분산 DID 기술을 사용하여 안전하게 보관할 수 있다. 온라인 오프라인 어디 곳에서나 사용이 가능하다.

□ **자바(Java)** *

선(Sun)마이크로시스템사에서 만든 일종의 컴퓨터언어이다. 형태는 C++나 HTML과 비슷하지만, 무엇보다 통신망을 통해 전송되어 실행된다는 것이 강점이다. 또한 HTML의 경우 고정된 모습의 페이지만 보낼 수 있는데 비해 자바는 실제 프로그램을 전송할 수 있고 받아보는 쪽에서 그 프로그램을 실행할 수 있으며, 인터넷을 통해 컴퓨터 기종에 관계없이 실행될 수 있으므로 이를 이용하면 지금까지 수동적으로 보기만 하는 정적인 것에서 탈피, 동적인 통신환경을 구축할 수 있다. 넷스케이프 2.0부터는 자바를 지원해 HTML소스에 포함되어 있는 자바코드를 해석, 하이퍼텍스트 문서에 동영상이나 음성, 게임, 영상효과 등 다양한 연출이 가능해졌다.

□ 라이프 캐싱(Life Caching) ***

자신의 삶을 타인과 공유하는 행위로, 인터넷의 발달과 함께 디지털 매체를 적극 사용하는 의사소통이 활발해진 데서 생겨난 트렌드이다. 일반적인 신상공개가 아닌 자신의 공간뿐만 아니라 아주 사소한 행동까지 공유한다. 쉽게 말해 자서전보다 더욱 단편적이며 빠르게 자신의 삶을 공개한다는 것이 특징이다. 블로그나 인스타그램 등과 같은 각종 SNS가 인기를 끌게 된 것도 개인의 일상을 공유하기 위하여 사진이나 일기 등을 공개하는 라이프 캐싱의 영향 때문이라고 할 수 있다. 포털사이트들도 이런 트렌드와 함께 소비자 니즈를 충족시키기 위한 서비스를 제공하고 있다. 소비자 스스로 개인의 추억을 전시 · 저장하고 콘텐츠를 만들 수 있도록 하는 것이다. 초기 미니홈피에서 더욱 발달하여 현재는 SNS으로 실시간 채팅 및 라이브방송까지 가능해졌으며 이처럼 타인에게 자신을 적극적으로 노출하는 사람들을 가리켜 '퍼블리즌(Publicity와 Citizens)'이라고 한다.

□ UX · UI **

UX는 사용자가 어떠한 시스템, 제품 등을 직 · 간접적으로 이용하면서 느끼는 총체적 경험을 말한다. 한편 UI는 휴대폰, 컴퓨터 등 디지털 기기를 사용자가 더 편리하게 사용할 수 있는 명령어나 기법을 포함하는 환경을 말한다. 즉 UX는 UI를 기반으로 사용자의 공감과 만족을 끌어내는 역할을 하는 것이다.

□ 비콘(Beacon) **

근거리에 있는 스마트 기기를 자동으로 인식하여 필요한 데이터를 전송할 수 있는 무선 통신 장치이다. 블루투스 비콘(Bluetooth Beacon)이라고도 한다. 근거리 무선 통신인 NFC가 10cm 이내의 근거리에서만 작동하는 반면, 비콘은 최대 50m 거리에서 작동할 수 있다. 비콘 기술을 이용하면 쇼핑센터, 음식점, 박물관, 미술관, 영화관, 야구장 등을 방문한 고객의 스마트폰에 할인 쿠폰이나 상세 설명 등의 데이터를 전송할 수 있다.

□ 버그바운티(Bugbounty) ***

기업의 서비스나 제품 등을 해킹해 취약점을 발견한 화이트 해커에게 포상금을 지급하는 제도이다. '화이트 해커'란 다른 사람의 시스템에 불법으로 침입하여 피해를 주는 '블랙 해커'와 다르게 공공의 이익과 보안 시스템 개발을 위하여 해킹하는 해커이다. 블랙 해커의 악의적인 의도로 해킹당할 시 입는 손해를 방지하기 위하여 공개적으로 포상금을 걸고 버그바운티를 진행한다. 기업들의 자발적인 보안 개선책으로, 화이트 해커가 새로운 보안 취약점을 발견하면 기업은 이를 개선시켜 보안에 보다 적극적으로 노력하게 된다. 현재 글로벌 기업에서 보안성을 고도화하기 위해 시행하고 있다.

□ 아이핀(i - PIN) *

Internet Personal Identification Number, 즉 인터넷상 주민번호를 대체하는 개인 식별 번호로 2005년 정보통신부가 개인의 주민등록번호 유출과 오남용 방지를 목적으로 마련한 사이버 신원 확인번호이다.

□ **보행자 알림(Pedestrian Notifications)** **

무인자동차가 주변 행인에게 음성이나 전광판으로 위험을 알리는 기술로 구글에서 개발했다. 구글에 따르면 차량 내 인공지능(AI)을 이용해 차량 주변 사람 및 사물을 파악하고 어떻게 대처할지를 결정하며 이를 보행자에게 알리는 시스템으로, 보행자는 무인차가 속도를 줄일 것인지, 더 빨리 교차로를 지날 것인지 아니면 차량을 멈추고 사람이 지나는 것을 기다릴 것인지 등의 내용을 확인할 수 있다.

□ **스마트 그리드(Smart Grid)** ***

전력산업과 정보기술(IT), 그리고 통신기술을 접목하여 전력 공급자와 소비자가 양방향으로 실시간 정보를 교환함으로써 에너지 효율성 향상과 신재생에너지공급의 확대를 통한 온실가스 감축을 목적으로 하는 차세대 지능형 전력망이다. 전력 공급자는 전력 사용 현황을 실시간으로 파악하여 공급량을 탄력적으로 조절할 수 있고, 전력 소비자는 전력 사용 현황을 실시간으로 파악함으로써 요금이 비싼 시간대를 피하여 사용 시간과 사용량을 조절한다. 태양광발전·연료전지·전기자동차의 전기에너지 등 가정에서 생산되는 전기를 판매할 수도 있으며, 전력 공급자와 소비자가 직접 연결되는 분산형 전원체제로 전환되면서 풍량과 일조량 등에 따라 전력 생산이 불규칙한 한계를 지닌 신재생에너지 활용도가 높아져 화력발전소를 대체하여 온실가스와 오염물질을 줄일 수 있어 환경문제를 해소할 수 있는 등의 장점이 있어 여러 나라에서 차세대 전력망으로 구축하기 위한 사업으로 추진하고 있다.

□ **오픈랜** **

개방형 무선 접속망 기술을 의미한다. 네트워크를 구축하면 하나의 장비를 통해서 다양한 사업자가 소프트 웨어를 적용할 수 있는 것이다. 무선 접속망의 인터페이스와 소프트웨어를 개방형 표준으로 구축한 것으로 네트워크 제조사에게 구속되지 않는 것이다.

□ **사물인터넷(Internet of Things)** ***

1999년 MIT대학의 캐빈 애시턴이 전자태그와 기타 센서를 일상생활에서 사용하는 사물을 탑재한 사물인터넷이 구축될 것이라고 전망하면서 처음 사용되었다. 이후 시장분석 자료 등에 사용되면서 대중화되었으며, 사물인터넷은 가전에서 자동차, 물류, 유통, 헬스케어까지 활용범위가 다양하다. 예를 들어 가전제품에 IoT 기능을 접목시키면 외부에서 스마트폰을 이용해 세탁기, 냉장고, 조명 등을 제어할 수 있다. 사물에서 다양한 센서를 통해서 정보를 수집한다. 온도·습도·초음파 등 다양한 센서가 내장된 사물에 장착되어 제어할 수 있다. 사물의 센서에서 수집된 정보는 분석·공유되어 다양한 서비스를 제공할 수 있다.

□ **캄테크(Calmtech)** ***

'조용하다(Calm)'과 '기술(Technology)'의 합성어로, 필요한 정보를 알려주지만 주의를 기울이거나 집중할 필요가 없는 기술을 뜻한다. 센서와 컴퓨터, 네트워크 장비 등을 보이지 않게 탑재하여 평소에는 존재를 드러내지 않고 있다가 사용자가 필요한 순간에 각종 편리한 서비스를 제공하는 기술이다. 예를 들어 현관 아래에 서면 불이 들어오는 자동 센서, 자율 주행 차, 스마트 홈 등이 있다.

□ **실재감테크** *

가상공간을 창조하고 다양한 감각 자극을 제공, 인간의 존재감과 인지능력을 강화시켜 생활 스펙트럼을 확장하는 기술이다. 즉 감각과 시공간의 간극을 허무는 기술이다.

□ **볼류메트릭 기술** **

100대 이상의 4K 이상의 카메라로 촬영을 하여 인물의 역동적인 움직임을 촬영하고 입체 홀로그램을 만드는 기술을 의미한다. 이 기술을 통해서 디지털 휴먼을 창조한다. 혼합현실(MR)에 이용되는 필수 기술로 움직임의 세밀한 부분까지 구현이 가능한 것이 특징이다.

□ **필터버블(Filter Bubble)** ***

엘리 프레이저의 「생각 조종자들」에서 처음 등장한 단어이다. 이용자의 관심사에 맞춰져서 맞춤형 정보만이 제공되어 편향적인 정보에 갇히는 현상이다. 아마존에서는 이용자의 취향과 기호에 따라서 책을 추천하는 방식으로 호평을 받았다. 광고업체에서도 유용하게 사용하는 정보로 사용자가 관심을 가질 것 같은 광고를 선정하여 추천한다. 스마트폰에 담겨진 개인의 정보들로 데이터 분석이 가능해지면서 추천이 개인화가 가능하다. 개인화된 정보를 통해 맞춤뉴스와 정보들을 서비스하면서 구입율과 접근성을 높여준다. 최근에는 원하는 정보에만 접근하면서 다양한 의견을 확인하지 못하여 고정관념과 편견을 강화시키는 위험성도 존재한다.

□ **사이버네틱스(Cybernetics)** *

키잡이(舵手)를 뜻하는 그리스어 Kybernetes에서 유래된 말로, 생물 및 기계를 포함하는 계(系)에서 제어와 커뮤니케이션에 관한 문제를 종합적으로 연구하는 학문을 말한다. 1947년 미국의 수학자 위너(N. Wiener)에 따르면, 사이버네틱스란 어떤 체계에 두 종류의 변량이 있는데 하나는 우리가 직접 제어 불가능한 것이고 다른 하나는 우리가 제어할 수 있는 것으로 한다. 제어할 수 없는 변량의 과거로부터 현재까지의 값을 바탕으로 제어할 수 있는 변량의 값을 정하여 인간에게 가장 편리한 상황을 가져오게 하기 위한 방법을 부여하는 것이4라고 한다. 직접적으로 자동제어이론 · 정보통신이론 등이 있고, 생리학 · 심리학 · 사회학 · 경제학 · 우주탐험 등 광범위한 영역에까지 학제적 연구가 이루어지고 있으며, 특히 피드백과 제어로 특징되는 사이보그 등의 컴퓨터 연구에서 활발하다.

더 알아보기

- **사이보그(Cyborg)** : 'Cybernetic'과 'Organism'의 합성어로 생물과 기계장치의 결합체를 뜻하며, 뇌(腦) 이외의 부분을 교체한 개조인간을 말한다.
- **휴머노이드(Humanoid)** : 인간의 신체와 비슷한 형태를 지녀 인간의 행동을 가장 잘 모방할 수 있는 로봇으로, 인간을 대신하거나 인간과 협력하여 다양한 서비스 제공을 목표로 한다. 우리나라 최초의 휴머노이드는 휴보(Hubo)로 2004년 Kaist 오준호 교수팀에 의해 개발되었다.

□ 온라인 플랫폼 *

온라인을 통해서 사용자와 기업 또는 사용자끼리 연결시켜서 수수료를 수익화로 하는 사업모델을 의미한다. 구글, 메타, 네이버, 애플 등이 대표적이다.

□ FAST 플랫폼 **

광고를 기반으로 하는 무료 스트리밍 플랫폼을 의미한다. 광고를 보는 대신에 콘텐츠를 무료로 이용할 수 있는 실시간 채널 서비스이다. 미국에서 광고기반의 스트리밍 서비스가 성장하면서 만들어진 시장에 해당한다.

□ 등대공장(Lighthouse Factory) **

사물인터넷(IoT)과 인공지능(AI), 빅데이터 등 4차 산업혁명의 핵심기술을 적극적으로 도입하여 제조업의 미래를 혁신적으로 이끌고 있는 공장을 의미한다. 세계경제포럼(WEF)이 2018년부터 선정하고 있는데, 한국에서는 처음으로 2019년 7월 포스코가 등대공장에 등재됐다.

□ 블랙아웃(Blackout) *

발전소나 송전소, 변전소 등의 고장이나 전력 과부하로 특정 지역에서 대규모로 전기가 완전히 끊기는 현상이다. 전국 규모로 정전이 되는 상태는 토털 블랙아웃(완전소등)이라고 한다. 이를 막기 위해 지역별로 전력을 돌아가며 차단시키는 것을 롤링블랙아웃(순환정전)이라고 한다.

□ FIDO(Fast Identity Online) ***

신속한 온라인 인증이라는 뜻으로, 온라인 환경에서 ID, 비밀번호 없이 생체인식 기술을 활용하여 보다 편리하고 안전하게 개인 인증을 수행하는 기술이다.

□ 랜섬웨어(Ransomeware) *

악성코드의 일종으로, '몸값(Ransome)'과 '제품(Ware)'의 합성어이다. 인터넷 사용자의 컴퓨터에 잠입해 내부 문서나 사진 파일 등을 암호화하여 열지 못하도록 한 뒤, 돈을 보내면 해독용 열쇠 프로그램을 전송해준다며 비트코인이나 금품을 요구한다.

□ P2E(Play to Earn) **

게임을 하면서 수요를 창출하는 것이다. 게임 속에서 사용하는 아이템, 금전 등이 현실에서도 사용이 가능한 가상자산으로 현금화를 하는 것이다. P2E 게임에서 아이템이 NFT화 되어 사용자가 보유할 수 있는 것이 특징이다. 국내에서는 서비스가 제한되고 있다.

04 출제예상문제

1 안경이나 시계, 의복 등 일상생활에서 신체에 착용 가능한 형태의 기기로, 손에 휴대하지 않아도 이용할 수 있는 기기는?

① 스트리밍
② 스마트 팩토리
③ 텔레매틱스
④ 웨어러블

> **TIP** ① 스트리밍 : 다운로드 없이 인터넷이나 음성. 영상 등 실시간으로 재생하는 기법을 말한다.
> ② 스마트 팩토리 : 설계 · 제조 · 유통 등 생산 과정에 정보통신기술(ICT)를 접목한 지능형 공장이다.
> ③ 텔레매틱스 : 자동차와 무선통신을 결합한 신개념 차량 무선인터넷 서비스를 말한다.

2 기업의 서비스나 제품 등을 해킹해 취약점을 발견한 화이트 해커에게 포상금을 지급하는 제도는?

① 다크 데이터
② 버그바운티
③ 미러링크
④ 커넥티드 카

> **TIP** ② 버그바운티 : 다른 사람의 시스템에 불법으로 침입하여 피해를 주는 블랙 해커에게 해킹당할 시 입는 손해를 방지하기 위한 기업들의 자발적인 보안 개선책으로, 화이트 해커가 새로운 보안 취약점을 발견하면 기업은 이를 개선시켜 보안에 보다 적극적으로 노력한다.
> ① 다크 데이터(Dark Data) : 분석에 활용되지 않으나 수집되어 있는 다량의 데이터를 말한다.
> ③ 미러링크(MirrorLink) : 유 · 무선 통신으로 스마트폰의 기능을 큰 화면에서 볼 수 있는 기술이다.
> ④ 커넥티드 카(Connected Car) : 정보통신기술과 연결하여 쌍방향으로 소통 할 수 있는 차량을 말한다.

Answer 1.④ 2.②

3 ( ) 안에 들어갈 수 있는 용어는?

> 알고리즘이 이용자를 ( ) 안에 가두는 것도 맞지만 이용자가 스스로 ( )로 들어가는 경향도 상당히 많다. 특히 범죄 피해나 사이버 불링(괴롭힘) 등 온라인 환경의 위험도가 상승할수록 개인이 자신의 가치관과 성향에 맞는 정보와 콘텐츠로만 스스로를 보호하며 안전하다고 느낄 수 있는 환경을 만들려는 양상이 나타난다.

① 낸드플래시   ② 마이크로 모먼츠
③ 필터버블   ④ 스플로그

TIP ③ **필터버블** : 이용자의 관심사에 맞춰져서 맞춤형 정보만이 제공되어 편향적인 정보에 갇힌 현상이다.
① **낸드플래시** : 전원이 없는 상태에서도 저장한 정보가 사라지지 않는 메모리 반도체를 말한다.
② **마이크로 모먼츠** : 스마트폰을 통해 배움, 검색, 활동, 여행 욕구 등을 충족시키는 현상을 말한다.
④ **스플로그** : 광고를 목적으로 운영하는 블로그를 말한다.

4 다음이 설명하는 전투기는?

> 최초의 국산 초음속 전투기로, 폭 11.2m, 길이 16.9m, 높이 4.7m에 달한다. 제한적인 스텔스 성능을 비롯한 최신 기술이 적용되어 4.5세대 전투기로 분류하고 있다. 지난 2022년 7월 29일 시험비행에 성공하면서 언론에 모습을 드러냈으며, 지난 2022년 10월 일반인에게 최초로 공개되었다.

① F-35A 프리덤 나이트   ② F-15K 슬램 이글
③ KT-1 웅비   ④ KF-21 보라매

TIP ① **F-35A 프리덤 나이트** : 대한민국 공군의 첫 5세대 전투기다. 저피탐 형상설계 및 특수도료 사용으로 레이더 탐지를 최소화하는 스텔스 기능을 보유한 전투기이다.
② **F-15K 슬램 이글** : 미공군 주력 전천후 전투기 F-15E를 기반으로 전투성능 및 생존성을 극대화하여 개발된 전투기이다.
③ **KT-1 웅비** : 국방과학연구소와 한국항공우주산업가 개발한 항공기다. 조종사 기본훈련기로 운영되고 있으며 우수한 비행성능, 안전성과 운영 효율성이 입증되어 해외로 수출되고 있다.

Answer   3.③ 4.④

5 마치 공격당하는 것처럼 컴퓨터 프로그램 침입자를 속여 크래커를 추적하고 정보를 수집하는 침입탐지기법은?

① 화이트 해커

② 엘리트 해커

③ 허니팟

④ 해커톤

> **TIP** ① **화이트 해커**(White Hacker) : 인터넷 시스템과 개인 컴퓨터 시스템을 파괴하는 블랙 해커와 대비되는 개념으로 보안
> 시스템의 취약점을 발견하고 관리자에게 제보하여 블랙 해커의 공격을 해방하기도 한다.
> ② **엘리트 해커**(Elite Hacker) : 화이트 해커 중 설계를 분석하고 취약점을 찾아내 공격 시나리오를 짤 수 있는 최고 수준
> 의 인력을 말한다.
> ④ **해커톤**(Hackathon) : 마라톤처럼 일정한 시간과 장소에서 프로그램을 해킹하거나 개발하는 행사를 말한다.

6 사용자가 컴퓨터와 정보 교환 시 키보드를 통한 명령어 작업이 아닌 그래픽을 통해 마우스 등을 이용하여 작업할 수 있는 환경을 무엇이라고 하는가?

① GUI

② Bluetooth

③ Hotspot

④ P2P

> **TIP** ① GUI : 그래픽 사용자 인터페이스(Graphical User Interface)로 사용자가 컴퓨터와 정보를 교환할 때, 문자가 아닌 그래
> 픽을 이용해 정보를 주고받는다.
> ② 블루투스(Bluetooth)는 각각의 휴대폰끼리 또는 휴대폰과 Pc끼리 사진 등의 파일을 전송하는 무선 전송기술을 말한다.
> ③ 핫스팟(Hotspot)은 무선으로 초고속 인터넷을 사용할 수 있도록 전파를 중계하는 무선랜 기지국을 말한다.
> ④ P2P(Peer To Peer)는 인터넷상에서 개인과 개인이 직접 연결되어 파일을 공유하는 것을 말한다.

Answer 5.③ 6.①

7 다음의 사례와 관련이 있는 온라인 사기 수법은?

> 가상화폐에 투자한 A 씨는 SNS를 통해 외국인 이성친구 B를 사귀었다. B는 자신을 영국의 사업가라고 소개하며 자신도 가상 화폐에 투자하고 있다고 친밀감을 형성했다. 약 한 달 뒤 B는 가상화폐 선물 옵션 투자를 제안하며 송금을 유도했고, A 씨는 이에 약 1억 원을 송금했다.

① 로맨스 스캠 ② 스피어 피싱
③ 랜섬웨어 ④ 큐싱

TIP ① 로맨스 스캠 : 전문직이나 사업자, 국제기구 종사자 등 위장한 신분이나 외모, 재력 등으로 이성에게 호감을 표시하고 신뢰감을 형성한 뒤에 각종 이유로 금전을 요구하는 사기 수법을 말한다.
② 스피어 피싱 : 특정 기업 직무자를 대상으로 이메일을 보내 정보를 취득하는 사기 수법이다.
③ 랜섬웨어 : 사용자 PC를 해킹하여 컴퓨터 내부 문서를 암호화 하고 금품을 요구하는 악성코드이다.
④ 큐싱 : QR코드를 이용하여 정보를 탈취하는 것을 말한다.

8 방사성원소가 아닌 것은?

① 우라늄 ② 라듐
③ 헬륨 ④ 토륨

TIP 방사성원소 … 방사능을 가지고 있어 방사선을 방출·붕괴하여 새로운 안정된 원소로 되는 원소로, 우라늄·라듐·악티늄·토륨 등이 있다.

9 비행기, 로켓 등 고속으로 빠르게 움직이는 물체의 속도를 음속으로 나타낸 단위를 나타내는 것은?

① 나노 ② 마하
③ 노트 ④ 제3의 힘

TIP 마하 … 마하 1이란 소리가 1시간에 도달할 수 있는 거리를 의미하며, 15℃일 때 소리의 속도가 초속 340미터로 시속 1,224km를 말한다.

Answer 7.① 8.③ 9.②

10 포탄이 발사되면 포신이 뒤로 밀린다. 여기서 알 수 있는 법칙은 무엇인가?

① 관성의 법칙   ② 가속도의 법칙
③ 작용·반작용의 법칙   ④ 면적의 법칙

> **TIP** ③ **작용·반작용의 법칙**: 물체에 힘을 가하면 원래 상태를 유지하기 위해 물체는 반대방향으로 힘을 작용한다는 법칙이다.
> ① **관성의 법칙**: 힘을 받지 않는 정지상태의 물질은 계속 정지하려고 하며 운ㄴ동 중인 물체는 계속 등속직선운동을 하려 한다는 법칙이다.
> ② **가속도의 법칙**: 물체에 힘을 가했을 때 생기는 가속도의 크기는 작용하는 힘의 크기에 비례하고 질량에 반비례한다는 법칙이다.
> ④ **면적의 법칙**: 태양과 행성을 연결하는 선분(동경)이 같은 시간에 그리는 면적은 일정하다는 법칙이다.

11 저온부와 고온부의 온도차에 의해 일어나는 열의 이동현상은?

① 전도   ② 복사
③ 대류   ④ 노킹

> **TIP** ② **복사**(Radiation): 열이 중간에 다른 물질을 통하지 않고 직접 이동하는 현상을 말한다.
> ③ **대류**(Convection): 열이 유체를 통하여 이동하는 현상을 말한다.
> ④ **노킹**(Knocking): 내연기관의 기통 안에서 연로가 빨리 발화하거나 이상폭발하는 현상을 말한다.

12 다음 예시가 나타내는 빛의 성질은?

• 저녁노을	• 하늘이 파랗게 보이는 현상

① 직진(直進)   ② 산란(散亂)
③ 편광(偏光)   ④ 간섭(干涉)

> **TIP** ② **산란**(散亂): 빛이 공기 속을 통과할 때 공기 중의 미립자에 부딪쳐서 흩어지는 현상이다.
> ① **직진**(直進): 빛이 입자이기 때문에 일어나는 현상으로 일식, 월식, 그림자 등을 예시로 들 수 있다.
> ③ **편광**(偏光): 자연광은 여러 방향의 진동면을 갖지만 전기석과 같은 결정축을 가진 편광판을 통과시키면 결정축에 나란한 방향으로 진동하는 빛만 통과하는 현상이다. 입체영화, 광통신 등을 예시로 들 수 있다.
> ④ **간섭**(干涉): 빛이 파동성을 갖기 때문에 일어나는 현상으로 물이나 비눗방울 위에 뜬 기름의 얇은 막이 여러 색으로 보이는 것을 예시로 들 수 있다.

Answer 10.③ 11.① 12.②

13 도체에 흐르는 전류의 세기는 도체 양 끝의 전압에 비례하며, 전기저항에 반비례한다는 법칙은?

① 옴의 법칙

② 앙페르의 법칙

③ 오른손의 법칙

④ 렌츠의 법칙

> **TIP** ② **앙페르의 법칙**(Ampere's Law) : 형성된 자기장의 방향은 전류의 방향을 오른나사의 진행 방향과 일치시킬 때 나사의 회전방향이 된다는 법칙이다.
> ③ **오른손의 법칙**(Right-Hand Rule) : 유도전류의 방향을 결정할 때 오른손 세 손가락을 직각이 되게 폈을 때 엄지는 도선의 방향을, 검지는 자기장의 방향을 가리키며 중지는 유도전류의 방향이 된다는 법칙이다.
> ④ **렌츠의 법칙**(Lenz's Law) : 자석을 코일 속에 넣었다 뺐다 하면 코일에 유도전류가 생기는데 이때 유도전류의 방향은 코일을 통과하는 자력선의 변화를 방해하는 방향으로 발생한다는 법칙이다.

14 개기월식 때 달이 붉게 보이는 현상을 일컬어 무엇이라고 하는가?

① 슈퍼문

② 블루문

③ 블러드문

④ 슈퍼블러드문

> **TIP** ① **슈퍼문**(Super Moon) : 지구와 달 사이의 거리가 가장 가까워지는 때에 보름달이 뜨는 시기와 겹쳐 평소보다 크게 관측되는 보름달을 말한다.
> ② **블루문**(Blue Moon) : 한 달 안에 두 번째로 뜨는 보름달을 말한다.
> ④ **슈퍼블러드문**(Super Blood Moon) : 슈퍼문과 개기월식이 동시에 일어나는 것을 말한다.

15 오픈AI에서 공개한 인공지능으로 방대한 데이터 처리를 통해서 사용자가 요청하면 인공지능이 논문 작성, 소설 작성 등의 기능을 하는 기술로 기존의 챗봇보다 자연스럽게 대화할 수 있는 것은?

① 딥러닝

② 머신러닝

③ 오픈랜

④ 챗GPT

> **TIP** ① **딥러닝** : 컴퓨터가 스스로 데이터를 조합하고 분석하여 학습을 하는 기술을 의미한다.
> ② **머신러닝** : 컴퓨터가 데이터를 분석하여 미래를 예측하는 것으로 기계학습을 의미한다.
> ③ **오픈랜** : 개방형 무신 접속망 기술을 의미한다. 무선 기지국 연결에 사용되는 인터페이스의 소프트웨어를 개방형 표준으로 구축하는 것을 의미한다.

Answer 13.① 14.③ 15.④

16 플랫폼의 일종으로 광고 기반의 스트리밍 서비스를 제공하는 것은?

① P2E

② 초거대 AI

③ 슈퍼앱

④ FAST 플랫폼

TIP ① P2E : Play to Earn의 약자로 게임을 하면서 블록체인 기술을 활용하여 게임 속의 재화를 가상자산으로 현금화할 수 있는 것을 의미한다.

② 초거대 AI : 방대한 데이터를 통해 인간과 같이 추론이 가능한 인공지능을 의미한다.

③ 슈퍼앱 : 하나의 앱에서 다양한 서비스를 이용가능 한 것을 의미한다.

17 탄소물질로 만들어진 반도체는?

① 무기 반도체   ② 유기 반도체

③ 진성 반도체   ④ 가성 반도체

TIP ② 유기 반도체 : 무선인식(RFID), 플렉시블 디스플레이 등의 이용이 가능하다. 가볍고 휘어질 수 있으며 저온 공정 및 저가의 장점으로 기존의 무기 반도체를 대체하는 차세대 디스플레이 소재로 각광받고 있다.

① 무기 반도체 : 반도체 중에서 무기 화합물에 속하는 것을 말한다.

③ 진성 반도체 : 음극의 전자 개수와 양극 양공의 개수가 거의 비슷한 상태인 반도체를 말한다.

④ 가성 반도체 : 절연체에 속하지만 불순물 또는 격자 결함 등에 의해 반도체 특성을 갖는 물질을 말한다.

Answer   16.④   17.②

18 1997년 2월 탄생한 최초의 복제 포유류인 복제양 '돌리'는 유전공학기술 중 어느 기법을 이용한 것인가?

① 핵이식법　　　　　　　　　　　② 세포융합법

③ 핵치환기법　　　　　　　　　　④ 조직배양법

TIP 핵치환기법 … DNA가 들어있는 세포핵을 제거하고 다른 DNA를 결합시켜 새 세포를 만드는 기법이다.

19 유도전류의 방향은 코일을 통과하는 자력선의 변화를 방해하는 방향으로 발생하게 되는 법칙은?

① 패러데이의 법칙　　　　　　　　② 렌츠의 법칙

③ 만유인력의 법칙　　　　　　　　④ 플레밍의 법칙

TIP 렌츠의 법칙 … 자석을 코일 속에 넣었다 뺐다 하면 코일에 유도전류가 생기는데, 이때 생긴 유도전류의 방향은 코일을
통과하는 자력선의 변화를 방해하는 방향으로 발생하게 되는 법칙을 의미한다.

20 휴대폰, 컴퓨터 등 디지털 기기를 사용자가 더 편리하게 사용할 수 있는 명령어나 기법을 포함하는 환경은?

① UX　　　　　　　　　　　　　　② UI

③ 챗봇　　　　　　　　　　　　　④ 오픈 API

TIP ① UX: UI를 기반으로 사용자가 시스템, 제품 등을 직 · 간접적으로 이용하면서 느끼는 총체적 경험을 말한다.
③ 챗봇 : 문자 또는 음성으로 대화하는 기능이 있는 컴퓨터 프로그램 또는 인공지능이다.
④ 오픈 API : 인터넷 사용자가 웹 검색 및 사용자 인터페이스 등을 제공받는 것에 그치지 않고 직접 응용프로그램과 서
비스를 개발할 수 있도록 공개된 API를 말한다.

Answer 18.③ 19.② 20.②

지리 · 환경 · 의료

다소 광범위하여 학습하기에 지칫 부담스러울 수 있다. 하지만 일반상식 시험에서 빠지지 않고 출제되고 있으므로 반드시 짚고 넘어가야 한다.

01 지리

□ 가이아(Gaia)가설 **

지구는 하나의 거대한 유기체로서, 지구상의 생물권은 단순히 주위환경에 적응하는 소극적인 존재가 아니라 지구의 물리 · 화학적 환경을 적극적으로 변화시키는 능동적인 존재라는 이론이다. 1978년 영국의 과학자 제임스 러브록이 지구상의 생명을 보는 새로운 관점을 통해 주장했다.

□ 팡게아(Pangaea) *

대륙이동설에서 주장하는 초거대 원시대륙이다. 독일의 베게너(A. Wegener)는 1924년 현재의 아메리카 대륙과 아프리카 대륙의 모양이 서로 잘 맞는다는 점을 근거로, 최초에는 큰 원시대륙인 팡게아가 있었고 이것이 분리 · 이동하여 현재와 같은 대륙분포를 이루었다는 대륙이동설을 주장했다.

더 알아보기

판구조론 … 지각은 몇 개의 조각(板)으로 되어 있으며 이 맨틀의 대류 때문에 판들의 상대적인 운동으로 지구상의 여러 현상이 나타난다는 설이다.

□ 웨더 쇼크(Weather Shock) **

날씨가 갑작스럽게 변화하여 그 결과로 사회 · 경제적 피해가 발생하는 것을 말한다. 2016년 1월 미국의 수도 워싱턴에는 100년 만에 폭설이 내렸고, 13개 주에 전기가 끊겼다. 폭설과 한파의 영향으로 미국은 2014년 1분기 마이너스 0.9%의 성장률을 기록했고 2015년 1분기에도 0.6% 증가에 머물렀다.

□ 열대우림기후(熱帶雨林氣候) *

연중 고온다우한 기후로, 거의 매일 스콜이 내리며 월강우량이 최소 60㎜ 이상이다. 이 기후대에서는 원시농업 · 수렵 등이 행해지며, 서구의 자본가들이 현지인의 값싼 노동력을 이용하여 고무 · 야자 · 카카오 등의 특정 농산물을 대량으로 생산하는 재식농업(플랜테이션)이 이루어진다. 분포지역은 아마존강 유역, 콩고강 유역, 말레이반도, 인도네시아제도, 기니만 연안의 아프리카 등이다.

□ **계절풍기후(Monsoon Climate)** ***

한국 · 일본 · 중국 · 동남아시아 등 계절풍의 영향을 받는 지역의 기후로, 몬순기후라고도 한다. 계절풍은 여름과 겨울에 대조적인 기후를 발생시키는데, 열대해양기단과 찬대륙기단의 영향으로 여름철에는 비가 많고 고온다습하며 겨울철에는 춥고 맑은 날이 많으며 저온건조하다. 우리나라는 여름에는 남동계절풍의 영향을 받아 고온다습하며, 겨울에는 북서계절풍의 영향을 받아 한랭건조하다.

더 알아보기

계절풍(Monsoon) … 계절을 대표할 만큼 그 계절 안에서의 출현빈도가 높으며, 넓은 지역에 나타나고 여름과 겨울에는 대개 풍향이 반대가 되는 바람이다. 이는 대륙과 해양, 남반구와 북반구 등 지역적인 기압 차이에서 생긴다. 우리나라에서는 여름에 남동계절풍이, 겨울에 북서계절풍이 분다.

□ **해양성기후(海洋性氣候)** *

해양의 영향을 받아 상대적으로 여름에는 서늘하고 겨울에 따뜻한 기후로, 대륙 동안에 비하여 연교차가 작고 연중 강수량이 고르며 편서풍이 탁월하다. 주로 위도 $40 \sim 60°$ 범위의 대륙 서안에 위치한 나라에서 볼 수 있어 서안해양성기후라고도 하며 영국, 독일, 프랑스, 스칸디나비아 3국 등이 이에 속한다. 또한 북아메리카 북서안과 뉴질랜드, 칠레 남부 등지에서도 나타난다.

□ **대륙성기후(大陸性氣候)** **

대륙 내부에서 육지의 영향을 받아 나타나는 기후로 내륙성 기후라고도 한다. 해양성 기후에 비해 바다의 영향을 받지 않기 때문에 공기 중의 수증기량이 적고 이로 인해 맑은 날씨를 보이는 날이 많으며, 일교차 · 연교차가 크고 기압과 바람 이외의 기후요소에 의해서도 기후변화가 심하게 나타난다. 대륙 내부에 위치한 대부분의 나라가 대륙성 기후의 영향을 받으며 우리나라 역시 대륙성 기후로, 여름에는 북태평양기단의 영향을 받아 몹시 더우며 겨울에는 시베리아기단의 영향을 받아 몹시 춥다.

더 알아보기

우리나라에 영향을 주는 기단

기단	계절	특성	영향
시베리아기단	겨울	한랭건조	북서풍 한파, 삼한사온
오호츠크해기단	초여름	한랭다습	높새바람
북태평양기단	여름	고온다습	남동계절풍, 무더위
양쯔강기단	봄 · 가을	온난건조	이동성고기압

□ **스콜(Squall)** **

열대지방에서 거의 매일 오후에 볼 수 있는 소나기를 말한다. 바람의 갑작스러운 변화나 강한 햇볕에 의해 공기 중의 일부가 상승하고 그로 인해 발생한 상승기류에 의해 비가 내린다.

□ 배사구조(背斜構造) *

퇴적 당시에는 수평이었던 지층이 습곡작용에 의해 물결모양으로 산봉우리처럼 볼록해진 부분을 말한다. 정립배사 · 비대칭배사 · 횡와배사 · 돔(Dome)구조로 분류되며, 특히 유전지대에 배사구조가 있게 되면 이 지역에 석유가 모이게 된다.

□ 환태평양조산대 ***

세계의 지형에서 태평양을 둘러싸고 있는 지대로 안데스산맥, 로키산맥, 알류산열도, 일본열도, 쿠릴열도, 필리핀제도, 뉴기니섬, 뉴질랜드섬 등으로 연결되는 지대이다. 오늘날까지도 지진 · 화산 등의 지각변동이 계속되고 있다.

□ 대륙붕(大陸棚) **

해안에 접속되는 수심 200m 이내의 얕은 해저지형으로, 대륙의 연장부분에 해당되는 완경사면이다. 해양 면적의 8%에 불과하나 수산 · 광산자원이 풍부하고, 생물의 종류가 매우 많아 그 양은 해양 전체의 대부분을 차지하는 바다생물의 보고이다.

□ 인도양 다이폴 **

초여름과 늦가을 사이, 인도양 열대 해역의 동부는 수온이 지나치게 낮아지고, 서부 수온은 높아지는 대기해양현상이다. 이 현상으로 인도양 서쪽 동아프리카 강수량은 증가하여 폭우, 홍수가 발생하고, 인도양 동쪽 인도네시아는 강수량 감소하여 폭염, 가뭄이 발생하였다. 엘니뇨와 마찬가지로 세계 기후에 큰 영향을 미치며 특히 인도 등 아시아 국가의 여름 몬순에 영향을 준다. 최근에는 지구온난화 등으로 이런 다이폴 현상이 더 기승을 부리고 있고, 지난 2019년 9월 발생한 호주 산불 장기화의 원인으로 꼽히고 있다. 호주 산불로 이산화탄소가 발생하고 온실가스가 배출되면서 지구 온난화가 가속화되는 이른바 '되먹임 효과'의 악순환이 나타났다.

□ 코리올리의 힘(Coriolis Force) *

1828년 프랑스의 코리올리(G. G. Coriolis)가 체계화한 이론으로, 회전하고 있는 물체 위에서 운동하는 물체를 생각할 때 상정하는 겉보기의 힘을 말한다. 보통 전향력(轉向力)이라고 하는데, 지구의 자전에 의해 생기는 코리올리의 힘에 의하여 태풍이 북반구에서는 시계방향으로, 남반구에서는 시계반대방향으로 소용돌이치게 되는 것을 설명할 수 있다.

□ 스텝(Stppe) *

대륙 온대지방의 반건조 기후에서 발달한 초원지대로, 습윤한 삼림지대와 사막과의 중간대이다. 주로 키가 작은 화분과의 풀이 자라는데, 비가 많이 내리는 봄철에는 무성해지나 여름철 건계에는 말라 죽는다. 즉, 건조한 계절에는 불모지이고, 강우계절에는 푸른 들로 변한다.

□ **크레바스(Crevasse)** **

빙하가 갈라져서 생긴 좁고 깊은 틈새를 말한다. 급경사를 이루는 빙하도랑을 이동할 때에는 빙하를 가로 지르는 크레바스가, 넓은 골짜기나 산기슭으로 나가는 곳을 이동할 때에는 빙하가 이동하는 방향에 평행 하는 크레바스가 나타난다.

□ **블리자드(Blizzard)** **

남극지방에서 볼 수 있는 차고 거센 바람을 동반한 눈보라 현상으로 우리말로는 폭풍설(暴風雪)이라고도 한 다. 이러한 현상이 발생하는 이유는 남극지방의 급격한 기온변화 때문이라고 볼 수 있는데, 몇 시간 사이에 영하 10도에서 영하 20도로 기온이 급강하하면서 동시에 초속 40 ~ 80m의 강풍이 불며 눈이 몰아친다.

□ **외쿠메네(ökumene)** *

지구상에서 인간이 거주할 수 있는 지역을 말한다. 지구표면의 육지에서 사막·고산지대, 극지방의 빙설 지대·동토(凍土) 등을 제외한 지역으로, 약 87%가량이 해당되는데, 세계인구의 자연증가율에 비추어 볼 때 이의 증대가 시급하다. 근래 들어 농경법의 개량, 자연개발의 진척, 내한·내건기술의 발달 등으로 외 쿠메네의 확대가 이루어지고 있다.

더 알아보기

아뇌쿠메네(Anökumene) ⋯ 인간 비거주지역으로, 고산·극지·설선·사막지역을 말한다.

□ **툰드라(Tundra)** *

타이가(Taiga)지대의 북에 접한 북극권 내의 지표로 대부분의 낮은 얼음으로 덮여 있다. 여름에는 지표의 일부가 녹아서 습지가 되며, 지의류·선태류·작은 관목 등의 식물과 순록 같은 동물이 살 수 있다. 유라 시아 북부·캐나다 북부·시베리아 북부·알래스카 북부 등지에 위치하고 있다.

더 알아보기

타이가(Taiga) ⋯ 북반구의 경작한계와 툰드라지대 사이로, 연교차가 60℃ 이상이며 포드졸 토양이다. 시베리아와 캐나다의 침엽수림대가 대표적이다.

□ **인구소멸 위험지역** ***

소멸위험지수가 0.5 미만인 지역을 인구소멸위험지역으로 분류한다. 2020년을 기준으로 한국고용정보원 이 전국 228개의 시·군·구를 대상으로 분류한 결과, 228개 중 105곳(46.1%)이 인구소멸위험지역으로 분류, 105곳 중 97곳(92.14%)이 비수도권 지역에 집중되었다. 소멸위험지역은 낙도지역이나 농어촌지역 뿐만 아니라 도청 소재지, 광역대도시까지 확대되고 있는 양상이며 코로나19로 인해 지방의 제조업 위기 가 도래하면서 더욱 가속화되었다.

□ **에어포켓(Air Pocket)** **

대기 중에 국지적인 하강기류가 있는 구역을 말하며, 이 구역에서 비행중인 항공기에는 수평자세로 급격히 고도가 낮아지는 현상이 발생하게 된다. 이는 적운 계통의 구름, 강, 늪, 삼림의 상공, 산악이나 높은 건물의 바람맞이 상공에 생기는 것으로 우리나라 대관령 상공에서도 자주 일어난다. 선박 또는 해상구조물이 침몰하였을 경우 내부에 공기가 남아있는 공간도 에어포켓이라 한다.

□ **북대서양진동(NAO : North Atlantic Oscillation)** *

북대서양진동은 아이슬란드 근처의 기압과 아조레스(Azores) 근처의 기압이 서로 대비되는 변동으로 구성된다. 평균적으로 아이슬란드의 저기압 지역과 아조레스의 고기압 지역 사이에 부는 편서풍은 유럽 쪽으로 전선시스템을 동반한 저기압을 이동시키는 역할을 한다. 그러나 아이슬란드와 아조레스 사이의 기압차는 수일에서 수십년의 시간 규모상에서 섭동(攝動)을 하는 현상을 보이므로 때때로 역전될 수도 있다.

□ **엘니뇨(El Nino)현상** ***

남미 에콰도르와 페루 북부연안의 태평양 해면온도가 비정상적으로 상승하는 현상으로, 아프리카의 가뭄이나 아시아 · 남미지역의 홍수 등을 일으키는 원인이다. 엘니뇨는 스페인어로 '신의 아들'이란 뜻인데, 크리스마스 때 이 현상이 가장 현저해서 붙여진 이름이다.

□ **라니냐(La Nina)현상** ***

적도 부근의 표면 해수온도가 갑자기 낮아지는 현상이다. 엘니뇨와 번갈아 대략 4년 주기로 일어나며, 이 현상으로 인한 대기순환 교란은 1 ~ 3년간 여파를 미친다. 반(反)엘니뇨현상으로도 불린다.

□ **블로킹(Blocking)현상** *

저지현상(沮止現象) 혹은 블로킹 고기압이라고도 하며 중위도 지역의 대류권에서 우세한 고기압이 이동하지 않고 장기간 한 지역에 머물러 동쪽으로 움직이는 저기압의 진행이 멈추거나 역행되는 현상을 말한다.

□ **싱크홀(Sink Hole)** *

지하 암석이 용해되거나 기존에 있던 동굴이 붕괴되면서 생긴 움푹 파인 웅덩이를 말한다. 장기간의 가뭄이나 과도한 지하수 개발로 지하수의 수면이 내려가 지반의 무게를 견디지 못해 붕괴되기 때문에 생기는 것으로 추정되며, 주로 깔때기 모양이나 원통 모양을 이룬다. 석회암과 같이 용해도가 높은 암석이 분포하는 지역에서 볼 수 있다.

더 알아보기

블루홀(Blue Hole) ··· 바닷속에 위치한 동굴 또는 수중의 싱크홀을 일컫는다.

□ **삼각주(Delta)** *

하천이 호수나 바다와 만나는 지점에서 하천을 따라 운반되어 온 토사가 퇴적하여 만들어진 충적평야로, 토양이 매우 기름져서 일찍부터 농경이 발달하였다. 나일강 하구, 미시시피강 하구, 낙동강 하구 등이 이에 속한다.

□ **범람원(汎濫原)** *

하천이 홍수 등으로 인해 주변으로 범람하여 토사가 퇴적되어 생긴 평야를 말한다. 범람원은 장년기 이후의 지형에서 특히 넓게 나타나며, 그 안에 자연제방이나 후배습지가 생겨 강이 자유롭게 곡류하게 된다. 충적평야의 일종으로 토지가 비옥하여 주로 농경지로 이용된다. 우리나라의 경우 연강수량의 변화나 계절적 강수량의 변화차가 크기 때문에 발달이 탁월하다.

□ **선상지(扇狀地)** *

하천상류의 산지에서 평지로 바뀌는 경사의 급변점(곡구)에서 유속이 감소하여 골짜기 어귀에 자갈이나 모래(토사)가 퇴적되어 이루어진 부채꼴 모양의 완만한 지형이다. 골짜기 어귀에 중심을 선정, 선상지 말단부를 선단, 그리고 그 중간을 선앙이라고 부른다. 토지의 이용면에서 볼 때, 선정은 산림 취락의 입지와 밭으로 사용되며, 선앙은 과수원으로, 선단은 물이 용천하기 때문에 취락 입지와 논으로 사용한다. 우리나라는 구례·사천·추가령 지구대의 석왕사 등 선상지가 많은 편이나, 산지의 대부분이 저산성 산지로 경사의 급변점이 낮아 선상지의 발달은 미약하다.

□ **카르스트(Karst)지형** ***

석회암지대에 생기는 특수한 지형으로, 빗물이나 지하수에 의해 침식되어 형성된다. 지하에 생긴 동굴은 종유동이라 하는데, 돌리네·종유석·석순·석회주 등 기암괴석이 많으며 우리나라에서는 연변의 동룡굴, 울진의 성류굴, 제주도의 만장굴 등이 유명하다.

□ **라피에(Lapies)** *

석회암이 나출된 대지 등에서 석회암의 용식에 의하여 형성된 작은 기복이 많은 지형으로 카르스트 지형 중에서 가장 일반적인 것이다. 영국에서 부르는 '크린트'는 석회암이 나출된 면을 일컫고, '그라이크'는 수직인 파이프 모양의 구멍을 일컫는다. 또, 석회암의 나출면이 절리 등을 따라서 홈이 파이는 경우도 있다. 석회암이 움푹 들어간 부분에 토양이 메워지고, 튀어나온 부분이 묘석을 세워 놓은 것 같은 모양을 나타내기도 한다. 이들 라피에가 집합되어 있는 지역을 '카렌펠트(Karrenfelt)'라고 부른다.

□ **이수해안(離水海岸)** *

육지의 융기 또는 해면의 저하로 생긴 해안을 말한다. 예로부터 융기지역의 해안에 생기는 경우가 많으며, 일반적으로 해안선이 평탄하고 얕은 해저의 앞바다에는 연안주, 석호 등이 발달한다.

□ 해안단구(海岸段丘) *

해안지형에 있어 해식애·단층해안 등이 점차적으로 융기되어 육지화된 계단 모양의 지형으로 바닷가 취락의 형성, 교통로 등으로 이용되고 있다.

□ 지구대(地溝帶) *

지반의 단층작용에 의해 침하되어 생긴, 평행하는 두 단층 사이에 끼어 있는 좁고 깊게 파인 지대이다. 라인지구대, 동아프리카지구대, 형산강지구대, 추가령지구대 등이 그 예이다.

□ 모레인(Moraine) *

빙하에 의하여 운반된 점토·모래·자갈 등의 암설(巖屑)을 말한다. 이것은 하천과 바닷물에 의하여 운반된 토양과 달리, 층리가 없고, 또 대소의 암층을 혼합한 채로 퇴적한다. 빙하의 표면·내부·적부·종단부 등 그 위치에 따라, 표퇴석·내부퇴석·저퇴석·중앙퇴석으로 구분된다. 또 단퇴석은 빙하의 선단에 있었던 암설이 빙하가 녹았기 때문에, 그대로 그곳에 퇴적한 것을 말한다. 현재 퇴석은 독일·구소련·북미 등지에서 많이 볼 수 있다.

□ 인공강우(人工降雨) *

구름에 인공적인 영향을 주어 비가 내리게 하는 것이다. 구름층은 형성되어 있으나 대기 중에 응결핵 또는 빙정핵이 적어 구름방울이 빗방울로 성장하지 못할 때 인위적으로 '비씨(구름씨,Cloud Seed)'를 뿌려 특정지역에 강수를 유도하는 것이다. 즉, 과냉각된 구름(어는 점 이하의 온도에서 존재하는 물방울로 이루어진 구름)에 드라이아이스나 요오드화은 등의 응결핵을 뿌리면 이것을 중심으로 빗방울이 생기는 현상을 이용하는 것이다.

더 알아보기

인공강우를 만드는 방법
- 항공기를 이용해 구름 위와 아래, 구름에 구름씨를 살포하는 방법
- 산의 경사면에서 연소기로 요오드화은을 태워 구름에 주입하는 방법
- 로켓 또는 대포를 이용해 요오드화은을 구름 속으로 발사하는 방법

□ 와디(Wadi) *

아라비아 및 북아프리카 지방의 건조지역에 많이 있는 간헐하천으로 비가 내릴 때 이외에는 물이 마르는 개울이다. 건조지대, 특히 사막에 있는 하상(河床)은 늘 물이 없으므로 마른강이라고도 한다. 폭우가 쏟아지면 모래와 자갈이 섞인 물이 흐르나 비가 그치면 곧 마른다. 빗물이 지하수가 되어 오아시스가 생기는 수도 있으므로, 대상(隊商)들이 이곳을 길로 이용한다.

□ 극와동(極渦動) *

극지방에서 볼 수 있는 회오리바람처럼 갑작스레 변화하는 기상현상으로, 불과 수 시간의 타임스케줄을 갖는다. 이 때문에 우리나라를 비롯한 동아시아는 기상변화에 큰 영향을 받는다.

02 환경 · 공해

□ **CF100(24/7 Carbon Free Energy)** ***

24시간 일주일 내내 전력의 100%를 풍력, 태양력, 원자력 등의 무탄소 에너지원으로 공급받아 사용하는 것이다. CF100은 구글이 2018년에 새로운 지속 가능 목표로 처음 제시했으며, 2030년까지 전 사업장에서 달성하겠다고 밝혔다. 사용 전력의 100%를 재생에너지로 충당하는 RE100의 대안으로 언급되고 있는데, RE100과 가장 다른 점은 ▲ 탄소 배출이 없는 무탄소 에너지로 전력을 100% 공급한다. ▲ 재생에너지뿐만 아니라 원전, 수소, 탄소포집 · 활용 · 저장 기술 등을 포함한다.

□ **베이크 아웃(Bake Out)** ***

새로 지은 건축물 또는 보수작업을 마친 건물 등의 실내 공기 온도를 높여 건축자재나 마감재료에서 나오는 유해물질을 제거하는 방법이다. 온도를 일시적으로 올려 환기함으로써 새집증후군 위험에서 어느 정도 벗어날 수 있다.

□ **글로벌(Global) 500** ***

1978년 당시 유엔환경계획(UNEP)의 사무총장이었던 모스타파톨바 박사의 제안으로 제정된 환경 분야의 가장 권위 있는 상으로, 노벨환경상으로도 불린다. 환경보호에 특별한 공로가 있는 개인 또는 단체를 선정하게 되는데, 1992년까지 모두 500명의 수상자가 선정되었고, 2단계로 1993년부터 새로운 500명 선정이 시작됐다.

□ **탄소중립** *

탄소제로라고도 한다. 온실가스를 흡수하기 위해서 배출한 이산화탄소의 양을 계산하고 탄소의 양만큼 나무를 심거나 풍력 · 태양력 발전과 같은 청정에너지 분야에 투자해 오염을 상쇄한다. 온실가스를 배출한 만큼 온실가스를 제거하는 대책을 세워 실질 배출량을 '0'으로 만들기 위한 계획이다. 즉, 대기 중으로 배출한 온실가스의 양을 상쇄할 수 있을 정도로 온실가스를 흡수하여 총량을 중립으로 만들겠다는 의미이다. 이를 시행하는 대책으로 숲을 조성하여 산소를 공급하거나 재생에너지를 생산하는 방법, 온실가스 배출량에 상응하는 탄소배출권을 통해 구매하는 방법 등이 있다.

> **더 알아보기**
>
> **탄소배출권** … 지구온난화를 유발하는 온실가스를 배출할 수 있는 권리이다. 온실가스 배출량이 많은 기업은 기술개발을 통해 자체적으로 배출량을 줄이거나 배출권을 구입하여 할당 범위 내에서만 온실가스를 사용해야 한다. 남거나 부족한 배출권은 거래가 가능하다.

□ **제로 웨이스트(Zero Waste)** ***

환경보호를 위해 플라스틱 용기, 비닐봉지, 나무젓가락 등 일회용품 사용을 자제하고 장바구니나 도시락 통, 텀블러 등을 사용하는 것을 말한다. 쓰레기 배출을 제로(0)로 만들자는 취지로 시작되었으며 더 많은 참여자를 독려하기 위하여 최근에는 해시태그를 이용한 캠페인도 벌이고 있다. SNS에 자신의 제로 웨이스트 사진을 올린 뒤 지인을 태그하여 릴레이 하는 형식이다. 제로 웨이스트의 구체적인 방법으로는 개인 용 용기(도시락 통)에 음식 포장하기, 남은 재료를 활용하여 요리하기, 휴지보다 손수건을 이용하기, 장바 구니 사용하기, 빨대 사용 자제하기 등이 있다.

더 알아보기

레스 웨이스트 ··· 환경을 보호하기 위해서 불필요한 쓰레기나 일회용품의 배출량을 줄이는 가치관을 의미한다.

□ **플로깅 Plogging** ***

스웨덴에서 시작하여 북유럽을 중심으로 확산된 이 운동은, 조깅을 하면서 길가에 버려진 쓰레기를 줍는 것을 말한다. 줍깅이라고도 하며 국립국어원에서는 플로깅을 우리말로 쓰담달리기라고 선정한 바 있다.

□ **유엔인간환경회의(UNCHE : United Nations Conference for Human Environment)** ***

1972년 스웨덴의 스톡홀름에서 '하나뿐인 지구'라는 슬로건 하에 개최된 국제회의로, 스톡홀름회의라고도 한다. 지구의 환경파괴를 막고 천연자원이 고갈되지 않도록 국제적인 협력 체제를 확립하는 것을 목적으 로 하며, 따라서 환경오염 물질의 규제, 천연자원의 보호, 국제기구설치 문제 등을 주요 의제로 다루었다. 인간의 경제활동으로 인한 공해 · 오염 등의 문제를 국제적 수준에서 다루기 위해서 '인간환경선언(스톡홀 름선언)'과 109개 항의 권고로 이루어진 행동계획을 채택하였으며, '유엔환경계획(UNEP)'을 설치하고 환경 기금을 조성하는 등의 합의를 이끌어 냈다. 또한 이 회의가 개최된 6월 5일은 '세계 환경의 날'로 제정되었다.

□ **유엔환경계획(UNEP : United Nations Environment Program)** **

유엔인간환경회의(UNCHE)의 결의에 따라 1973년 케냐의 나이로비에 사무국을 설치한 유엔의 환경관련활 동 종합조정기관이다. 환경 관련 지식을 증진하고, 지구환경 상태의 점검을 위해 국제적인 협력을 촉진하 는 것을 목적으로 한다. 선진국의 공해와 개발도상국의 빈곤 등 인간거주문제가 환경문제의 최우선이라 보고 환경관리가 곧 인간관리라고 규정하며, 인구와 도시화, 환경과 자원, 환경생태에 관한 연례보고서를 작성하고 5년마다 지구 전체의 환경 추세에 대한 종합보고서를 발간하는 등의 활동을 전개하고 있다. 1987년 오존층 파괴 물질에 대한 '몬트리올의정서'를 채택하여 오존층 보호를 위한 국제협력체계를 확립 하였으며, 지구환경감시시스템 및 국제환경정보조회시스템을 구축하였고 '글로벌 500'을 제정하는 등 다양 한 활동을 전개하고 있다. 우리나라는 1972년에 가입했다.

□ 몬트리올의정서(Montreal Protocol) ***

지구 오존층 파괴 방지를 위하여 염화불화탄소(CFC, 프레온가스) · 할론(Halon) 등 오존층 파괴 물질 사용에 대해 규정한 국제환경협약이다. 1974년 미국 과학자들의 CFC 사용 규제에 대한 논의로부터 시작되었으며, 1985년 '비엔나협약'에 근거를 두고 1987년 캐나다 몬트리올에서 정식 채택되었다. CFC의 사용 및 생산금지, 대체물질 개발 등을 주요 골자로 하고 있으며 1992년 코펜하겐에서 열린 제4차 회의에서 '코펜하겐의정서'를 채택하였다. 우리나라는 1992년에 가입하였다.

더 알아보기

- **비엔나협약** : 1958년 채택된 오존층 보호에 관한 협약으로 오존층 파괴 예방을 위한 법적 · 행정적 조치 실시, 오존층 보호를 위한 조사 · 관찰 및 연구 · 정보교환 등 추상적인 의무를 당사국에만 부과하는데 그쳤다.
- **코펜하겐의정서** : 몬트리올의정서의 개정의정서로 당초 2000년에 전폐하기로 했던 계획을 1996년으로 앞당기고, 규제대상 물질도 20종에서 95종으로 확대했다.

□ 유엔환경개발회의(UNCED : United Nations Conference on Environment and Development) ***

인간환경회의 20주년을 기념하여 1992년 브라질의 리우데자네이루에서 열린 지구환경보전회의로 114개국의 국가정상, 185개국의 정부대표 및 3만여 명의 환경전문가 · 민간 환경단체 등이 참가한 인류 최대의 환경회의이다. 정부 대표가 중심이 된 유엔환경개발회의와 각국 민간단체 및 환경전문가가 중심이 된 지구환경회의가 함께 개최되었는데, 이를 'Earth Summit' 또는 '리우회의'라고도 한다. 이 회의의 주제는 '자연환경 보전과 경제개발의 양립', '환경적으로 건전하고 지속가능한 발전(ESSD)'이었으며, '리우선언', '의제 21', '기후변화협약', '생물다양성협약', '산림보존원칙' 등을 채택하였다.

□ 리우선언(Rio宣言) ***

1992년 브라질의 리우데자네이루에서 열린 유엔환경개발회의(UNCED, 리우회의)에서, 환경보전과 개발전략의 조화 등 선언적 사항을 규정한 지구헌장이다.

더 알아보기

의제 21(Agenda 21) … 1992년 유엔환경개발회의(UNCED)에서 채택된 21세기를 향한 '지구환경보전행동계획'의 별칭이다.

□ GWP(Global Warming Potential) *

잘 혼합되는 온실가스의 복사 특성을 기술하는 데 있어서 이러한 기체들이 대기에 존재하고 있는 시간이 서로 다르다는 것과, 외부로 방출되는 적외복사를 흡수하는 데 있어서 상대적인 유효성을 가지고 있음을 복합적으로 고려한 효과를 기술하는 지구온난화지수이다. 이 지수는 이산화탄소의 온난화효과를 기준으로 이에 상대하여 현재 대기에서 주어진 온실가스의 단위 질량당 온난화효과를 근사적으로 시간 적분한 것이다.

□ **환경개선부담금제(環境改善負擔金制)** *

오염원인자 부담원칙에 따라 오염물질을 배출한 오염원인자에게 오염물질 처리비용을 부담하게 하는 제도
이다. 부과대상자는 폐수나 대기오염물질을 많이 배출하는 호텔 · 병원 · 백화점 · 수영장 · 음식점 등의 건
물과 경유자동차이며, 지방자치단체는 이들로부터 3월과 9월 1년에 두 차례 부담금을 징수한다. 환경개선
부담금이 면제되는 건물은 단독주택 · 아파트 등 공동주택, 160㎡ 미만의 시설물 · 공장 · 창고 · 주차장 등
이다. 지방자치단체가 징수한 환경개선부담금은 징수비용(징수금액 중 10%)을 제외하고는 전액 환경부의
환경개선특별회계로 귀속된다.

□ **생물다양성협약(CBD : Convention on Biological Diversity)** **

지구상의 동 · 식물을 보호하고 천연자원을 보존하기 위한 국제협약으로 유엔환경개발회의(UNCED)에서 정
식 채택되었다. 멸종위기의 동 · 식물은 물론 생물이 지닌 유전자를 포함 지구상의 모든 생태계를 보존하
려는 것이 그 목적이며 각 국가별 지침을 별도로 마련해 실천하도록 하여 생물자원의 주체적 이용을 제한
하고 있다. 우리나라는 154번째로 서명했다.

□ **생물안전의정서(The Caragena Protocol on Biosafety)** **

유전자변형작물(GMO)의 교역을 규제하는 첫 국제규정으로 유전자변형작물의 안전한 교역과 취급 · 이용을
보장하는 내용을 담고 있다. 1992년 유엔환경개발회의에서 채택된 생물다양성협약에 기초한 것으로 미국
과 캐나다 등 주요 곡물 수출국의 반대에 미뤄지다가 2000년 캐나다 몬트리올에서 채택되었다. 이 의정서
에 따라 규제를 받는 품목은 유전자조작을 거친 동물, 씨앗이나 사료 등을 포함한 식물, 박테리아 · 백신
등과 같은 미생물과 의약품, 식품 · 가공품 등으로 유전자조작 관련 품목의 수출국이나 수출업자들은 선적
화물에 유전자조작 여부를 반드시 표시해야 한다. '카르타헤나의정서', '바이오안전성의정서'라고도 한다.

□ **람사협약(Ramsar Convention)** ***

물새서식지로 중요한 습지보호에 관한 협약으로 1971년 2월 이란 람사르에서 채택돼 1975년 12월 발효
됐다. 국경을 넘어 이동하는 물새를 국제자원으로 규정하고 가입국에 습지를 보전하는 정책을 펴도록 의
무화하고 있으며, 협약에 가입한 국가들은 보전가치가 있는 습지를 1곳 이상씩 협약사무국에 등록하고 지
속적인 보호정책을 펴야 한다. 협약은 습지를 바닷물이나 민물의 간조시 수심이 6m를 넘지 않는 늪과 못
등 소택지와 개펄로 정의하고 있다. 습지는 육상 동 · 식물의 안식처 역할을 할 뿐 아니라 수중생태계 환
경을 조절하는 소중한 자원이지만 그동안 농지와 택지개발 명분에 밀려 파괴되는 경우가 많았다. 우리나
라는 1997년 7월 28일 람사협약이 국내에서 발효되어 세계 101번째 가입국이 됐다.

□ **런던협약(London Dumping Convention)** *

폐기물 및 기타 물질의 투기에 의한 해양오염방지에 관한 조약이다. 1972년 영국 런던에서 채택되어
1975년에 발효된 런던덤핑조약이 1992년에 런던협약으로 개명된 것이다. 국제해상기구(IMO)가 협약을
담당하고 있으며, 우리나라는 1993년에 가입하였다.

□ **바젤협약(Basel Convention)** **

1989년 스위스 바젤에서 채택된 것으로 유해폐기물의 국가 간 이동 및 처리에 관한 협약이다. 가입국은 동·아연·카드뮴 등 47종의 폐기물을 국외로 반출해서는 안되며, 자국 내에서도 폐기물 발생을 최소화하고 충분한 처리시설을 확보해야 한다. 1992년에 발효되었으며, 우리나라는 1994년에 가입했다.

□ **워싱턴협약(CITES)** *

멸종위기에 처한 야생 동·식물의 국제거래에 관한 협약으로, 세계적으로 멸종위기에 처해 있는 야생 동·식물의 상업적인 국제거래 규제 및 생태계 보호를 목적으로 한다. 정식 명칭은 '멸종위기에 처한 야생 동·식물의 국제거래에 관한 협약'이지만 1973년 워싱턴에서 채택되어 워싱턴 협약이라 불린다. 야생 동·식물을 멸종위기 정도에 따라 3등급으로 구분하여 차등 규제하고 있으며 우리나라는 1993년에 이 협약에 가입했다.

□ **환경호르몬(Environmental Hormone)** **

정식 명칭은 외인성 내분비교란물질로 인체에 들어가면 여성호르몬과 똑같은 작용을 하여 이러한 이름이 붙었다. 남성의 정자수를 감소시키고, 성장억제·생식이상 등을 일으키는 것으로 의심받고 있다. 1996년 3월 미국에서 「잃어버린 미래(Our Stolen Future)」라는 책이 출판되면서 세계적인 관심을 끌게 되었다. 다이옥신 등 70여 종의 화학물질이 여기에 해당되는 것으로 알려져 있다.

□ **그린라운드(Green Round)** *

국제적으로 합의된 환경기준을 설정하여 이것에 미달하는 무역상품은 관세부과 등 각종 제재를 가하기 위한 환경문제 다자간협상을 뜻한다. 1991년 미국의 막스 상원의원이 환경문제를 세계적으로 논의하고 해결해야 할 시기라고 주장하며, 이전의 GATT체제(현재는 WTO체제) 속에 환경관련규범을 신설할 것을 처음으로 제안하였다. 환경문제의 세계화에 의해 지구를 보호하기 위한 목적이나, 국가 간의 환경기술이나 소득의 차이 등에 의해 환경보호기준의 차이가 심해 선진국의 무역장벽의 역할을 할 수 있다는 우려도 있다.

□ **세계물포럼(WWF : World Water Forum)** *

물 위기의 심각성을 지적하고, 공통의 해결방안을 모색하는 지구촌 최대의 물 관련 행사이다. 1997년 모로코 마라케시를 시작으로 3년마다 열리고 있으며, 정부·비정부기구·전문가·시민 등의 각계각층이 21세기 물 문제에 대한 해결을 논의하고 그 중요성을 세계에 인식시키기 위한 목적으로 세계수자원회의(WWC : World Water Council)에 의해 제창되었다.

더 알아보기

물 부족 국가 … UN의 국제인구행동연구소(PAI : Population Action International)에서 전 세계 국가를 대상으로 평가해 물이 부족하다고 분류한 일군의 나라를 일컫는다. 이 연구소의 분석에 따르면 연간 물 사용가능양이 1,000㎥ 미만은 물기근국가, 1,000 ~ 1,700㎥는 물부족국가, 1,700㎥ 이상은 물풍요국가로 분류된다.

□ 골드만 환경상(Goldman Environment Prize) ***

1990년 리처드 골드만 부부에 의해서 제정된 상으로 환경 분야에서 뛰어난 업적을 세운 환경운동가에게 수여되는 세계 최대 규모의 환경상이다. 매년 각 대륙(북미 · 중남미 · 유럽 · 아시아 · 아프리카 · 기타 섬나라)을 대표하는 환경활동가 1명씩을 선정하여 12만 5천 달러씩의 상금과 함께 상을 수여한다. 수상 대상자는 과학자나 학자, 정부 관료보다도 주로 개인적인 풀뿌리 환경운동가에게 우선권이 주어지며, 환경보호에 대한 최근의 업적에 대해 시상하고 평생에 걸친 업적이 그 대상은 아니다. 또한 죽은 사람에게는 시상하지 않는다.

□ 그린피스(Green Peace) ***

국제적인 자연보호단체이다. 남태평양 폴리네시아에서의 프랑스 핵실험에 항의하기 위해 선박을 출항시킨 운동을 계기로 1970년에 조직되었으며, 본부는 네덜란드의 암스테르담에 있다. 전멸위기의 야생동물 보호, 원자력발전 반대, 핵폐기물의 해양투기 저지운동 등 폭넓은 활동을 전개하고 있다.

□ 에코에티카(Ecoethica) *

생태학(Ecology)적 바탕 위에 만들어야 할 새로운 윤리학(Ethics)으로, 에코에티카는 과학기술의 발달로 삶의 공간이 혁명적으로 변화함에 따라 근본적인 세계관의 변화를 요구하는 대안적인 가치체계이다.

□ 그린에너지(Green Energy) *

석탄 · 석유 · 원자력과 달리 환경을 오염시키지 않는 깨끗한 에너지로 태양열 · 지열 · 풍력 · 파력(波力) · 조류(潮流) 등 자연에너지를 말한다. 현재 세계 각국은 석유를 대신할 에너지원으로 그린에너지 개발연구를 서두르고 있다.

□ 리사이클링시스템(Recycling System) ***

자원의 순환 이용에 의해 공해를 방지하고 자원이용의 효율성을 높이기 위한 인공자원순환시스템이다. 1973년 오일쇼크 이래 세계 각국에서 생활하수를 정제시켜 세척용수나 살수용수로 사용하는 중수도와 폐기물에서 유용물질을 회수하거나 폐기물을 에너지원으로 사용하는 방법 등을 개발하여 실용화하고 있다.

더 알아보기

중수도(中水道) ··· 산업배수나 하수 등을 생척용수 · 공업용수 등으로 재활용할 수 있도록 다시 처리하는 시설을 말한다. 상수도와 하수도 중간에 위치한다는 뜻에서 비롯된 말로, 주로 수세식 화장실용수, 냉각용수, 청소용수, 세차용수, 살수용수(撒水用水), 조경용수, 소방용수 등 잡용도로만 쓰이기 때문에 잡용수라고도 한다. 중수도는 수돗물 소비량을 줄이고 하수 발생량을 감소시켜 수질보전의 효과를 얻을 수 있고, 물 부족으로 인한 어려움을 덜 수 있다.

□ 핏포55 **

EU 집행위원회가 탄소배출감축을 위해 구체적인 실행안을 담은 정책 패키지로, 온실가스 순 배출량을 2030년까지 1990년 기준 최소 55%로 줄인다는 목적이다.

□ **배출부과금(排出賦課金)** **

허용기준을 넘는 오염물질을 배출한 업체에게 환경부가 물리는 일종의 벌금이다. 오염물질의 기준초과정도, 배출기간, 오염물질의 종류, 배출량, 위반횟수에 따라 부과금의 요율이 달라진다. 부과대상 오염물질은 아황산가스 등 대기오염물질, 생화학적 산소요구량 등 수질분야, 그리고 악취가 포함된다.

□ **P4G(Partnering for Green Growth and the Global Goals 2030)** **

정부기관과 더불어 민간부문인 기업 · 시민사회 등이 파트너로 참여하는 21세기 융합형 조직으로서 기후변화 대응과 지속가능한 발전 목표를 달성하려는 글로벌 협의체이다. 즉 녹색성장 및 글로벌 목표 2030을 위한 연대이다. 개발도상국을 중심으로 각국이 기후변화에 대한 대응을 적절히 하면서 지속가능한 발전을 하도록 지원한다.

□ **업사이클링(Up-Cycling)** ***

리사이클링은 의미 그대로 재활용이란 뜻으로 사용한 물품을 물품 본래 모습 그대로 다시 활용하는 것을 말한다. 업사이클링은 'Upgrade'와 'Recycling'의 합성어로, 디자인이나 활용도를 더하여 전혀 다른 제품으로 생산하는 것을 말한다. 버려지는 물건을 재활용하여 필요한 제품으로 재탄생시키며 착한 소비, 가치 있는 소비로 새로운 소비트렌드가 되었다.

더 알아보기

대표적인 업사이클링 사례

구분	내용
플라스틱	• 버려진 플라스틱으로 전기 · 수소에너지를 생산하는 기술을 개발 • 나일론, 폴리에스테르의 섬유로 개발
음식물쓰레기	바이오매스(광합성에 의해 만들어진 식물 뿌리, 껍질 등)를 통하여 액체나 고체, 가스연료로 사용
소다미술관	방치되어 있는 찜질방 건물을 리모델링하여 디자인 · 건축 미술관으로 재탄생
폐원단	의류, 가방, 마스크 등으로 재생산

□ **그린GNP** ***

국민총생산(GNP)은 한 해 동안 한 국가의 국민이 생산한 재화와 서비스의 화폐 가치로서 한 국가의 경제 활동과 경제적 후생을 표시하는 지표로 사용되어왔다. 그러나 GNP의 지표는 자원, 오염문제에 따른 사회적 비용을 반영하지 못하기 때문에 정책 입안 및 평가 과정에서 경제와 환경을 통합한 새로운 지표가 필요하게 되었다. 예를 들면 대기오염으로 호흡기 질환 환자가 증가해 병원이나 약국을 찾는 사람이 늘어난다면 이는 사회적으로 바람직하지 않은 현상이지만, 의료 서비스업은 소득이 증가하기 때문에 GNP는 상승한다. 이러한 문제점을 해결하기 위해 나타난 것이 그린GNP이다. 그린GNP는 환경에 영향을 주는 경제 행위를 분류해낼 수 있고, 그 경제 행위가 환경에 미치는 영향을 평가할 수 있다는 장점을 지닌다. 반면 기존의 GNP 통계와 함께 사용하지 않을 경우 경제정책 수립에 어려움이 있으며 여건 변화에 대응하기 어렵다. 따라서 유엔통계국이 주도하는 그린GNP는 기존의 GNP 구조를 유지하면서 문제점을 보완하는 형식으로 추진되고 있다.

□ COP26 ***

공식 명칭은 제26차 유엔기후변화협약 당사국총회로 2021년 10월 31일에 개막하여 11월 13일 오후 11시 30분경(영국 현지 시각 기준)에 폐막하였다. 유엔 기후변화협약(1992년)에 서명한 나라들이 1995년부터 매년 모이는데, 올해가 26번째로 당사국 197개국 중 한국, 미국, 캐나다를 포함한 130여 개국 정상들이 참여하였다. 이번 글래스고 기후합의에서는 지구 온도 상승을 1.5℃로 제한하기 위한 노력을 추구하기로 결의한다는 내용을 담고 있으며 전 지구적 기후변화 적응에 대한 진전 등을 평가하기 위한 글로벌적응목표(GGA)에 대한 방법론과 지표 등을 개발하는 작업을 기후변화협약 부속기구 주관하에 2년간 진행하기로 결정하였다. COP21(파리)에서 각국이 2030년까지 국가감축목표(NDC)를 5년마다 갱신하기로 하여 2025년에 제출해야할 NDC를 내년 말까지 제출하기로 하였다. 또한 2025년까지 선진국들이 개발도상국의 기후위기 적응(탄소배출 줄이는 기술 개발, 재생에너지 전환)을 최소 두 배 이상 부담을 늘리겠다는 약속을 하였으며 5년 넘게 지지부진했던 국제탄소시장 지침을 타결하여 2015년 채택된 파리협정의 세부 이행규칙을 완성하였다. 한편 27차 유엔기후변화협약 당사국 총회는 이집트 샤름엘세이크에서, 2023년 제28차 총회는 아랍에미리트에서 개최될 예정이다.

□ **자연휴식년제(自然休息年制)** *

오염상태가 심각하거나 황폐화가 우려되는 국·공립 공원 등을 지정해 3년간씩 출입을 통제해 자연의 생태계파괴를 막고 복원하기 위한 제도이다.

□ **국제배출권거래제(International Emission Trading)** **

각국이 자국에 허용된 배출량 중 일부를 거래할 수 있는 것으로써 탄소배출권을 주식이나 채권처럼 시장에서 거래할 수 있도록 만든 제도를 말한다. 2005년 2월부터 발효된 교토의정서에 따르면, 유럽연합(EU) 회원국과 일본 등 38개국은 제1차 의무공약기간(2008 ~ 2012년)동안 연평균 온실가스 배출량을 1990년 배출량 기준 대비 평균 5.2% 감축시켜야 하는 법적 의무를 규정하고 있다. 이 목표를 채우지 못한 국가나 기업들은 벌금을 내거나 거래소에서 탄소배출권을 사야하고, 감축의무대상국이 아니거나 배출량이 적은 개도국은 배출권을 거래할 수 있다. 배출권의 발급권한은 유엔이 갖고 있으며 청정개발체제(CDM)는 선진국(부속서 1국가, Annex 1 Party)이 개도국(비부속서 1국가, Non − Annex 1 Party)내에서 온실가스 배출 감축 프로젝트를 통해 온실가스 배출을 줄이면 그에 상응하는 배출권을 거래할 수 있도록 한 시스템을 갖춰 배출권 거래를 촉진시키고 있다.

□ **PPP(Polluter Pays Principle)** **

오염자 비용부담원칙이다. 환경자원의 합리적인 이용과 배분을 조장하는 동시에 국제무역이나 투자의 왜곡현상을 바로잡기 위해 오염방지비용을 오염자에게 부담시키자는 구상으로, 1972년 OECD(경제협력개발기구) 이사회가 가맹국에게 권고했다. 최근에는 오염방지비용뿐만 아니라 환경복원·피해자 구제·오염회피비용까지 오염원이 부담해야 한다는 견해가 대두되고 있다.

□ 이카루스 *

우주를 이용한 동물연구 국제협력(International Cooperation for Animal Research Using Space)으로, 동물 이주 행태의 관련 자료를 수집하기 위해 2022년에 설립된 국제 컨소시엄이다. 동물에게 소형 전파송신기를 부착하여 동물의 이동 속도나 심장박동, 이동 지역의 온도·기압·습도 등의 정보를 수집한다.

□ RE100 ***

기업이 사용하는 전력량을 재생에너지로 전환하는 캠페인이다. 2050년까지 기업이 사용하는 전력량 100%를 태양광, 풍력 등의 재생에너지로 충당하겠다는 환경 캠페인이다. 2018년 애플과 구글 등 30개 기업이 이미 100% 목표를 달성했으며 2022년 1월 기준으로 한국형 RE100에 가입한 기업, 기관은 총 74곳이다.

□ 비오토프(Biotope) **

야생생물이 서식하고 이동하는 데 도움이 되는 숲·가로수·습지·하천·화단 등 도심에 존재하는 다양한 인공물이나 자연물로, 지역생태계 향상에 기여하는 작은 생물서식공간을 말한다. 도심 곳곳에 만들어지는 비오토프는 단절된 생태계를 연결하는 징검다리 역할을 하는데, 독일을 비롯해 프랑스·일본·미국 등에서 비오토프 조성이 활발하다.

□ CITES(사이테스) ***

멸종위기에 처한 동식물 교역에 관한 국제협약이다. 국제적인 거래로 인한 동식물 생존위협을 방지하기 위해 1973년에 미국 워싱턴에서 조인되어 1975년에 발효되었다. 워싱턴 협약이라고도 하며 우리나라는 1993년 7월에 가입했다.

더 알아보기

국제자연보전(IUSN) 적색목록 분류

구분	내용
절멸(EX)	개체가 하나도 남아있지 않은 상태
야생 절멸(EW)	보호시설에서만 생존하고 있거나 원래 서식지역이 아닌 곳에서만 인위적으로 유입되어 생존된 상태
절멸 위급(CR)	야생에서 절멸 가능성이 대단히 큰 상태
절멸 위기(EN)	야생에서 절멸 가능성이 큰 상태
취약(VU)	야생에서 절멸 위기에 처한 상태
절멸위기근접(NT)	가까운 장래에 야생에서 절멸 우려 위기에 처한 상태
최소관심종(LC)	절멸 위협이 낮고 위 범주에 도달하지 않은 상태

03 의료

□ **히포크라테스 선서 ***

고대 그리스 의사 히포크라테스가 말한 의료의 윤리적 지침으로, 시대의 요구에 따라 오늘날에는 1948년에 스위스 제네바에서 세계의사협회가 발표한 '제네바 선언'이 일반적으로 낭독되고 있다. 제2차 세계대전 당시 나치의 비윤리적 인체 실험에 의사가 참여한 것을 반성하는 의미로 이후 몇 차례에 걸쳐 개정되기도 했다. 현재 우리나라에서 쓰이는 선서문도 사실은 제네바 선언문이다.

□ **인보사 ****

코오롱생명과학이 개발한 세계 최초의 골관절염 세포유전자 치료제로, 2017년 국내에서 시판 허가를 받았다. 미국에서 임상 3상을 진행하고 있었으나 인보사의 주성분 중 하나가 허가 당시 코오롱생명과학이 제출한 연골세포와 다른 신장세포라는 의혹이 나오면서 2019년 3월 31일 유통 및 판매가 중단되었다. 식품안전처의 조사에 따르면 해당 세포는 신장세포로 확인되었으며, 특히 이 신장세포는 악성종양을 유발시킬 수 있는 것으로 알려져 파문이 일었다. 이후 식약처는 추가 조사를 거쳐 2019년 5월 인보사의 품목허가를 취소하였다.

□ **햄버거병(Hemolytic Uremic Syndrome) ***

단기간에 신장을 망가뜨리는 희귀 질환으로 정식 명칭은 '용혈성요독증후군'이다. 장출혈성대장균감염증의 일종으로 신장이 불순물을 제대로 걸러주지 못해 체내에 쌓이면서 발생하게 된다. 1982년 미국에서 덜 익힌 패티가 들어간 햄버거를 먹고 이 병에 걸렸다는 주장이 나오면서 '햄버거병'이라는 이름이 붙었다. 의료계에 따르면 햄버거병(HUS)은 고기를 잘 익히지 않거나, 살균되지 않은 우유 또는 오염된 야채 등을 섭취하면 걸릴 수 있다고 한다. 성인보다는 주로 영유아나 노인에게서 발병 빈도가 높으며 햄버거병(HUS)에 걸리게 되면 몸이 붓거나 심한 설사와 구토, 복통, 미열은 물론 혈압이 높아지고 경련, 혼수 등이 일어나는 등 신경계 증상이 나타날 수도 있다. 복부통증이나 설사 등의 증상이 있다면 반드시 의료진에게 진료를 받아야 한다. 가급적 10세 미만 어린이에게는 회 등 날 음식을 먹이지 않는 것이 좋고 오염 가능성이 있는 약수나 식수보다는 정수된 물을 먹이는 것이 좋다. 환자의 약 50%는 신장 기능을 완벽히 회복하기 어렵기 때문에 지속적인 투석을 받아야 한다. 신장 기능이 손상된 경우에는 투석, 수혈 등의 조치가 이뤄지는 게 일반적이다. 사망률은 발생 환자의 5 ~ 10% 수준으로 알려져 있다.

□ 채식주의 **

채식주의란 개념이 처음으로 나타난 것은 고대 인도와 고대 그리스에서로, 불살생의 원리에 따라 종교나 철학자들에 의해 제기되었다. 유럽에서는 고대 로마가 기독교를 국교로 삼으면서 채식주의가 사라졌다가 르네상스 시기에 다시 등장하여 19세기와 20세기에 확산되었다. 1847년 영국에서 최초로 '채식주의자 협회'가 설립되었으며, 1908년에는 국제협회가 창립되었다. 최근에는 환경과 경제적 관심 때문에 채식주의자가 늘어나고 있다. 채식주의자는 육식을 피하고 식물로 만든 음식만을 먹는 사람을 뜻한다. 고기뿐만 아니라 우유, 버터, 치즈, 요구르트 등 유제품과 생선이나 달걀, 육수 등 먹지 않는 것을 말하지만 채식주의에는 여러 유형이 있어서 경우에 따라 육고기를 제외한 동물성 음식을 먹기도 한다.

더 알아보기

채식주의자 유형

- **플렉시테리언** : '유연한(Flexible)'과 '베지테리언(Vegetarian)'의 합성어로, 식물성 음식을 주로 섭취하지만 육류를 먹는 경우. 공장에서 생산되는 고기를 거부하고 자연에서 자란 고기만을 먹기도 한다.
- **폴로 베지테리언(Pollo Vegetarian)** : 폴로테리언이라고도 불리며 동물 가운데 닭이나 오리같은 가금류를 허용한 채식주의자이다. 어류와 해산물 일부를 먹기도 한다.
- **페스코 베지테리안(Pesco Vegetarian)** : 육류나 가금류는 먹지 않으며 우유, 달걀, 생선까지만 먹는 채식주의자이다.
- **락토 오보 베지테리언(Lacto Ovo Vegetarian)** : 유제품과 달걀까지는 먹는 채식주의자로, 대부분의 채식주의자들은 락토 오보 베지테리언으로 분류된다.
- **오보 베지테리언(Ovo Vegetarian)** : 유제품은 먹지 않지만 계란까지는 먹는 채식주의자이다.
- **락토 베지테리언(Lacto Vegetarian)** : 육류와 계란은 먹지 않지만 유제품은 먹는 경우로, 인도와 지중해 연안의 나라에서 흔하다.
- **프루테리언(Fruitarian)** : 과일과 견과류의 열매와 씨앗 등, 식물에게 해를 끼치지 않는 부분만 먹는 극단적 채식주의자로, 일부 프루테리언은 나무에 매달려 있는 열매는 먹지 않고, 다 익어 땅에 떨어진 열매만 먹는 경우도 있다. 영양소 결핍의 가능성이 커 그 수가 많지는 않다.
- **로비건(Raw Vegan)** : 생식주의자로, 식물성 재료가 조리과정에서 영양소가 파괴되거나 변형되는 것을 막기 위해 열을 이용해 조리하지 않고 먹는 채식주의자를 말한다.
- **비건(Vegan)** : 유제품과 계란, 벌꿀 등을 포함한 모든 종류의 동물성 음식을 먹지 않고, 짐승의 가죽으로 만든 옷이나 동물 실험을 한 화장품과 같은 상품도 사용하지 않는 채식주의자이다. 동물에게 행해지는 착취와 학대를 배제하고자 하는 의미가 포함되어 있다.

□ HACCP(Hhazard Analysis & Critical Control Point, 위해요소 중점관리기준) **

식품의 원료부터 제조, 가공 및 유통 단계를 거쳐 소비자에게 도달하기까지 모든 과정에서 위해물질이 해당 식품에 혼입되거나 오염되는 것을 사전에 방지하기 위한 식품관리 제도로, 식품의 안전성을 확보를 목적으로 한다. 이를 위해 단계별 세부 위해 요소(HA)를 사전에 제거하기 위한 중점관리 점검 항목(CCP)을 설정하고, 이를 바탕으로 종사자가 매일 또는 주기적으로 각 중점관리 항목을 점검해 위해 요인을 제거한다. HACCP의 개념은 1960년대 초 미국 우주계획의 식품 개발에 처음 적용된 이후 1993년 FAO, WHO의 국제식품규격위원회에서도 식품 위생관리 지침으로 택한 바 있다.

□ 쇼닥터(Show Doctor) **

건강정보 방송 등 매체에 빈번하게 출연하면서 근거 없는 치료법, 식품 등을 추천하는 일부 의사를 지칭한다.

□ **중증 열성 혈소판 감소 증후군(SFTS)****

Severe Fever with Thrombocytopenia Syndrome(SFTS)인 중증 열성 혈소판 감소 증후군 바이러스에 의한 감염병이다. SFTS 바이러스는 Bunyaviridae과 Phlebovirus 속에 속하는 RNA 바이러스로, 주로 산과 들판의 풀숲에 살고 있는 작은소참진드기(살인진드기)에 물려서 감염되는 것으로 추정된다. 또는 감염된 환자의 혈액 및 체액에 의한 감염도 보고되고 있다. 감염 시 발열, 식욕 저하, 구역, 구토, 설사 등의 증상이 나타나며 잠복기는 약 1 ~ 2주이다. 효과가 확인된 치료제가 없고, 항바이러스제나 백신도 없어 대증요법으로 치료한다. 자연 회복되기도 하나 12 ~ 30%에서 중증화되어 사망하기도 한다. 진드기에 물리지 않도록 하는 것이 주된 예방법이다. 보건복지부는 SFTS를 법정 감염병으로 지정하여 신종 감염병을 체계적으로 관리할 계획이다.

□ **에이즈(AIDS : Acquired Immune Deficiency Syndrome)** ***

면역결핍바이러스인 에이즈바이러스(HIV)에 감염되어 면역기능이 저하되는 질환으로 '후천성면역결핍증'이라고도 한다. 증상은 감기와 비슷한 증세인 발열, 체중 감소, 설사, 심한 피로감, 악성 종양, 호흡 곤란 등이며 면역력이 크게 떨어지기 때문에 세균 감염이 용이해지고, 이들을 방어할 수 없게 되어 결국 사망하게 된다. 에이즈바이러스가 전파되는 경로는 성관계, 혈액을 통한 전파, 감염된 여성의 출산의 3가지이며 음식이나 물, 공기, 단순한 접촉만으로는 전염되지 않는다. 수혈이나 출산에 의한 감염이 아닐 경우 감염력이 0.03 ~ 0.5% 정도로 강하지 않은 편이나 유효한 치료법이 없어 치사율이 높다.

□ **유엔에이즈계획(UNAIDS : the United Nation Programme on HIV/AIDS)** *

각 국가들의 에이즈 관리 및 예방사업을 돕기 위해 1996년 1월 창설한 UN산하의 에이즈 전담기구이다. 1990년 이후, 기하급수적인 에이즈 확산으로 인해 UN 기구 확대의 필요성이 대두되었다. 이에 UN 기구가 함께 하는 에이즈 프로그램을 실시하게 되었는데, 초기에 참여한 6개 기구는 UNICEF(유엔아동기금), UNDP(유엔개발계획), UNFPA(유엔인구활동기금), UNESCO(유엔교육과학문화기구), WHO (세계보건기구), World Bank(세계은행) 등이었으며 후에 WFP(세계식량계획), UNODC(유엔마약 및 범죄사무소), ILO(국제노동기구)가 추가로 참여하여 총 9개 기구가 함께 하고 있다. 각 국가에 에이즈에 대한 신속한 정보를 제공하고 HIV 확산 방지, 감염인 및 피해자를 위한 지원활동 등을 한다.

□ **돌파 감염(Breakthrough Infection)** ***

정해진 백신 접종 횟수를 마치고 2주간의 항체 생성기간이 지난 후에도 감염되는 경우이다.

□ **국제수역사무국(OIE : Office International des Epizooties)** *

정식 명칭은 세계동물보건기구(World Organisation for Animal Health)로 가축질병의 확산 방지와 근절을 위해 1924년에 설립되었다. 1995년 세계무역기구(WTO)의 설립과 동시에 '위생식물검역조치 적용에 관한 협정'이 발효되면서 OIE가 동물검역에 관한 국제기준을 수립하는 국제기관으로 공인됐다. 회원국은 130여 가지 가축전염병의 자국 내 발생현황을 보고할 의무가 있고, 국제적인 축산물교역은 OIE가 정하는 위생기준에 근거해야 한다. 2010년 기준 175개국이 가입해 있으며 우리나라는 1953년에 회원국이 되었다. OIE는 광우병위험등급에 따른 교역조건으로 광우병 위험 없음 − 교역조건 제한 없음, 광우병 위험통제 − 30개월 이상 소고기 SRM 제거, 위험도 미정 − 12개월 이상 소고기 SRM 제거 등으로 나누고 있다.

더 알아보기

프리온(Prion) ··· 바이러스처럼 전염력을 가진 단백질 입자로 생명체의 근원이라고 할 수 없는 유전자가 없는 상태에서도 복제를 통해 증식할 수 있다는 특징이 있다.

□ **팬데믹(Pandemic)** ***

세계보건기구(WHO)는 전염병의 위험도에 따라 전염병 경보단계를 1단계에서 6단계까지 나누는데 최고 경고 등급인 6단계를 팬데믹(Pandemic : 전염병의 대유행)이라 한다. 그리스어로 'Pan'은 '모두', 'Demic'은 '사람'이라는 뜻으로, 전염병이 세계적으로 전파되어 모든 사람이 감염된다는 의미를 지니고 있다. 특정 질명이 전 세계적으로 유행하는 것으로, 이를 충족시키려면 감염병이 특정 권역 창궐을 넘어 2개 대륙 이상으로 확산되어야 한다. 인류 역사상 팬데믹에 속한 질병은 14세기 중세유럽을 거의 전멸시킨 흑사병(페스트), 1918년 전 세계에서 5,000만 명 이상의 사망자를 발생시킨 스페인 독감, 1968년 100만 명이 사망한 홍콩 독감 등이 있다. 특히 WHO가 1948년 설립된 이래 지금까지 팬데믹을 선언한 경우는 1968년 홍콩독감과 2009년 신종플루, 2020년 코로나19 세 차례뿐이다. 한편 2020년 3월 문체부와 국립국어원에서는 팬데믹이라는 용어를 대체할 우리말로 '감염병 세계적 유행'을 선정했다.

□ **담배규제기본협약(FCTC : the Framework Convention on Tobacco Control)** *

금연을 위한 국제 협력 방안을 골자로 한 보건 분야 최초의 국제협약이다. 흡연으로 해마다 500만 명 이상의 죽음을 초래하고 있다는 문제의식에서 비롯하였으며, 세계보건기구(WHO)의 추진으로 2003년 5월 열린 세계보건총회(WHA)에서 만장일치로 채택되어 2005년 2월 발효되었다. 흡연 통제를 위해 담배광고 및 판촉의 포괄적인 금지, 간접 흡연규제, 경고문구 제한 등을 주요내용으로 하며 협약의 당사국들은 담배의 광고나 판촉 금지조치를 발효일로부터 5년 이내에 도입하고 싣포장의 경고문도 3년 이내에 30% 이상으로 확대해야 할 의무를 지게 된다. 공중 보건과 위생에 관한 사상 최초의 국제협약이라는 점에서 큰 의의를 갖는다. 우리나라는 2005년 4월 비준, 8월부터 적용 중이지만, 우리나라 한 해 사망자의 25% 정도가 흡연 관련 질환으로 사망한 것으로 조사되었다.

□ 세계보건기구(WHO : World Health Organization) **

보건·위생 분야의 국제적인 협력을 위하여 설립한 UN(국제연합) 전문기구이다. 세계의 모든 사람들이 가능한 한 최고의 건강 수준에 도달하는 것을 목표로, 1946년 61개국의 세계보건기구헌장 서명 후 1948년 26개 회원국의 비준을 거쳐 정식으로 발족하였다. 본부는 스위스 제네바에 있으며 총회·이사회·사무국으로 구성되어 있고 재정은 회원국 정부의 기부금으로 충당한다. 중앙검역소 업무와 연구 자료의 제공, 유행성 질병 및 전염병 대책 후원, 회원국의 공중보건 관련 행정 강화와 확장 지원 등을 주요활동으로 한다. 한국은 1949년 제2차 로마총회에서 가입하였다.

□ 감염병 ***

감염병은 제1 ~ 4급, 기생충 감염병 등 원충, 진균, 세균, 스피로헤타, 리케차, 바이러스 등의 미생물이 인간이나 동물에 침입하여 증식함으로써 일어나는 병을 통틀어 이르는 말이다.

더 알아보기

- **제1급감염병** : 에볼라바이러스병, 마버그열, 라싸열, 크리미안콩고출혈열, 남아메리카출혈열, 리프트밸리열, 두창, 페스트, 탄저, 보툴리눔독소증, 야토병, 신종감염병증후군, 중증급성호흡기증후군(SARS), 중동호흡기증후군(MERS), 동물인플루엔자 인체감염증, 신종인플루엔자, 디프테리아
- **제2급 감염병** : 결핵(結核), 수두(水痘), 홍역(紅疫), 콜레라, 장티푸스, 파라티푸스, 세균성이질, 장출혈성대장균감염증, A형간염, 백일해(百日咳), 유행성이하선염(流行性耳下腺炎), 풍진(風疹), 폴리오, 수막구균 감염증, b형헤모필루스인플루엔자, 폐렴구균 감염증, 한센병, 성홍열, 반코마이신내성황색포도알균(VRSA) 감염증, 카바페넴내성장내세균목(CRE) 감염증, E형간염
- **제3급감염병** : 파상풍(破傷風), B형간염, 일본뇌염, C형간염, 말라리아, 레지오넬라증, 비브리오패혈증, 발진티푸스, 발진열(發疹熱), 쯔쯔가무시증, 렙토스피라증, 브루셀라증, 공수병(恐水病), 신증후군출혈열(腎症候群出血熱), 후천성면역결핍증(AIDS), 크로이츠펠트-야콥병(CJD) 및 변종크로이츠펠트-야콥병(vCJD), 황열, 뎅기열, 큐열(Q熱), 웨스트나일열, 라임병, 진드기매개뇌염, 유비저(類鼻疽), 치쿤구니야열, 중증열성혈소판감소증후군(SFTS), 지카바이러스 감염증, 매독(梅毒)
- **제4급감염병** : 인플루엔자, 회충증, 편충증, 요충증, 간흡충증, 폐흡충증, 장흡충증, 수족구병, 임질, 클라미디아감염증, 연성하감, 성기단순포진, 첨규콘딜롬, 반코마이신내성장알균(VRE) 감염증, 메티실린내성황색포도알균(MRSA) 감염증, 다제내성녹농균(MRPA) 감염증, 다제내성아시네토박터바우마니균(MRAB) 감염증, 장관감염증, 급성호흡기감염증, 해외유입기생충감염증, 엔테로바이러스감염증, 사람유두종바이러스 감염증

□ 조류인플루엔자(AI) **

닭, 오리, 칠면조 등과 같은 가금류와 야생 조류가 감염되는 급성 바이러스 전염병이다. 주로 철새의 배설물에 의해 전파되며 AI에 걸린 조류의 콧물, 호흡기 분비물, 대변에 접촉한 조류들이 다시 감염되는 형태로 조류 간에 퍼진다. 지구상에 존재하는 AI 바이러스는 모두 135종의 혈청형으로 분류되며 이 중 사람에게 가장 치명적인 것은 H5N1형이다. 1997년 홍콩에서 첫 인체 감염을 일으켜 6명이 사망하면서 주목을 받은 H5N1형은 변이가 빠르고 다른 동물에게 쉽게 전이되는 특징을 갖고 있다. 이는 감염된 조류를 통해 인체에도 전염될 수 있다는 것을 말한다. 발병하면 감기나 일반 독감에 걸렸을 때와 비슷한 증상이 나타나며 심하면 38도 이상의 고열을 동반한 기침, 인후통, 호흡 곤란 증세를 보인다. AI 바이러스는 섭씨 41도일 때 철새 등의 배설물에서 최소 35일간 살 수 있지만 75도 이상으로 5분 동안 가열하면 죽는다.

□ **아프리카돼지열병(ASF)** ***

돼지와 멧돼지에 감염 시 발열이나 전신의 출혈성 병변을 일으키는 국내 제1종 법정전염병으로, 최대 치사율이 100%에 이르지만 현재 치료제나 백신이 없다. 아프리카돼지열병의 주요 임상증상으로는 돼지들이 한데 겹쳐있거나, 급사하거나 비틀거리는 증상, 호흡곤란, 침울증상, 식욕절폐, 복부와 피부 말단 부위에 충혈 등이 있다. 2019년 9월 경기도 파주에서 국내 첫 아프리카돼지열병 발생 후 김포, 연천, 강화 등지로 계속 확산되어 당국이 차단방역에 나섰다.

□ **구제역(口蹄疫)** ***

소, 돼지, 양, 염소 등 발굽이 두 갈래로 갈라진 우제류 동물에게만 발생하는 전파력이 매우 강한 바이러스성 급성 전염병이다. 일단 감염이 되고 나면 치사율이 70 ~ 80%에 달하는 국제 1급 가축전염병으로 광우병과는 달리 감염된 고기를 먹어도 사람에게는 감염되지 않는 것으로 알려져 있다. 구제역 바이러스는 감염된 동물의 배설물 또는 사람의 옷이나 신발 등에 잠복해 있다가 해당 동물에 전염되기도 한다. 주로 동물의 호흡, 소화, 생식 행위를 통해 감염되며 잠복기는 3 ~ 5일 정도로 구제역에 걸리면 입술이나 혀, 잇몸, 콧구멍 등에 물집이 생기면서 다리를 절고 침을 흘리며 식욕이 급격히 감퇴하는 증상을 보이다 결국 폐사하게 된다.

더 알아보기

콜레라 … 콜레라균 감염에 의한 급성 설사 질환이다. 분변, 구토물로 오염된 음식이나 물을 통해 감염되며 더러운 손으로 조리하거나 식사할 때에 감염될 수 있다. 해외 여행객이나 근로자의 증가로 콜레라균의 국내 유입이 증가하였다. 다른 전염병과 달리 예방 접종의 효과가 없지만, 열에 약하므로 물과 음식을 충분히 끓이고 익혀 먹으면 예방할 수 있다.

□ **광우병(狂牛病)** ***

의학적 명칭은 우해면양뇌증(牛海綿樣腦症, BSE : Bovine Spongiform Encephalopathy)으로 소의 뇌에 생기는 신경성 질환이다. 소가 이 병에 걸리면 방향감각을 잃고 미친 듯이 난폭해지기 때문에 일명 광우병(Mad Cow Disease)이라고 하며 결국에는 전신마비와 시력상실을 일으키며 죽게 된다. 소의 뇌 조직에 미세한 구멍이 뚫리면서 마치 스펀지처럼 흐물흐물해지는 병으로, 사람을 포함한 모든 동물에서 정상적으로 발견되는 '프리온(Prion)'이란 단백질이 변형됨에 따른 것으로 추정된다. 이 변형된 프리온이 뇌 조직에 침투, 작은 구멍들을 만들면서 뇌 기능을 마비시키고 변형된 형태의 프리온을 기하급수적으로 만들어 내는 것이다. 소에 생기는 변형 프리온은 양에게 양고기 사료를 먹여 발생한 '스크래피병'이 소에 옮겨 온 것으로 생각되며 새끼에게 유전되지는 않는다. 광우병에 걸린 소의 고기를 사람이 먹을 경우 인간광우병(변종 크로이츠펠트 – 야콥병)에 걸리는 것으로 알려져 있다. 1986년 영국 과학자들에 의해 처음 확인 됐으며 1996년과 2001년 초 유럽에서 대규모로 발생, 전 세계를 공포로 몰아넣었다. 정확한 발병 원인, 감염 경로, 구체적 위험성 등이 밝혀지지 않은 상태이다.

□ **빈대** **

노린재목 빈대과의 흡혈곤충이다. 온혈동물의 피를 빨아 생명을 유지하는 불쾌곤충으로, 감염성 질환을 매개하지는 않으나 심리적 영향, 알레르기 증상 등 건강에 여러 가지 유해 영향을 미칠 수 있다. 1970년대 초반 이후 국내에서는 자취를 감췄으며 서울에서는 적어도 20년 이상 빈대에 대한 보고가 없었다. 그러나 최근 해외에서 유입되어 국내에도 출몰하고 있다. 국민권익위원회는 빈대와 관련한 민원이 일주일 동안 3배가량 늘었다고 밝혔다. 빈대 확산으로 인한 공포감이 계속되면서 빈대 출몰지를 확인할 수 있는 빈대현황판이 등장하여 화제가 되고 있다.

□ **지카바이러스(Zika Virus)** ***

이집트 숲 모기를 통해 전염되는 바이러스로 신생아의 소두증 등을 유발하는 것으로 알려진 바이러스이다. 인체감염사례는 1952년 우간다와 탄자니아에서 처음 보고되었다. 주로 이집트 숲 모기에 의한 전파로 감염되며 국내 서식하는 흰줄 숲 모기도 전파 가능하다.

□ **코호트 격리(Cohort Isolation)** ***

감염 질환 등을 막기 위해 특정 질병 발병 환자와 의료진 모두를 '동일 집단(코호트)'으로 묶어 전원 격리해 감염병 확산 위험을 줄이는 방식이다. 국내에서는 2015년 메르스 확산으로 대전 대청병원을 비롯한 전국의 10여 개의 병원이 코호트 격리됐다. 2020년 코로나19가 대규모로 확산되면서 집단 감염이 발생하여 전국의 여러 병원에서 코호트 격리가 실시되었다.

□ **엠폭스** **

원숭이두창(엠폭스) 바이러스 감염으로 발생하는 인수공통감염병이다. 기존에는 원숭이 두창으로 불렸으나 2022년 11월 세계보건기구에서 엠폭스로 명칭을 사용하게 하였다. 잠복기는 5 ~ 21일가량이다. 감염된 사람이나 동물에게 접촉을 하는 경우 감염될 수 있다. 감염된 비말에 직접 전파되거나, 혈액 · 체액 등에 접촉하는 등을 통해서 감염이 된다. 감염 이후에 발열, 두통, 피로감을 시달리며 얼굴에서 발진증상이 나타난다. 치명률은 3 ~ 6퍼센트 가량 된다.

□ **LDS(Low Dead Space) 주사기** **

투약 후 최소한으로 잔량을 남기는 것이다. 일반 주사기 잔류 부피가 0.070mL 이하였다면, LDS주사기는 0.035mL 이하로 공간이 남지 않는다. 이를 죽은 공간이라 부른다. 일반 백신의 한 병 용량은 접종 과정에서 손실되는 용량을 고려하여 여유분까지 포함되어 있다. 접종 후 주사기 안에는 잔류 백신이 남아있고, 이는 그대로 폐기될 수밖에 없었다. 하지만 최소잔여형 주사기는 주사기 안에 남은 잔류 백신의 양이 훨씬 적도록 만들어졌기 때문에 여분의 백신 용량이 생기고, 더 많은 사람이 예방접종을 받을 수 있다는 장점을 가진다.

□ **동북아 방역 · 보건 협력체** ***

코로나19를 비롯하여 초국경적 보건 안보 위기에 대응하기 위한 지역협력 구상이다. 지난 2020년 UN총회 기초연설에서 문재인 대통령이 제안한 것으로 신종 감염병 등 지리적으로 인접하고 교류가 활발한 역내 국가 간 공동 대응 역량을 강화하기 위함이다.

□ **긴급사용 승인(EUA, Emergency Use Authorization)** **

감염병 대유행에 대한 우려로 의료기기 등을 긴급하게 사용할 필요가 있지만 국내 허가 제품이 없거나 부족한 경우, 요청한 제품의 허가를 면제하여 한시적으로 제조 및 판매할 수 있도록 한 제도이다.

□ **팍스로비드(Paxlovid)** ***

주로 캡슐 형태(알약)의 모양을 한 먹는 코로나19 치료제이다. 미국 머크, 미국 화이자, 스위스 로슈 등에서 임상이 진행되었다.

□ **mRNA** ***

messanger RNA는 핵 안 DNA 유전정보를 세포질 안의 리보솜에 전달하는 RNA를 말한다. mRNA는 DNA 유전정보를 암호화한 복사본이라고 할 수 있다. 이는 유전정보를 단백질로 변환하는 기능을 하며 코로나 백신의 유형으로 사용되고 있다. 기존의 백신들은 면역반응을 유발하기 위하여 비활성화 된 미생물을 몸에 투입하는 것으로 만들었다. mRNA를 활용한 백신은 우리 몸 안에 면역반응을 유발하는 특정 단백질 또는 단백질 조각을 만드는 방법을 세포에 가르치는 방법으로 활용한다.

□ **코백스 퍼실리티(COVAX Facility)**

코로나19 백신을 공평하게 공급하기 위해 설립된 국제 프로젝트로, WHO · GAVI(세계백신면역연합) · CEPI (감염병혁신연합)가 공동으로 운영한다. 참여국들은 돈을 지불하고 제약사와 백신 구매 계약을 체결한 뒤 개발이 완료되면 공급을 보장받는 시스템으로 이뤄진다.

□ **사이토카인 폭풍(Cytokine Storm)** *

외부에서 침투한 바이러스에 대항하기 위해 인체 내에서 면역작용이 과다하게 이뤄지면서 정상 세포까지 공격하는 현상을 말한다. 즉, 면역 물질인 사이토카인의 과다 분비로 정상 세포들의 DNA가 변형되면서 2차 감염 증상이 일어나는 반응이다. 이 사이토카인 폭풍은 과거 스페인 독감 · 조류독감 등이 유행할 때 높은 사망률의 주된 원인으로 지목되기도 했다. 사이토카인 폭풍은 면역 반응의 과잉으로 나타나는 증상이기 때문에 면역력이 높은 젊은 층에서 발생할 확률이 더 높다. 사이토카인 폭풍은 신체에 대규모 염증 반응과 다발성 장기손상을 일으키기 때문에 단기간 사망에 이르는 경우가 많다.

□ **알츠하이머병(Alzheimer Disease)** *

나이가 들면서 정신 기능이 점점 쇠퇴하여 일으키는 노인성 치매로 독일의 신경과 의사 올로이스 알츠하이머의 이름을 따서 명명한 신경질환이다. 이 병에 걸리면 특히 기억과 정서면에서 심각한 장애를 일으키며 현대 의학에서는 아직 알츠하이머병의 뚜렷한 예방법이나 치료 방법이 없는 상태이다.

□ **류머티즘(Rheumatismus)** *

급성 또는 만성으로 근육이나 관절 또는 그 근접조직에 동통(疼痛), 운동장애, 경결(硬結)을 일으키는 질환을 말한다. 급성 관절류머티즘은 류머티즘열, 만성 관절류머티즘은 류머티즘성관절염, 변형성 관절증은 골관절염, 근육 류머티즘은 결합직염에 상당하는 것으로 보이나, 류머티즘열은 관절에 한하기 보다는 전신증세(全身症勢)를 주로 한 류머티즘이고, 류머티즘성 관절염에도 급성관절염을 주로 한 류머티즘이 있기도 하다.

05 출제예상문제

1 시민들의 자발적인 모금이나 기부, 증여를 통해 보존가치가 있는 자연자원 및 문화자산을 보전 관리하는 시민환경운동을 뜻하는 용어는?

① 넵튠계획

② 시빅트러스트

③ 내셔널트러스트

④ 브레인트러스트

> **TIP** ③ **내셔널트러스트** : 시민들의 자발적인 모금이나 기부 · 증여를 통해 보존가치가 있는 자연자원과 문화자산을 확보하여 시민 주도로 영구히 보전 · 관리하는 시민환경운동으로, 우리나라에서는 1990년대부터 각 지역의 특정 자연환경과 문화유산 보전을 위한 시민 성금모금, 그린벨트 보존 운동을 거쳐 2000년 한국내셔널트러스트가 출범했다.
> ① **넵튠계획** : 영국 자연보호운동의 민간조직인 내셔널트러스트(National Trust)가 1965년부터 진행시키고 있는 해안선 매수운동(買收運動)이다.
> ② **시빅트러스트** : 환경 개선을 위해 지역주민이나 기업이 함께 출자하여 각종 사업을 벌이는 시민 환경운동단체이다.
> ④ **브레인트러스트** : 선거의 입후보자나 현직 공직자의 고문단으로서 정책집단 또는 두뇌집단이다.

2 지구 온난화가 환경에 영향을 준 사례로 옳지 않은 것은?

① 북반구에서는 작물 재배의 북한계선이 북상하고 있다.

② 대관령 일대의 고랭지 채소 재배 면적이 감소하고 있다.

③ 해수면 상승으로 해안 저지대의 침수 피해가 나타나고 있다.

④ 우리나라 근해에서는 한류성 어족의 어획량이 증가하고 있다.

> **TIP** 지구 온난화의 영향으로 우리나라 근해에서는 명태, 대구와 같은 한류성 어족의 어획량이 감소하고 있다.

3 동태평양의 해수온도가 갑자기 낮아져 기상 이변을 일으키는 현상은?

① 엘니뇨
② 부영양화
③ 열오염
④ 라니냐

TIP ④ 라니냐(La Nina) : 엘니뇨의 반대 현상이며 동태평양의 해수면 온도가 5개월 이상 0.5도 낮아지는 경우로 이런 현상
이 발생하면 원래 찬 동태평양의 바닷물은 더욱 차갑게 되어 서쪽으로 이동하게 된다. 이로 인해 동남아 지역은 극
심한 장마가 오고 남아메리카에서는 가뭄이 발생하며 북아메리카에서는 강추위가 나타날 수 있다.
① 엘니뇨 : 남미 에콰도르와 페루 북부 연안의 태평양 해면온도가 비정상적으로 상승하는 현상
② 부영양화 : 강 · 바다 · 호수 등의 영양물질이 많아져 조류가 급속히 증가하는 현상
③ 열오염 : 온폐수의 영향으로 수온이 올라가고 수질이 악화되어 수중의 생물에 미치는 피해

4 미세먼지 계절관리제가 시행되는 시기는?

① 12 ~ 3월
② 3 ~ 7월
③ 7 ~ 11월
④ 11 ~ 1월

TIP 미세먼지 계절관리제는 고농도 미세먼지 발생이 잦은 12월부터 이듬해 3월까지 평상시보다 강화된 미세먼지 저감 대책
과 시민의 건강보호 정책을 시행하여 고농도 미세먼지의 발생 빈도와 강도를 줄이는 집중관리 대책이다.
※ 미세먼지 계절관리제 상세 내용

구분	내용
수송	• 배출가스 5등급 차량 수도권 운행 제한 • 운행차 배출가스 및 공회전 집중 점검
산업	• 비산먼지 발생사업장 집중관리 • 대기배출사업장 단속 및 소규모 사업장 방지시설 지원
생활	• 친환경 보일러 집중 보급 • 영농폐기물 · 잔재물 집중 수거 및 불법 소각 방지 • 집중관리 도로 지정 · 운영 및 도로 청소 강화
시민 건강보호	• 생활밀착형 미세먼지 집중관리구역 지정 · 관리 • 민감 · 취약계층 보호 • 다중이용시설 실내공기질 점검 및 관리 강화 • 계절관리제 등 대시민 홍보 및 대기오염 정보 공개

5 스콜(Squall)에 대한 설명으로 옳은 것은?

① 열대지방에서 내리는 소나기
② 소림과 관목으로 이루어진 습윤한 열대초원
③ 해수면의 온도가 낮아지는 현상
④ 여름과 겨울에 풍향이 거의 정반대가 되는 바람

> **TIP** ② 사바나(Savanna)
> ③ 라니냐(La Nina)
> ④ 계절풍

6 폭우가 쏟아지면 모래, 자갈이 섞인 물이 흐르나 비가 그치면 마르게 되고 빗물이 지하수가 되어 오아시스가 생기는 수도 있으므로, 대상(隊商)들이 이곳을 길로 이용하는 것은?

① 와디
② 크레바스
③ 툰드라
④ 스텝

> **TIP** 와디(Wadi) … 아라비아 및 북아프리카 지방의 건조지역에 많이 있는 간헐하천으로 비가 내릴 때 이외에는 물이 마르는 개울을 의미한다.

7 우리나라의 가장 보편적인 하천 퇴적지역은?

① 배사구조
② 선상지
③ 삼각주
④ 범람원

> **TIP** ④ 범람원(Flood Plain) : 하천의 양쪽에 발달하는 저지로, 하천이 범람하면서 주변으로 토사를 퇴적시켜 형성된다.
> ① 배사구조(Anticline) : 습곡작용을 받은 지층에서 산봉우리처럼 볼록하게 올라간 부분
> ② 선상지(Alluvial Fan) : 곡구(谷口)에 토사 등이 퇴적되어 형성된 부채꼴 모양의 완만한 지형
> ③ 삼각주(Delta) : 하천을 따라 운반되어 온 토사가 강 하류에 퇴적되어 만들어진 충적평야

Answer 5.① 6.① 7.④

8 보통 감기, 콧물감기의 최대 원인으로 꼽히는 바이러스는?

① 레오 바이러스
② 리노 바이러스
③ 로타 바이러스
④ 노로 바이러스

> **TIP** ① 레오 바이러스 : 호흡계 질병과 설사 등을 유발하는데, 사람을 비롯하여 원숭이나 소 등 동물에게서 발견된다.
> ③ 로타 바이러스 : 영유아에게서 발생하는 위장관염의 원인으로 감염 시 구토, 설사, 발열 등의 증상이 나타난다.
> ④ 노로 바이러스 : 겨울에 흔히 발생하는 식중독 원인 바이러스로, 장염을 일으킨다.

9 감염병 대유행에 대해 국내 허가 제품이 없거나 부족한 경우, 요청한 제품의 허가를 면제하여 한시적으로 제조 및 판매할 수 있도록 한 제도는?

① 부스터 샷
② 백신 디바이드
③ 긴급사용 승인
④ 임픈나이트

> **TIP** ① 부스터 샷 : 백신 효과를 높이기 위해 일정 시간이 지난 후 추가 접종하는 것을 말한다.
> ② 백신 디바이드 : 상대적으로 백신을 구입하기 어려운 개발도상국의 백신 접종과 선진국의 격차를 말한다.
> ④ 임픈나이트 : 코로나19 백신 접종자에 대한 부러움을 나타내는 독일의 신조어를 말한다.

Answer 8.② 9.③

10 다음에서 설명하는 "이것"이 의미하는 것은?

> 서아프리카 열대 우림지대의 풍토병적인 바이러스성 급성 출혈열로써 <u>이것</u>이 퍼지는 경로는 주로
> 아프리카 사바나 지대에서 서식하고 있는 다유방쥐의 침 또는 오줌이다. 이 쥐들은 금광 붐으로
> 인해 산림이 파괴되어 삶의 터전을 잃고 사람이 사는 마을로 나오게 되면서 쉽게 주거 공간에 침
> 입해 사람에게 옮기게 된다.

① 말라리아
② 장티푸스
③ 뎅기열
④ 라사열

TIP 라사열(Lassa Fever) … 서아프리카 열대 우림지대의 풍토병적인 바이러스성 급성 출혈열을 의미한다. 1969년 나이지리
아의 라사마을에서 발견되어 미국, 영국, 독일로 퍼졌다. 전염력이 강하고 치사율이 35 ~ 50%정도로 높으므로 엄중한
격리치료를 해야 하는 국제전염병으로 알려져 있다.

11 지구 오존층 파괴 방지를 위하여 염화불화탄소(CFCs)나 할론(Halon) 등 오존층 파괴 물질 사용에 대해
규정한 국제환경협약은 무엇인가?

① 교토의정서
② 람사르협약
③ 몬트리올의정서
④ 바젤협약

TIP ③ **몬트리올 의정서**(Montreal Protocol) : 1985년 '비엔나협약'에 근거를 두고 있으며 정식 명칭은 '오존층을 파괴시키는
물질에 대한 몬트리올 의정서'이다.
① **교토의정서** : 기후변화협약에 따른 온실가스 감축목표에 관한 구체적 이행 방안으로 온실가스 감축 목표치를 규정하
였다.
② **람사르협약** : 습지와 물새서식지 보호에 관한 대표적인 국제환경협약이다.
④ **바젤협약** : 유해폐기물의 국가 간 이동 및 처리에 관한 국제협약이다.

Answer 10.④ 11.③

12 돼지와 멧돼지에 감염 시 발열이나 전신의 출혈성 병변을 일으키는 국내 제1종 법정전염병으로, 최대 치사율이 100%에 이르지만 현재 치료제나 백신이 없는 이것은?

① AI

② MERS

③ Ebola

④ ASF

> **TIP** 아프리카돼지열병(ASF) … 돼지와 멧돼지에 감염 시 발열이나 전신의 출혈성 병변을 일으키는 국내 제1종 법정전염병으로, 최대 치사율이 100%에 이르지만 현재 치료제나 백신이 없다. 아프리카돼지열병의 주요 임상증상으로는 돼지들이 한데 겹쳐있거나, 급사하거나 비틀거리는 증상, 호흡곤란, 침울증상, 식욕절폐, 복부와 피부 말단 부위에 충혈 등이 있다. 2019년 9월 경기도 파주에서 국내 첫 아프리카돼지열병 발생 후 김포, 연천, 강화 등지로 계속 확산되어 당국이 차단방역에 나섰다.

13 우리나라는 이것으로 인한 사망률이 OECD 국가 중 1위이다. 나이팅게일, 김유정, 이상, 쇼팽, 조지오웰, 도스토예프스키, 스키노자 모두 이것으로 사망하였는데, 여기서 이것은 무엇인가?

① 폐렴

② 뇌염

③ 당뇨

④ 결핵

> **TIP** 결핵 … 폐를 비롯한 장기가 결핵균에 감염되어 발생하는 질환으로, 우리나라는 OECD 국가 중 1위를 차지하고 있으며 매일 65명의 환자와 5명의 사망자가 발생한다고 한다.

14 지도상에 나타난 산 높이의 기준이 되는 면은?

① 지구 타원체면

② 지구와 같은 부피를 가진 구의 표면

③ 표준중력을 나타내는 기상 타원체면

④ 지오이드

> **TIP** 지오이드 … 지구의 각지에서 중력의 방향을 측정하여 이것에 수직한 면을 연결한 곡면으로서, 평균해수면과 일치하며 지구상의 여러 측정기준이 된다.

Answer 12.④ 13.④ 14.④

15 타이가(Taiga)에 해당하는 곳은?

① 부에노스아이레스를 중심으로 한 약 600km 반경의 초원
② 브라질의 내륙 고원에 전개되는 아열대성 초원
③ 툰드라지대 남쪽에 전개되는 침엽수림대
④ 베네수엘라의 오리노코강 유역의 열대초원

TIP 타이가(Taiga) … 북반구의 경작한계와 툰드라지대 사이로 시베리아와 캐나다의 침엽수림대가 대표적이다.

16 우리나라의 4대 암 질환이 아닌 것은?

① 폐암
② 간암
③ 대장암
④ 피부암

TIP 한국인에게 가장 많이 발생되는 주요 4대 암 질환은 폐암, 간암, 위암, 대장암이다.

Answer 15.③ 16.④

17 업사이클링의 사례로 옳지 않은 것은?

① 플라스틱을 나일론, 폴리에스테르의 섬유로 개발
② 음식물 쓰레기를 바이오매스를 통해 액체나 고체, 가스연료로 사용
③ 방치되어 있는 건물을 리모델링하여 미술관으로 재탄생
④ 소매가 짧아진 옷을 수선하여 착용

TIP 업사이클링 … 재활용의 상위 개념으로, 새로운 디자인이나 활용도를 더하여 전혀 다른 제품으로 생산하는 것을 말한다.

18 온실가스를 배출할 수 있는 권리를 의미하는 것으로 이것을 할당받고 할당된 범위 내에서 온실가스를 사용해야하는 것을 의미하는 것은?

① 탄소배출권
② 탄소중립
③ 그린뉴딜
④ ESG

TIP ② 탄소중립 : 이산화탄소를 배출한 만큼 흡수하는 대책을 세워서 이산화탄소 배출량을 제로라 만든다는 것을 의미한다.
③ 그린뉴딜 : 화석에너지를 신재생에너지로 전환하여 저탄소의 경제구조를 만드는 것을 의미한다.
④ ESG : 기업에서 비재무적인 요소인 환경, 사회, 지배구조를 의미한다.

Answer 17.④ 18.①

19 세계에서 환경 분야의 가장 권위 있는 상으로, 노벨환경상으로 불리는 상의 이름은 무엇인가?

① 글로벌 500

② 골드만 환경상

③ 녹색당상

④ 몬트리올 환경상

TIP 글로벌 500 ··· 유엔환경계획(UNEP)에서 지구환경보호에 특별한 공로가 인정되는 단체 또는 개인에게 수여하는 상이다.
※ 골드만 환경상 ··· 환경 분야에서 뛰어난 업적을 세운 풀뿌리 환경운동가에게 수여되는 세계 최대 규모의 환경상이다.

20 음식물 쓰레기를 줄여 환경도 보호하고 기아 인구를 돕는 유엔세계식량계획(WFP)의 캠페인은?

① ZWZH

② IPC

③ GHI

④ FAO

TIP ① ZWZH : '제로웨이스트 제로헝거(Zero Waste Zero Hunger)'는 음식물 쓰레기를 줄여 환경보호 및 2030년까지 기아 인구수가 '0'이 되는, 기아 없는 세상을 만드는 것을 의미한다.
② IPC : 'Integrated Food Security Phase Classification'는 식량 부족 문제 정도를 진단하기 위한 기준이다. 5단계로 이루어져 있으며 하위 3단계는 식량부족으로 인해 위험하다는 것을 의미한다.
③ GHI : '세계 기아지수(Global Hunger Index)'로, 독일 세계기아원조(Welthungerhilfe)와 미국 세계식량연구소(IFPRI)가 협력하여 2006년부터 전 세계 기아 현황을 파악 · 발표하였다.
④ FAO : 1945년에 출범한 국제연합식량농업기구로, 세계 식량 및 기아 문제 개선을 목적으로 설립된 국제연합 전문기구다.

Answer 19.① 20.①

06 역사 · 철학

세계의 궁극적 근거를 연구하는 형이상학적 성격의 학문을 내용으로 한다. 따라서 학습하기에 어렵다는 인상을 받을 수 있지만, 일반상식 시험에서 관련 분야가 자주 출제되는 경향을 보이기 때문에 가볍게 볼 수는 없다.

01 세계사

□ **세계 4대 문명 발상지** **

기원전 3000년경을 전후하여 메소포타미아의 티그리스 · 유프라테스강유역, 이집트의 나일강유역, 인도의 인더스강유역, 중국의 황하유역에서 청동기 문명이 발생하였다.

> **더 알아보기**
>
> **4대강 유역에서 문명이 발생한 이유** … 기후온난, 교통편리, 토지비옥, 정기적인 강의 범람

□ **고대문명** *

- **황하문명** : BC 3000년경부터 중국의 황하 유역에서 이룩된 고대문명으로, BC 1500년경에는 청동기와 문자를 가진 은왕조가 성립되면서 역사시대로 접어들었다. 갑골문자와 청동제기가 사용되었으며, 은허를 비롯한 유적지에서 그 흔적을 찾아볼 수 있다.
- **인더스문명** : 세계 4대 문명발상지의 하나로 인더스강 유역을 중심으로 발달한 고대문명을 말한다. 여기에는 드라비다 · 오스트로 · 아시아계 등 여러 민족들이 살았으며, 유적으로 모헨조다로와 하라파 등이 남아 있는데, 이는 BC 3000년경에 전개된 금석병용기의 도시국가이다.
- **메소포타미아문명** : 티그리스 · 유프라테스강 유역의 메소포타미아에 번영한 고대문명이다. '비옥한 초승달 지대'의 중심부에 해당하는 이 지역에는 BC 6500년경부터 농경 · 목축이 시작됐고 수메르, 바빌로니아, 아시리아 등의 도시문명이 발달했다. 쐐기 모양의 설형문자를 사용했으며 바빌로니아왕국은 함무라비 법전을 편찬하였다. 점성술과 천문학이 발달하였으며, 태음력을 제정하고 60진법에 의한 시간측정법을 창안하였다.
- **에게문명** : 고대 그리스에서 크레타섬을 중심으로 일어난 해양문명으로, 오리엔트문명을 그리스인에게 전해주는 역할을 했다. 에게문명은 크레타문명과 미케네문명으로 나뉘며, 크노소스궁전의 벽화나 도기의 무늬 등을 통해 명랑하고 신선한 해양예술의 극치를 느낄 수 있다.
- **그리스문명** : 유럽 최초의 청동기문명인 에게문명을 바탕으로 하여 꽃핀 고대 그리스의 고전문명을 말한다. 그리스의 폐쇄적인 자연조건으로 폴리스가 생겨나고, 상공업이 발달하여 평민의 권력이 크게 신장됨으로써 민주주의가 발달하였다. 그리스문명은 알렉산더에 의해 오리엔트문명에 융합되어 헬레니즘문화로서 로마제국을 비롯하여 각지에 전파되었다.

□ **함무라비법전(Code of Hammurabi)** **

BC 1700년경 바빌로니아의 함무라비왕이 만든 세계 최고(最古)의 법전으로, 전문 282조로 된 성문법이다. 민법·상법·형법·소송법·세법·노예법 등으로 나뉘어 있으며, 1901년에 페르시아에서 프랑스 발굴대에 의해 발견되었다.

□ **12표법** *

BC 451년에 제정된 로마 최초의 성문법이다. 이 법전은 로마의 귀족과 평민의 투쟁결과로서 제정되어 시장에 널리 게시되었다고 전해진다. 이는 로마법 발달의 출발점으로, 후대 로마인에 의하여 '전로마법체제'라고 불렸으며, 후대 법률의 기초를 이루었다.

□ **춘추전국시대** *

춘추전국시대의 문화는 실력위주의 인재등용으로 제자백가라고 하는 많은 사상가들이 배출되었다.
• **춘추시대(BC 770 ~ 403)** : 지방제후들이 패자(覇者)를 자칭하고 존왕양이의 구호아래 천하를 통치함
• **전국시대(BC 403 ~ 221)** : 왕권이 약해지고, 하극상의 풍조가 팽배해짐

□ **진(秦)** *

전국 7웅의 진(秦)이 전국시대의 혼란을 수습하고 중국을 통일하고 세운 국가로 중국 최초의 통일왕조이다. 시황제는 관료제·군현제를 실시하고 화폐와 도량형을 통일하였으며 법가 사상을 채택하고, 분서갱유를 통해 유가를 억압하였다. 대외적으로는 흉노를 축출하고 만리장성을 수축하였으며 남해 교역로를 개척하여 진(China)의 이름을 유럽에까지 알렸다. 그러나 시황제의 정책이 너무 급진적이고 대규모 토목공사, 무거운 조세부담으로 각지에서 반란이 일어나 멸망하였다.

더 알아보기

분서갱유(焚書坑儒) … 의약서·복서·농서를 제외한 민간의 서적을 불태우고 학자를 생매장한 일로, 유가 사상가를 탄압한 사건이다.

□ **실크로드(Silk Road)** *

후한 이후 중국 장안에서 시리아에 이르는 동서무역권을 연결한 대상무역로이다. 전한 때 장건에 의해 개척되어 동서 문화교류에 중요한 역할을 담당하였다. 실크로드는 중국의 명주·비단이 로마제국으로 수출되는 길이라는 데서 유래된 명칭으로, 원대에 가장 활발히 이용되었다.

□ **남북조시대(南北朝時代)** *

중국 송의 무제가 건국한 420년부터 수의 문제가 통일하게 된 589년까지 남북이 대립하였던 두 왕조 시대를 말한다. 곧 한인인 남조의 송·제·양·진과, 선비족인 북조의 북위·동위·서위·북제·북주의 시대를 통칭한다. 이때부터 강남이 중국경제의 중심지로 전환되었다.

□ **메이지유신(明治維新)** **

일본 메이지왕 때 막부체제가 붕괴되고 이루어진 왕정복고와 그 정부에서 추진된 개혁을 총칭하는 표현이다. 1867년 급진적 귀족들과 하급무사들이 존왕양이(尊王攘夷)를 내세우며 에도막부정권을 굴복시켜 통치권을 국왕에 반환케 하였다. 메이지유신은 위로부터 시도된 정치·경제·사회상의 적극적인 서구화·근대화운동이었다.

□ **왕안석의 신법(新法)** **

송의 지나친 문치정치로 관료증가와 이민족 침입의 격화를 가져와 재정지출이 증대하자, 신종 때 재상 왕안석이 재정난 타개와 군사력 강화를 목적으로 부국강병책을 실시하였다. 부국책으로 균수법·시역법·청묘법·모역법을, 강병책으로 보갑법·보마법을 실시하였으나 너무 급진적이어서 실패했다.

□ **청일전쟁(淸日戰爭)** **

1894 ~ 1895년에 일어난 청나라와 일본 사이에 발발한 전쟁이다. 조선의 동학혁명을 진압하기 위해 청이 출병하자 일본을 거류민의 보호를 구실로 조선에 상륙, 양국 군대가 충돌하게 되었다. 일본은 이 전쟁에서 승리하여 시모노세키조약에 따라 중국의 요동반도와 대만에서의 기업활동을 보장받았고, 조선에서의 우월권을 얻었다.

더 알아보기

텐진조약 … 중국 텐진에서 청국과 여러 외국 간에 맺은 조약으로, 최초의 텐진조약은 애로호사건에 관련하여 1858년 6월 러시아·미국·영국·프랑스 등 각 4개국과 맺은 조약이다.

□ **문화대혁명(文化大革命)** ***

1966년부터 1976년에 걸쳐 모택동의 지도하에 중국 전역에서 전개된 정치투쟁을 말한다. 당내의 실권파를 타도하기 위해 처음에는 문예작품비판에서 시작되어 모택동, 임호, 4인방(왕홍문·장춘교·강청·요문원) 등이 대규모의 이념투쟁 및 권력쟁탈투쟁을 벌였다. 1976년 모택동 사후 4인방이 체포되고 덩샤오핑(鄧小平)이 권력을 잡으면서 문화혁명은 종료되었다. 이 혁명으로 약 300만 명의 당원이 숙청되었고 정치·경제적 혼란을 가져왔다.

□ **태평천국운동(太平天國運動)** **

1850년 청의 홍수취안(洪秀全)을 중심으로 광시성에서 일어난 농민운동으로, 1864년 지주·상인·외국자본의 연합군에 의하여 진압되었다. 크리스트교를 내용으로 하는 종교적 내란의 형태였으나, 본질은 이민족 청조타도·악습철폐·남녀평등·토지균분·조세경감 등을 주장한 농민전쟁적 성향을 띤다고 볼 수 있다.

□ **양무운동(洋務運動)** **

1862 ~ 1874년에 걸쳐 청의 이홍장(李鴻章) · 증국번(曾國藩) 등의 지주관료층이 주동이 되어 중국의 근대화를 도모하였던 개혁운동을 말한다. 태평천국의 난과 애로호사건 등에 자극을 받아 제반 내정 · 군사 · 과학 · 통신 등을 개혁함과 동시에 서양문물을 도입하였다.

□ **6 · 4 천안문 사건(天安門事件)** ***

1989년 6월 4일 중국정부가 천안문 광장에서 민주화를 요구하던 학생들과 시민들을 무력으로 진압, 유혈사태를 일으켜 중국 현대사에 큰 충격을 준 정치적 참극을 말한다. 4월 15일 호요방(胡耀邦) 전(前) 당 총서기가 사망하자 그의 명예회복을 요구하는 대학생들이 집회를 갖기 시작, 일반시민이 가세해 민주화운동으로 발전했다. 이후 민주화요구 시위는 전국적으로 확산되고 천안문에서는 지식인, 노동자, 일반시민 등 100만 명이 연일 대대적인 집회를 개최했다. 이에 따라 6월 4일 새벽 계엄군이 천안문광장에서 무기한 농성을 벌이던 학생, 시민들에 대한 무력진압을 전개, 군의 발포로 수천 명의 희생자(시위대측 주장이며 정부는 200명 사망 주장)가 발생하는 최악의 유혈사태가 발생했다.

□ **아편전쟁(阿片戰爭)** ***

1839 ~ 1842년에 걸쳐 영국과 청 사이에 일어난 전쟁이다. 아편수입의 피해와 은의 유출을 막기 위하여 청의 선종은 아편무역금지령을 내리고, 린쩌쉬(林則徐)를 광동에 파견하여 영국 상인의 아편을 불태워 버렸다. 이에 영국은 보호를 구실로 해군을 파견해 전쟁을 일으켰으며, 그 결과 청이 패하고 난징조약이 체결되었다.

더 알아보기

난징조약 … 아편전쟁의 종결을 위하여 1842년 청과 영국이 난징에서 체결한 조약이다. 내용은 홍콩을 영국에 할양, 배상금 지불, 상해 · 광동 등 5항의 개항, 공행의 폐지 등이며, 1843년 호문조약에서 치외법권 인정 등을 추가하였다. 중국 최초의 개국조약으로, 중국의 반식민지화의 발단이 되었다.

□ **무술정변(戊戌政變)** *

1899년 청나라 덕종 광서제가 등용한 캉유웨이(康有爲) 등의 개혁파가 전제정치를 폐지하고 정치개혁에 착수하였으나, 서태후를 비롯한 수구파 관료들의 반대로 실패, 덕종이 유폐되고 개혁파들이 체포되어 전제정치가 부활된 정변을 말한다. 무술변법 또는 변법자강운동이라고도 한다.

□ **삼민주의(三民主義)** *

1905년 쑨원이 중국혁명동맹회를 결성하면서 민족주의, 민권주의, 민생주의를 강령으로 한 중국혁명의 기본이념을 말한다. 민족주의는 외국의 침략을 배제하고 민족의 독립을 표방한다는 것이며, 민권주의는 민권의 신장을 도모하기 위함이고, 민생주의는 지주제도를 폐지하여 민생의 안정을 위하려는 것이다.

□ **신해혁명(辛亥革命)** **

청조 말(1911 ~ 1912) 한족(漢族)에 의해 중국에서 일어난 청조타도의 혁명운동이다. 쑨원의 민족 · 민권 · 민생의 삼민주의이론이 점차 국민 각계 각층에 널리 파급되었으며, 외국자본에 의한 식민지화를 비난하는 민족자본가와 민중의 맹렬한 반대운동이 전국으로 확산되었다. 이 혁명으로 청조가 무너지고 중화민국이 탄생하였다.

□ **백년전쟁** **

프랑스 왕위계승과 영토문제를 둘러싸고 영국과 프랑스 사이에서 일어난 전쟁이다. 1339 ~ 1453년에 걸쳐 약 100년간 지속되었다. 잔 다르크의 활약으로 프랑스가 승리하였다.

□ **5 · 4운동** **

1919년 5월 4일 베이징에서 일어난 중국 민중의 반봉건 · 반제국주의 운동이다. 파리강화회의에 제출한 중국의 요구가 무시되자 학생과 지식인을 중심으로 일본과 그와 결탁한 군벌에 대한 반대시위로 시작되었는데, 후에는 상인 · 노동자도 합세함으로써 전국적인 대중운동으로 발전하여 중국 근대화를 추진시킨 원동력이 되었다.

□ **7년 전쟁** *

프로이센 · 오스트리아의 대립에 영 · 프의 식민지전쟁이 얽힌 국제전쟁으로 제3차 슐레지엔전쟁이라고도 한다. 1755년 북아메리카에서 발발한 영 · 프전쟁을 배경으로 1756년 1월 프로이센 · 영국의 동맹이 성립된 한편 오스트리아의 마리아 테레지아는 러시아와 프랑스와의 동맹에 성공해 프로이센에 빼앗긴 슐레지엔의 탈환을 기도했다. 1756년 8월 작센에 진입한 프로이센의 프리드리히 2세는 1757년에 로스바하와 로이텐 싸움에 승리했으나 1759년 적군에 패해 궁지에 빠지다가 다시 1762년 러시아가 탈락하는 정세변동으로 슐레지엔 지역을 확보했다. 이 결과 프로이센은 독일의 주도권을 확립하고 영국은 북아메리카와 인도의 프랑스 영토를 빼앗아 세계제패를 결정적으로 만들었다.

□ **십자군원정** *

11 ~ 13세기에 서유럽 그리스도교들이 팔레스티나와 예루살렘 등 성지 회복이란 명목하에 일으킨 대원정을 말한다. 십자군 정원의 영향으로는 동방과의 교통 · 무역 발달, 자유도시 발생, 봉건제 붕괴, 견문확대로 인한 새로운 문화 발전, 교황권의 약화 등이 있다.

□ **종교개혁(宗敎改革)** **

16세기경 로마 가톨릭교회의 지나친 세속화와 타락에 반발해 가톨릭으로부터 이탈하여 프로테스탄트교회를 세운 크리스트교 개혁운동이다. 1517년 독일의 루터(M. Luther)가 교황청의 면죄부 판매에 반대하여 95개조 반박문을 발표한 것이 발단이 되어 일어났으며, 츠빙글리(V. Zwingli)와 칼뱅(J. Calvin) 등에 의해 전유럽으로 확산되어 프로테스탄트라는 신교가 성립되었다.

□ **인클로저 운동(Enclosure)** ***

개방경지나 공유지, 황무지, 방목지를 울타리나 담을 둘러놓고 사유지임을 명시한 운동을 의미한다. 대체로 16세기 제1차 인클로저 운동과 18 ~ 19세기의 제2차 인클로저 운동으로 구분된다. 이 운동의 결과, 영국에서는 지주 · 농업자본가 · 농업노동자의 3분제를 기초로 하여 자본제적 대농경영이 성립됐다. 이로 인해 자본의 '본원적 축적'이 가능해져 산업혁명의 원인이 되었다.

□ **러일전쟁** *

1904년 2월부터 1905년 10월까지 러시아와 일본 사이에 일어난 전쟁이다. 1905년 3월 무크덴의 마지막 전투에서 일본이 승리한 후, 1905년 9월 미국 대통령 루스벨트의 알선으로 포츠머스에서 휴전조약이 성립되었다. 이로 인해 일본은 당시 한국과 만주에 대해 정치 · 군사 · 경제상의 우월권을 가지게 되었다.

□ **포츠머스조약(Treaty of Portsmouth)** *

러일전쟁의 결과로 맺어진 강화조약으로 1905년 미국의 루즈벨트 대통령의 조정에 의하여 일본과 러시아의 수석전권이 미국 포츠머스에서 체결하였다. 이 조약으로 일본은 한국에 대한 우선권을 인정받았고, 관동주의 조차, 남만주의 철도, 사할린 남반, 연해주의 어업권을 획득하였다.

□ **권리장전(權利章典)** *

1689년 명예혁명으로 왕위에 오른 윌리엄 3세에게 영국 의회가 서명을 받아낸 법률로, 국왕은 의회의 동의 없이는 법률의 폐지 · 과세 · 상비군의 모집을 할 수 없다는 것과 의회의 언론자유 등을 보장해야 한다는 것이 주요 내용이다. 이로부터 국왕은 군림하나 통치하지 않는다는 전통적인 영국의 의회민주주의가 실현되었다.

더 알아보기

권리청원(權利請願) ··· 1628년 영국의 찰스 1세가 왕권신수설을 내세우고 전제정치를 하는 데 반발하여, 의회가 인민의 헌법상 권리를 주장하기 위해 제출한 청원서이다. 주요 내용으로는 의회의 동의없는 과세 · 이유의 명시가 없는 구속 · 병사의 민가숙박 등의 금지가 있다.

□ **양곤의 봄** **

미얀마 민주화 상징인 1988년 8월 8일 일명 '888항쟁'이다. 1988년 8월 8일에 양곤의 대학생을 주축으로 일어난 반(反)군부 민중항쟁은 평화 시위로 시작되었으나 새로운 군부의 진압으로 수천 명이 희생되었다.

더 알아보기

사프란 혁명 ··· 2007년 미얀마에서 일어난 반(反)정부 시위로, 승려들이 시위에 참여하자 일부 언론에서는 승려들이 입은 옷 색깔을 따 명명하였다.

□ **우산혁명(Umbrella Revolution)** ***

2014년에 일어난 홍콩 민주화 운동으로, 경찰의 최루 가스 공격을 막기 위해 우산을 사용하면서 우산혁명 또는 우산운동이라고 불리게 되었다.

□ **홍콩 범죄인 인도법 반대 시위** ***

2019년 3월부터 범죄인 인도법(송환법)에 반대하며 전개한 대규모 시위이다. 장기화된 시위는 당초 송황법 폐지 요구에서 중국의 정치적 간섭에서 벗어나려는 민주화 운동으로 까지 확대되었다. 반발이 거세지자 홍콩 당국은 시위대를 향해 총격을 가했으며 이어 복면금지법까지 시행하여 전 세계에 충격을 안겼다.

더 알아보기

복면금지법 … 경찰은 복면을 쓴 시민에게 복면을 벗을 것을 요구할 수 있으며 불응 시 1년 이하의 징역과 2만 5,000홍콩달러의 벌금을 부과할 수 있다.

□ **러시아 - 우크라이나 전쟁** ***

2022년 2월 24일, 러시아가 우크라이나 수도 키예프를 미사일로 공습하여 전면 침공을 감행하였다. 우크라이나는 구소련으로부터 독립한 국가로, 미국이 주체가 되는 NATO 가입에 러시아가 반대하며 사태가 시작되었다. 러시아 우크라이나 사태로 원자재 가격 상승, 글로벌 경기불안, 금리 상승 압력 확대 등의 영향이 미치고 있다.

02 한국사

□ **한민족(韓民族)의 형성 ***

농경생황을 바탕으로 동방문화권(東方文化圈)을 성립하고 독특한 문화를 이룩한 우리 민족은 인종학상으로는 황인종 중 퉁구스족(Tungus族)의 한 갈래이며, 언어학상 알타이어계(Altai語係)에 속한다. 한반도에는 구석기시대부터 사람이 살기 시작하였고 신석기시대에서 청동기시대를 거치는 동안 민족의 기틀이 이루어졌다.

□ **선사시대의 비교 ***

시대	구석기	신석기	청동기	철기
연대	약 70만 년 전	약 8000년 전	BC 15 ~ 13세기경	BC 4세기경
경제	수렵 · 채집 · 어로	농경 시작, 조 · 피 · 수수 등	벼농사 시작, 사유재산 발생	철제 농기구로 생산력 증대
사회	무리생활	씨족 단위의 부족사회 계급 없는 평등사회	군장사회의 출현 계급의 발생	연맹국가
유물	동물뼈, 석기류, 인골	간석기, 토기(이른민무늬 토기, 덧무늬토기, 빗살무늬토기)	민무늬토기, 반달돌칼, 비파형동검 등	검은간토기, 덧띠토기, 거푸집, 세형동검, 잔무늬거울
유적	• 웅기 굴포리 • 상원 검은모루 • 공주 석장리 • 연천 전곡리 등	• 웅기 굴포리 • 부산 동삼동 • 서울 암사동 • 봉산 지탑리 등	• 고인돌 • 돌무지무덤 • 돌널무덤 등	• 돌무지무덤 • 돌널무덤 • 독무덤 • 널무덤 등

□ **단군신화(檀君神話) ***

우리민족의 시조 신화로 이를 통해 청동기시대를 배경으로 고조선의 성립이라는 역사적 사실과 함께 당시 사회모습을 유추할 수 있다.

더 알아보기

- 천제의 아들 환웅이 천부인 3개와 풍백 · 운사 · 우사 등의 무리를 거느리고 태백산 신시에 세력을 이루었다.
  - → 천신사상, 선민사상, 농경사회, 계급사회, 사유재산제 사회
- 곰과 호랑이가 와서 인간이 되게 해달라고 하였으며, 곰만이 인간여자가 되어 후에 환웅과 결합하여 아들 단군왕검을 낳았다.
  - → 토테미즘, 샤머니즘, 제정일치
- 널리 인간을 이롭게 한다(홍익인간).
  - → 민본주의, 지배층의 권위(통치이념)

□ 8조법(八條法) ***

고조선 사회의 기본법으로,「한서지리지」에 기록되어 있다. 살인·상해·절도죄를 기본으로 하는 이 관습법은 족장들의 사회질서유지 수단이었으며, 동시에 가부장 중심의 계급사회로서 사유재산을 중히 여긴 당시의 사회상을 반영하고 있다. 그 내용 중 전하는 것은 '사람을 죽인 자는 사형에 처한다, 남에게 상해를 입힌 자는 곡물로 배상한다, 남의 물건을 훔친 자는 노비로 삼고 배상하려는 자는 50만전을 내야 한다' 등 3조이다.

□ 여러 부족의 성장 ***

구분	부여	고구려	옥저·동예	삼한
정치	5부족 연맹체(왕·4출도), 1책 12법	5부족 연맹체(왕·대가), 제가회의(군장회의)	읍군·삼로(군장)	제정분리 : 군장(신지·견지·읍차·부례), 제사장(천군)
풍속	우제점법, 형사취수, 순장의 풍습	데릴사위제	• 옥저 : 민며느리제, 가족공동장 • 동예 : 책화, 족외혼	벼농사 발달(저수지 축조), 낙랑·일본 등에 철 수출
경제	• 반농반 • 말, 주옥, 모피 등과 같은 특산물	약탈경제 → 부경(창고)	• 농경발달, 해산물 풍부 • 단궁, 과하마, 반어피(동예)	두레조직을 통해 공동작업
제천행사	영고(12월)	동맹(10월)	무천(동예, 10월)	수릿날(5월), 계절제(10월)

□ 광개토대왕비(廣開土大王碑) ***

만주 집안현 통구(通溝)에 있는 고구려 19대 광개토대왕의 비석으로, 왕이 죽은 후인 장수왕 2년(414)에 세워졌다. 비문은 고구려·신라·가야의 3국이 연합하여 왜군과 싸운 일과 왕의 일생사업을 기록한 것으로, 우리나라 최대의 비석이다. 일본은 '倭以辛卯年來渡海破百殘□□新羅以爲臣民'라는 비문을 확대·왜곡 해석하여 임나일본부설의 근거로 삼고 있다.

□ 태학(太學) **

고구려의 국립교육기관으로, 우리나라 최초의 교육기관이다. 소수림왕 2년(372)에 설립되어 중앙귀족의 자제에게 유학을 가르쳤다.

□ 마립간(麻立干) **

신라시대의 왕호이다. 신라 건국초기에는 박·석·김의 3성(姓) 부족이 연맹하여 연맹장을 세 부족이 교대로 선출했으며, 이들이 주체가 되어 신라 6촌이라는 연맹체를 조직하기에 이르렀다. 이것이 내물왕 때부터는 김씨의 왕위세습권이 확립되었고 대수장(大首長)이란 뜻을 가진 마립간을 사용하게 되었다.

□ 골품제도(骨品制度) ***

신라의 신분제로, 성골·진골·6두품 등이 있었다. 성골은 양친 모두 왕족인 자로서 28대 진덕여왕까지 왕위를 독점 세습하였으며, 진골은 양친 중 한편이 왕족인 자로서 태종무열왕 때부터 왕위를 세습하였다. 골품은 가계의 존비를 나타내고 골품 등급에 따라 복장·가옥·수레 등에 여러 가지 제한을 두었다.

□ 향(鄕)·소(巢)·부곡(部曲) **

통일신라때 생겨난 특수행정구역으로 양인이지만 천역을 진 신량역천인 거주지를 말한다. 통일과정에서 저항한 지역을 강등시킴으로 생겨났으며 향·부곡은 농업, 소는 수공업을 담당하였다. 고려 때까지 있었으나 조선 때 소멸했다.

□ 신라장적(新羅帳籍) **

1933년 일본 도오다이사(東大寺) 쇼소인(正倉院)에서 발견된 것으로, 서원경(淸州)지방 4개 촌의 민정문서이다. 남녀별·연령별의 정확한 인구와 소·말·뽕나무·호도나무·잣나무 등을 집계하여 3년마다 촌주가 작성하였다. 호(戶)는 인정(人丁)수에 의해 9등급, 인구는 연령에 따라 6등급으로 나뉘었고, 여자도 노동력수취의 대상이 되었다. 촌주는 3~4개의 자연촌락을 다스리고 정부는 촌주에게 촌주위답을, 촌민에게는 연수유답을 지급하였다. 이 문서는 조세수취와 노동력징발의 기준을 정하기 위해 작성되었다.

□ 화백제도(和白制度) **

신라 때 진골 출신의 고관인 대등(大等)들이 모여 국가의 중대사를 결정하는 회의이다. 만장일치로 의결하고, 한 사람이라도 반대하면 결렬되는 회의제도였다.

□ 훈요 10조(訓要十條) ***

고려 태조 26년(943)에 대광 박술희를 통해 후손에게 훈계한 정치지침서로, 신서와 훈계 10조로 이루어져 있다. 불교·풍수지리설 숭상, 적자적손에 의한 왕위계승, 당풍의 흡수와 거란에 대한 강경책 등의 내용으로 고려정치의 기본방향을 제시하였다.

□ 상수리제도(上守吏制度) **

통일신라시대 지방 세력의 자제를 중앙에 머물게 하는 제도를 말하며, 왕권의 강화를 위해 실시하였다. 삼국을 통일한 신라는 왕권을 강화하기 위해 많은 정책을 실시하였는데, 그 중 상수리 제도는 각 주의 지방 세력의 자제들 중 한 명을 뽑아 중앙의 볼모로 와 있게 함으로써 지방의 세력을 견제하고 왕권을 강화하고자 한 것이다. 이는 고려의 기인, 조선의 경저리 제도와 유사한 제도이다.

□ 별무반(別武班) **

고려 숙종 9년(1104) 윤관의 건의에 따라 여진정벌을 위해 편성된 특수부대이다. 귀족 중심의 신기군(기병부대), 농민을 주축으로 한 신보군(보병부대), 승려들로 조직된 항마군으로 편성되었다.

□ **삼별초(三別抄)** **

고려 최씨집권시대의 사병집단이다. 처음에 도둑을 막기 위하여 조직한 야별초가 확장되어 좌별초·우별초로 나뉘고, 몽고군의 포로가 되었다가 도망쳐 온 자들로 조직된 신의군을 합하여 삼별초라 한다. 원종의 친몽정책에 반대하여 항쟁을 계속하였으나, 관군과 몽고군에 의해 평정되었다.

□ **묘청의 난** **

고려 인종 13년(1135)에 묘청이 풍수지리의 이상을 표방하고, 서경으로 천도할 것을 주장하였으나 유학자 김부식 등의 반대로 실패하자 일으킨 난이다. 관군에 토벌되어 1년만에 평정되었다. 신채호는 '조선역사상 1천 년 내의 제1의 사건'이라 하여 자주성을 높이 평가하였다.

□ **건원중보(乾元重寶)** ***

고려 성종 15년(996)때 주조된 우리나라 최초의 철전(鐵錢)이다. 그 후 삼한중보·삼한통보·해동중보·해동통보·동국중보·동국통보 등을 주조하였으나 널리 통용되지는 않았다.

□ **전시과(田柴科)** ***

고려의 토지제도로 관직이나 직역을 담당한 사람들에게 직위에 따라 전지(田地)와 시지(柴地)를 차등있게 분급하는 제도이다. 태조 23년(940)의 역분전(役分田)에 기초를 둔 것이었는데, 역분전은 통일 뒤의 논공행상적인 것이었다. 전시과라는 명칭은 문무관리에게 전지와 연료채취지인 시지를 준 데에서 비롯된다. 신라의 녹읍제가 토지 자체보다도 인간을 지배하려는데 그 목적이 컸음에 비하여 전시과는 토지를 통한 농민지배의 성격이 강했다.

□ **과전법(科田法)** **

고려 말 이성계일파에 의하여 단행된 전제개혁으로 공양왕 3년(1391)에 전국의 토지를 몰수한 후 경기토지에 한하여 전직·현직 문무관에게 사전(私田)을 지급하였다. 이것은 세습할 수 없었고, 나머지는 모두 공전(公田)으로 하였다.

□ **상평창(常平倉)·의창(義倉)** ***

상평창은 고려 성종 12년(993)에 설치한 물가조절기관으로, 곡식과 포목 등 생활필수품을 값쌀 때 사두었다가 흉년이 들면 파는 기관이다. 이는 개경과 서경을 비롯한 전국 주요 12목에 큰 창고를 두었으며, 사회구제책과 권농책으로 오래 활용되었다. 의창은 고려 성종 5년(986)에 태조가 만든 흑창을 개칭한 빈민구제기관으로, 전국 각 주에 설치하였다. 춘궁기에 관곡에 빌려주고 추수 후에 받아들이는 제도로, 고구려 진대법과 조선의 사창·환곡과 성격이 같다.

□ **노비안검법(奴婢按檢法)** **

고려 광종 7년(956) 원래 양인이었다가 노비가 된 자들을 조사하여 해방시켜 주고자 했던 법으로, 귀족세력을 꺾고 왕권을 강화하기 위한 정책적 목적으로 실시되었다. 그러나 후에 귀족들의 불평이 많아지고 혼란이 가중되어 노비환천법이 실시되었다.

□ **조선경국전(朝鮮經國典)** ***

조선왕조의 건국이념과 정치 · 경제 · 사회 · 문화에 대한 기본방향을 설정한 헌장법전으로, 정도전 · 하윤 등에 의해 편찬되었다. 경국대전을 비롯한 조선왕조 법전편찬의 기초가 되었다.

□ **균역법(均役法)** **

영조 26년(1750) 백성의 부담을 덜기 위하여 실시한 납세제도로, 종래 1년에 2필씩 내던 포를 1필로 반감하여 주고 그 재정상의 부족액을 어업세 · 염세 · 선박세와 결작의 징수로 보충하였다. 역을 균등히 하기 위해 제정하고 균역청을 설치하여 이를 관할하였으나, 관리의 부패로 농촌생활이 피폐해졌으며 19세기에는 삼정문란의 하나가 되었다.

□ **삼정(三政)** **

조선시대 국가재정의 근원인 전정(田政) · 군정(軍政) · 환곡(還穀)을 말한다. 전정이란 토지에 따라 세를 받는 것이고, 군정은 균역 대신 베 한필씩을 받는 것이며, 환곡은 빈민의 구제책으로 봄에 곡식을 빌려 주었다가 가을에 10분의 1의 이자를 합쳐 받는 것이다.

□ **삼포왜란(三浦倭亂)** **

왜인들이 중종 5년(1510)에 3포(부산포, 제포, 염포)에서 일으킨 난을 말한다. 이로 인해 임신약조를 맺게 되어 세견선과 세사미두를 반감하였고, 제포를 개항하는 동시에 중종 39년(1544)에는 왜관을 부산포로 옮겼다. 삼포왜란을 계기로 군국의 사무를 맡는 새로운 기관이 필요해짐에 따라 비변사가 설치되었다.

□ **4군 6진(四郡六鎭)** *

세종 때 영토수복정책의 일환으로 최윤덕이 압록강 일대의 여진족을 정벌하고 여연 · 자성 · 무창 · 우예의 4군을, 김종서가 두만강 일대의 여진족을 몰아내고 종성 · 온성 · 회령 · 부령 · 경원 · 경흥의 6진을 설치하였다.

□ **병자호란(丙子胡亂)** ***

조선 인조 14년(1636) 청이 명을 정벌하기 위해서 군량과 병선의 징발을 요구하고 형제관계를 군신관계로 바꾸도록 강요하자, 이에 격분한 조선정부가 임전태세를 강화함으로써 일어난 전쟁이다. 청 태종이 용골대와 마부대를 선봉으로 10만 대군을 이끌고 침입, 결국은 주화파 최명길을 통하여 삼전도에서 굴욕적인 항복을 하였다. 이 결과 청과 조선은 군신관계를 맺고 명과의 관계를 끊으며, 소현세자와 봉림대군의 두 왕자와 척화파인 홍익한, 윤집, 오달제 등 3학사를 인질로 보냈다.

□ **규장각(奎章閣)** **

정조 원년(1776)에 궁중에 설치된 왕립도서관 및 학문연구소로, 역대 국왕의 시문·친필·서화·유교 등을 관리하던 곳이다. 이는 학문을 연구하고 정사를 토론케 하여 정치의 득실을 살피는 한편, 외척·환관의 세력을 눌러 왕권을 신장시키고 문예·풍속을 진흥시키기 위한 것이었다.

□ **탕평책(蕩平策)** **

영조가 당쟁의 뿌리를 뽑아 일당전제의 폐단을 없애고, 양반의 세력균형을 취하여 왕권의 신장과 탕탕평평을 꾀한 정책이다. 이 정책은 정조 때까지 계승되어 당쟁의 피해를 막는데 큰 성과를 거두었으나, 당쟁을 근절시키지는 못하였다.

□ **4대 사화(四大士禍)** ***

조선시대 중앙관료들 간의 알력과 권력쟁탈로 인하여 많은 선비들이 화를 입었던 사건을 말한다. 4대 사화는 연산군 4년(1498)의 무오사화, 연산군 10년(1504)의 갑자사화, 중종 14년(1519)의 기묘사화, 명종 원년(1545)의 을사사화를 말한다.

4대 사화	내용
무오사화	사초(史草)가 발단이 되어 일어나 사화(史禍)라고도 하며, 김일손 등 신진사류가 유자광 중심의 훈구파에게 화를 입은 사건이다.
갑자사화	연산군의 어머니 윤씨(尹氏)의 복위문제에 얽혀서 일어난 사화로 윤씨 복위에 반대한 선비들을 처형한 사건이다.
기묘사화	남곤, 홍경주 등의 훈구파에 의해 조광조 등의 신진사류들이 숙청된 사건이다.
을사사화	왕실의 외척인 대윤(大尹)과 소윤(小尹)의 반목을 계기로 일어난 사화이다.

□ **중농학파(重農學派)·중상학파(重商學派)** *

구분	특징
중농학파	경세치용(經世致用)학파라고도 하며, 실리적이고 체계적인 개혁을 지향하여 농촌 문제에 관심을 쏟아 토지·조세·교육·관리 선발 등의 폐단을 시정하고자 하였다. 유형원, 이익, 정약용 등이 이 학파에 속하며, 중농학파는 구한말의 애국계몽 사상가들과 일제 강점기 국학자들에게 큰 영향을 주었다.
중상학파	북학파(北學派), 이용후생학파(利用厚生學派)라고도 하며, 청나라 문화의 영향을 받아 등장하였다. 농업뿐 아니라 상공업 진흥과 기술 혁신 등 물질문화 발달에 관심을 보였으며, 중심 학자로 유수원, 홍대용, 박지원, 박제가 등이 있다. 중상학파의 개혁사상은 농업에만 치우친 유교적 이상국가론에서 탈피하여 부국강병을 위한 적극적인 방안을 강구하였다는 점에서 의의가 있으며, 박규수, 김옥균 등 개화사상가에게 영향을 주었다.

□ **경국대전(經國大典)** *

조선 세조의 명에 의해 최항, 노사신 등이 편찬을 시작하여 성종 2년에 완성한 조선 왕조의 기본법전이다. 조선 초기 「경제육전(經濟六典)」과 그 후에 반포된 법령, 교지, 조례 등을 종합해 호전(戶典), 형전(刑典) 등의 6조(曺)로 완성된 전 6권은 책이다.

□ **향약(鄕約)** **

조선 중종 때 조광조(여씨향약)에 의하여 처음 실시되었으며, 이황(예안향약)과 이이(해주향약)에 의해 전국적으로 보급되었다. 지방 사족이 향촌사회를 운영하는 지배수단이 되었다. 향약의 4대 덕목은 좋은 일은 서로 권한다는 의미의 '덕업상권(德業相勸)', 잘못한 일은 서로 규제한다는 의미의 '과실상규(過失相規)', 올바른 예속으로 교류한다는 의미의 '예속상교(禮俗相交)', 재난과 어려움을 서로 돕는다는 의미의 '환난상휼(患難相恤)'이다.

□ **상평통보(常平通寶)** **

인조 11년(1663) 이덕형의 건의로 만들어진 화폐이다. 만들어진 후 곧 폐지되었으나, 효종 2년 김육에 의하여 새로 만들어져 서울과 서북지방에서 잠시 사용되다가 다시 폐지되었다. 그 후 숙종 4년(1678)에 허적에 의하여 새로이 주조되어 전국적으로 통용되었다.

□ **조선왕조실록** ***

조선 태조에서 철종까지 472년간의 역사적 사실을 각 왕 별로 기록한 편년체 사서다. 조선 왕조의 역사를 백과사전 형식으로 기록한 편년체 사서로 사초, 시정기 등을 바탕으로 실록청에서 편찬하였다. 실록에는 「고종태황제실록(高宗太皇帝實錄)」과 「순종황제실록(純宗皇帝實錄)」이 포함되어 있지 않다. 두 실록은 1927부터 1932년까지 조선총독부의 주도로 조선사편수회가 편찬한 것으로 일본의 대한제국 국권 침탈과 황제·황실의 동정에 관한 기록들에서 왜곡이 많기 때문이다. 또한 조선시대의 엄격한 실록 편찬 규례에도 맞지 않는 점이 많다. 따라서 고종·순종실록의 역사는 참고하거나 인용하는 데에 주의가 필요하다. 한편 「조선왕조실록」은 모두 국보로 지정되어 있으며, 1997년 「훈민정음」과 함께 유네스코 세계기록유산으로 등재되었다.

□ **조사시찰단(紳士遊覽團)** **

고종 18년(1881) 일본에 파견하여 새로운 문물제도를 시찰케 한 사절단을 말한다. 강화도조약이 체결된 뒤 수신사 김기수와 김홍집은 일본에 다녀와서 서양의 근대문명과 일본의 문물제도를 배워야 한다고 주장하였다. 이에 조선정부는 박정양·조준영·어윤중·홍영식 등과 이들을 보조하는 수원·통사·종인으로 조사시찰단을 편성하여 일본에 체류하면서 문교·내무·농상·의무·군부 등 각 성(省)의 시설과 세관·조례 등의 주요 부분 및 제사(製絲)·잠업 등에 이르기까지 고루 시찰하고 돌아왔다.

□ **강화도조약** **

운요호사건을 빌미로 고종 13년(1876) 일본과 맺은 최초의 근대적 조약으로, 일명 병자수호조약이라고도 한다. 부산·인천·원산 등 3항의 개항과 치외법권의 인정 등을 내용으로 하는 불평등한 조약이나, 이를 계기로 개국과 개화가 비롯되었다는 데 큰 의의가 있다.

□ **임오군란(壬午軍亂)** **

고종 19년(1882) 개화파와 보수파의 대립으로 일어난 사건으로, 신·구식 군대차별이 발단이 되었다. 이 결과 대원군이 재집권하게 되었으나, 민씨일파의 책동으로 청의 내정간섭이 시작되고 이로 인해 제물포조약이 체결되어 일본의 조선침략의 발판이 되었다.

□ **별기군(別技軍)** *

고종 18년(1881)에 설치한 신식군대로, 강화도 조약 체결 이후 노골화 되는 제국주의세력에 대한 부국강병책의 일환으로 설립되었다. 일본의 육군공병 소위 호리모도를 초빙하여 교관으로 삼고 100명으로 편성된 별기군을 훈련시켰다. 별기군은 임오군란 때 폐지되었다.

□ **갑신정변(甲申政變)** ***

고종 21년(1884) 개화당의 김옥균, 박영효 등이 중심이 되어 우정국 낙성식에서 민씨일파를 제거하고 개화정부를 세우려 했던 정변이다. 갑신정변은 청의 지나친 내정간섭과 민씨세력의 사대적 경향을 저지하고 자주독립국가를 세우려는 의도에서 일어났으나, 청의 개입과 일본의 배신으로 3일천하로 끝났다. 근대적 정치개혁에 대한 최초의 시도였다는 점에 큰 의의가 있다.

□ **동학농민운동** **

고종 31년(1894) 전라도 고부에서 동학교도 전봉준 등이 일으킨 민란에서 비롯된 농민운동을 말한다. 교조신원운동의 묵살, 전라도 고부군수 조병갑의 착취와 동학교도 탄압에 대한 불만이 도화선이 된 이 운동은 조선 봉건사회의 억압적인 구조에 대한 농민운동으로 확대되어 전라도·충청도 일대의 농민이 참가하였으나, 청·일 양군의 간섭으로 실패했다. 이 운동의 결과 대외적으로는 청일전쟁이 일어났고, 대내적으로는 갑오개혁이 추진되었다. 또한 유교적 전통사회가 붕괴되고 근대사회로 전진하는 중요한 계기가 되었다.

□ **갑오개혁(甲午改革)** ***

고종 31년(1894) 일본의 강압에 의해 김홍집을 총재관으로 하는 군국기무처를 설치하여 실시한 근대적 개혁이다. 내용은 청의 종주권 부인, 개국연호 사용, 관제개혁, 사법권 독립, 재정의 일원화, 은본위제 채택, 사민평등, 과부개가 허용, 과거제 폐지, 조혼금지 등이다. 이 개혁은 근대화의 출발점이 되었으나, 보수적인 봉건잔재가 사회 하층부에 남아 있어 근대화의 기형적인 발달을 보게 되었다.

□ 병인양요(丙寅洋擾) ***

고종 3년(1866) 대원군이 천주교도를 탄압하자 리델(Ridel)신부가 탈출하여 천진에 와 있던 프랑스함대에 보고함으로써 일어난 사건이다. 그해에 프랑스 로즈(Rose)제독은 함선을 이끌고 강화도를 공격·점령했는데, 대원군이 이경하 등으로 하여금 싸우게 하여 40여일만에 프랑스군을 격퇴시켰다.

□ 을미사변(乙未事變) **

조선 고종 32년(1895) 일본공사 미우라가 친러세력을 제거하기 위하여 명성황후를 시해한 사건이다. 을미사변은 민족감정을 크게 자극하여 의병을 일으키는 계기가 되었다.

□ 독립협회(獨立協會) ***

조선 고종 33년(1896)에 서재필·안창호·이승만·윤치호 등이 정부의 외세의존, 외국의 침략, 이권의 박탈 등을 계기로 독립정신을 고취시키기 위하여 만든 정치적 색채를 띤 사회단체이다. 종래의 인습타파 및 독립정신 고취 등 국민계몽에 힘썼으며, 독립문을 건립하고 독립신문을 발간하였으나 황국협회의 방해 등으로 1898년에 해산되었다.

□ 황국협회 *

광무 2년(1898)에 홍종우·길영수·이기동·박유진 등이 조직한 정치·사회단체로, 보부상과 연결되어 독립협회의 활동을 견제하였다.

□ 관민공동회(官民共同會) ***

열강의 이권침탈에 대항하여 자주독립의 수호와 자유민권의 신장을 위하여 독립협회 주최로 열린 민중대회이다. 1898년 3월 서울 종로 네거리에서 러시아인 탁지부 고문과 군부 교련사관의 해고를 요구하고 이승만·홍정하 등 청년 연사가 열렬한 연설을 하여 대중의 여론을 일으켰다. 이 대회는 계속 개최되어 그 해 10월에는 윤치호를 회장으로 선출, 정부의 매국적 행위를 공격하고 시국에 대한 개혁안인 헌의 6조를 결의하였다. 이 개혁안은 국왕에게 제출되어 왕도 처음에는 그 정당성을 인정하고 그 실시를 확약하였으나 보수적 관료들의 반대로 이에 관계한 대신들만 파면되고 실현을 보지 못하였다. 독립협회의 해산 후 얼마 동안은 만민공동회라는 이름으로 활약하였다.

□ 아관파천(俄館播遷) *

명성황후가 살해된 을미사변(乙未事變) 이후 신변에 위협을 느낀 고종과 왕세자가 1896년 2월부터 약 1년간 왕궁을 버리고 러시아 공관으로 옮겨 거처한 사건을 말한다. 조선의 보호국을 자처하게 된 러시아는 아관파천을 계기로 조선정부에 압력을 가하여 압록강 연안과 울릉도의 산림채벌권을 비롯하여 광산채굴권, 경원전신선(京元電信線)을 시베리아 전선에 연결하는 권리 등의 이권을 차지했다.

□ **을사조약(乙巳條約)) ***

광무 9년(1905) 일본이 한국을 보호한다는 명목 아래 강제로 체결한 조약으로 제2차 한일협약이라고도 한다. 러일전쟁의 승리와 영일동맹조약 개정 등으로 한국에 대한 우월한 권익과 지위를 국제적으로 인정 받은 일본은 이토 히로부미를 파견하여 강압적으로 조약을 체결하였다. 이 결과 우리나라는 주권을 상실 하고 외교권을 박탈당했으며, 일본은 서울에 통감부를 두고 보호정치를 실시하였다.

더 알아보기

을사 5적(乙巳五賊) … 을사조약을 체결할 때 찬성 또는 묵인한 5인의 매국노로, 박제순 · 이완용 · 이근택 · 이지용 · 권중현을 말한다.

□ **국권수호운동(國權守護運動) ****

1905년 체결된 한일협약에 반대하여 일어난 국민적 운동이다. 고종은 만국평화회의에 밀사를 파견하여 을사조약이 무효임을 호소하였으나 결국 일제에 의해 고종이 강제 퇴위당하고 정미 7조약이 맺어지면서 일본이 내정을 장악하게 되었다. 이에 일본의 식민지화를 반대하고 주권회복과 자주독립을 위해 근대문물 을 받아들여 실력을 양성하자는 애국계몽운동과 무력으로 일제를 물리치자는 항일의병운동이 일어났다. 이와 같은 국권회복운동은 관원 · 양반 · 상인 · 농민 · 천민에 이르기까지 전 계층의 호응을 얻어 전국적으로 전개되었다. 이러한 운동들은 일제강점기 동안 점차 실력양성론과 무장투쟁론으로 자리잡아갔다.

□ **정미 7조약(丁未七條約) ****

정식명칭은 한일신협약이다. 1907년 일본이 대한제국을 병합하기 위한 예비조처로 헤이그밀사사건을 구 실삼아 고종을 퇴위시키고 강제적으로 맺은 조약이다. 이로 인해 통감의 권한이 확대되고 일본인 차관이 행정실무를 담당하는 차관정치가 실시되었다.

□ **국채보상운동(國債報償運動) ***

1907년 일본에 대한 외채가 너무 많아 일본에의 예속을 면치 못하자, 서상돈 · 김광제 등이 국채보상기성 회를 조직하여 금연 · 금주운동을 전개했던 운동이다. 국민들로 하여금 많은 호응을 받았으나 통감부의 탄 압으로 얼마 못가 중지되고 말았다.

□ **신민회(新民會) ***

1907년 안창호 · 양기탁 · 이동녕 · 이동휘 · 신채호 등이 조직한 비밀결사단체로, 정치 · 교육 · 문화 등 계 몽운동과 항일운동을 고취시켰다. 민족산업의 육성을 위해 평양에 자기회사를 설립 · 운영하는 한편, 대구 에 태극서관 창설 · 해외에 독립운동기지 건설 등 구국운동의 인재를 양성하였으나, 1910년 105인 사건으 로 해체되었다.

□ **건국준비위원회** ***

1945년 8·15해방 이후 여운형을 중심으로 국내인사들이 조직한 최초의 정치단체를 말한다. 민족 총역량을 일원화하여 일시적 과도기에서의 국내질서를 자주적으로 유지할 것을 목표로 삼았다. 전국에 지부를 설치하고 치안대를 동원하여 국내 유일의 정치세력을 형성, 국호를 조선인민공화국이라 정하고 형식상 민족자주정권의 수립을 기도했으나, 상해임시정부의 귀국과 미군정의 실시 등으로 해체되었다.

□ **홍범도 장군** ***

조선 말기 의병장으로, 일제강점기 독립운동가다. 봉오동 전투와 청산리대첩에서 대승을 이끌며 이후 대한독립군단을 조직하고 고려혁명군관학교를 설립했다. 조국 해방을 2년 앞두고 1943년 카자흐스탄에서 숨을 거두었다. 1962년에 대한민국 정부에서 건국훈장 대통령장을 추서하였다. 2019년에 유해 봉환 요청, 2021년 8월 15일 카자흐스탄으로부터 유해가 봉환되었다. 이후 대한민국 건국훈장 중 최고등급인 대한민국장을 추서하였고 유해는 대전 현충원에 안장되었다.

□ **대한민국 임시정부(大韓民國臨時政府)** ***

3·1운동이 일어난 후 일본통치에 조직적으로 항거하는 기관의 필요성을 느낀 애국지사들이 1919년 4월 13일 조국의 광복을 위해 임시로 중국 상하이에서 조직하여 선포한 정부이다. 임시정부는 외교위원부를 두어 다각적인 외교활동을 전개하였고 독립신문을 발행하고 한일관계자료집을 간행하는 등의 많은 업적을 남겼다. 1940년대에는 '한국광복군'도 창설하여 연합국과 연합작전을 벌이고 국내진공작전도 시행하려 하였다. 임시정부는 1948년 정부수립까지 독립운동의 대표기관이었다.

□ **물산장려운동(物産獎勵運動)** *

1922년 평양에 설립된 조선물산장려회가 계기가 되어 조만식을 중심으로 일어난 민족운동이다. 서울의 조선청년연합회가 주동이 되어 전국적 규모의 조선물산장려회를 조직, 국산품 애용·민족기업의 육성 등의 구호를 내걸고 강연회와 시위선전을 벌였으나, 일제의 탄압으로 유명무실해지고 1940년에는 총독부 명령으로 조선물산장려회가 강제 해산되었다.

□ **신간회(新幹會)** ***

1927년 민족주의자와 사회주의자가 통합하여 조직한 최대 항일민족운동단체이다. 주요 활동으로는 아동의 수업료 면제·조선어교육 요구·착취기관 철폐·이민정책 반대 등을 제창하였고, 광주학생운동을 지원하기도 했다. 자매단체로는 여성단체인 근우회가 있었다.

□ **9·19 군사합의** *

2018년 9월 19일 평양정상회담을 통해 채택한 9월 평양공동선업의 부속 합의서이다. 정식 명칭은 '역사적인 판문점선언 이행을 위한 군사 분야 합의서'로 판문점선언(4·27 남북정상회담 합의) 이행을 위한 군사 분야 합의서이다. 해당 합의서에는 비무장지대(DMZ)의 비무장화, 서해 평화수역 조성, 군사당국자회담 정례화 등을 구체적으로 이행하기 위한 후속 조치가 명시되었다.

□ 우리나라의 해방과 국제회담 ***

연대	회합	대표국	내용
1943	카이로선언	미 · 영 · 중	한국 해방 · 독립을 결의한 최초의 회담
	테헤란회담	미 · 영 · 소	연합국 상륙작전
1945	얄타회담	미 · 영 · 소	소련의 대일참전 및 38선 설정
	포츠담선언	미 · 영 · 소	카이로선언의 재확인
1945	모스크바 3국외상회의	미 · 영 · 소	5년간의 신탁통치 결정
1946	미 · 소 공동위원회	미 · 소	통일문제 토의

□ 인혁당사건 *

사건구분	내용
1차 인혁당사건 (1964.08)	중앙정보부장이 기자회견을 통해 '북괴의 지령을 받은 대규모 지하조직인 인민혁명당이 국가변란을 획책하여 이를 적발, 일당 57명중 41명을 구속하고 16명을 수배 중에 있다.'고 발표한 사건
2차 인혁당사건 (1974.04)	인민혁명당 재건위원회 사건이라고도 하며 유신반대 투쟁을 벌였던 민청학련(전국민주청년학생연맹)의 배후를 '인혁당재건위'로 지목, 이를 북한의 지령을 받은 남한 내 지하조직이라고 규정한 사건

□ 이한열 열사 ***

이한열 열사는 연세대학교 재학 중이던 1987년 6월 9일 1,000여 명 학생들과 연세대학교 정문 앞에서 전두환 정권 독재 타도와 5 · 18 진상 규명을 외치는 시위에 참여했다. 경찰은 시위 진압을 위해 학생들에게 최루탄을 쐈고, 이 과정에서 최루탄을 맞고 쓰러진 이한열 열사를 학우들이 부축하는 장면이 로이터 통신 기자에 의해 보도되며 전국적으로 알려졌다. 소식을 접한 100만 명이 넘는 학생과 시민들이 분노하여 거리로 나와 민주화를 외치자 전두환 군사정권은 6·29 선언을 통해 대통령 직선제 개헌을 수용했다. 의식이 돌아오지 못하던 그는 1987년 7월 5일 세상을 떠났다.

□ 동북공정(東北工程) ***

'동북변강역사여현상계열연구공정(東北邊疆歷史與現狀系列研究工程)'의 줄임말로 중국 국경 안에서 전개된 모든 역사를 중국 역사로 만들기 위해 2002년부터 중국이 추진하고 있는 동북쪽 변경지역의 역사와 현상에 관한 연구 프로젝트이다. 연구는 중국 최고의 학술기관인 사회과학원과 지린성(吉林省) · 랴오닝성(遼寧省) · 헤이룽장성(黑龍江省) 등 동북3성 위원회가 연합하여 추진한다. 궁극적 목적은 중국의 전략지역인 동북지역, 특히 고구려 · 발해 등 한반도와 관련된 역사를 중국의 역사로 만들어 한반도가 통일되었을 때 일어날 가능성이 있는 영토분쟁을 미연에 방지하는 데 있다.

03 철학 · 종교

□ **그리스철학(Greek Philosophy)** ***

그리스철학은 고대 그리스에서 발생하여 고대 로마에까지 계승된 철학을 통틀어 이른다. 그리스철학은 그 절정기라고 할 수 있는 소크라테스 · 플라톤 · 아리스토텔레스가 살았던 고전기를 전후하여 3기로 나눌 수 있다.

구분	특징
제1기 (창시기)	• '소크라테스 이전의 철학'이라고 불리는 필로소피아의 형성기 • 인간을 둘러싼 자연의 근원에 대한 관심 • 원리와 원인에 관한 지식의 추구 • 철학의 정초를 이룸
제2기 (고전기)	• 일명 '아테네 철학' • 페르시아전쟁 이후 아테네가 그리스 문화의 중심이 됨 • 관심의 초점이 대우주(자연)에서 소우주(인간)로 이동 • 그리스 철학이 꽃 핀 시기
제3기 (헬레니즘 ~ 로마기)	• 아리스토텔레스 이후의 시기 • 민족적 자주성을 잃은 세계시민의 입장과 개인주의적 탐구에 전념 • 고대 로마로 계승

□ **변증법(辨證法)** **

창시자 제논(Zenon)은 상대편의 입장에서 모순을 찾아내 논쟁하는 방법이라고 정의하였으나, 플라톤(Platon)은 개념의 분석으로 이데아(Idea)의 인식에 도달하는 방법이라 하였고, 헤겔(G. Hegel)은 자연과 인간세계를 포함하는 전우주의 발전법칙이라고 하였다. 헤겔의 변증법에 따르면 전우주는 생성 · 발전하는 하나의 과정이며 궁극적인 최고원리는 절대정신(Geist)이라 하여, 절대정신의 변증법적 자기발전과정이 바로 세계의 역사라는 것이다. 헤겔의 변증법은 정립(These) · 반정립(Antithese) · 종합(Synthese)의 단계를 거쳐 전개된다.

더 알아보기

지양(Aufheben) … 헤겔의 변증법에서 종합의 단계는 정립과 반정립의 단계를 거치면서 보다 고차원적인 입장으로 종합 · 통일하는 단계이다. 이와 같이 낮은 단계의 부정에 의하여 높은 긍정의 단계로 나아가는 것을 '지양(Aufheben)'이라고 한다.

□ **귀납법(歸納法)** **

각각의 특수한 것에서 일반적 · 보편적 원리로 나아가는 추리방법이다. 아리스토텔레스(Aristoteles)는 완전귀납과 불완전귀납으로 나누었으며, 베이컨(F. Bacon)에 의해 학문으로 체계화되었다. 이를 집대성한 이는 영국의 밀(J. S. Mill)인데, 그는 최고의 원리는 귀납으로 파악된다고 하였다.

□ **연역법(演繹法)** **

이미 알려진 보편적 원리에서 개별의 법칙 또는 특수한 명제를 끌어내어 경험이 아닌 사유에 의하여 진실한 인식에 도달하는 추리방법이다. 데카르트(R. Descartes)는 연역의 최고원리는 지성의 직각(直覺)에 의하여 파악된다고 하였다.

□ **에피투미아(Epithumia)·에로스(Eros)·아가페(Agape)** *

에피투미아는 육체적인 쾌감과 욕망에 의해서 영위되는 자기본위(自己本位)의 생활로, 이는 공동생활이 불가능하여 자타공멸의 결과를 초래하게 된다. 에로스는 자기와 타인이 공동으로 번영해 나가기를 바라는 자타본위(自他本位)의 생활로, 진·선·미를 동경하며 참된 가치를 추구한다. 아가페는 자신을 희생하고 타인이나 영원한 존재를 위해 사는 타자본위(他者本位)의 생활로 타인을 위해 헌신하지만 현실을 초월한 데서 영원한 가치를 기대한다.

□ **대화법** **

소크라테스는 상대적이고 회의적인 윤리관을 극복하고 보편적이고 절대적인 진리를 추구해야 한다는 관점으로 지행합일설(知行合一說)과 지덕복합일설을 주장하였다. 절대적인 진리 추구를 위해서는 무지를 자각해야 하며 무지를 자각하게 하는 방법으로 대화의 상대자가 스스로 참된 지식에 도달하게 하는 대화법을 사용하였다. 대화법은 대화 속에서 발견되는 상대방의 모순이나 그릇된 지식에 대해 계속적으로 여러 가지 질문을 던짐으로써 벽에 부딪히게 해 스스로의 무지를 깨닫게 하는 방법(반어법)과 상대방이 이미 알고 있는 지식을 출발점으로 하여 마치 산파가 임산부의 출산을 돕듯이 상대방의 내면에 있는 진리를 끌어내 줌으로써 스스로 새로운 지식을 얻게 하는 방법(산파술)이 있다.

□ **이데아(Idea)** **

본래는 보이는 것, 알려져 있는 것으로 '형상(形象)'이라는 뜻이나, 플라톤은 인간감성을 초월한 진실적인 존재로 보았으며, 소크라테스는 윤리적·미적 가치 자체를 표현하는 의미로 사용하였다. 근대에 와서는 특히 이성(理性)의 영원불변하는 최선의 의식내용을 뜻하는 말로 사용되고 있다.

□ **경험론(經驗論)** **

베이컨·로크·흄 등에 의해 성립된 학문탐구의 방법으로, 인간의 인식은 감각을 통해 주어진 경험에 의해서 만들어진다는 입장이다. 인식의 근거를 경험에서 구하며 초경험적이고 이상적인 통로로 얻어진 인식을 인정하지 않는다. 귀납법을 중요시하며 주로 영국에서 발전되었고 20세기 미국 실용주의에 영향을 주었다.

□ **관념론(觀念論)** *

존재와 사유의 관계에 있어서 사유를 1차적이며 본원적인 것으로 보는 입장으로, 주관적 관념론과 객관적 관념론으로 나뉜다. 주관적 관념론의 대표자는 버클리, 객관적 관념론의 대표자는 플라톤이며, 근대에 이르러서는 데카르트에서 출발하여 라이프니츠·스피노자 등 대륙의 이성론으로 발전했다. 이후 칸트·헤겔에 이르는 독일 고전철학에서 절대적 관념론으로 이어졌다.

□ **우상론(偶像論)** **

영국의 경험론 철학자 베이컨(F. Bacon)이 말한 것으로, 선입견적인 편견과 망상을 우상이라 표현하고 4개로 나누었다. 종족(種族)의 우상은 자기 중심의 인간 본성에서 오는 편견, 동굴(洞窟)의 우상은 버릇·취미·성격 등 개인의 특수성에서 오는 편견, 시장(市場)의 우상은 인간의 사회적 교섭·언어에 의하여 나타나는 편견, 극장(劇場)의 우상은 전통·역사·권위를 무비판적으로 믿는 편견을 말한다. 그는 참된 경험과 지식을 얻기 위해서는 우상을 버려야 한다고 주장하였다.

□ **합리론(合理論)** **

참된 지식은 나면서부터 지니고 있는 이성(理性)에 의해서만 얻을 수 있다는 입장으로, 학문탐구의 방법으로서는 연역법을 사용하였다. 합리론은 비합리와 우연적인 것을 배척하고 도리와 이성과 논리가 일체를 지배한다는 세계관이다. 이것은 주로 유럽 여러 나라에서 발전했으며, 데카르트·파스칼·스피노자·라이프니츠를 거쳐 칸트와 헤겔의 관념론으로 발전했다.

□ **순수이성(純粹理性)** *

감각과 경험을 초월한 선천적 사유능력를 말하는 것으로, 칸트(I. Kant)의 비판철학의 중심개념이다. 이는 실천이성에 대립되는 개념으로, 이론이성이라고도 한다. 칸트는 그의 저서 순수이성비판에서 독자의 인식론을 수립함으로써 자연과학·형이상학의 근거를 존중하였다.

□ **스콜라(Schola)철학** **

8~17세기에 걸쳐 중세유럽의 신학 중심의 철학을 총칭하는 것으로, 기독교의 교리를 절대적 진리로 전제하고 그 교리들을 체계화하기 위하여 아리스토텔레스(Aristoteles)의 철학을 바탕으로 삼은 철학이다. 대표적 사상가는 아퀴나스(T. Aquinas)로, 저서로는 신학대전이 있으며 신앙우위를 주장하는 '철학은 신학의 시녀'라는 말이 유명하다.

□ **비판철학(批判哲學)** **

기존 권위를 그대로 긍정하지 않고 자기이성에 호소하여 그 권위의 본질을 파악한 후 옳고 그름을 정하는 비판주의적 태도를 인식론에 이용, 과학적 인식의 본질이나 한계를 생각한 칸트(I. Kant)의 철학이다. 칸트는 생득적·초경험적인 것과 후천적·경험적인 것에 의한 종합판단의 문제를 정신작용의 분야인 지(知)·정(情)·의(意)의 세 측면(3대 비판)에서 비판적으로 연구하였다. 지적 측면의 연구가 순수이성비판(인식론), 정적 측면의 연구가 판단력비판(미학), 의적 측면의 연구가 실천이성비판(도덕론)이다.

더 알아보기

칸트의 이원론 … 이성을 '순수이성'이라 했고 사회법칙, 즉 규범법칙을 만들어 내는 이성을 '실천이성'이라 하여 동일한 인간의 이성이 사유에 작용하면 순수이성, 의지에 작용하면 실천이성이 된다는 이원론을 확립하였다.

□ **분석철학(分析哲學)** **

언어를 논리적으로 분석하여 그 의미를 밝히고자 하는 것으로 논리실증주의에서 비롯하였다. 형이상학적인 명제들은 경험적으로 검증되지 않는 무의미한 것으로 이러한 무의미한 명제들은 철학자들이 애매한 일상 언어를 부당하게 확대하여 사용한 것에서 생겨났다고 보았다. 이를 타파하기 위해 형식언어(形式言語)의 구축을 통한 의미 분석, 철학적 언어의 명료화에 대한 요구, 일상 언어의 의미 분석 시도 등을 전개하였으며 이를 통해 '기호논리학'을 발전시켰다. 러셀, 비트겐슈타인 등이 대표적이다.

□ **교부철학(敎父哲學)** **

초기 크리스트교 신학자들을 중심으로 교회의 건설 및 교의(敎義)의 발전에 공헌하고 기독교사상을 합리적으로 체계화하려는 목적에서 일어난 철학이다. 교부는 일반적으로 저작활동을 통해 크리스트교 교회와 신자들을 지도한 사람으로, 이들의 종교적 철학을 교부철학이라 한다. 교부철학의 중심과제는 신(神)의 계시와 인간의 이성을 혼합하여 파악하고자 하는 것이었으며, 특히 플라톤(Platon)의 이데아(Idea)의 세계관을 주된 연구대상으로 삼았다. 클레멘스에 의해 창시되고 아우구스티누스에 의해 완성되었다.

□ **실증주의(實證主義)** *

일체의 초경험적·관념적인 실재를 부정하고, 모든 지식의 근원을 경험적인 사실에 한정한다는 근대철학의 한 사조이다. 프랑스의 콩트(A. Comte)의 저서 실증철학강의에서 처음 사용되었으며, 경험론과 계몽주의에 근원을 두고 있다.

□ **실존주의(實存主義)** *

19세기 후반에 관념론·유물론 등의 반동으로 일어난 철학사상으로, 실존하는 것이 가치가 있으며 비본래적인 자기에 대하여 본래적인 자기의 존재방식을 탐구하려는 사상이다. 여기에는 키에르케고르, 야스퍼스 등의 유신론적 실존주의와 니체, 하이데거, 사르트르 등의 무신론적 실존주의가 있다.

□ **실용주의(實用主義)** **

결정론적 세계관을 부정하고 행동과 실천을 중시하는 결과주의, 상대주의, 주관주의, 현실주의 철학이다. 구체적으로 실증적인 경험을 철학의 기초로 삼고 있는 실용주의는 영국의 경험론을 사상적 근원으로 하여 관념적이 아닌 실제생활과의 관련 속에서 사상을 생각하는 입장이다. 19세기 이후 미국에서 생성, 청교도주의와 함께 미국의 2대 사상적 기둥을 형성하였다. 퍼스에 의해 창시되어 제임스, 듀이 등에 의해 완성되었다.

□ **수정자본주의(修正資本主義)** *

원칙적으로는 자본주의 체제를 유지하면서 자본주의 발달에 의하여 발생한 모순을 극복하기 위한 보강책이다. 2차 대선 후 영국 노동당의 정책이나 미국의 뉴딜정책(New Deal 政策) 등이 이 이론이 적용된 예다. 케인스(J. M. Keynes)가 일반이론에서 설명한 개념이다.

□ **과학적 사회주의**(科學的社會主義) **

마르크스와 엥겔스가 주장한 사회주의이론으로, 역사적 인식에 대한 과학성을 주장하였다. 독일의 고전철학, 영국의 고전경제학, 프랑스의 사회주의 등에 의해 이루어진 이론들을 규합하여 주장된 것으로, 엥겔스(F. Engels)의 저서 공상적 사회주의에서 과학적 사회주의로에서 유래된 것이다.

□ **공산주의**(共産主義) *

사유재산제도의 부정과 공유재산제도의 실현으로 빈부차를 없애려는 사상과 운동이다. 코뮤니즘(Communism)은 라틴어 코뮌(Commune)에서 유래된 말로, 사유재산제를 철폐하고 사회의 모든 구성원이 재산을 공동 소유하는 사회제도를 의미한다. 사유재산제도로부터 발생하는 사회적 타락과 도덕적 부정을 간파하고 재산의 공동 소유를 기초로 하여 보다 합리적이고 정의로운 공동사회를 실현하고자 한 공산주의의 소박한 이상은 인간의 정치적 · 사회적 사색이 시작된 때부터 싹튼 것으로 볼 수 있다. 오늘날의 공산주의사상은 19세기 후반에 자본주의사회를 근본적으로 전면 비판한 마르크스와 엥겔스에 의해 확립되었으며, 20세기 초 레닌에 의해 러시아의 특수한 조건을 바탕으로 실천적인 측면이 덧붙여졌다. 그런 의미에서 마르크스 · 레닌주의라 불린다.

□ **공리주의**(功利主義) **

18 ~ 19세기에 영국에서 발달한 윤리사상으로, 자기와 타인의 입장을 고려하여 어떻게 조화시킬 수 있는가를 탐구하고 나아가 개인의 행복을 사회 전체의 입장에서 고찰하려 한 사상이다. 개인주의와 합리주의를 사상적 기초로 공리를 증진시킴으로써 행위의 목적과 선악판단의 표준을 세우자는 공중적 쾌락주의이다. 공리주의는 '최대 다수의 최대 행복'을 주장한 벤담(J. Bentham)에 의해 창시되고 밀(J. S. Mill)에 이르러 완성되었다.

더 알아보기

최대다수의 최대행복 … 모든 사람들이 제각기 자기의 쾌락과 행복만을 추구한다면 사회는 혼란상태에 빠지게 되므로 선한 행위란 가급적 많은 사람에게 행복을 주는 공리성을 전제로 해야 한다.

□ **구조주의**(構造主義) **

'구조(構造)'라는 개념을 중심에 두고 생각하는 철학의 한 입장으로, 실존주의의 퇴조 후에 특히 프랑스에서 성행한 철학사조이다. 실존주의가 인간을 중심으로 생각하고 인간의 실존을 문제삼았던 것에 대해, 구조주의에서는 인간을 주역으로 삼지 않고 오히려 다른 것과 같은 교환요소로만 생각한다. 대표적 사상가는 프랑스의 인류학자 스트로스(L. Strauss)이다. 구조주의는 인간의 주체성과 자유의 문제에 대한 마르크스주의와 실존주의의 선해를 비판하고 관세 개념에 수복하여, 구소를 형성하는 요소늘간의 동질성이 전제된 '교환'이라는 사고방식을 중시하며, 이러한 견지에서 특히 사회구조와 체제, 의미론 등의 재구성을 시도하고 있다.

□ **삼강오륜**(三綱五倫) *

유교의 기본적인 실천도덕으로서 삼강은 군위신강(君爲臣綱) · 부위자강(父爲子綱) · 부위부강(夫爲婦綱)이고, 오륜은 군신유의(君臣有義) · 부자유친(父子有親) · 부부유별(夫婦有別) · 장유유서(長幼有序) · 붕우유신(朋友有信)을 말한다.

□ **주기론 · 주리론 ***

구분	주기론	주리론
성향	실제적 · 경험적 현실주의	이상적 · 도덕적 원리주의
선구자	김시습, 서경덕	이언적
집대성	이이를 중심으로 한 기호학파(조현, 김장생)	이황을 중심으로 한 영남학파(김성일, 유성룡)
당파	동인 · 북인 계열, 재야학자	서인 · 노론 등의 집권파
예법	가례집람(家禮輯覽)을 중시	주자가례(朱子家禮)를 중시
저서	성학집요, 동문호답, 격몽요결 등	주자서절요, 성학십도, 이학통록 등

□ **사서삼경**(四書三經) *

사서란 논어(論語) · 맹자(孟子) · 중용(中庸) · 대학(大學)을 말하고, 삼경이란 시경(詩經) · 서경(書經) · 역경(易經)을 말한다.

더 알아보기

오경 … 삼경에 춘추(春秋) · 예기(禮記)를 더한 것을 의미한다.

□ **중체서용론**(中體西用論) *

청나라 대 '태평천국의 난' 이후 일어난 양무운동의 기본사상이다. 청나라 왕조 말기 외국 열강의 침입에 대한 대응책으로 일어난 양무운동은 '중국의 전통적 유교도덕을 중심'(中體)으로 하여 '서양의 과학기술과 그 성과를 도입하여 사용'(西用)하자는 이론이다. 대표적 저술로 장지동의 「권학편(勸學編)」이 있고, 조선의 「동도서기론(東道西器論)」도 같은 맥락이라고 볼 수 있다.

□ **불함문화론**(不咸文化論) **

동방문화는 백두산에서 비롯됐으며 한족(韓族)이 문화의 중심을 형성했다는 육당 최남선의 학설이다. 일본 관학자들의 단군말살론, 일선(日鮮)동조론, 문화적 독창성 결여론 등에 맞서 역사, 종교, 신화, 민속, 인류학 등을 통해 고대문화의 원류를 밝히는데 초점을 두고 있다. 육당은 동방문화의 원류를 '빠(Park)사상'으로 파악했다. 육당에 의하면 백은 빠를 대신하는 고어로 신, 하늘, 해를 뜻한다. 또 빠의 가장 오랜 문자형이 불함이다. 동이족의 지명에 많이 나오는 백산(白山)은 태양신에 제사를 지내는 장소를 지칭하며, 태백산은 그 중심이 된다. 백(불함)을 숭상하는 모든 문화권이 불함문화권이며 조선은 중심에 해당된다고 주장한다. 그 증거로 태백산 · 소백산 등 한반도 각지에 백(白)자 들어간 산이 유달리 많은 점을 들고 있다. 육당은 한반도 주변지역의 지명을 분석, 서로 흑해에서 동으로 일본과 한국을 포함하는 지역을 불함문화권으로 규정했다. 그러나 육당의 주장은 사회에 대한 인식이 결여된 관념적 문화주의에 머물러 민족적 역량에 대해 회의를 갖게 했다는 비판을 받기도 했다.

□ **사단(四端)** **

사단은 맹자(孟子)가 주창한 인간 도덕성에 관한 학설로, 인간은 태어날 때부터 남을 사랑하여 불쌍히 여기는 마음인 '측은지심(惻隱之心)', 불의를 부끄러워하는 마음인 '수오지심(羞惡之心)', 서로 양보하고 공경하는 마음인 '사양지심(辭讓之心)', 옳고 그름을 판단하는 마음인 '시비지심(是非之心)'의 4가지 품성을 가지고 있다고 보았다. 이것이 발현된 것이 인(仁) · 의(義) · 예(禮) · 지(知)의 사덕(四德)이다.

더 알아보기

칠정(七情) … 「예기(禮記)」에서 나온 용어로서 희노애구애오욕(喜怒哀懼愛惡欲) 등 인간의 감정을 통틀어 일컫는다. 유학에서는 희노애락애오욕의 일곱 가지를 꼽는데 사단이 도덕적인 감정이라면, 칠정은 욕망을 포함한 인간의 일반적인 감정을 의미한다고 할 수 있다.

□ **머머리즘(Mummerism)***

영국의 등반가 머머리(Albert Frederick Mummery)가 1880년 주창한 등반 정신(사상)을 뜻하는 말로 등로주의(登路主義)라고도 하며, 산을 오를 때 정상에 올라가기만 하면 된다는 등정주의(登頂主義)와 상반되는 개념으로, 얼마나 어려운 루트를 직접 개척해 등반했는지를 더욱 중요하게 생각하는 정신을 뜻한다. 등로주의의 주요 목적은 쉬운 능선을 따라 정상에 오르기보다는 절벽 등 어려운 루트를 직접 개척해 가며 역경을 극복해 나아가는 것이다. 1900년대 초까지만 해도 세계 등반계에서는 머머리의 주장이 잘 받아들여지지 않았으나, 1931년 마터호른산의 북벽이 정복되고, 1960년대에는 히말라야산맥의 8,000m급 봉우리 14개가 모두 등정되면서 현대의 등반 사조로 정착되기 시작하였다. 오늘날 행해지는 알파인 스타일이나 무산소 등반 또한 머머리즘에 입각한 등산의 형태이며, 험준한 암릉(巖陵)이나 암벽 등의 난코스를 선택하는 정신도 이에 포함된다.

□ **크리스트교** **

예수 그리스도의 인격과 교훈을 중심으로 하는 종교이다. 천지만물을 창조한 유일신을 하느님으로 하고, 그 독생자 예수 그리스도를 구세주로 믿으며, 그리스도의 속죄와 신앙과 사랑의 모범을 추종하여 영혼의 구원을 따른다. 팔레스티나에 일어나 로마제국의 국교가 되었고, 다시 페르시아 · 인도 · 중국 등지에 전파되었다. 8세기에 고대 동방 헬레니즘의 전통 위에서는 그리스정교회가 갈려 나간 후 로마 가톨릭교회는 다시 16세기 종교개혁에 의해 구교(천주교)와 신교로 갈라져 현재 이 세 교회가 대립되어 있다.

□ **조로아스터교(Zoroastrianism)** *

기원전 6세기경 조로아스터가 창시한 페르시아의 고대종교이다. 아베스타를 경전으로, 교의의 중심은 아후라 마즈다(善神, 광명신)와 아리만(惡神, 암흑신)과의 대결 · 항쟁에 입각한 이원론이다. 근검역행의 노력주의에 의해 악신을 극복하고 선신의 승리를 기함으로 교지(敎旨)로 삼는다. 불을 신성시한 데서 배화교라고도 하며, 5세기 무렵 중국으로 건너가서 요교(祅敎)라고도 불렀다.

□ **힌두교(Hinduism)** *

5세기경 인도의 굽타왕조 때 브라만적 전통에 민간신앙이 혼합된 전형적인 다신교로, 창시자나 통일된 교리의식이 없다. 현재 인도 국민 대다수는 비슈누, 시바 등 2대 종파를 신봉하고 있다.

□ 불교(佛敎) **

BC 5세기경 인도의 싯다르타(釋迦募尼)가 베푼 설법을 믿는 종교이다. 그의 가르침에는 3법인 · 4제 · 5 온 · 12인연 · 3사생염설 · 8정도 등이 있다. 이 가르침은 자기 개인만이 아닌 중생을 구원하여 열반의 피 안에 옮겨 성불시키려는 보살의 법문인 대승불교와, 역사상의 석가를 신봉하며 자기의 해탈만을 구하는 법문인 소승불교로 나뉘었는데, 우리나라에 전파된 것은 대승불교이다.

더 알아보기

• 불교의 사상

구분	내용
3법인	불교의 진실된 세 가지의 진리로, 제행무상(諸行無常) · 제법무아(諸法無我) · 일체개고(一切皆苦)를 말한다.
4성제	번뇌를 끊고 열반에 들어가는 네 가지 진리로, 고(苦) · 집(集) · 멸(滅) · 도(道)를 말한다.
8정도	해탈에 이르기 위한 여덟 가지의 실천적 수양방법으로, 정견(正見) · 정사유(正思惟) · 정어(正語) · 정업(正業) · 정명(正命) · 정정진(正正進) · 정념(正念) · 정정(正定)을 말한다.

• 조계종 · 천태종

구분	조계종	천태종
개창	고려 후기 신종 때 보조국사 지눌	고려 전기 숙종 때 대각국사 의천
기반사찰	송광사(松廣寺)	국청사(國淸寺)
교리	정혜쌍수(定慧雙修), 돈오점수(頓悟漸修), 참선(수행)의 강조	교관겸수(敎觀兼修), 이론 · 실천의 양면 강조
지지세력	최씨 무신정권의 정책적 비호	왕실과 귀족의 비호
특징	조계종으로 교선을 통합(선종 중심), 수선사 운동	화엄종으로 교선을 통합(교종 중심), 백련사 결사 운동

□ 할랄 푸드(Halal Food) **

이슬람 음식은 율법에 따라 먹을 수 있는 할랄과 먹을 수 없는 하람으로 규정되어 있다. 할랄 푸드에는 과일, 야채, 곡류 등의 식물성 음식과 바다에서 잡은 것이 포함된다. 고기는 이슬람 도축 방식인 다비하 (Dhabihah)에 따라 도축한 고기만 허용한다. 비이슬람 국가에서 이슬람 권 국가에 음식 등을 수출하기 위해서는 할랄 인증 마크를 받아야 하며, 국내 할랄 인증기관은 한국 이슬람교 중앙회가 유일하다.

더 알아보기

다비하(Dhabihah) … 율법에 근거한 이슬람의 도축법이다. 도축자는 반드시 무슬림이어야 하며 도축할 때 반드시 '비스밀라히(알라의 이 름으로)'를 외쳐야 한다. 짐승들이 죽을 때는 머리가 사우디 아라비아의 메카 방향을 향해야 하며, 죽은 동물의 고기를 먹지 말라는 율 법에 의해 짐승들의 심장이 뛰는 상태에서 거꾸로 매달아 피를 제거해야 한다.

□ 하람 푸드(Haram Food) **

다비하(Dhabihah)에 따라 도축하지 않은 고기는 물론이며 돼지고기, 동물의 피, 주류, 파충류, 곤충 등이 하람으 로 분류된다. 그러나 하람푸드여도 전쟁, 생명이 위험할 때나 무의식중에 먹었을 경우 허용하는 입장을 취한다.

더 알아보기

마슈부흐(Mashbuh) … '의심스러운'이란 뜻으로 할랄과 하람의 구분이 애매하고 어려운 경우 마슈부흐라고 하며 사용을 자제한다. 이슬람에 서는 의심스러운 것을 피하는 행동이 신실한 행동이라고 여기며 금지사항을 철저하게 지키므로 마슈부흐에 해당하는 것은 주의해야 한다.

□ 프로테스탄트(Protestant) ***

16세기 부패한 가톨릭에 대항하여 루터 · 츠빙글리 · 칼뱅 등이 일으킨 종교개혁으로, 가톨릭에서 분리되어 나온 신교(新敎)를 말한다. 루터파 · 칼뱅파(장로교) · 성공회 · 감리교 등 여러 종파가 있으며, 그 특징은 교의(敎義) 중심인 가톨릭에 비해서 개인의 신앙을 중요시하며 모든 의례를 세례와 성찬만으로 간소화한 데에 있다.

□ 해방신학(解放神學) **

제2차 세계대전 후 중남미에서 시작하여 제3세계로 퍼지고 있는 민중해방운동에 바탕을 둔 신학을 말한다. 유럽의 전통적인 신학에 도전하여 피억압자나 차별받는 자의 입장에 선다. 인간을 죄악과 정치적 · 경제적 탄압으로부터 해방시키는 것을 성서의 기본원리로 하는 실천신학 또는 행동신학이라 할 수 있으며, 구스타보 구티에레즈신부가 체계화하였다. 대표적인 신학자는 브라질의 레오나르도 보프신부이다.

□ 라마교(Lamaism) *

티베트에 옛날부터 있었던 주술적인 본(Bön)교와 인도에서 건너온 밀교가 결합하여 설립된 것으로 티베트 불교라고도 한다. 티베트를 비롯하여 만주 · 몽고 · 네팔 등지에 퍼져 있다. 8세기 중엽 인도에서 전해진 대승불교의 비밀교가 티베트 재래의 풍속 · 신앙과 동화되어 발달한 종교로서, 티베트왕이 창시했다.

□ 이슬람교(Islam 敎) ***

이슬람이란 아랍어 살람(Salam, 평화)에서 파생된 이슬라마의 명사형이다. 이슬람교는 그리스도교 · 불교와 함께 세계 3대 종교의 하나이다. 7세기경 아라비아의 예언자 마호메트(Mahomet)에 의해 창시된 정교일치(正敎一致)의 종교로, 유일신 알라(Allah)에 대한 절대신빙을 기초로 하여 계시록인 코란에 의한 신앙 · 기도를 중요시한다. 중세에 그리스문화를 계승하여 아라비아문화로서 발달하고, 근대 유럽문화의 탄생에 이바지하였다. 성지 메카를 중심으로, 아시아 · 아프리카 · 유럽 등지에 널리 분포되어, 6억 이상의 신도를 가지고 있다.

더 알아보기

- **코란**(Koran) : 이슬람교의 경전으로, 마호메트가 천사 가브리엘을 통하여 계시를 받아 알라신의 말씀을 기록한 것이다. 전 30권 114장으로 되어 있으며, 신자가 지켜야 할 6가지 신앙대상(六信)과 5가지의 의무(五行)가 기록되어 있다.
- **수니파**(Sunni 派) · **시아파**(Shia 派) : 수니파는 이슬람교의 다수파로, 마호메트 혈통이 아닌 자의 칼리프 선출을 인정하는 우마이야왕조를 정통으로 보는 갈래이다. 시아파는 이슬람교의 소수파로, 알리를 정통으로 보는 갈래이다. 시아파는 이슬람교도의 90%를 차지하는 수니파의 박해의 대상이 되어 왔다.
- **라마단**(Ramadan) : 회교력(回敎曆)의 9월. 약 1400년 전 이슬람 창시자인 무함마드가 아라비아 반도 서부의 동굴에서 알라로부터 코란의 계시를 받은 것을 기려 이 달의 시작을 알리는 초승달이 뜬 다음날부터 한 달 동안 이어지는 회교도들의 전통적인 종교행사이다. 라마단 기간 중에 신도들은 신앙고백, 기도, 희사(喜捨), 메카 순례, 단식의 5대 의무를 지켜야한다.
- **하지**(Hajj) : 이슬람 신도가 지켜야 할 5대 의무 가운데 하나로 이슬람교에서 말하는 성지 메카를 순례하며 정해진 의식을 치르는 것을 말한다. 순례기간은 이슬람력의 마지막 달인 순례의 달(12월) 8일부터 12일까지이다. 순례자들은 의식 첫날 예언자 무하마드가 했던 것처럼 메카에서 미나평원으로 이동, 기도를 드리며 다음날 12㎞를 걸어 무하마드가 마지막 설교를 한 아라파트동산에 올라 해질 때까지 기도한다. 코란암송의 시문이나 장기간의 행사를 치르는 고난이 따르기 때문에, 이 행사를 완수한 사람은 고향에 돌아가서도 존경을 받고, 집 주위에 하지임을 나타내는 문자나 그림을 붙인다.
- **메카**(Mecca) : 이슬람교의 마호메트의 출생지로, 이슬람교 최고의 성지(聖地)이다. 사우디아라비아의 서쪽 홍해에 가까운 헤자즈(Hejaz)지방의 도시이다. 메카에 대한 순례는 이슬람교도의 중요한 의무로 해마다 순례의 달 12월에는 약 300만 명의 순례자가 모여든다. 현대에는 동경의 대상, 발상지를 뜻하는 말로도 사용된다.

06 출제예상문제

1 실크로드(Silk Road)에 대한 설명으로 옳지 않은 것은?

① BC 2세기 후반 한무제에 의해서 개척되었다.
② 주 무역품이 비단인 것에서 유래된 명칭이다.
③ 조로아스터교, 마니교 등의 종교 교류도 이루어졌다.
④ 로마제국이 한나라를 정복하기 위해 군대를 파견할 때 이용되었다.

> **TIP** 실크로드(Silk Road) … 내륙 아시아를 횡단하는 동서통상로로, BC 2세기 후반 한무제에 의해서 개척되었다. 중국에서 수출된 상품이 비단인 데서 유래되었으며 이를 통해 보석, 직물, 유리제품과 같은 서역의 물건뿐 아니라 불교 · 이슬람교 · 조로아스터교 등 종교와 사상, 그리고 예술 분야에서의 교류도 자연스럽게 이루어졌다.

2 일본의 메이지유신(明治維新)에 대한 설명으로 옳지 않은 것은?

① 시민계급이 대두하였다.
② 일종의 시민혁명이었다.
③ 입헌군주정치의 기초가 확립되었다.
④ 봉건지배계급의 몰락을 배경으로 하였다.

> **TIP** 메이지유신(明治維新) … 메이지 천황 때 막부체제를 무너뜨리고 왕정복고를 이룩한 변혁과정으로, 국민의 실정을 고려하지 않는 관주도의 일방적 개혁으로 자본주의 육성과 군사적 강화에 노력하였다.

Answer 1.④ 2.②

3 중국의 5·4운동을 바르게 설명한 것은?

① 지주의 횡포에 항거하여 일어난 농민들의 소작분쟁
② 군벌·일본세력을 배척한 지식인들의 반제국주의·반봉건주의 운동
③ 러시아의 남하정책을 반대한 민중봉기
④ 아편전쟁 후 맺은 난징조약에 반대한 학생운동

TIP 5·4운동 … 1919년 5월 4일 베이징에서 일어난 중국 민중의 반봉건·반제국주의 운동이다. 파리강화회의에 제출한 중국의 요구가 무시되자 학생과 지식인을 중심으로 일본과 그와 결탁한 군벌에 대한 반대시위로 시작되었다.

4 19세기 말부터 1차 세계대전까지 유지됐던 독일의 제국주의적 근동정책을 일컫는 말은?

① 3C정책   ② 3D정책
③ 3B정책   ④ 3S정책

TIP 3B정책 … 1890년 비스마르크 사임 후 빌헬름 2세는 범게르만주의를 표방하는 이른바 세계정책을 통해 국제관계를 긴장시키게 되었다. 특히 베를린·비잔티움·바그다드를 연결하는 3B정책을 추진하였다.

5 미국의 독립이 승인된 조약은?

① 베를린조약
② 파리조약
③ 워싱턴조약
④ 런던조약

TIP 1783년 파리조약의 체결로 아메리카합중국의 독립이 인정되었다.

6 영국의 귀족 성직자들이 존 왕으로부터 왕권을 제한하기 위하여 받은 약정서는?

① 권리청원
② 마그나카르타
③ 권리장전
④ 인신보호율

TIP ② 마그나카르타(Magna Carta) 대헌장 : 1215년 영국 존 왕의 실정에 분격한 귀족·승려가 왕의 권한을 제한하고, 인민의 자유와 권리를 보장하기 위하여 국왕에게 강요하여 받은 약정서이다.
   ① 권리청원(權利請願, Petition of Right) : 1628년 영국의 찰스 1세가 왕권신수설을 내세우고 전제정치를 하는 데 반발하여, 의회가 제출한 인민의 헌법상 권리를 주장하는 청원서이다.
   ③ 권리장전(權利章典, Bill of Rights : 국왕은 의회의 동의 없이 법률의 폐지나 과세, 상비군 모집을 할 수 없다는 것과 의회의 언론자유를 보장해야 한다는 것을 주요 내용으로 하는 17세기 영국의 법률이다.
   ④ 인신보호법(人身保護法, Habeas Corpus Act) : 1679년 부당한 구금에 따른 인권침해를 방지하기 위해 제정된 영국의 법률로 이유를 명시하지 않은 체포는 위법으로 간주하고, 반드시 인신보호영장을 받는 동시에 피구금자는 신속히 재판을 받게 되어 인권의 보장에 큰 진전을 보게 되었다.

7 다음 주기론과 주리론에 대한 설명으로 옳지 않은 것은?

구분	주기론	주리론
성향	① 실제적·경험적 현실주의	② 이상적·도덕적 원리주의
선구자	김시습, 서경덕	③ 이언적
저서	④ 성학집요, 성학십도 등	주자서절요, 이학통록 등

TIP 주기론 저서에는 성학집요, 동문호답, 격몽요결 등이 있으며 성학십도는 주리론 저서이다.

8 유대인 율법학자들이 유대교의 율법과 사상, 전통 등에 대하여 구전·해설한 것을 집대성한 책은?

① 테아이테토스
② 니힐리즘
③ 탈무드
④ 소피스트

TIP ① 테아이테토스 : 고대 그리스 철학자 플라톤의 저서이다.
   ② 니힐리즘 : 이상이나 도덕규범, 문화 등을 전적으로 부정하는 허무주의이다.
   ④ 소피스트 : 기원전 5 ~ 4세기에 그리스를 중심으로 활동했던 철학 사상가 및 교사이다. 프로타고라스, 고르기아스 등이 대표 소피스트이다.

Answer 6.② 7.④ 8.③

9   다음의 내용과 관련성이 높은 것은?

> 이것은 고대 그리스에서 크레타 섬을 중심으로 일어난 해양 문명으로, 오리엔트 문명을 그리스인에게 전해주는 역할을 하였다.

① 인더스 문명
② 황하 문명
③ 그리스 문명
④ 에게 문명

TIP 에게 문명(Aegean Civilization) … 크레타 문명 및 미케네 문명으로 나뉘며, 크노소스궁전의 벽화나 도기의 무늬 등을 통해 명랑하고 신선한 해양예술의 극치를 느낄 수 있다.

10   다음에서 설명하는 사상은 무엇인가?

> 18 ~ 19세기에 영국에서 발달한 윤리사상으로, 자기와 타인의 입장을 고려하여 어떻게 조화시킬 수 있는가를 탐구하고 나아가 개인의 행복을 사회 전체의 입장에서 고찰하려 한 사상이다. 가치 판단의 기준을 효용과 행복의 증진에 두어 벤담(J. Bentham)은 '최대 다수의 최대 행복'을 주장했다.

① 실존주의
② 실증주의
③ 공리주의
④ 구조주의

TIP 공리주의(功利主義, Utilitarianism) … 개인주의와 합리주의를 사상적 기초로 공리를 증진시킴으로써 행위의 목적과 선악판단의 표준을 세우자는 공중적 쾌락주의로, '최대 다수의 최대 행복'을 주장한 벤담(J. Bentham)에 의해 창시되고 밀(J. S. Mill)에 이르러 완성되었다.

Answer   9.④   10.③

11 다음의 사건들이 일어난 순서대로 나열한 것은?

> ㉠ 정묘호란　　　　　　　　　　㉡ 병자호란
> ㉢ 삼포왜란　　　　　　　　　　㉣ 정유재란

① ㉠ - ㉣ - ㉢ - ㉡　　　　　　　② ㉡ - ㉠ - ㉣ - ㉢
③ ㉢ - ㉣ - ㉠ - ㉡　　　　　　　④ ㉣ - ㉡ - ㉠ - ㉢

TIP ㉢ 삼포왜란(1510, 중종 5년) → ㉣ 정유재란(1597, 선조 30년) → ㉠ 정묘호란(1627, 인조 5년) → ㉡ 병자호란(1636, 인조 14년)

12 다음이 설명하는 국가의 특징으로 옳지 않은 것은?

> 은력(殷曆) 정월에 하늘에 제사를 지내는데 나라 안에 사람들이 많이 모여 며칠 동안 계속 먹고 마시고 노래를 부르며 춤춘다. 이를 영고(靈鼓)라고 한다. 이때 형옥을 중단하고 죄수들을 풀어주었다.

① 형사취수제 풍습이 있었다.
② 수해나 한해로 오곡이 익지 않으면 왕에게 책임을 물었다.
③ 살인자는 사형에 처하고, 가족은 데려다 노비로 삼았다.
④ 소도에 죄인이 숨어도 잡아가지 못했다.

TIP 부여의 제천행사 영고(靈鼓)에 대한 설명이다. 소도는 삼한의 신성 지역으로, 이곳에는 군장의 세력이 미치지 못하여 죄인이 숨어들어도 잡아가지 못했으며 이곳에서 천군(제사장)이 농경과 종교에 대한 의례를 주관하였다.

13 다음 중 오경(五經)에 속하지 않는 것은?

① 시경(詩經)　　　　　　　　　② 춘추(春秋)
③ 예기(禮記)　　　　　　　　　④ 논어(論語)

TIP 사서(四書)에는 논어(論語), 대학(大學), 맹자(孟子), 중용(中庸)이 있고, 오경(五經)에는 시경(詩經), 서경(書經), 역경(易經), 춘추(春秋), 예기(禮記)가 있다.

Answer　11.③　12.④　13.④

14 공자(孔子)가 열다섯 살 때 학문에 뜻을 두었다고 한 데서 유래하여 15세를 뜻하는 한자는?

① 志學   ② 古稀

③ 知天命   ④ 而立

> **TIP** ① **志學**(지학) : 15세
> ② **古稀**(고희) : 70세
> ③ **知天命**(지천명) : 50세
> ④ **而立**(이립) : 30세

15 밑줄 친 '그'에 대한 설명으로 옳지 않은 것은?

> 그는 집권 초에 어느 공회(公會)에서 당당한 기세로 재상들에게 말하기를, "내가 천리를 지척으로 압축시키고, 태산을 깎아 평지로 만들고, 남대문을 3층으로 높이려고 하는데 여러분의 뜻은 어떻습니까?"라고 하였다. … (중략) … 대체로 천리를 지척으로 한다는 것은 종친(宗親)을 높인다는 뜻이고, 남대문을 3층으로 한다는 것은 남인(南人)을 기용한다는 뜻이며, 태산을 평지로 만든다는 것은 노론(老論)을 억제하겠다는 뜻이다.

① 비변사를 폐지하였다.

② 서원을 47개소만 남기고 600여 개는 철폐하였다.

③ 당백전을 발행하였다.

④ 장용영을 설치하였다.

> **TIP** '그'는 흥선대원군이다. 세도 가문의 인물을 축출하고 능력에 따른 인재를 고르게 등용하겠다는 흥선대원군의 내정 개혁을 보여주는 사료이다. 장용영은 왕의 호위 군대로 정조가 왕권을 뒷받침하는 군사적 기반으로 설치하였다.
> ① 비변사를 폐지하고 의정부와 삼군부의 기능을 회복시켰다.
> ② 붕당의 근거지인 서원을 47개소만 남기고 나머지는 철폐하였다.
> ③ 왕권강화를 위해 경복궁을 증건하였는데, 이때 당백전을 발행하였다. 당시 당백전 한 푼은 엽전 일백 푼과 맞먹는 가치였다.

16 동양도덕의 밑바탕을 이루고 있는 삼강오륜(三綱五倫)에 속하지 않는 것은?

① 장유유서(長幼有序)

② 군위신강(君爲臣綱)

③ 교우이신(交友以信)

④ 부부유별(夫婦有別)

> **TIP** 교우이신(交友以信) … 신라 진평왕 때 원광법사가 화랑에게 일러준 다섯 가지 계명인 세속오계(世俗五戒)에 속한다.
> ※ 삼강오륜(三綱五倫)
> ㉠ 삼강 : 군위신강(君爲臣綱), 부위자강(父爲子綱), 부위부강(夫爲婦綱)
> ㉡ 오륜 : 군신유의(君臣有義), 부자유친(父子有親), 부부유별(夫婦有別), 장유유서(長幼有序), 붕우유신(朋友有信)

17 신간회 특징으로 옳은 것은?

① 국권 회복과 독립자주국 건설을 목표로 하였다.

② 광주 학생 항일운동 진상조사단을 파견하였다.

③ 105인 사건으로 해체하였다.

④ 비밀단체로 활동하였다.

> **TIP** 신간회는 민족 유일당 민족협동전선이라는 표어 아래 민족주의를 표방하여 이상재, 안재홍 등을 중심으로 결성되었다. 광주 학생 항일운동에 진상조사단을 파견하여 일제의 탄압을 항의, 원산 노동자 총파업 지지 등의 활동을 전개했다. 민족주의와 사회주의의 결합이라는 특징을 가지며, 신간회의 자매 단체 근우회는 항일운동 및 여성의 교육과 지위 향상을 도모하였다. 창립 당시부터 내부에서 좌우 대립이 계속되어 창립 4년 만에 자진 해체하였다.
> ①③④ 신민회의 특징이다.

18 사람의 사고, 지각, 기억 등 정신작용을 담당하며 신체적 에너지로 전환되기도 하는 프로이드에 의해 주장된 에너지 체계는?

① 아노미(Anomie)   ② 로고스(Logos)

③ 이데아(Idea)   ④ 리비도(Libido)

> **TIP** ① 아노미(Anomie) : 도덕적 · 사회적 무질서
> ② 로고스(Logos) : 세계를 구성하고 지배하는 질서 · 이성 · 논리
> ③ 이데아(Idea) : 사물 또는 현상의 본질

Answer 16.③ 17.② 18.④

19 십자군 전쟁의 영향으로 옳지 않은 것은?

① 교황권이 약화하고 왕권이 강화되었다.

② 비잔티움 문화가 유입되었다.

③ 지중해와 동방 교역이 축소되었다.

④ 기사계층이 몰락하였다.

TIP 십자군 전쟁의 영향으로 지중해와 동방 교역이 활성화되면서 이탈리아 도시가 번영하였다.

20 다음이 설명하는 시기 이후의 상황으로 옳지 않은 것은?

> 대군주 폐하께서 내리신 조칙에서 "짐이 신민(臣民)에 앞서 머리카락을 자르니, 너희들은 짐의 뜻을 잘 본받아 만국과 나란히 서는 대업을 이루라"라고 하셨다.

① 을미의병

② 동학운동

③ 아관파천

④ 광무개혁

TIP 보기는 을미개혁의 단발령이다. 을미사변과 단발령에 항거하기 위해 을미의병(고종 32, 1895년)이 일어났다. 이후 조선 정부 내 친러 세력이 성장하고 을미사변으로 일본의 위협이 증대하여 고종이 러시아 공사관으로 처소를 옮겼다(아관파천). 아관파천 이후 구본신참의 원칙하에 점진적 개혁과 복고성 및 개혁성을 절충한 광무개혁이 이루어졌다.

Answer 19.③ 20.②

07 매스컴

매스컴 파트는 전문 용어가 차지하는 비중이 매우 높아 해당 용어의 의미를 정확하게 파악하는 것이 학습의 관건이라 할 수 있다.

01 매스컴 일반

☐ **엠바고(Embargo)** ***

언론에서는 '어떤 뉴스 기사를 일정 시간까지 그 보도를 유보하는 것'을 의미한다. 정부기관 등의 정보제 공자가 어떤 뉴스나 보도자료를 언론기관이나 기자에게 제보하면서 그것을 일정 시간이나 기일, 즉 해금 시간 후에 공개하도록 요청할 경우 그때까지 해당 뉴스의 보도를 미루는 것이며 혹은 그 요청까지도 엠바 고로 부르기도 한다. 국가이익이나 생명에 끼칠 수 있는 폐해를 막는다는 취지에서 도입되었으나 '국민 의 알 권리' 침해라는 비판도 받고 있다.

더 알아보기

엠바고 유형

구분	내용
보충 취재용 엠바고	뉴스 가치가 매우 높은 발표 기사이면서도 전문적이고 복잡한 문제를 다루고 있을 때 취재기자들과 취재원의 합의 아래 이루어지는 시한부 보도 중지
조건부 엠바고	뉴스 가치가 있는 사건이 일어나는 것은 확실히 예견할 수 있으나 정확한 시간을 예측하기 어려울 경우, 그 사건이 일어난 이후에 기사화 한다는 조건으로 보도자료를 미리 제공하는 형태
공공이익을 위한 엠바고	국가이익과 관련되거나 인명과 사건에 위해를 끼칠 수 있는 사건이 해결될 때까지 시한부 보도 중지
관례적 엠바고	외교관례를 존중하여 재외공관장의 인사이동에 관한 사항을 미리 취재했더라도 주재국 정부가 아그레망을 부여할 때까지 보류하거나 양국이 동시에 발표하기로 되어 있는 협정 또는 회담 개최에 관한 기사를 공식 발표가 있을 때까지 일시적인 보도 중지

□ 매스컴의 효과이론 ***

매스미디어를 통해 전달되는 정보는 사회구성원들에게 긍정적 또는 부정적으로 영향을 미친다. 매스미디어의 효과는 시대에 따라 대효과·소효과·중효과 이론으로 변천했다. 대효과이론은 영화나 라디오가 대중화되기 시작한 1920 ~ 40년대에 이르기까지 주장되었던 이론으로 매스미디어가 사람들의 태도나 의견을 쉽게 변화시킬 정도로 힘이 막강하다는 의견이다. 소효과이론은 1940 ~ 60년대에 유행한 이론으로 매스미디어의 영향이 수용자의 태도를 변화시킬 만큼 강하지 않다는 제한적 효과이론이다. 그리고 1970 ~ 80년대에는 매스미디어의 효과가 제한적이지 않으며 장기간에 걸쳐 대중의 의식 형성에 상당한 영향을 미칠 수 있다고 보는 중효과이론이 주류를 이뤘다.

더 알아보기

• 대효과이론

탄환이론 (Bullet Theory)	매스커뮤니케이션에 약한 일반대중은 총에서 발사되는 탄환이 목표물에 명중되는 것과 같이 대중매체가 수용자에게 메시지를 주입하면 효과가 강력하고 직접적으로 나타난다는 이론이다. 피하주사식이론, 언론매체의 강효과이론 혹은 기계적 자극반응이론이라고도 한다.
의존효과이론 (Dependency Theory)	일반적으로 대중들의 미디어에 대한 의존성의 정도는 다양하게 나타난다. 대중매체의 효과는 대중매체를 신뢰하며 의존성이 높을 때, 대중매체가 정보기능을 성공적으로 수행할 때, 사회의 갈등 폭이 클 때 효과가 커진다.
침묵의 나선형이론	노엘레 노이만이 주장한 것으로 일반적인 사람은 타인으로부터 고립되는 것을 두려워하므로, 특정 문제에 대한 여론을 세심하게 관찰하여 자신과 다수의 의견이 일치하면 의견을 말하나 소수의 의견에 해당할 경우 침묵하게 된다는 이론이다. 이러한 소수의견의 침묵은 계속 이어지게 되어 결국 침묵의 나선효과는 가속화된다는 것이다.
문화적 규범이론 (문화계발 효과이론)	언론매체가 현실세계에 대한 정보를 수용자에게 전달하여 강력하고 직접적인 영향력을 행사한다는 이론이다. 현실세계에 대한 수용자의 이미지는 대중매체를 통해 전달받은 것으로 이에 의하면 지속적으로 대중매체에 노출된 결과이다.

• 소효과이론

선별효과이론	매스미디어의 효과는 강력하지 않고 획일적이지 않으며, 직접적이지도 않아 그 효과가 수용자 개인들의 사회 계층적 영향, 심리적 차이, 사회적 관계 등에 의해 제한을 받아서 단지 선별적이고 한정적으로 나타난다는 이론이다.
2단계 유통이론	의견지도자를 거쳐 정보나 영향력이 궁극적인 수용자들에게 전달된다는 이론이다. 라자스펠트의 '국민의 선택'이라는 연구보고서에서 처음으로 제시된 것으로 매스미디어가 유권자의 투표행위에 지배적인 영향을 미치지 않는다고 밝혀냈다.

• 중효과이론

이용과 충족이론	능동적인 수용자들은 자신의 동기나 욕구를 충족시키기 위하여 매스미디어를 활용한다는 이론이다.
의제설정이론	매스미디어는 특정 주제를 선택하고 반복함으로써 이를 강조하여 수용자가 중요한 의제로 인식하게 한다는 이론으로 이에 의하면 대중매체가 강조하는 정도에 따라 수용자가 인식하는 정도가 달라질 수 있다.

□ 매스컴(Masscom) *

대량전달이라는 의미의 매스 커뮤니케이션(Mass Communication)의 약칭으로, 불특정 다수의 대중을 대상으로 전달하는 대량의 사회정보 및 전달상황을 말한다.

더 알아보기

퍼스널 커뮤니케이션(Personal Communication) … 지식·판단·감정·의지와 같은 의식의 전달이 개인적, 면접적인 상호 작용을 통해 이루어지는 것

□ **커스컴(Cuscom)** *

단골을 뜻하는 'Custom'과 통신을 뜻하는 'Communication'이 합해진 용어로 커스텀 커뮤니케이션이라고도 한다. 매스컴이 다수의 사람들에게 정보를 전달하는 것을 목적으로 한다면 커스컴은 유선방송이나 케이블TV처럼 그 매체를 접하고자 하는 정해진 소수의 사람들을 상대로 정보를 전달하는 것을 목적한다.

□ **프리츠커상(Pritzker Architectural Prize)** **

1979년 하얏트 재단 회장인 제이 A.프리츠커 부부가 제정한 '건축계의 노벨상'이라고 불리는 건축 분야 최고 권위 상이다. 건축을 통해 인류와 환경에 공헌한 건축가에게 매년 수여되는 상이다. 2020년 42회 프리츠커상은 아일랜드 출신 듀오 이본파렐과 셸리 맥나마라가 수상자로 선정되었다. 아일랜드 건축가가 받은 것은 처음이다. 그들이 설계한 아일랜드 도시 연구소는 여러 상황에 대응하는 재료의 변화를 통해 시각적으로 흥미로운 건물인 동시에, 효율적이고 지속 가능하다는 평가를 받았다.

□ **관훈클럽** ***

1957년 언론인들의 친목과 언론의 향상을 위해 설립된 현존하는 우리나라 최고(最古)의 언론단체이다. 1977년부터 각계의 지도자를 초빙하여 의견을 듣는 관훈토론회를 개최하였으며, 해마다 가장 뛰어난 언론인에게 관훈언론상도 시상한다.

□ **처널리즘** **

제품을 대량으로 찍어낸다는 뜻의 천 아웃(Churn Out)과 저널리즘의 합성어로, 기자가 직접 취재하지 않고 보도자료나 홍보자료를 그대로 찍어내듯 기사화하는 것을 뜻한다. 언론사들의 속도 경쟁과 기자들은 실시간으로 많은 기사를 생산해내야 하는 업무 환경으로, 보도자료를 무비판적으로 재구성해 빠르게 내놓는 것에만 집중하는 세태를 비판하면서 처널리즘이란 말이 등장했다.

□ **세계신문협회(WAN : World Association of Newspapers)** *

1948년 유럽 언론사가 중심이 되어 국제신문발행인협회(FIEJ)로 발족하였으며 1996년 5월 총회에서 WAN으로 개칭하였다. 세계 언론의 자유보장 및 회원 간 교류를 통한 언론의 발전을 추구하며 국제연합과 유네스코의 자문기관이기도 하다. 본부는 프랑스 파리에 있으며, 우리나라는 1971년에 가입하였고, 회원국은 93개국, 1만 7천 여 개의 신문 · 통신사가 회원으로 가입되어 있다.

□ **국제언론인협회(IPI : International Press Institute)** *

1951년 자유주의국가 언론인들이 상호 간의 협조와 권익옹호를 위해 결성한 국제단체이다. 개인자격으로 가입하며, 언론의 자유를 수호하고, 교류를 촉진하여 편집 실무를 개선함을 목적으로 한다. 본부는 오스트리아 빈에 있으며, 우리나라는 1960년 12월에 가입하였다.

□ **국제기자연맹(IFJ : International Federation of Journalists)** *

IOJ에서 탈퇴한 미국과 영국 등 14개국 서방 자본주의 언론단체들이 중심이 되어 1952년에 결성하였다. 언론의 자유와 언론인들의 권익을 옹호하고 직업상의 윤리규정 확보를 목적으로 일선기자들로 구성되었다. 본부는 벨기에 브뤼셀에 있으며, 우리나라는 관훈 클럽이 준회원으로(1964), 한국기자협회가 정회원으로(1966) 가입하였다.

□ **아웃링크(Outlink)** *

포털사이트가 아닌 뉴스사이트에서 직접 뉴스를 보는 방식을 말한다. 국내의 네이버 · 다음 같은 포털사이트에서는 인링크(네이버 화면 안에서 뉴스를 보는 방식)로 뉴스를 제공하고 있다. 반면 외국의 구글이나 페이스북은 아웃링크 방식으로, 이용자가 기사를 선택하면 해당 언론 사이트로 넘어가 기사를 보게 된다. 예컨대 포털에서 '남북정상회담'을 검색하면 네이버나 다음이 아니라 해당 언론사로 넘어가 뉴스를 보고 댓글을 다는 방식이다. 언론사들은 포털에 뺏겼던 클릭 수를 찾아올 수 있어 선호하지만, 소비자들은 플로팅 광고(인터넷 사이트 전체나 일부를 뒤덮는 광고 기법)때문에 불편을 겪을 수 있다.

□ **방송통신위원회(KCC : Korea Communications Commission)** **

방송위원회(KBC)의 방송 정책 및 규제, 정보통신부의 통신서비스 정책과 규제를 총괄하는 대통령 직속 기구이다. 방송과 통신의 융합 현상에 능동적으로 대응하고 방송의 자유와 공공성 · 공익성을 보장하며, 방송 · 통신 간 균형 발전을 위해 방송 · 통신 관련 인허가 업무, 각종 정책 수립 등의 역할을 담당한다. 위원장 1명을 포함, 5명의 상임위원으로 구성되는데 대통령이 2인을 임명하고 그중 1명을 위원장으로 삼으며 나머지 위원 3명은 국회에서 추천한다.

더 알아보기

방송통신심의위원회 … 방송의 공공성과 공정성을 보장하고, 정보 통신의 건전한 문화를 창달하며 올바른 이용 환경을 조성하기 위하여 설치된 기관이다.

□ **국제기자기구(IOJ : International Organization of Journalists)** **

1946년 덴마크 코펜하겐에서 결성된 조직으로 미국을 중심으로 한 보수적인 국제기자연맹(IFJ)과는 달리 진보적이며, 민주적인 저널리즘을 추구하는 동유럽과 제3세계 국가까지 포괄하는 세계 최대의 국제언론인 기구이다. 본부는 에스파냐 마드리드에 위치하며 120개국 250만 명이 회원으로 가입되어 있다.

□ **맥루한의 미디어결정론** ***

맥루한은 저서 「미디어의 이해(Understanding Media)」에서 '미디어는 메시지이다(Media is Message).' 라고 강조하였다. 미디어가 전달하는 것은 그 내용과 전혀 다른, 즉 미디어 그 자체의 특질 내지 형태라고 주장하였다. 또한 미디어의 커뮤니케이션 과정상 다른 모든 요소에 영향을 끼치는 것을 강조하고, 메시지와 채널의 결합으로 발생하는 결과적 영향을 감각을 불러일으키는 '미디어는 마사지(Massage)이다.'라고 표현했다. 매체발달단계에서 텔레비전의 출현으로 시작되는 제3단계는 개별적 국가 단위에서 벗어난 전체적인 특성을 지닌다.

□ **클리킹 현상(리모컨에 의한 텔레비전 시청 형태)** *
- Soft Clicking : 보고 있던 프로그램이 재미가 없기 때문에 채널을 바꾸는 현상
- Hard Clicking : 언제 보아도 재미없는 프로그램에 제재를 가하는 현상
- Lovely Clicking : 여러 프로그램에 매력을 느껴 어느 것도 놓치지 않으려고 이리저리 채널을 바꾸는 현상
- Rational Clicking : 이리저리 돌리다 선택을 한 다음 채널을 바꾸는 현상

□ **세계 4대 통신사** ***
- AP(Associated Press) : 1848년 헤일(D. Hale)의 제안으로 결성된 미국 연합통신사이다. 신문사·방송국을 가맹사로 하는 협동조직의 비영리법인 UPI와 함께 세계최대통신사이다.
- UPI(United Press International) : 1958년에 UP가 경영난에 빠진 INS(International News Service)통신사를 병합하여 설립한 영리법인이다.
- AFP(Agence France Press) : 아바스(C. Havas)가 만든 외국신문 번역통신사의 후신으로 전 세계에 100여개의 지국을 설치하고 서유럽적 입장에서 논평과 보도를 한다.
- 로이터(Reuters) : 1851년 독일인 로이터가 영국에 귀화하여 런던에 설립한 영국의 국제 통신사로 전 세계적인 통신망을 구축하여 국제 신문계의 중심을 이루고 있으며 특히 경제·외교기사 통신으로 유명하다.

□ **미국의 4대 방송** **
- NBC(National Broadcasting Company) : 1926년에 설립된 미국 내셔널 방송회사로 우리나라에서 개최된 88올림픽의 중계를 맡았으며, 미국 방송조직 중 가장 크다.
- CBS(Columbia Broadcasting System) : 미국의 콜롬비아 방송회사로 1927년 설립되었다. 라디오·텔레비전 망을 보유한 민간회사로 시류에 민감하여 기획과 실시의 면에 있어서 활발한 기동성을 가지고 있다.
- ABC(American Broadcasting Company) : 미국에서 세 번째로 방대한 텔레비전 네트워크를 가진 아메리칸 방송회사로 1944년에 설립되었다.
- MBS(Mutual Broadcasting System) : 4개의 방송국이 연합하여 1934년에 설립한 것으로 전국적인 규모의 라디오 전문 네트워크로 소규모 라디오 방송국의 형태로 방송국 상호 간에 프로그램을 제공한다.

□ 저널리즘(Journalism) **

매스미디어를 통해 공공의 사실이나 사건에 관한 정보를 보도하고 논평하는 활동으로 시사적 문제의 보도와 논평의 사회적 전달 활동을 의미한다.

더 알아보기

저널리즘의 종류

구분	특징
옐로저널리즘 (Yellow Journalism)	저속하고 선정적인 기사로 대중의 흥미를 위주로 보도하는 센세이셔널리즘 경향을 띠는 저널리즘을 의미한다.
블랙저널리즘 (Black Journalism)	공개되지 않은 이면적 사실을 밝히는 정보활동을 말한다. 개인이나 특정의 약점을 이용하여 이를 발표하겠다고 협박하거나, 보도해서 이익을 얻고자 하는 신문·서적·잡지 등에 의해 행해지는 저널리즘 활동을 말한다.
퍼블릭저널리즘 (Public Journalism)	취재원을 다양화하여 여론 민주화를 선도함으로써 선정주의를 극복하고자 하여 고급지의 새로운 방법으로 시민이 참여하는 민주주의과정을 활성화시키자는 것이다. 즉, 언론인 스스로가 지역사회의 일원으로 행동하고 시민들이 공동관심사에 참여하도록 주선해 주는 것으로 시빅 저널리즘(Civic Journalism)이라고 한다.
포토저널리즘 (Photo Journalism)	사진으로 사실이나 시사적인 문제를 표현하거나 보도하는 저널리즘이다.
팩저널리즘 (Pack Journalism)	자의적·제도적 제한 및 안이한 편집, 취재방법이나 취재시각 등이 획일적인 개성이 없는 저널리즘으로 인간·정치·사건에 대해 취재가 단편적으로 이루어지고 있는 언론 상황을 뜻한다.
경마저널리즘 (Horse Racejournalism)	공정한 보도보다는 단순한 흥미 위주로 경마를 취재하는 기사처럼 누가 이기는가에 집착하여 보도하는 형태로 특정 상황만을 집중적으로 보도하는 것이다.
수표저널리즘 (Check Journalism)	방송이나 신문사가 유명인사의 사진 또는 스캔들 기사, 센세이셔널 한 사건의 당사자 증언 등을 거액을 주고 사들여 보도하는 것을 의미한다.
파라슈트저널리즘 (Parachute Journalism)	낙하산 언론으로 현지 사정은 알지 못하면서 선입견에 따라 기사를 작성하는 것이다.
하이프저널리즘 (Hipe Journalism)	오락만 있고 정보가 없는 새로운 유형의 뉴스를 말한다.
뉴저널리즘 (New Journalism)	1960년대 이후 새롭게 등장한 보도 및 기사를 작성하는 방법으로, 기존의 속보성·단편성·객관성의 관념을 극복하고, 구체적 묘사와 표현을 목표로 사건과 상황에 대해 독자에게 실감나게 전달하고자 한다.
제록스저널리즘 (Xerox Journalism)	극비문서를 몰래 복사하여 발표하는 것으로 문서를 근거로 한 폭로기사 일변도의 안이한 취재방법과 언론경향을 비판하는 표현이다.
그래프저널리즘 (Graph Journalism)	사진을 중심으로 하여 편집된 간행물로 다큐멘터리를 중심으로 사회 문제 및 패션, 미술, 영화의 소재까지 다룬다.

□ 발전언론 *

국가의 자주성 보전과 문화적 주체성을 확립하기 위해 언론이 국가발전에 긍정적 역할을 수행해야 한다고 보는 보호개발도상국의 언론이념이다. 개발도상국에서 언론은 개개인의 자유가 아닌 총체적인 국가목표를 강조하므로 언론의 자유는 하위에 있게 된다. 반전언론은 언론의 자유를 전적으로 부정하지 않으나 국가발전이 언론의 자유보다 우위에 있으므로 현실적으로 독재정권의 나팔수로 전락되는 경우가 많다.

□ **적대언론(Adversary Journalism)** *

어떤 성격의 정부이든 정부나 권력자에 적대적인 입장에 서서 항상 비판적인 자세를 유지하고 완고한 감시자 역할을 수행하는 언론이다. 적대언론의 언론인은 객관성과 냉정성을 최대한 유지하지만 정부나 권력에 대해 영원한 반대자로 남는다. 이런 점에서 적대언론은 언론이 정치권력에 비판적인 국가의 제4부가 되어야 한다는 자유민주주의의 전통적인 언론이념과 관련있다. 그러나 어떤 정부이건 무조건 적대하는 언론을 적대언론이라고 정의한다면, 과연 그러한 언론이 바람직스러운 언론이냐에 대해서는 많은 사람이 회의적이며, 또 그런 의미의 적대언론은 역사상 한 번도 존재했던 적이 없다고 보여진다.

□ **프레임업(Frame Up)** *

날조라는 뜻으로, 정적(政敵)을 대중으로부터 고립시켜 탄압하고 공격하기 위한 구실로 삼기 위해 만들어내는 사건이다. 일정한 기성사실을 왜곡 변조하여 이용하는 경우와 스파이 등을 이용하여 사실을 날조하는 경우가 있다.

02 매스미디어

□ **퍼블릭 액세스(Public Access) ⁎⁎**

퍼블릭 액세스 채널은 시민사회의 미디어 액세스 요구를 제도화한 것이다. 방송사뿐 아니라 일반 시민도 방송에 접근할 권리가 있다는 것을 제도적으로 인정한 사례라 할 수 있다. 시민의 미디어 액세스는 다양한 의견 개진으로 민주적 토론 문화를 만들어 간다는 점에서 민주주의의 발전을 위한 필수 장치라고 할 수 있다. 민주적 헌법이 있는 국가에서 시민의 미디어 액세스는 당연한 기본권으로 인정받아야 한다.

□ **디지털 방송(Digital Broadcasting) ⁎⁎**

기존의 아날로그방송과는 달리 정보의 신호를 부호화하여 기록하는 디지털 형태로 텔레비전 신호를 압축하여 내보내는 방송을 의미한다. 아날로그방송은 하나의 전파에는 하나의 영상밖에 실을 수 없어 음성은 다른 전파로 보내야 한 것에 비해 디지털방송은 하나의 전파에 다수의 영상이나 음성 등을 실을 수 있고, 질을 떨어뜨리지 않고 정보를 압축할 수 있어 1개의 아날로그방송 주파수대에 4 ~ 8개의 채널을 설정할 수 있다. 또한 컴퓨터를 사용하여 정보를 관리하기 쉽고 시청자가 주문하는 정보도 내보낼 수 있는 쌍방향 방송도 가능하다.

□ **재핑 효과(Zapping Effect) ⁎⁎**

채널을 바꾸다가 중간에 있는 다른 채널의 시청률이 높아지는 현상을 의미한다. 사람들이 채널을 바꾸는 이유는 자신이 보고 있던 프로그램의 광고를 피하기 위함이다. 대부분의 광고는 많은 사람들이 자신에게는 필요가 없는 것이라 생각하기 때문에 그 시간을 허비하기 싫어 다른 채널로 이동하는 것이다. 이렇게 딱히 다른 채널을 보기 위한 의도가 없었음에도 불구하고 짧은 순간에 지나가려던 채널에 관심을 빼앗겨 버리면 그 채널에서 오히려 더 많은 시간을 할애하게 되는 것이 바로 재핑 효과이다. 이는 다른 채널에서 때마침 자신의 관심사 혹은 자신의 취향과 맞는 방송이 송출되고 있을 경우 크게 발생하게 된다.

□ **CATV(Cable / Community Antenna TV) ⁎⁎**

공동시청안테나TV로 난시청 문제를 해결하기 위해 1948년 미국에서 시작되었다. TV전파가 잘 잡히는 높은 언덕이나 산 위에 설치한 우수한 성능의 안테나로부터 TV전파를 수신하여 증폭한 다음, 유선으로 각 가정의 TV수신기로 분배하는 유선TV이다. CATV는 난시청 해소는 물론 무선공중전파에 의한 TV방송에 비해 유선으로 신호를 전달하기 때문에 선명한 화면을 제공할 수 있고, 다양한 서비스가 가능하여 사회적인 영향력도 매우 크다. 우리나라는 1995년 3월 1일 케이블TV 방송을 시작하였다.

더 알아보기

케이블TV의 3주체 … 전송망사업자, 프로그램공급자, 방송국

□ 인포데믹스(Infodemics) *

'정보(Information)'와 '전염병(Epidemics)'의 합성어로 부정확한 정보가 확산되어 발생하는 각종 부작용을 일컫는 말이다. IT기술이 발전하면서 잘못된 정보나 소문이 미디어와 인터넷, SNS를 통해 확산되면서 정치, 경제, 사회, 안보 등에 치명적인 위기를 초래하게 되는 경우가 종종 발생하게 된다.

□ HDTV · IPTV **

HDTV는 고선명 텔레비전(High Definition Television)의 약칭으로 35mm 영화 급의 화질과 Cd 수준의 음질을 제공하는 TV 기술이며, IPTV는 인터넷 프로토콜 텔레비전(Internet Protocol Television)의 약칭으로 초고속 인터넷을 이용하여 정보 서비스, 동영상 콘텐츠 및 방송 등을 텔레비전 수상기로 제공하는 서비스를 말한다.

□ CCTV(Closed Circuit TV) *

폐쇄회로TV이다. 동일 건축물이나 특정 시설 등에서 유선TV를 사용하여 방영하는 방식으로, 빈 채널을 이용해 스폰서가 있는 프로그램을 방송하는 이점이 있다.

□ 코드커팅(Cordcutting) *

지상파나 케이블에 가입해 TV를 시청하던 사람들이 가입을 해지하고 인터넷 TV나 OTT(Over - The - Top) 등 새로운 플랫폼으로 이동하는 현상을 말한다. 한국에서는 코드커팅보다 가정에 TV가 없다는 뜻으로 '제로TV(Zero - TV)'를 주로 사용한다. 코드커팅이나 제로TV 현상은 스마트폰 등 모바일 기기 등 기술의 발전으로 빠르게 확산하고 있다. 이런 코드커팅이 가속화하자 미국의 넷플릭스 등 온라인 스트리밍 서비스가 성장하고 있다. 한국은 KBS, SBS, MBC가 함께 투자하여 설립한 콘텐츠 연합 플랫폼의 푹(POOQ)과 CJ E&M의 티빙(TIVING)이 인기를 얻고 있다.

□ 핫 · 쿨 미디어(Hot · Cool Media) **

맥루한(M. Mcluhan)에 의한 분류로 영화 · 라디오 · 신문 등과 같이 정보량이 많은 매체를 핫미디어, TV · 전화 · 만화 등과 같이 정보량은 적으나 고도의 몰입성을 요구하는 매체를 쿨미디어라고 한다. 따라서 핫미디어는 수신자측의 참가의식이 약하나, 쿨미디어는 수신자측의 보완부분이 크다.

□ 퀄리티 페이퍼(Quality Paper) **

발행부수는 적지만 독자가 사회의 지식층이므로 정보와 논평에 주안을 두는 사회적 영향력이 강한 고급지의 신문으로서 교양있는 인사, 지배계층을 대상으로 한 권위있는 신문을 말한다. 이는 대중지와 대조되며, 중요한 사안에 대한 상세한 기록, 고도의 논평을 이루고 센세이셔널리즘을 피한다. 또 국제적인 성가를 얻고 있다는 의미에서 세계신문이라고도 부른다.

□ 네트워크(Network) **

두 개 또는 그 이상의 방송국들이 동일시각에 같은 프로그램을 동시에 방영하는 것이다. 상호관계가 있는 여러 방송국이 같은 시간에 같은 프로그램을 방송할 수 있게 되어 있는 조직망으로 선로망, 회선망, 결선망이라고도 한다. 일반적으로 라디오의 경우에는 유선으로, 텔레비전의 경우에는 특수 동축케이블 또는 마이크로 파장중계로 연결되어 있다. 현재에는 그 의미를 확대하여 녹음테이프나 녹화필름 또는 텔레필름의 배포를 받아서 이에 의해 동일프로그램을 방송하게 되는 경우처럼 특수한 관계에 있는 방송국도 그 방송망 내의 국(局)으로 포함해서 부르는 경우가 있다.

더 알아보기

방송의 종류

구분	특징
AM방송	가장 널리 쓰이는 방송방식으로 진폭변조방식에 의한 방송이다. 음성전류의 변화에 따라 음파의 진폭을 변화시킨다.
FM방송	주파수변조방식에 의한 방송으로 초단파와 극초단파를 사용하며 AM에 비해 음질이 좋고 혼선되지 않아 주로 음악방송에 활용된다.
유선방송	광케이블이나 동축에 영상·음성 및 데이터와 같은 수많은 정보를 주파수 분할 다중방식을 채택하여 가입자 단말기까지 전송하는 전송방식이다.
음성다중방송	주로 TV에서 많이 현재의 TV방송에 덧붙여 스테레오 방송이나 문자정보, 정지화면방송 등을 하는 것이다.
문자다중방송	TV전파의 사용하지 않는 부분을 이용하여 일반 TV방송의 상영과 동시에 문자나 도형으로 된 프로그램을 보내는 방송방식이다.
다원방송	두 지점 이상을 하나로 묶어서 방송하는 것으로 행사나 운동경기중계, 선거개표실황 등이 이에 해당된다.

□ 무크(Mook) **

'잡지(Magazine)'와 '단행본(Book)'의 합성어로 잡지와 단행본의 성격을 가진 부정기적인 간행물을 의미한다. 1971년 런던에서 개최된 국제잡지협회의 제18차 회의에 제출된 보고서에서 처음 사용되었다. 미국에서는 부커진(Bookazine) 또는 매거북(Magabook)이라고 부른다.

□ 발롱데세(Ballon D'essai) ***

여론 동향을 살피기 위해 시험적으로 흘려보내는 의견이나 정보이다. 원래는 기상 상태를 관측하기 위해 띄우는 시험기구나 관측기구를 뜻하지만, 의미를 확장해 시험적으로 특정 정보를 언론에 흘려 여론의 동향을 탐색하는 수단으로 쓰이기도 한다.

□ MPEG(Moving Picture Experts Group) **

1988년에 설립된 동영상 전문가 그룹으로 동영상을 압축하고 코드로 표현하는 방법을 표준화 하는 것을 목적으로 한다. 정지된 화상을 압축하는 JPEG(제이펙)과는 달리, 시간에 따라 연속적으로 변화하는 동영상 압축과 전송을 연구한다.

□ 프라임타임(Prime Time) *

시청률이 가장 높은 시간대로, 대개 오후 7시에서 9시 사이를 말한다. A타임 또는 골든아워(Golden Hour)라고도 하며, 광고효과가 높기 때문에 방송국에서 프로그램 편성에 가장 중점을 둔다.

NOD(News On Demand) *

주문형 뉴스라고도 하며 이용자의 컴퓨터를 연결하여 신문의 뉴스를 새로운 지면 형태로 볼 수 있게 한다. 문자, 그림, 사진뿐만 아니라 텔레비전 뉴스와 같이 동화상 뉴스도 서비스한다.

광고의 종류 **

구분	특징
배너 광고	인터넷 홈페이지에 뜨는 막대모양의 광고
타이업(Tie - Up) 광고	영화의 명장면을 이용해 인지도를 높이는 광고
제휴광고	두 기업이 절반 이하의 비용으로 두 배 이상의 효과를 보는 광고
멀티스폿 광고	비슷한 줄거리에 모델을 달리해서 여러 편을 한꺼번에 내보내는 광고
네거티브 광고	죽음, 성, 혐오동물, 범죄 등 부정적인 소재를 활용하는 광고
DM광고	광고주가 예상되는 고객에게 우편으로 직접 송달하여 선전하는 광고
애드버토리얼	'Advertisement(광고)'와 'Editorial(편집기사)'의 합성어로 기사형태로 실리는 PR광고
애드버커시 광고	기업의 활동과 실태를 홍보하여 기업을 지지도를 높이는 광고
티저(Teaser) 광고	상품 자체는 감추어 호기심을 갖게 함으로써 상품에 대한 관심이나 지명도를 높이는 광고
POP 광고	Point Of Purchase의 약자로 소매점이나 가두매점 등에서 소비자가 상품을 구매하는 그 시점에 이루어지는 광고
PPL	영화, 드라마 등에 자사의 특정 제품을 등장시켜 광고하는 것.
키치 광고	설명보다는 기호, 이미지 등을 중시하여 언뜻 보아 무슨 내용인지 감이 안 잡히는 광고
레트로 광고	회고광고 또는 추억광고라고도 하며 고객에게 추억의 향수를 불러일으킴으로써 상품에 대한 이미지를 높이는 광고
인포머티브 광고	성능 · 성분 · 용도 · 보관법 · 사용법 등의 유익한 소재를 넣은 논설적 광고

헤이트 스피치(Hate Speech) ***

인종이나 단체, 국적, 종교. 외모 등 특정 그룹 사람들을 의도적으로 폄하하고 선동하는 발언을 말한다. 증오를 담고 있기 때문에 증오발언이라고도 한다. 발언을 넘어 물리적 폭력이나 테러 등의 범죄행위는 헤이트 크라임(Hate Crime)이라고 한다.

보도원칙 **

구분	내용
딥 백그라운드	보도할 경우 취재원이 누군지 알 수 없도록 해야 한다.
백그라운드	보도할 경우 취재원을 소식통이나 관계자 등으로 모호하게 서술한다.
오프더레코드	취재원은 물론 내용까지 일체 보도해서는 안 된다.
온 더 레코드	내용과 함께 취재원이 누군지 밝혀도 된다.

07 출제예상문제

1 다음 설명으로 옳은 것은?

> 원래는 기상 상태를 관측하기 위해 띄우는 시험기구나 관측기구를 뜻하지만, 의미를 확장해 시험적으로 특정 정보를 언론에 흘려 여론의 동향을 탐색하는 수단으로 쓰이기도 한다.

① 발롱데세   ② 브레인 포그
③ 임픈나이트   ④ 메그시트

> **TIP** ② 브레인 포그(Brain Fog) : 희뿌연 안개가 머리에 낀 것처럼 생각과 표현이 불분명한 상태를 말한다.
> ③ 임픈나이트(Impf-Neid) : 코로나19 백신 접종자에 대한 부러움을 나타내는 용어이다.
> ④ 메그시트(Megxirt) : 영국 해리왕자와 마클 왕자비가 영국 왕실에서 독립을 선언한 것을 말한다.

2 정보는 없는 재밋거리의 기사를 무엇이라 하는가?

① 하이프저널리즘   ② 블랙저널리즘
③ 팩저널리즘   ④ 뉴저널리즘

> **TIP** ① 하이프저널리즘(Hipe Journalism) : 오락만 있고 정보가 없는 새로운 유형의 뉴스를 말한다.
> ② 블랙저널리즘(Black Journalism) : 공개되지 않은 이면적 사실을 밝히는 정보활동을 말한다.
> ③ 팩저널리즘(Pack Journalism) : 자의적·제도적 제한 및 안이한 편집, 취재방법이나 취재시각 등이 획일적인 개성이 없는 저널리즘으로 인간·정치·사건에 대해 취재가 단편적으로 이루어지고 있는 언론 상황을 뜻한다.
> ④ 뉴저널리즘(New Journalism) : 1960년대 이후 새롭게 등장한 보도 및 기사를 작성하는 방법으로, 구체적 묘사와 표현을 목표로 사건과 상황에 대해 독자에게 실감나게 전달하고자 한다.

Answer 1.① 2.①

3 인종이나 단체, 국적, 종교, 외모 등 특정 그룹 사람들을 의도적으로 폄하하고 선동하는 발언은 무엇인가?

① 프레임업   ② 클리킹 현상
③ 헤이트 스피치   ④ 적대 언론

TIP ① 프레임업(Frame Up) : 정적(政敵)을 대중으로부터 고립시켜 탄압하고 공격하기 위한 구실로 삼기 위해 만들어 내는 사건이다.
② 클리킹 현상 : 리모컨에 의한 텔레비전 시청 형태를 말한다.
④ 적대 언론 : 어떤 성격의 정부이든 정부나 권력자에 적대적인 입장에 서서 항상 비판적인 자세를 유지하고 완고한 감시자 역할을 수행하는 언론이다.

4 블랭킷 에어리어(Blanket Area)란?

① 송 · 수신 자유 지역   ② 수신범위가 넓은 지역
③ 잡음이 전혀 없는 지역   ④ 방송 난시청지역

TIP 블랭킷 에어리어(Blanket Area) … '담요로 둘러싸인 지역'이란 뜻으로, 두 개의 방송국이 내보내고 있는 전파가 중첩되어 양쪽 또는 어느 한쪽의 방송이 잘 들리지 않는 지역 또는 한 방송국의 전파가 너무 강해서 다른 방송국 전파가 수신이 안 되는 난시청지역을 말한다.

5 "나는 신문 없는 정부보다 정부 없는 신문을 택하겠다"라고 말한 사람은?

① 제퍼슨   ② 케네디
③ 프랭클린   ④ 라이샤워

TIP 제퍼슨(T. Jefferson) … 미국의 제3대 대통령으로서, 언론자유의 중요성을 강조하였다.

Answer 3.③ 4.④ 5.①

6 ( ) 안에 들어갈 용어로 옳은 것은?

> TV 채널 사이에 홈쇼핑 채널을 넣어 예능 등 방송 프로그램이 끝나면 채널을 돌리는 시청자들에게 쇼핑을 유도하는 행위 역시 ( )이다.

① 재핑 효과　　　　　　　　　② 체리피커
③ 트윈슈머　　　　　　　　　④ 노마드

TIP ① 재핑 효과(Zapping Effect) : 채널을 바꾸다가 중간에 있는 다른 채널의 시청률이 높아지는 현상을 의미한다.
② 체리피커(Cherry Picker) : 제품은 구매하지 않고 자신의 실속만 챙기는 소비자를 일컫는 말이다.
③ 트윈슈머(Twinsumer) : 인터넷 사용 후기 및 리뷰를 참고하여 상품을 구입하는 소비자를 일컫는 말이다.
④ 노마드(Nomad) : 특정한 가치와 삶의 방식에 얽매이지 않고 끊임없이 자기 자신을 바꾸어 나가며 창조적으로 사는 인간형을 말한다.

7 신문·잡지의 특정한 지면을 담당하여 집필하는 사람을 가리키는 말은?

① 데스크　　　　　　　　　② 칼럼니스트
③ 카피라이터　　　　　　　　④ 스폰서

TIP ① 데스크 : 사건담당 책임기자
③ 카피라이터(Copywriter) : 광고문안 작성자
④ 스폰서(Sponsor) : TV, 라디오, 신문 등의 광고주

8 세계 최초로 발행된 일간신문은?

① 라이프치거 차이퉁겐(Leipziger Zeitungen)　② 더 타임즈(The Times)
③ 르 몽드(Le Monde)　　　　　　　　　　④ 뉴욕 타임즈(New York Times)

TIP ① 라이프치거 차이퉁겐(Leipziger Zeitungen) : 1660년에 창간된 세계 최초의 일간신문(독일)이다.
② 더 타임즈(The Times) : 1785년 창간된 영국의 일간신문
③ 르 몽드(Le Monde) : 1944년 창간된 프랑스의 석간신문
④ 뉴욕 타임즈(New York Times) : 1851년 창간된 미국의 일간신문

Answer 6.① 7.② 8.①

9 특종기사는 무엇이라 하는가?

① 스쿠프(Scoop)
② 오프 더 레코드(Off The Record)
③ 엠바고(Embargo)
④ 데드라인(Deadline)

TIP ② 오프 더 레코드(Off The Record) : 비보도를 전제로 한 비공식적 발언
③ 엠바고(Embargo) : 일정 기간의 보도금지
④ 데드라인(Deadline) : 신문 · 잡지의 원고마감 최종 시간

10 여론의 형성과정에서 개인이 다른 사람들의 의견이 자신의 의견과 다르다고 오판하여 자신의 의견을 억제하고 다른 사람들의 의견을 추종하는 현상을 무엇이라 하는가?

① 다원적 무지
② 침묵의 나선
③ 제3자 효과
④ 정태적 합의

TIP 다원적 무지(多元的 無知) … 여론형성과정에서 다른 사람들의 의견이 자신과 다르다고 오판하여 자신의 의견을 억제하고 다른 사람의 의견을 추종하는 현상. 즉 많은 사람들이 개인적 의견을 서로 교환하지 않으면서 그 자신들은 스스로를 다수의견집단이 아닌 반대적인 소수의견집단에 속한다고 느끼는 상황으로 '다수의 침묵'과 비슷한 현상이다.

11 세계 언론의 자유보장 및 회원 간 교류를 통한 언론의 발전을 추구하며 국제연합과 유네스코의 자문기관이기도 한 단체는?

① 세계신문협회
② 국제기자지구
③ 관훈클럽
④ 아웃링크

TIP ② 국제기자지구(International Organization Journalist) : 민주적인 저널리즘을 추구하는 동유럽과 제3세계 국가까지 포괄하는 세계 최대의 국제언론인기구이다.
③ 관훈클럽 : 1957년 언론인들의 친목과 언론의 향상을 위해 설립된 현존하는 우리나라 최고(最古)의 언론단체이다.
④ 아웃링크(Outlink) : 포털사이트가 아닌 뉴스사이트에서 직접 뉴스를 보는 방식을 말한다.

Answer 9.① 10.① 11.①

12 두 기업이 절반 이하의 비용으로 두 배 이상의 효과를 보는 광고로 옳은 것은?

① 플로팅 광고　　　　　　　　　　② 제휴 광고

③ 네거티브 광고　　　　　　　　　④ 멀티스폿 광고

> **TIP** ① 플로팅(Floating) 광고 : 인터넷 사이트 전체나 일부를 뒤덮는 광고 기법을 말한다.
> ③ 네거티브(Negative) 광고 : 죽음, 성, 범죄 등 부정적인 소재를 활용하는 광고를 말한다.
> ④ 멀티스폿(Multi Spot) 광고 : 비슷한 줄거리에 모델을 달리해서 여러 편을 한꺼번에 내보내는 광고를 말한다.

13 기존 유료방송 서비스를 해지하고 OTT를 시청하는 행태는?

① 어스아워　　　　　　　　　　　② 스말로그

③ 필터버블　　　　　　　　　　　④ 코드커팅

> **TIP** ④ 코드커팅 유료 방송 시청자가 전통적인 방송 서비스 가입을 해지하고 인터넷 TV나 OTT 서비스를 시청하는 것을 말한다.
> ① 어스아워 : 매년 3월 마지막 주 토요일 오후 8시 30분부터 1시간 동안 불필요한 조명을 소등하는 지구촌 전등끄기 캠페인이다.
> ② 스말로그 : 디지털 기반 스마트 교육과 대면 아날로그식 교육의 합성어이다. 코로나19로 인해 교육격차가 심화되어 대면 위주의 교육을 하며 첨단 에듀테크를 최대한 활용하는 스말로그를 할 수 있어야 한다는 의견이 제기되고 있다.
> ③ 필터버블 : 이용자의 관심사에 맞춰 필터링된 인터넷 정보로 인해 편향된 정보에 갇히는 현상을 말한다.

14 커스컴(Cuscom)이란 무엇인가?

① 법과 같은 강제력을 가지는 언론의 윤리관

② 컴퓨터를 이용해서 주고받는 정보체계

③ 사회의 관습, 풍습, 관례에 따른 개인적 습관

④ 유선방송처럼 특정 소수의 사람들을 상대로 전달되는 통신체계

> **TIP** 커스컴(Cuscom) … 'Custom(단골)'과 'Communication(전달)'의 조합어로, 특정 소수를 상대로 전달되는 통신체계를 말한다.

Answer 12.② 13.④ 14.④

15 수용자들이 매스미디어의 메시지를 선택적으로 노출 · 지각 · 기억한다고 설명한 이론은?

① 선별효과
② 피파주효과
③ 향상효과
④ 제한효과

TIP 제한효과이론(Limited Effect Theory) … 매스미디어는 기존의 태도나 가치 · 신념을 강화시키는 제한적 효과가 있을 뿐이라는 이론적 관점으로, 매스미디어의 영향력이 그렇게 크지 않으며 한정되어 있다는 이론이다.

16 POP 광고와 거리가 먼 것은?

① TV CF
② 스토어트래픽 창출
③ 구매 결단에 대한 설득력
④ 월 디스플레이(Wall Display)

TIP POP(Point Of Purchase) 광고 … 광고상품이 소비자에게 최종적으로 구입되는 장소, 즉 소매점이나 가두매점 등에서 이루어지는 광고로, 직접적인 광고효과를 얻게 하는 구매시점광고이다.

17 대중매체가 강조하는 정도에 따라 수용자가 인식하는 정도가 달라질 수 있다고 보는 이론은?

① 침묵의 나선형이론
② 이용과 충족이론
③ 의제설정이론
④ 2단계 유통이론

TIP 의제설정이론 또는 아젠다 세팅(Agenda Setting) … 매스미디어가 특정 주제를 선택하고 반복함으로써 이를 강조하여 수용자가 중요한 의제로 인식하게 한다는 개념이다.

Answer 15.④ 16.① 17.③

18 보도 자료나 다른 기자가 작성한 기사를 자신의 기사로 재구성하는 행위는 무엇인가?

① 메타폴리즘

② 저널리즘

③ 처널리즘

④ 네이더리즘

> **TIP** ① 메타폴리즘(Metapolism) : 대도시 인구에게 나타나는 무인정주의(無人情主義)를 말한다.
> ② 저널리즘(Journalism) : 매스미디어로 보도하고 논평하는 활동을 말한다.
> ④ 네이더리즘(Naderism) : 소비자 보호를 목적으로 기업을 고발하는 소비자 운동이다.

19 피플미터(People Meter) 방식에 대한 설명으로 옳은 것은?

① 프로그램 방송 중에 표본가정에 전화를 걸어 시청률을 조사하는 방법이다.

② 표본세대 내 특정 구성원에게 시청 상황에 대한 일지를 책임지고 작성하게 하는 방법이다.

③ 개별방문면접에 의해 전날 또는 수 시간 전의 시청 상황을 생각하게 하는 조사하는 방법이다.

④ 표본추출방식에 의해 뽑힌 일정 수 가구의 텔레비전 수상기에 피플미터장치를 달아 측정한다.

> **TIP** 피플미터(People Meter) … 미국의 여론조사기관인 A. C. 닐슨사(社)에 의해 개발된 시청률 조사수단으로, 과학적인 표본 추출방식에 의해 뽑힌 일정 수 가구의 텔레비전 수상기에 이 장치를 달면 중앙의 메인컴퓨터에 수상기 작동방식 · 채널 변환 등이 초단위로 자동 기록된다.

20 광고와 홍보의 차이를 좁혀 소비자의 신뢰를 높이려는 새로운 광고 형태로 소위 '기사형식 광고'라 불리는 것은?

① 인포모셜(Informercial)

② R&D(Research and Development)

③ AI(Appreciation Index)

④ 애드버토리얼(Advertorial)

> **TIP** 애드버토리얼(Advertorial) … 'Advertisement(광고)'와 'Editorial(편집기사)'의 합성어로 신문광고나 잡지광고에서 언뜻 보기에 편집 기사처럼 만들어진 논설 또는 사설 형식의 광고이다

Answer 18.③ 19.④ 20.④

08 문화 · 예술 · 스포츠

사회적으로 이슈가 되는 문화 현상이나 스포츠 경기에 대한 상식은 반드시 학습하고 넘어가야 한다.

01 문화 · 예술

□ **세계문화유산목록(世界文化遺産目錄)** ***

• 세계유산 … 「세계유산협약」(1972)에 의거하여 유네스코 세계유산위원회가 인류 전체를 위해서 보호되어야 할 뛰어난 보편적 가치가 있다고 인정하여 세계유산목록에 등재한 유산이다. 문화유산, 자연유산, 복합유산으로 분류된다.

• 세계기록유산 … 유네스코가 세계적인 가치가 있다고 지정한 귀중한 기록유산으로, 1995년 선정기준 등을 마련하여 1997년부터 2년마다 국제자문위원회(IAC : International Advisory Committee)의 심의 · 추천을 받아 유네스코 사무총장이 선정한다. 기록유산은 단독 기록 또는 기록 모음일 수도 있으며, 기록을 담고 있는 정보나 그 기록을 전하는 매개물일 수도 있다. 세계유산 및 세계무형유산과는 구별되어 별도로 관리한다.

• 인류무형유산 … 2001년 인류 문화의 다양성과 창의성을 존중하기 위해 유네스코에서 제정한 제도로, 전세계의 전통 춤, 연극, 음악, 놀이, 의식 등 구전(口傳)되는 문화재나 무형문화재 가운데 보존 가치가 있는 것을 선정한다.

• 우리나라의 유산 등록현황

구분	내용
세계유산	종묘(1995), 석굴암과 불국사(1995), 해인사 장경판전(1995), 창덕궁(1997), 수원화성(1997), 경주역사유적지구(2000), 고창 · 화순 · 강화의 고인돌 유적(2000), 제주 화산섬과 용암동굴(2007), 조선왕릉(2009), 한국의 역사마을 : 하회와 양동(2010), 남한산성(2014), 백제역사유적지구(2015), 산사 및 한국의 산지승원(2018), 한국의 서원(2019), 한국의 갯벌(2021), 가야고분군(2023)
세계기록유산	조선왕조실록(1997), 훈민정음 해례본(1997), 승정원 일기(2001), 직지심체요절(2001), 해인사 대장경판 및 제경판(2007), 조선왕조 의궤(2007), 동의보감(2009), 일성록(2011), 5.18 민주화운동 기록물(2011), 새마을운동 기록물(2013), 난중일기(亂中日記)(2013), 한국의 유교책판(2015), KBS특별생방송 '이산가족을 찾습니다' 기록물(2015), 조선왕실 어보와 어책(2017), 국채보상운동 기록물(2017), 조선통신사기록물(2017), 4 · 19혁명기록물(2023), 동학농민혁명기록물(2023)
인류무형유산	종묘제례 및 종묘 제례악(2001/2008), 판소리(2003/2008), 강릉단오제(2005/2008), 강강술래(2009), 남사당놀이(2009), 영산재(2009), 제주칠머리당 영등굿(2009), 처용무(2009), 가곡(2010), 대목장(2010), 매사냥(2010), 줄타기(2011), 택견(2011), 한산모시짜기(2011), 아리랑(2012), 김장문화(2013), 농악(2014), 줄다리기(2015), 제주해녀문화(2016), 씨름(2018), 연등회(2020), 한국의 탈춤(2022)

□ **국보(國寶) · 보물(寶物)** *

국가가 지정하는 국가유산은 국보, 보물, 중요민속자료, 사적 및 명승, 천연기념물, 중요무형유산으로 분류할 수 있다. 보물은 건조물, 전적, 서적, 고문서, 회화, 조각, 공예품, 고고자료, 무구 등의 유형유산 중 중요도가 높은 것을 선정하는 것으로 문화재청장과 문화재위원회의 심의를 거친다. 보물에 해당하는 유산 중 인류문화의 관점에서 볼 때 역사적, 학술적, 예술적 가치가 크고 그 시대를 대표하거나 제작기술이 특히 우수하여 그 유래가 드문 것을 국보로 정한다. .

더 알아보기

- **문화재 지정번호** … 국보나 보물 등 문화재 지정 시 순서대로 부여하는 번호로, 일부에서 문화재 지정순서가 아닌 가치 서열로 오인해 서열화 논란이 제기되는 경우가 있었다. 이에 「문화재보호법 시행령」 등 관련 규정에서 '지정(등록)번호'를 삭제하고 문화재 행정에서 지정번호를 사용하지 않도록 정책을 개선하였다
- 1962년 문화재 보호법 제정 이후 쓰였던 '문화재'는 역사와 정신까지 아우르는 '국가유산'이란 새 명칭으로 변경 · 확대되었다.

□ **세계지적재산기구(WIPO : World Intellectual Property Organization)** **

지적재산권의 국제적 보호 촉진과 국제협력을 위해 설립한 국제기구로 세계지적소유권기구라고도 한다. 세계지적재산권기구설립조약(1970년 발효)을 근거로, 저작권을 다루는 베른조약(1886년 발효)과 산업재산권을 다루는 파리조약(1883년 발효)의 관리와 사무기구상의 문제를 통일적으로 처리할 목적으로 설립하였으며 1974년 유엔전문기구가 되었다.

□ **지적소유권**(知的所有權) **

음반 및 방송, 연출, 예술가의 공연, 발명·발견, 공업디자인, 등록상표, 상호 등에 대한 보호 권리와 공업·과학·문학 또는 예술 분야의 지적활동에서 발생하는 모든 권리(지적재산권)를 말한다. 산업발전을 목적으로 하는 산업재산권과 문화 창달을 목적으로 하는 저작권으로 분류할 수 있는데 인간의 지적 창작물을 보호하는 무형재산권이라는 점과 그 보호기간이 한정되어 있다는 점에서 동일하지만, 저작권은 출판과 동시에 보호되는 것에 비해 산업재산권은 특허청의 심사를 거쳐 등록해야만 보호된다. 보호기간도 저작권은 저작자 사후 70년으로 상당히 긴 데 반해 산업재산권은 10 ~ 20년으로 짧은 편이다.

더 알아보기

저작권법(Copyright Law) … 문학, 학술, 미술, 사진, 음악, 각본, 지도 등의 창작물을 보호하기 위한 법률로 보호기간은 저작자 생존동안과 사후 70년까지이다. 공동저작물의 저작재산권은 맨 마지막으로 사망한 저작자의 사망 후 70년간 존속한다.

□ **베른조약**(Berne Convention) **

'문학 및 미술 저작물 보호에 관한 조약'으로 1886년 스위스의 수도 베른에서 체결되어 베른조약이라고 부른다. 만국저작권 보호동맹조약이라고도 하며 저작물을 국제적으로 보호할 것을 목적으로 한다. 가맹국은 다른 가맹국 국민들의 저작물을 자국민의 저작물과 동등하게 대우하며 저작권의 효력은 등록 등의 절차를 필요로 하지 않고 저작사실 자체로 효력을 발생하는 발생주의에 따르며, 저작권은 저작자의 생존기간 및 사후 50년 동안 보호하는 것을 원칙으로 한다.

□ **문화다양성협약**(Protection of the Diversity of Cultural Contents) *

정식 명칭은 '문화콘텐츠와 예술적 표현의 다양성을 위한 협약'으로 세계 각국의 문화적 다양성을 인정하는 국제협약이다. 1999년 유네스코 총회에서 제안된 것으로 프랑스 등 유럽 국가들이 미국 문화의 범람에 맞서 자국의 문화를 지키자는 취지였다. 이후 2001년 11월 프랑스 파리에서 '세계 문화다양성 선언'이 채택되었고 2002년에는 5월 21일을 '세계 문화다양성의 날'로 선포했으며, 2007년 3월부터 발효되었다.

□ **다다이즘**(Dadaism) *

제1차 세계대전 중 1920년대에 걸쳐 유럽의 여러 도시에서 일어난 반예술운동이다. 인간생활에 대한 항의아래 재래 의미의 법칙이나 사회조직 등 일체의 전통적인 것을 부정하고 허무·혼란·무질서한 것 그대로를 표현하려는 과도기의 사상으로, 2차대전 후에는 전후 고조되고 있던 기계문명·인간소외 등의 이유에서 '네오다다'라는 명칭으로 부활되었다.

□ **반달리즘**(Vandalism) *

도시의 문화·예술이나 공공시설을 파괴하는 행위를 말한다. 중세초기 유럽의 민족대이동 때 아프리카에 왕국을 세운 반달족이 지중해 연안에서 로마에 걸쳐 약탈과 파괴를 거듭했던 데서 유래한다.

□ 아방가르드(Avant – Garde) **

원뜻은 전위(前衛)로 제1차 세계대전 때부터 유럽에서 일어난 예술운동이다. 기성관념이나 유파를 부정하고 새로운 것을 이룩하려 했던 입체파 · 표현주의 · 다다이즘 · 초현실주의 등의 혁신예술을 통틀어서 일컫는 말이다. 모호성 · 불확실성의 역설과 주체의 붕괴, 비인간화 등의 특징은 근대 산업화과정과 밀접한 관계가 있다.

더 알아보기

- **아방게르(Avant – Guerre)** : 전전(戰前)이란 뜻의 프랑스어로, 본래는 제1차 세계대전의 예술운동을 가리켰는데 나중에 제2차 세계대전 전의 사조 · 생활태도 또는 그 시대에 산 사람들을 뜻하게 되었다. 인상주의, 자연주의, 현실주의 등을 가리킨다. 아프레게르와 상대되는 말이다.
- **아프레게르(Après – Guerre)** : 전후(戰後)를 의미하는 프랑스어로, 다다이즘 · 쉬르리얼리즘 등의 전위적인 예술로 나타났다. 원래는 제1차 세계대전이 끝난 뒤 프랑스의 젊은 예술가들이 전통적인 모든 가치체계를 부정하면서 새로운 예술을 창조한 시대사조를 가리키는 말이었는데, 최근에는 '전후문학'이라고 하면 제2차 세계대전 후만을 의미하게 되었다.

□ 리리시즘(Lyricism) *

예술적 표현의 서정적 · 주관적 · 개성적인 정서를 표현하고 추구하는 정신 또는 문체를 말한다. 용솟음치는 인간적인 기쁨 · 고뇌 · 분노 · 평온 등의 심정고백이고 자아의 투영이므로 리드미컬한 음악성을 수반하며, 모티브는 생과 사 · 사랑 · 자연 등이 많다. 풍경묘사에 있어서도 객관적 설명보다는 심상풍경으로서의 상징성이 강해진다.

□ 매너리즘(Mannerism) *

예술의 창작이나 그 발상면에서 독창성을 잃고 평범한 경향으로 흘러, 표현수단의 고정과 상식성으로 인하여 예술의 신선미와 생기를 잃는 일을 일컫는 말이다. 현상유지의 경향이나 자세를 가리키기도 한다.

□ 모더니즘(Modernism) **

제1차 세계대전 후의 근대주의 · 현대주의를 의미한다. 넓은 의미로는 교회의 권위 또는 봉건성에의 반항, 과학이나 합리성을 중시하고 널리 근대화를 지향하는 것을 말하지만 좁은 의미로는 기계문명과 도회적 감각을 중시하여 반전통 · 반예술을 주장하며, 이른바 현대풍을 추구하는 것을 뜻한다. 미래파 · 표현파 · 다다이즘 · 주지파 등을 포괄한다.

□ 포스트모더니즘 **

현대 또는 근대주의를 가리키는 모더니즘에서 벗어난다는 탈(脫)과 지속한다는 뜻인 접두어 Post가 붙어 생긴 말로 모더니즘으로부터의 단절과 지속적인 성격을 동시에 지니고 있다. 제1차 세계대전 후 모더니즘은 독창성과 고상함을 중요시여기고 합리주의 · 기능주의와 연결되어 비교적 단순하고 증명력 있는 것을 추구하였던, 반면에 제2차 세계대전 이후 생명 등에 대한 가치관이 흔들리던 후기 자본주의 시대의 포스트모더니즘은 모더니즘의 단절만을 의미하는 것이 아니라 이질적인 요소를 서로 중첩하거나 과거의 작품에서 인용하는 등 절충주의적 경향을 보인다.

□ **아우라(Aura)** **

예술작품에서 풍기는 흉내 낼 수 없는 고고한 분위기를 뜻하는 말로 독일의 철학자 발터 벤야민의 예술이론이다. 1934년 벤야민은 논문 「기술복제시대의 예술작품」에서 기술복제시대의 예술작품에 일어난 결정적인 변화를 '아우라의 붕괴'라고 정의하였다. 이는 사진이나 영화와 같이 복제되는 작품에는 아우라가 생겨날 수 없다는 관점으로 기술주의적 사고라는 비판을 받기도 한다.

□ **서브컬처(Subculture)** *

하위문화(下位文化) 또는 부차적 문화라고도 하며 어떤 사회의 주가 되는 중심 문화에 대비되는 개념이다. 즉, 한 사회에서 일반적으로 볼 수 있는 행동양식과 가치관을 전체로서의 문화라고 할 때, 그 전체적인 문화 내부에 존재하면서도 독자적인 특징을 보이는 부분적인 문화가 곧 서브컬처라고 할 수 있다. 상류계층문화, 화이트칼라문화, 농민문화, 도시문화, 청소년문화 등이 그 예이다.

□ **팬덤(Fandom)** *

특정한 인물이나 분야를 열성적으로 좋아하는 문화현상 또는 그런 사람들을 지칭하는 말로 광신자를 뜻하는 'Fanatic'의 'Fan'과 영지·나라 등을 뜻하는 접미사 '-dom'이 합성된 용어다. 텔레비전과 인터넷의 보급으로 대중문화가 확산되면서 나타난 현상으로 팬덤이 문화적 영향력을 행사하면서 '팬덤문화'라는 신조어도 등장했다.

□ **워킹홀리데이(Working Holiday)** *

해외여행 중인 사람이 방문한 나라에서 일할 수 있도록 특별히 허가받는 제도로, 해외여행 중 방문국에서의 노동이 금지되어 있는 통상의 관광비자와는 달리 워킹홀리데이비자는 방문국에서의 노동이 가능하다. 이는 자금이 부족한 젊은 층에게도 해외여행의 기회를 넓히고 국제친선에 기여함을 목적으로 한다. 연령은 대개 18 ~ 25세이고 6개월 체류를 원칙으로 하고 있다.

□ **맥거핀 효과(macGuffin Effect)** *

영화에서 중요한 것처럼 등장하지만 실제로는 줄거리에 영향을 미치지 않는 극적 장치를 뜻하는 말로, 영화의 전개와는 무관하지만 관객들의 시선을 집중시켜 의문이나 혼란을 유발하는 장치 또는 구성상의 속임수를 의미하며 연극이나 극에서의 복선과 반대되는 의미이다.

□ **옴니버스(Omnibus)영화** *

옴니버스란 합승버스를 뜻하는데, 서로 독립된 여러가지의 스토리를 한편의 영화로 만든 것을 말한다.

□ **세계 3대 영화제** ***

베니스, 칸, 베를린 영화제를 말하는 것으로 세계 4대 영화제라고 할 경우 모스크바영화제를 포함한다. 베니스영화제가 가장 오랜 역사를 지녔지만, 일반적으로 칸영화제를 가장 권위 있는 영화제로 생각한다.

□ **베니스영화제(Venice International Film Festival)** **

이탈리아 베니스(Venice)에서 매년 개최되는 최고(最古)의 국제 경쟁영화제로 1932년 5월 창설되었다. 매년 8월 말에서 9월 초에 열리며 수상 부문으로 작품상, 남녀배우상 등이 있으며 그랑프리는 '산마르코 금사자상(황금사자상)'이라고 부른다. 타 영화제 출품작을 제외한 일반 극영화만 출품이 가능하다는 특징이 있다.

□ **베를린 영화제(Berlin International Film Festival)** ***

1951년 서베를린(Berlin)시 시장이었던 빌리 브란트가 세계의 평화와 우애를 지향하고자 창설한 국제영화제로 금곰상(최우수작품상), 은곰상(심사위원 대상, 감독상, 남녀배우상 등), 알프레드바우어상, 블루엔젤상, 평생공로상 등이 있다.

□ **골든 글로브상(Golden Globe Prize)** **

세계 84개국의 신문 및 잡지기자 114명으로 구성된 헐리우드 외국인기자협회가 그해 최우수영화의 각 부문과 남녀배우에게 수여하는 상으로, 아카데미상을 시상하기 전에 시상한다. 78회 골든 글로브 시상식에서 영화 '미나리'가 외국어 영화상으로 수상하기도 하였다.

□ **아카데미상(Academy Award)** ***

미국의 영화예술과학아카데미협회가 시상하는 영화상으로, 오스카 금패가 수여되어 오스카상이라고도 한다. 1927년 5월에 창설되었으며, 1928년부터 매년 우수영화·영화인에게 수여해 온 세계적으로 권위 있는 영화상이다. 수상부문은 작품·감독·주연 남녀배우·조연 남녀배우·음악·촬영상 등 16개 부문에 시상한다. 한편, 영화 '미나리'는 작품상, 감독상, 각본상, 남우주연상, 여우조연상 후보에 올라 배우 윤여정이 수상하기도 하였다.

□ **칸 영화제(Cannes Film Festival)** **

1946년 프랑스 국립영화센터에서 관광휴양지인 칸(Cannes)에 설립한 국제 경쟁영화제이다. 최고의 권위를 인정받고 있는 국제영화제로 황금종려상, 심사위원 대상, 남녀배우주연상, 감독상, 각본상 등의 경쟁부문과 주목할 만한 시선, 황금카메라상, 시네파운데이션 등 비경쟁부문으로 나누어 시상한다.

□ **백상예술대상** ***

1964년 무대예술과 영상예술의 중흥을 위해 1964년 제정된 종합예술상(연극, 영화, TV 등)으로서 지난 1965년에 시작되었다. 2002년부터는 영화와 TV만을 대상으로 시상하였으나 2019년 연극 부문이 부활하였다. 1983년까지는 '한국 연극 영화 예술상', 1985년까지는 '한국 연극 영화 TV 예술상', 1986년 때는 '한국 백상 예술 대상'으로 명칭이 바뀌었다가, 1987년부터 '백상 예술 대상'으로 변경되었다.

□ **모스크바 영화제(International Film Festival of Moscow)** **

1989년에 창설된 공산권 최대 규모의 영화제이다. 베니스, 칸, 베를린 영화제와 더불어 세계 4대 국제영화제로 홀수 년도 6월경에 열린다. 시상은 대상(금게오르기상), 심사위원 특별상(은게오르기상), 남녀주연상(동게오르기상)으로 나누어 한다.

더 알아보기

- **몬트리올영화제(The Montreal World Film Festival)** : 1977년 캐나다 몬트리올에서 창설된 국제영화제로 매년 8월 말 ~ 9월 초에 일반 극영화 및 TV용 영화 등이 출품하여 경쟁을 벌인다.
- **낭트3대륙영화제(Nantes Festival des 3 Continents)** : 1979년 프랑스 낭트에서 창설된 국제영화제로 아시아, 아프리카, 남미의 3대륙 영화제라 할 만큼 제3세계 영화 소개에 치중하며 매년 11월 말 ~ 12월 초 개최한다.
- **로카르노국제영화제(Locarno International Film Festival)** : 스위스 로카르노시에서 1949년 창설된 신인영화제로 2편 이내의 영화를 만든 신인 감독을 대상으로 매년 8월경에 열린다. 스위스영화협회가 주관하는 이 영화제의 시상 부문은 금표범상, 은표범상, 동표범상, Ernest Artaria 기념상, 심사위원 특별상 등 5개 부문이다.
- **선댄스영화제(The Sundance Film Festival)** : 세계에서 가장 권위 있는 독립영화제로 1984년 미국의 감독 겸 명배우 로버트 레드포드가 할리우드의 상업주의에 반발, 독립영화 제작에 활기를 불어넣기 위해 설립했다.

□ **청룡영화상** ***

한국영화의 질적 향상과 국내 영화산업의 진흥발전을 돕기 위해 1963년 제정되었다. 시상 부문은 최우수작품상, 감독상, 남녀주연상, 남녀조연상, 촬영상, 조명상, 각본상, 기술상, 미술상, 음악상, 신인감독상, 신인남녀연기상, 인기스타상, 한국영화 최다관객상과 최근 신설된 청정원 단편영화상의 총 18개 부문이다.

□ **대종상(大鐘賞)** *

우리나라 영화산업의 육성과 영화인들의 의욕을 고취시키고자 당시 문화공보부가 1962년에 설립한 상으로, 작품상 · 남녀주연상 · 촬영상 · 음악상 · 미술상 등 여러 부문에 걸쳐 해마다 시상되고 있다.

□ **노벨상(Nobel Prize)** ***

스웨덴의 알프레드 노벨의 유언에 따라 인류 복지에 공헌한 사람이나 단체에게 수여되는 상이다. 1901년부터 매년 총 6개 부문(문학, 화학, 물리학, 생리학 또는 의학, 평화, 경제학)에 대한 수상이 이뤄진다. 수상자 선정은 평화상을 노르웨이 노벨위원회가, 나머지 부문은 스웨덴의 3개 기관이 맡고 있다.

더 알아보기

2023년 노벨상 수상자
- **생리의학상** : 커털린 커리코, 드루 와이스먼
- **물리학상** : 피에르 아고스티니, 페렌즈 크러우스, 안 륄리에
- **화학상** : 문지 바웬디, 루이스 브루스, 알렉세이 예키모프
- **문학상** : 욘 포세
- **평화상** : 나르게스 모하마디
- **경제학상** : 클라우디아 골딘

□ **그래미상(Grammy Award)** **

전미국레코드 예술과학아카데미(NARAS)가 주최하는 1년간의 우수한 레코드와 앨범에 주어지는 상이다. 미국 제일의 규모와 권위로 영화계의 아카데미상에 비견된다. 그래미는 그래머폰(Gramophone, 축음기)에서 온 애칭으로 수상자에게는 나팔이 부착된 축음기 모양의 기념패가 주어진다. 5,000명 이상의 심사위원이 수차에 걸친 투표를 해서 선정하며 대상은 레코드 · 앨범 · 가곡 · 신인의 종합 4상이 있다. 이외에 녹음기술, 재킷디자인, 비디오 부문까지 세세한 항목으로 나뉘어 있다.

□ **골든디스크(Golden Disk)** ***

100만장 이상 팔린 레코드를 가리킨다. 미국 레코드협회에서 100만장 이상 팔린 레코드에 대해 금빛 레코드를 시상한 데서 비롯된 말이다. 밀리언 셀러 레코드(Million Seller Record)라고도 부른다.

□ **오페라(Opera)** ***

가극(歌劇)으로 음악적인 요소는 물론 대사를 통한 문학적 요소, 연극적 요소, 무대 · 의상 등의 미술적 요소들이 종합된 대규모의 종합무대예술이다. 레시터티브 · 아리아 · 중창 등으로 구성되어 있다. 관현악은 반주뿐만 아니라 서곡 · 간주곡 · 종곡 등을 연주한다. 대표적 작품으로는 모차르트의 피가로의 결혼 · 돈지오반니, 베르디의 아이다 · 리골레토 · 춘희, 푸치니의 토스카 · 라보엠, 비제의 카르멘 등을 들 수 있다.

더 알아보기

- **오페라 부파(Opera Buffa)** : 경쾌한 음악을 주로 하고 중창이 많으며, 익살과 풍자적인 줄거리를 가진 오페라이다.
- **오페라 코미크(Opera Comique)** : 대사를 넣은 가극으로, 비제의 카르멘과 같이 비극적인 계통도 포함된다.

□ **오페레타(Operetta)** *

형식은 오페라와 비슷하면서 군데군데 대사의 삽입방법과 목적에 다소 차이가 있는 곡으로, 경쾌하고 알기 쉬우면서도 유머가 곁들인 줄거리를 통속적이고 대중적인 음악으로 연출하는 음악극이다. 천국과 지옥, 보카치오, 박쥐 등이 유명하다.

□ **프리마돈나(Prima Donna)** *

오페라의 여주인공역을 맡은 소프라노 가수를 칭하는 말로서 '제1의 여인'이라는 뜻이다. 이에 해당하는 남자가수를 프리모우모(Primo Uomo)라 한다.

□ **아리아(Aria)** **

성악곡이나 기악곡의 소멜로디를 뜻하기도 하고 화성부 · 반주부에 대한 멜로디부를 뜻하기도 하지만, 주로 오페라에서 레시터티브에 대하여 음악적 매력에 주안을 둔 독창곡을 말하며 영창이라고 번역된다. 바흐의 G선상의 아리아가 유명하다.

□ 카스트라토(Castrato) **

여성이 무대에 오르지 못했던 18세기 바로크시대의 오페라에서 여성의 음역을 노래한 남성가수를 말한다. 카운터테너(가성을 사용하여 소프라노의 음역을 구사하는 남성 성악가)에서 소프라노까지 오르내리는 3옥타브 반의 목소리를 내기 위해 변성기 전인 소년시절에 거세당했고, '신의 목소리'라고 불렸다.

□ 갈라 콘서트(Gala Concert) *

갈라는 이탈리아 전통 축제의 복장 'Gala'에 어원을 두고 있으며, '축제', '잔치'라는 사전적 의미를 지니고 있다. 클래식 음악에서는 흔히 아리아와 중창 등 약식으로 꾸며진 오페라에 붙이지만, 격식을 갖추지 않은 축하 공연 등을 통칭하는 용어로 사용된다.

□ 퓨전음악(Fusion Music) **

제3세계의 토속음악과 서구의 팝음악이 접목된 새로운 장르의 음악을 일컫는다. 아프리카 원주민들의 토속음률에 서구의 펑크, 록 등이 한데 어우러지는 특징을 보인다. 융합을 뜻하는 '퓨전'이란 말처럼 지역이나 관습적인 배경을 달리하는 음악들의 만남으로 국경을 뛰어 넘는 음악의 새 지평을 열었다고 볼 수 있다.

더 알아보기

크로스오버 음악(Crossover Music) … 한 장르에 다른 장르의 이질적인 요소가 합해져서 만들어진 음악을 말한다. 현재는 음악뿐 아니라 대중문화 전반에 걸쳐 넘나드는 크로스오버 현상이 나타난다.

□ 인상파 음악 *

19세기 말에 프랑스에서 일어난 음악상의 작풍으로 처음에는 회화세계에서 사용되었으나, 드뷔시의 독창과 오케스트라 봄에 대하여 비판적으로 쓰이고부터 음악세계에서도 쓰이게 되었다. 환상적이며 빛·바람과 같은 끊임없이 변화하는 것이 자아내는 자연의 아름다움에 대한 순간적 인상을 감각적으로 음색에 정착시키려 했고, 각종 병행화음 등을 사용하여 새로운 감각을 나타냈다. 대표적인 작곡가로는 드뷔시, 라벨을 꼽을 수 있다.

□ 표제음악(Program Music) **

곡의 내용을 자의적으로 해석하는 것을 막기 위해 표제를 붙인 음악이다. 표제음악은 14세기 일부 성악곡에서 볼 수 있으며 낭만파 음악시대에서 성행하였다. 창시자는 슈만이며, 표제음악의 새로운 분야를 개척한 베를리오즈의 환상교향곡이 대표적인 작품이다.

□ 카덴차(Cadenza) *

장식악절이란 뜻으로 어떤 악곡에 있어서 독창자 또는 독주자의 기교를 마음대로 화려하게 발휘할 수 있도록 작곡된 반주 없는 부분, 또는 그러한 노래를 부르는 데 알맞은 성음을 말한다.

□ 가곡(Lied) *

예술가요를 뜻하는 것으로, 시(詩)의 내용을 가장 충실하게 표현한 것이다. 반주는 시의 음악적 표현을 뒷받침하는 것으로, 시와 멜로디와 반주의 완전 결합에서 이루어진 예술적 가치가 큰 독창곡을 말한다. 슈베르트의 겨울 나그네가 유명하다.

□ 구체음악(具體音樂) *

제2차 세계대전 후 프랑스에서 일어난 음악의 한 경향이다. 종래의 음처럼 인성(人聲)이나 악기의 구사로 음악을 이루는 것이 아니라 자연음(새 · 물 · 바람소리 등)을 혼합 · 응결시킨 음악이다. 구상음악이라고도 하며, 프랑스의 샤플레(P. Schafler) 등이 제창하였다.

□ 무조음악(無調音樂) *

조성을 부정하는 음악의 기법으로, 1921년 쇤베르크(Schönberg)에 의해 창시되었다. 조성음악에서는 조의 중심으로서 으뜸음이 우위를 차지하고 딸림음 · 버금딸림음이 으뜸음의 기능 속에 흡수되어 안정된 속에서 끝나는데 반해, 12음기법에서는 각 음 사이에 그와 같은 주종관계 또는 기능관계를 인정하지 않는다.

더 알아보기

다조음악(多調音樂) … 각기 다른 조를 동시에 여러개 사용하는 방법으로, 몇 개의 화성이나 선율이 동시에 나오는 것을 말한다. 무조음악과 함께 현대음악에서 나타난다.

□ 칸타타(Cantata) **

독창(아리아 · 레시터티브) · 중창 · 합창으로 구성되는 형식의 하나이다. 17세기의 모노디(Monodie)에 그 근원을 두고 있는데, 오라토리오와 마찬가지로 종교적인 것과 세속적인 것이 있다. 종교적인 것으로는 바흐의 작품이 대표적이며, 세속적인 것에는 브람스의 운명의 노래, 애도가 등이 유명하다. 또한 칸타타는 극적인 점이 없다는 것이 가극과 구별된다.

□ 오라토리오(Oratorio) *

독창 · 합창 · 관현악을 구사하여 레시터티브와 아리아를 설정하는 등 매우 극적으로 만들어져 있는, 장엄하면서도 대규모인 서사적 악곡으로 성담곡이라고도 불린다. 헨델의 메시아 · 이집트의 이스라엘, 하이든이 천지창조 · 사계절 등이 유명하다.

□ 소나타(Sonata) **

4악장으로 된 기악독주곡으로 제1악장 소나타형식, 제2악장 가요형식 또는 변주곡 형식, 제3악장 미뉴에트 또는 스케르초, 제4악장 론도 또는 소나타형식 등으로 구성된다. 베토벤의 피아노 소나타 월광 등이 유명하다.

□ **푸가(Fuga) ***

소나타형식이 화성적 음악의 가장 완전한 형식이라면, 푸가는 대위법적 음악의 가장 완전한 형식이다. 한 개의 주제를 가진 3부분 형식의 악곡이다. 바흐의 작품이 대표적이다.

□ **교향곡(Symphony) ****

관현악(Orchestra)을 위한 소나타로, 관현악단에 의해 연주되는 대규모의 기악곡이다. 보통 4개의 악장으로 구성된다. 창시자는 하이든, 완성자는 베토벤이다.

□ **관현악(Orchestra) *****

현악기·관악기·타악기로 연주하는 규모가 가장 큰 연주형태로, 목관악기의 수에 따라 규모의 크기를 결정한다. 2관 편성 시 60 ~ 70명, 4관 편성 시에는 100명 정도가 필요하다.

더 알아보기

• 악기의 분류

구분	정의	종류
금관악기	금속으로 만든 관악기	호른, 트럼펫, 트롬본, 튜바 등
목관악기	목질의 관으로 된 악기	플루트, 오보에, 클라리넷, 바순, 색소폰, 대금 ·중금 ·소금 ·피리 ·퉁소 ·단소 등
현악기	현을 활용하여 음을 내는 악기	바이올린, 비올라, 첼로, 콘트라베이스, 하프, 거문고, 가야금, 우쿨렐레, 만돌린 등
타악기	손이나 채 등으로 두드려서 소리를 내는 악기	음정이 있는 것 : 비브라폰, 실로폰, 마림바, 벨, 팀파니
		음정이 없는 것 : 큰북, 작은북, 심벌즈, 트라이앵글, 탬버린, 캐스터네츠 등
건반악기	건반을 지닌 악기의 총칭	피아노, 첼레스타, 오르간, 아코디언 등

• 기악의 연주 형태 : 독주는 혼자서 악기를 연주하는 것이고, 중주는 두 사람 이상이 각기 다른 종류의 악기를 연주하는 것이다.

구분	종류		구분	종류	
2중주	바이올린 – 피아노, 첼로 – 피아노, 플루트 – 피아노, 클라리넷 – 피아노 등		4중주	피아노 4중주	피아노, 바이올린, 비올라, 첼로
				현악 4중주	제1, 2바이올린, 비올라, 첼로
				목관 4중주	플루트, 오보에, 클라리넷, 바순
3중주	피아노 3중주	피아노, 바이올린, 첼로	5중주	피아노 5중주	피아노, 제1, 2바이올린, 비올라, 첼로
	현악 3중주	바이올린, 비올라, 첼로		현악 5중주	제1, 2바이올린, 비올라, 첼로, 더블베이스
	클라리넷 3중주	클라리넷, 바이올린, 피아노		목관 5중주	플루트, 오보에, 클라리넷, 바순, 호른

□ **협주곡(Concerto) ***

피아노·바이올린·첼로 등 독주악기와 관현악을 위한 악곡이다. 독주자만이 연주하는 카덴차(장식악절) 부분이 있어 독주자의 연주기교를 충분히 발휘할 수 있게 작곡된 곡이다.

□ **메트로놈(Metronome) ***

17세기에 독일의 멜첼(J. Malzel)이 발명한 음악의 속도조절기이다. 정확한 숫자에 의한 빠르기를 정할 수 있게 한 것으로, 메트로놈에 의한 빠르기 표시는 1분 동안에 소리내는 표준음표의 숫자를 적는다.

□ **칸초네(Canzone)** *

이탈리아의 민요로서, 14세기에서 18세기에 걸쳐 이탈리아에서 유명한 세계적인 시에 곡을 붙인 가곡이다. 칸초네는 프랑스의 샹송과 같은 위치를 차지하고 있지만, 이탈리아의 뜨거운 태양이 길러낸 듯한 활달하고 솔직한 밝음이 있다.

□ **팝페라(Popera)** ***

'팝(Pop)'과 '오페라(Opera)'의 합성어이다. 오페라를 팝처럼 부르거나 팝과 오페라를 넘나드는 음악 스타일로 대중화한 오페라를 말한다. 유명한 오페라를 대중적으로 불러 누구나 편안하게 들을 수 있는 것이 특징이다.

□ **빠르기 말** ***

곡 전체 또는 한 부분을 얼마나 빠르게 연주해야 하는지 나타내기 위해 사용하는 문자를 말한다. 이와 구분하여 빠르기를 숫자로 표현한 것을 빠르기표 또는 메트로놈(Metronom) 기호라 한다.

구분	매우 느리게	느리게	조금 느리게	보통 빠르게	조금 빠르게	빠르게	매우 빠르게
용어	largo(라르고) lento(렌토) adagio(아다지오)	andante (안단테)	andantino (안단티노)	moderato (모데라토)	allegretto (알레그레토)	allegro (알레그로)	vivo(비보) vivace(비바체) presto(프레스토)

더 알아보기

- **나타냄말** : 곡의 전체 또는 일부의 성격이나 표정을 표시하기 위하여 여러 가지 말을 이른다. affettuoso(애정을 담아), con anima(활기있게), appassionato(열정적으로), cantabile(노래하듯이), dolce(부드럽게), elegante(우아하게), energico(정력적으로) 등이 있다.
- **셈여림표** : 강약기호라고도 하며 악곡의 부분 또는 전반에 걸친 음의 셈과 여림의 정도를 나타낸다. 피아니시모(pp, 매우 여리게) – 피아노(p, 여리게) – 메조피아노(mp, 조금 여리게) – 메조포르테(mf, 조금 세게) – 포르테(f, 세게) – 포르티시모(ff, 매우 세게), 크레센도(cresc, 점점 세게) – 디크레센도(decresc, 점점 여리게), 스포르찬도(sf, 특히 세게), 포르테피아노(fp, 세게 곧 여리게) 등이 있다.

□ **아카펠라(Acapella)** ***

'교회풍으로', '성당풍으로'라는 뜻의 이탈리아어로 악기 반주가 없는 합창곡을 말한다. 중세유럽 악기반주가 없이 부르던 합창곡에서 유래하였으며 종교적 음악이었던 아카펠라는 1960년대의 영국 전문 아카펠라 그룹 킹즈싱어즈에 의해 대중음악으로 수용되었다.

□ **토카타(Toccata)** *

17세기부터 18세기 전반에 걸쳐 전성기를 이룬 건반악기를 위한 곡의 일종이다. 폭넓은 화음과 빠른 음표로 된 악구의 교체, 모방양식으로 된 푸가적 부분, 분명한 주제성격을 가지지 않는 음형의 반복 등이 특징이다. 형식이 자유로우며 즉흥적인 요소가 강하다.

□ **트레몰로(Tremolo)** *

이탈리아어의 'Tremare(떨린다)'에서 유래한 말로서, 음을 급속히 반복하는 주법이다. 음표의 기둥에 짧은 사선을 부가해서 지시하는데, 원칙적으로 사선의 수가 많을수록 횟수도 반복되어 많아진다.

□ **피치카토(Pizzicato)** *

현악기 특유의 주법으로서, 현을 활로 켜는 것이 아니라 손가락으로 튕겨 음을 내는 것을 말한다. 활로 연주할 것을 특히 지시하려고 할 때에는 '아르코(Arco, 이탈리아어로 활이란 뜻)'라고 한다.

□ **국악의 음계** **

우리가 국악의 5음계로 알고 있는 궁, 상, 각, 치, 우는 중국에서 사용하는 음계이며, 「세종실록」에 기록된 고대 악보에 따르면 우리 국악의 기본 음계는 12음률인 것을 알 수 있다. 12율명(十二律名)은 황종, 대려, 태주, 협종, 고선, 중려, 유빈, 임종, 이칙, 남려, 무역, 음종으로 악보에 표기할 때는 앞 글자만 따서 사용한다. 가장 많이 쓰이는 선법은 서양의 장조에 해당하는 평조와 단조에 해당하는 계면조로, 평조의 경우 황, 태, 중, 임, 남을 계면조의 경우 황, 협, 중, 임, 무를 기본 음계로 한다.

□ **우리나라 3대 악성** ***

조선 세종 때 궁중음악인 아악의 기초를 확립한 박연, 고구려 때 칠현금에 능했던 왕산악, 12월을 상징하여 가야금을 만든 우륵을 지칭한다.

□ **아악(雅樂)** *

우리나라의 궁중음악으로 조선 세종이 박연에게 명하여 송나라에서 들여온 대성악을 조선 고유의 아악으로 새로 완성시켰다. 제례악(문묘제례악·종묘제례악), 연례악(여민락·보허자·낙양춘), 군례악(대취타), 정가(가사·시조) 등이 있다.

□ **산조(散調)** **

삼남지방에서 성행하였고 특히 전라도에서 발달한 우리나라 민속음악의 하나이다. 병창과 대(對)를 이루며 장구를 반주로 가야금·거문고·해금·피리·저·단소·퉁소 등의 악기로 처음에는 진양조로 느리게 시작하다가 점차 급한 중모리·자진모리·휘모리로 바꾸어 연주한다. 우조와 계면조가 있고 감미로운 가락과 처절한 애원조의 소리도 있다.

□ **부채춤** ***

1954년 11월에 김백봉이 창작한 한국무용에 해당한다. 화려한 장식이 달려진 꽃무늬 부채를 들고서 추는 춤이다. 1954년 서울시공관에서 처음 발표하였다.

□ **탈춤** ***

관객과 적극적인 환호와 야유를 주고받으며 비판할 것은 비판하되 크게 하나 됨을 지향하는 유쾌한 상호 존중의 공동체 유산이다. 공터만 있어도 공연이 가능하다. '양주별산대놀이'를 포함하여 13개 국가무형문화재와 '속초사자놀이'를 포함한 5개 시도무형문화재 종목 등이 한국의 탈춤을 구성한다. 한국의 탈춤은 1960년대부터 국가무형문화재로 지정되면서 우리나라 국민들에게도 무형유산의 대표 상징으로 인식되어 온 종목이다. 지난 2022년 11월 30일(현지 시간) 모로코 라바트에서 개최된 제17차 유네스코 무형유산 보호협약 정부간위원회는 「한국의 탈춤」을 유네스코 인류무형문화유산 대표목록에 등재하기로 최종 결정하였다. 유네스코 무형유산위원회는 「한국의 탈춤」이 강조하는 보편적 평등의 가치와 신분제에 대한 비판은 오늘날에도 여전히 의미가 있는 주제이며 각 지역의 문화적 정체성에 상징적인 역할을 하고 있다는 점을 높이 평가하였다.

더 알아보기

국가무형문화재(13개) 및 시도무형문화재(5개)
- **국가무형문화재(13개) :** 가산오광대, 강령탈춤, 고성오광대, 관노가면극(강릉단오제의 세부분야), 동래야류, 봉산탈춤, 북청사자놀음, 송파산대놀이, 수영야류, 양주별산대놀이, 은율탈춤, 통영오광대, 하회별신굿탈놀이
- **시도무형문화재(5개) :** 김해오광대(경남), 속초사자놀이(강원), 예천청단놀음(경북), 진주오광대(경남), 퇴계원산대놀이(경기)

□ **향악(鄕樂)** *

당악이 들어오기 이전 삼국시대부터 지금까지 내려오는 음악을 말하며, 대개 한국 고유음악이다. 넓은 의미의 향악은 아악·당악을 제외한 제례악이나 연례악·정악·민속음악을 통틀어 말하는데, 고문헌에 보이는 향악 혹은 속악은 흔히 정악을 가리키는 수가 많다. 백제의 정읍사, 고려의 가곡, 조선의 여민락 등이 이에 속한다.

□ **범패(梵唄)** **

불교음악의 총칭으로, 부처님의 공덕을 찬양하며 절에서 재(齋)를 지낼 때 부르는 노래이다. 우리나라에는 신라시대에 전래되어 가곡, 판소리와 함께 우리나라 3대 성악곡으로 발전하였다.

□ **FIAC(Foire Internationale d'Art Contemporain)** ***

프랑스에서 열리는 국제적인 현대 예술품 박람회로 스위스의 '바젤 아트페어', 미국의 '시카고 아트페어'와 함께 세계 3대 아트페어로 꼽힌다. 1974년 침체기를 걷던 세계 현대미술을 활성화시키고자 프랑스 내 80여 화랑과 출판업자들이 모여 출범했다.

□ 판소리 ***

중요 무형유산 제5호로 지정된, 광대의 소리와 대사를 통틀어 일컫는 말이다. 남도의 향토적인 선율을 토대로 진양조, 중모리, 중중모리, 자진모리, 휘모리, 엇모리, 엇중모리 등의 장단에 따라 변화시켰다. 조선 후기에 널리 불리던 판소리는 모두 12마당이었지만 조선 고종 때 신재효가 6마당으로 정리했다. 여기서 마당이란 사람들이 모이는 넓은 공간을 뜻하는 말로, 판소리나 탈춤의 단락을 셀 때 사용하는 단위를 가리킨다. 신재효가 정리한 판소리는 춘향가, 심청가, 박타령(흥부가), 가루지기타령, 토끼타령(수궁가), 적벽가 등이며 오늘날에는 가루지기타령을 제외한 5마당만 전해지고 있다. 한편 판소리의 3요소에는 소리(노래), 아니리(이야기 하듯 엮어나가는 것), 발림(몸짓, 표정 등의 동작)이 있다.

더 알아보기

- **판소리의 소릿제** : 판소리가 전승되면서 전승 계보에 따라 음악적 특성에 차이가 생기게 되었는데, 이를 '소릿제'라 한다. 크게 섬진강을 중심으로 동쪽지역인 전라도 동북 지역의 소리인 동편제(東便制)와 서쪽지역인 전라도 서남 지역의 소리인 서편제(西便制) 그리고 경기도와 충청도 지역의 중고제(中高制)로 구분된다.

구분	특징
동편제	남성적 성향이 짙어 장단을 길게 빼지 않고 짧고 분명하게 끊으며, 리듬 또한 단조롭고 담백하다.
서편제	여성적인 면이 있는 소리로, 수식과 기교가 많아 애절하고 섬세한 특성을 갖는다.
중고제	동편제와 서편제의 중간적 특성을 보이지만, 동편제 쪽에 가깝다고 볼 수 있다.

- **판소리 용어**

구분	특징
더늠	독창성 있는 대목이나 스타일
바디	판소리의 전체적인 법제, 혹은 어느 전승 계보의 텍스트
발림	창자가 소리의 극적인 전개를 돕기 위해서 하는 몸짓
아니리	가락을 붙이지 않고 말하듯이 엮어가는 사설
시김새	화려함이나 멋을 더하기 위해 어느 음에 붙는 표현기능, 발성기교
추임새	창자의 흥을 돋우기 위해 고수나 청중이 중간에 곁들이는 감탄사

□ 소호(SOHO) *

'South of Houston'의 약자로 뉴욕의 하우스톤가와 커널가 사이에 화랑이 밀집하여 있는 지역을 이르는 말이다. 원래 공장지대였던 이 지역은 1950년대부터 화가들이 모이기 시작하면서 현재는 예술과 패션의 거리로 많은 사람이 찾는 명소가 되었다.

□ 비엔날레(Biennale) ***

2년마다 열리는 국제적인 미술전람회로, 베니스비엔날레·파리비엔날레·상파울루비엔날레 등이 있다. 특히 베니스비엔날레전은 1895년에 창립된 세계 최고(最古)·최대의 국제미술전으로 이탈리아의 베니스에서 열리며, 회화 및 조각·판화·데생 등 각 부문에 시상한다.

□ 대한민국 미술대전 **

문화관광부 주체로 해마다 열리는 미술발전을 위한 전국미술전람회(국전)로, 1982년 대한민국 미술대전으로 개칭되었다. 한국문화예술진흥원의 후원으로 비구상과 구상으로 나누어 봄, 가을에 실시한다.

□ 옵 아트(Op Art) **

광학미술(Optical Art)로, 팝 아트에 이어 등장한 기하학적 구성이 주류인 추상미술의 경향이다. 정서적·사상적인 면보다는 형식적인 면에 치중하여 색면의 대비와 조화, 선의 운동과 구성 등의 착시효과와 같은 모든 광학적인 효과를 화면에 채용하여 새로운 이미지로 구성한다.

□ 미니어처 *

실물과 같은 모양으로 정교하게 만들어진 작은 모형(模型)을 말한다.

□ 팝아트(Pop Art) **

1960년을 전후하여 추상미술에 대한 반동으로 일어난 미술의 한 유형으로, 특히 미국에서 거대 도시문명을 배경으로 확산되었다. 일명 뉴리얼리즘(신사실주의)라고 불리는 이 파의 화가들은 추상을 거부하고 현대문명의 산물인 공업제품을 작품 속에 그대로 끌어들여 대중적인 이미지를 화면에 재현시켰다.

□ 캐리커처(Caricature) **

사람이나 사물을 과장하되 그 성격을 풍자적이고 희극적으로 표현한 만화·풍자화·회화 등을 말한다. 고야, 도미에 등이 유명한 화가이다.

더 알아보기

크로키(Croquis) … 화가가 움직이고 있는 대상의 한 순간의 모습을 짧은 시간에 재빨리 그리는 것을 말한다.

□ 앙데팡당(Independants) ***

1884년부터 프랑스에서 아카데미즘에 반대하는 화가들에 의하여 개최되어 온 자유출품제로서, 심사나 시상을 하지 않는 미술전람회를 말한다.

□ 딜레탕트(Dilettante) ***

이탈리아어 '즐기다(Dilettare)'의 어원을 가진다. 예술이나 학문에서 독창적 관점을 갖지 못하며 자발성 없이 시대의 경향만을 본받아 제작하는 것을 의미한다. 즉, 전문가적인 의식이 없고 단지 애호가의 입장에서 예술 제작을 하는 사람을 주로 말하며 일반적으로 나쁜 의미로 쓰인다.

□ 비구상(Non - Figuratif) *

19세기의 극단적인 자연주의에 대한 반동으로 일어난 미술의 한 경향이다. 현실의 재현을 추구하는 구상을 부정하고 대상의 본질적 특징을 형상화하려는 경향이다. 순수하게 기하학적 형태로 구성하는 양식주의적인 경향과 자유로운 형태로서 정신적 표현을 추구하는 표현주의적 경향으로 크게 나눌 수 있다.

□ 아르누보(Art Nouveau) **

'신(新)미술'이라는 뜻으로, 19세기 말에서 20세기 초에 걸쳐 유럽에서 개화한 예술운동이다. 아르누보의 탄생은 유럽의 전통적 예술에 반발하여 예술을 수립하려는 당시 미술계의 풍조를 배경으로 하고 있으며, 전통으로부터의 이탈과 새 양식의 창조를 지향하여 자연주의 · 자발성 · 단순성 · 기술적인 완전을 이상으로 했다.

□ 아라베스크(Arabesque) *

아라비아 사람들이 만든 장식무늬의 하나이다. 이슬람교에서는 우상과 비슷한 것은 회화나 조각에 쓰지 않았으므로 기하학적인 모양이나 당초(唐草)모양이 연구되었는데, 그중에도 아라비아 문자의 끝부분을 잎모양으로 도안한 것을 아라베스크라 하였다.

□ 근대미술사조 ***

구분	특징
신고전주의 (Neo - Classicism)	• 18세기 중엽 ~ 19세기 중엽에 걸쳐 유럽에서 형성된 미술양식 • 형식의 통일과 조화, 표현의 명확성, 형식과 내용의 균형 • 다비드 '나폴레옹 대관식', 앵그르 '목욕하는 여인' 등
낭만주의 (Romanticism)	• 19세기 전반 유럽에서 회화를 비롯하여 조각 등에 나타난 미술양식 • 합리주의에 반대해서 객관보다는 주관을, 지성보다는 감성을 중요시 • 들라크루와 '키오스섬의 학살' 등
사실주의 (Realism)	• 19세기 중엽 사물, 자연의 상태를 그대로 표현하고자 한 미술형식 • 프랑스에서 활동한 풍경화가들의 모임인 '바르비종파' • 밀레 '이삭줍기', '만종', 쿠르베 '돌 깨는 사람들' 등
인상주의 (Impressionism)	• 19세기 말에 일어난 프랑스 청년화가들의 경향 • 빛의 효과를 강조하고 밝은 색깔로 그림을 그리려는 운동 • 마네 '풀밭 위의 점심', '발코니', 모네 '인상 - 해돋이', 드가 '압생트', 르누아르 '뱃놀이 점심' 등
신인상주의 (Neo - Impressionism)	• 19세기 말에 대두한 미술사조로 인상주의에 과학성을 부여하고자 함. • 무수한 색점을 사용하여 색을 분할하는 기법 • 쇠라 '아니에르에서의 물놀이', 시냐크 '마르세유항의 풍경' 등
후기인상주의 (Post - Impressionism)	• 19세기 말 ~ 20세기 초 인상파의 색채기법을 계승 • 견고한 형태, 장식적인 구성, 작가의 주관적 표현을 시도한 화풍 • 고흐 '해바라기', '감자 먹는 사람들', 고갱 '타히티의 여인', 로댕 '생각하는 사람' 등

□ **현대미술사조** ***

구분	특징
야수파 (Fauvism)	• 20세기 초의 젊은 화가들과 그들의 미술경향 • 원색을 쓴 대담한 그림으로 야수의 그림 같다는 비평을 받음 • 마티스 '후식', 루오 '미제레레', 드랭, 블라맹크 등
입체파 (Cubism)	• 1910년경 프랑스를 중심으로 야수파의 뒤를 이어 일어난 유파 • 물체의 모양을 분석하고 그 구조를 점과 선으로 구성·연결 • 피카소 '아비뇽의 처녀들', '게르니카', 브라크 '카드가 있는 정물' 등
표현주의 (Expressionism)	• 20세기 전반에 독일을 중심으로 하여 전개된 예술운동 • 자연묘사에 대응하여 감정표현을 중심으로 주관의 표현을 강조 • 뭉크 '절규', 샤갈 '바이올린 연주자', 클레 '월출과 일몰' 등
미래파 (Futurism)	• 20세기 초 이탈리아에서 일어난 전위예술운동 • 현대생활의 역동하는 감각을 표현하고자 함 • 보초니 '탄생', 세베리니 '물랭루주의 곰춤', 라의 '롯의 딸들' 등
초현실주의 (Surrealisme)	• 다다이즘 이후 1920 ~ 1930년에 걸쳐 유럽에서 일어난 미술운동 • 무의식이나 꿈, 공상 등을 중요시 • 달리 '해변에 나타난 얼굴과 과일의 환영', 마그리트 '가짜거울' 등

02 스포츠

□ **타이브레이커** *

테니스에서 듀스가 반복되어 시합이 길어지는 것을 막기 위해 도입한 제도로, 게임이나 스포츠에서 동률을 이룰 때 승자를 결정하는 시스템을 말한다.

□ **올림픽경기대회(Olympic Games)** ***

국제올림픽위원회(IOC)가 4년마다 개최하는 국제스포츠대회이다. 본래 올림픽 경기는 고대 그리스인들이 제우스신에게 바치는 제전(祭典) 성격의 경기로 종교, 예술, 군사훈련 등이 일체를 이룬 헬레니즘 문화의 결정체다. 고대올림픽은 정확히 언제부터 시작되었는지 알 수 없지만, 문헌상의 기록을 근거로 통상 BC 776년을 원년으로 본다. 이후 1,200여 년 동안 계속되다가 그리스가 로마인의 지배를 받으면서 약 1,500년 동안 중단되었던 고대올림픽 경기는 프랑스의 피에르 쿠베르탱(Pierre de Coubertin)의 노력으로 1894년 6월 23일 파리의 소르본 대학에서 열린 국제스포츠대회에서 근대올림픽으로 시작되었다. 1896년 '인류평화의 제전'이라는 거창한 구호를 걸고 그리스의 아테네에서 개최된 제1회 대회는 참가자가 13개국, 311명으로 매우 작은 규모였으며, 올림픽이 국제대회로서 면모를 갖춘 것은 1908년 제4회 런던대회 때부터라고 볼 수 있다. 런던 올림픽에서 각국이 처음으로 국기를 앞세우고 참가하였으며 경기규칙 제정, 본격적인 여자경기종목 채택, 마라톤 코스의 확정 등의 체계가 갖추어졌다. 오늘날 세계 각국의 스포츠인들은 근대올림픽이 창설된 6월 23일을 '올림픽의 날'로 정하여 기념하고 있다. 우리나라는 1988년 제24회 서울올림픽, 2018년 제 23회 평창 동계 올림픽이 개최된 바 있다.

더 알아보기

- **올림픽 표어** : '보다 빠르게(Citius), 보다 높게(Altius), 보다 힘차게(Fortius)'로 프랑스의 디동 신부가 제창하고 1926년 IOC가 정식으로 채택하였다.
- **오륜기** : 흰 바탕에 왼쪽부터 파랑, 노랑, 검정, 초록, 빨강의 5색 고리를 위 3개, 아래 2개로 엮은 모양이다. 쿠베르탱이 창안하여 1914년의 IOC 창립 20주년 기념식전에 처음으로 선보였으며, 동그란 5개의 고리는 5개의 대륙을 상징한다.
- **동계올림픽** : 4년마다 개최되는 국제겨울스포츠대회로 1924년 프랑스 샤모니에서 최초로 열렸다. 겨울 스포츠가 눈 또는 얼음 위에서 열린다는 것이 특징이며, 그 종목으로 알파인 스키, 바이애슬론, 봅슬레이, 크로스컨트리, 컬링, 피겨 스케이팅, 프리스타일 스키, 아이스하키 등이 있다.

□ **피클 볼(Pickle Bl) ★★**

배드민턴과 테니스, 탁구 요소가 결합된 패들 스포츠다. 1965년 미국 워싱턴 주 시애틀의 베인 브리지 아일랜드에서 발명된 스포츠로, 미국을 중심으로 선풍적인 인기를 끌고 있으며, 전 세계적인 스포츠로서 자리매김 하고 있다. 한국에서도 동호회가 생겨나면서 점차 활성화되고 있으며 나이와 성별에 구애 받지 않는 특성으로 새롭게 주목받고 있다.

□ **패럴림픽(Paralympic) ★★**

신체장애자들의 국제경기대회로서 장애자 올림픽이라고도 한다. 'Paraplegia'와 'Olympic'의 합성어로, 정식으로는 1948년 휠체어 스포츠를 창시한 영국의 신체장애자의료센터 소재지의 이름을 따 국제 스토크 맨데빌 경기대회(International Stoke Mandeville Games for the Paralysed)라 한다. 1952년부터 국제경기대회로 발전하여 4년마다 올림픽 개최국에서 개최된다.

□ **프레올림픽(Pre - Olympic) ★★**

올림픽대회가 열리기 1년 전에 그 경기시설이나 운영 등을 시험하는 의미로 개최되는 비공식경기대회이다. 국제올림픽위원회(IOC)에서는 올림픽이 4년마다 열리는 대회라는 이유로 프레올림픽이라는 명칭의 사용을 금하고 있으나, 국제스포츠계에 잘 알려진 관용명칭이 되어 있다.

□ **FIFA(Federation Internationale de Football Association) ★★**

국제축구연맹으로 세계 축구경기를 통할하는 국제단체이다. 국제올림픽위원회(IOC), 국제육상경기연맹(IAAF)과 더불어 세계 3대 체육기구로 불리며 각종 국제 축구대회를 주관한다. 즉, 각 대륙별 연맹이 원활하게 국제 경기 등을 운영할 수 있도록 지원·관리하는 세계축구의 중심체인 것이다. 1904년 프랑스의 단체 설립 제창으로 프랑스, 네덜란드, 덴마크, 벨기에, 스위스, 스웨덴, 스페인의 7개국이 프랑스 파리에서 모여 국제 관리기구로서 국제축구연맹(FIFA)을 탄생시켰다.

더 알아보기

세계청소년축구선수권대회 ⋯ FIFA(국제축구연맹)에서 주관하는 청소년축구경기로 만 나이 기준 20세 이하의 선수들만 참가하는 U - 20대회와 17세 이하 선수들만 참가하는 U - 17대회의 2종류다.

□ **세계피겨스케이팅 선수권대회(World Figure Skating Championships) ★★**

국제빙상경기연맹(ISU : International Skating Union)이 주관하는 피겨스케이팅의 국제대회이다. 이 대회는 피겨스케이팅에서 올림픽과 더불어 ISU가 주최하는 국제대회 중 가장 비중이 높은 대회이며 종목은 남녀 싱글, 페어, 아이스댄싱의 네 가지로 구성되어 있다. 매년 시즌이 마무리되는 3 ~ 4월경에 개최된다.

□ **월드컵(World Cup)** ***

FIFA(국제축구연맹)에서 주최하는 세계 축구선수권대회이다. 1930년 우루과이의 몬테비데오에서 제1회 대회가 개최된 이래 4년마다 열리는데, 프로와 아마추어의 구별없이 참가할 수 있다. 2년에 걸쳐 6대륙에서 예선을 실시하여 본선대회에는 개최국과 전(前)대회 우승국을 포함한 24개국이 출전한다. 제1회 대회 때 줄리메가 기증한 줄리메컵은 제9회 멕시코대회에서 사상 최초로 3승팀이 된 브라질이 영구보존하게 되어, 1974년 뮌헨에서 열린 제10회 대회부터는 새로 마련된 FIFA컵을 놓고 경기를 벌였다.

더 알아보기

• 역대 월드컵 개최지와 우승국

개최연도	개최지	우승국	개최연도	개최지	우승국
제1회(1930)	우루과이	우루과이	제12회(1982)	스페인	이탈리아
제2회(1934)	이탈리아	이탈리아	제13회(1986)	멕시코	아르헨티나
제3회(1938)	프랑스	이탈리아	제14회(1990)	이탈리아	서독
제4회(1950)	브라질	우루과이	제15회(1994)	미국	브라질
제5회(1954)	스위스	서독	제16회(1998)	프랑스	프랑스
제6회(1958)	스웨덴	브라질	제17회(2002)	한국 · 일본	브라질
제7회(1962)	칠레	브라질	제18회(2006)	독일	이탈리아
제8회(1966)	잉글랜드	잉글랜드	제19회(2010)	남아프리카공화국	스페인
제9회(1970)	멕시코	브라질	제20회(2014)	브라질	독일
제10회(1974)	서독	서독	제21회(2018)	러시아	프랑스
제11회(1978)	아르헨티나	아르헨티나	제22회(2022)	카타르	아르헨티나

• 우리나라의 월드컵 참가 역사 : 우리나라는 1954년 제5회 스위스 월드컵에 처음으로 참가했고 이후 제13회 멕시코 월드컵부터 제19회 남아프리카공화국 월드컵까지 7회 연속 진출로 아시아 처음 통산 8회 월드컵 진출이라는 기록을 세웠다. 2002년 제17회 한국 · 일본 월드컵에서 4위의 성적을 거두었고, 2010년 제19회 남아프리카공화국 월드컵에서 원정 첫 16강에 진출하였다.

□ **4대 메이저 대회** ***

골프나 테니스 분야에서 세계적으로 권위를 인정받고 있으며 상금액수도 큰 4개의 국제대회를 일컫는 용어이다. 골프의 4대 메이저 대회는 마스터골프대회, US오픈골프선수권대회, 브리티시오픈, 미국PGA선수권대회를 말하며 여자골프 4대 메이저 대회는 크래프트나비스코챔피언십, 맥도날드LPGA챔피언십, US여자오픈, 브리티시여자오픈이 해당한다. 4대 메이저 테니스 대회는 호주오픈, 프랑스오픈, 윔블던, US오픈을 포함한다.

더 알아보기

오픈 선수권 … 골프, 테니스 등에서 아마추어와 프로가 함께 겨루어 대표를 뽑는 경기

□ **리베로(Libero)** ***

축구에서 수비선수이면서 공격에도 적극 가담하는 선수로 배구에서는 후위로 빠지는 공격수 대신 교체되어 들어가 수비만 전담하는 선수로 후위지역에서만 경기할 수 있고 서브, 블로킹을 할 수 없다.

□ **골프타수의 명칭** ***

명칭	내용
보기(Bogey)	그 홀의 파보다 1타 많은 타수로 홀아웃 한 경우
더블 보기(Double Bogey)	파보다 2타 많은 타수로 홀아웃 한 경우
트리플 보기(Triple Bogey)	파보다 3타 많은 타수로 홀아웃 한 경우
파(Par)	한 홀의 표준타수(우리나라의 정규 18홀은 모두 파 72)
버디(Buddy)	파보다 1타 적은 타수로 홀아웃 한 경우
이글(Eagle)	파보다 2타 적은 타수로 홀아웃 한 경우
더블 이글(Double Eagle)	파보다 3타 적은 타수로 홀아웃 한 경우
홀인원(Hole - In - One)	1타로 홀컵에 볼을 넣은 경우

더 알아보기

세계 3대 골프국가대항전 … 라이더컵(Ryder Cup), 프레지던츠컵(The Presidents Cup), 월드골프챔피언십(WGC)

□ **보스톤 마라톤대회** *

미국 독립전쟁 당시 보스톤 교외의 콘크드에서 미국민병이 영국군에게 승리한 것을 기념하기 위하여 1897년 이래 보스톤시에서 매년 4월 19일에 거행하는 대회로, 아메리칸 마라톤이라고도 한다.

□ **수퍼볼(Super Bowl)대회** *

미국 프로미식축구의 양대 리그인 AFC(아메리칸 풋볼 콘퍼런스)와 NFC(내셔널 풋볼 콘퍼런스)의 우승팀 간에 그 해 최정상을 가리는 대회로, 1966년 창설되었다.

□ **윔블던 테니스대회(The Championships, Wimbledon)** *

테니스계에서 가장 오랜 역사를 가지고 있는 대회로, 1877년 영국 국내선수권대회로 개최되었으며 1883년부터 국제대회가 되었다. 정식명칭은 전영오픈 테니스선수권대회로 매년 영국 런던 교외의 윔블던에서 열린다. 1968년부터 프로선수의 참가가 허용되었다.

더 알아보기

데이비스컵(Davis Cup) · 페더레이션컵 테니스대회 … 데이비스컵 테니스대회는 1900년 미국의 테니스선수였던 데이비스가 기증한 순은제 컵을 놓고 영 · 미대항으로 개최되던 테니스시합이 1904년부터 국제대회로 발전한 것이다. 페더레이션컵 테니스대회는 여자들만 참가하는 대회로, 남자들만이 펼치는 데이비스컵 대회에 자극받아 오스트레일리아의 호프만 부인이 1963년 세계 테니스연맹에 컵을 기증하여 창설되었다.

□ **타이브레이크(Tie Break)**

테니스에서 듀스가 반복되어 시합이 길어지는 것을 막기 위해 도입한 제도로, 게임이나 스포츠에서 동률을 이룰 때 승자를 결정하는 시스템을 말한다.

□ 랠리(Rally) **

볼을 주고받는 상태를 말하며 테니스, 탁구, 배드민턴, 배구 등 경기에서 계속해서 볼을 주고받으며 치는 상태를 말한다. 야구경기에서는 타격의 뜻을 가진다.

□ 테니스 포인트(Tennis Point) ***

테니스 경기득점으로 기본적으로 한 게임을 이기기 위해서는 4포인트를 따야 한다. 3대3은 듀스라 부른다. 테니스 포인트는 최소 0포인트를 시작으로 하며 0포인트를 러브(Love), 1포인트를 피프틴(Fifteen, 15), 2포인트를 서티(Thirth, 30), 3포인트를 포티(Forty, 40)라 콜(Call : 경기 진행을 위해 심판이 내리는 선고)한다.

□ 라인업(Line Up) *

야구에서는 출전하는 선수들의 배트를 치는 순서나 배치를 말하며, 축구에서는 시합개시 때의 선수들의 정렬상태를 나타낸다.

□ 프리에이전트(Free Agent) **

자신이 속한 팀에서 일정 기간 동안 활동한 뒤 자유롭게 다른 팀과 계약을 맺어 이적할 수 있는 자유계약 선수 또는 그 제도를 일컫는 말이다. 자유계약선수 제도 하에서는 특정 팀과의 계약이 만료되는 선수는 자신을 원하는 여러 팀 가운데에서 선택하여 아무런 제약조건 없이 팀을 이적할 수 있다. 이와 반대로 선수가 먼저 구단에 계약해지를 신청한 임의탈퇴선수는 다른 구단과 자유롭게 계약할 권한이 없다.

□ 드래프트시스템(Draft System) **

신인선수를 선발하는 제도로, 일정한 기준아래 입단할 선수들을 모은 뒤 각 팀의 대표가 선발회를 구성하여 일괄적으로 교섭하는 방법이다. 우수선수를 균형있게 선발해 각 팀의 실력평준화와 팀 운영의 합리화를 꾀하는데 목적이 있다.

□ 월드베이스볼클래식(WBC : World Baseball Classic) *

세계 각국이 참가하는 프로야구 국가대항전으로, 2006년부터 시작하여 올림픽이 열리는 해를 피해 4년마다 개최하되 시기는 메이저리그 정규시즌 일정을 고려해 조정한다. 1회 대회는 2006년 3월 3일 일본 도쿄돔에서 아시아 예선을 시작으로 그 막을 올렸으며 한국, 일본, 중국, 대만, 미국, 캐나다 등 총 16개국이 참가하였다. 메이저리그 구장에서 열린 8강 조별리그를 거쳐 4강에 진출한 국가는 한국, 일본, 쿠바, 도미니카 공화국이었으며, 일본이 우승을 차지했다. 우리나라는 2009년에 열린 2회 대회에서 준우승을 차지했다.

□ 메이저리그(MLB : Major League Baseball) ***

미국 프로야구의 아메리칸리그(American League)와 내셔널리그(National League)를 합쳐서 부르는 말로, '빅 리그'라고도 한다. 아메리칸리그 소속 15개 팀과 내셔널리그 소속 15개 팀이 각각 동부 · 중부 · 서부 지구로 나뉘어 정규 시즌을 치른다.

□ **그랜드슬램(Grand Slam)** ***

야구경기에서 1루에서 3루까지 주자가 있을 때 친 홈런으로 만루홈런이라고도 한다. 골프에서는 1930년 미국의 보비 존스가 전미국·전영국의 오픈 아마추어 선수권의 4대 타이틀을 휩쓸었을 때 붙여진 존칭이다. 현재는 영미의 양 오픈과 전미국 프로, 마스터즈의 4대 타이틀 획득자에게 수여된다. 테니스에서는 한 해에 전영국, 전미국, 전호주, 전프랑스의 4대 토너먼트 단식(單式)에서 모두 우승하는 것으로, 남자로는 1938년의 버지, 1962년과 1969년의 레이버가 기록했고, 여자로는 1953년의 코널리, 1970년의 코트, 1988년 그라프가 기록했다.

□ **사이클히트(Cycle Hit)** **

야구용어로 올마이티히트라고도 한다. 야구경기에서 타자가 한 게임에서 1루타, 2루타, 3루타, 홈런을 모두 친 것을 말하며 순서는 무관하다.

더 알아보기

드래그히트(Drag Hit) … 야구에서 배트를 밀어내 가볍게 공을 맞춤으로써 기습히트를 노리는 공격타법을 말한다.

□ **사이영상(Cy Young Award)** **

미국 프로야구에서 22년 동안 활약한 투수 사이 영을 기념하여 그해의 최우수 투수에게 주는 상 투수들만의 MVP라고 할 수 있다. 1956년부터 1966년까지는 내셔널리그와 아메리칸리그에서 한 명의 선수만을 뽑아 수여했는데 1967년부터는 각각 한 명의 선수를 뽑는다.

□ **럭키존(Lucky Zone)** *

외야가 넓은 야구장 펜스를 줄였을 경우 원 펜스와 줄인 펜스 사이를 말한다. 만일 펜스를 줄이지 않았다면 2 ~ 3루타 정도의 안타로 처리될 것이 줄임으로써 홈런이 되었기 때문에 그 지역을 행운의 지대란 뜻으로 럭키존이라 부른다.

더 알아보기

텍사스존(Texas Zone) … 야구에서 수비하기 까다로운 내야와 외야의 중간

□ **매직넘버(Magic Number)** *

프로야구의 종반에 승수를 다투고 있을 때 2위팀이 모두 이기더라도 1위팀의 우승이 거의 확정적일 경우 1위팀의 나머지 승수의 수자를 말한다.

□ **퍼펙트게임(Perfect Game)** *

야구에서 상대편에게 안타를 주지 않을 뿐 아니라 포볼이나 데드볼도 허용하지 않아, 타자가 1루도 밟아보지 못하게 하는 완전한 공격의 봉쇄를 말한다.

더 알아보기

노히트노런게임(No - Hit No - Run Game) ⋯ 야구에서 투수가 상대방 선수들에게 단 하나의 안타와 득점도 허용하지 않고 이기는 무안타 무득점 경기를 말한다.

□ **핫코너(Hot Corner)** *

야구에서 3루를 말하는데, 강하고 불규칙한 타구가 많이 날아와 수비하기가 까다롭고 어렵기 때문에 생긴 이름이다.

□ **플레이오프(Play Off)** *

프로야구에서 시즌이 끝난 뒤 승률이 같은 경우 벌이는 우승결정전을 말한다. 골프에서는 경기가 정해진 홀 수에서 동점이 됐을 경우 연장전으로 우승자를 결정하는 것을 가리킨다.

□ **드래그번트(Drag Bunt)** *

야구경기에서 번트는 대부분 이미 나가 있는 주자의 진루를 돕기 위한 희생타인데 비해, 드래그번트는 타자도 살기 위해 왼쪽 타자는 1루 쪽으로, 오른쪽 타자는 3루 쪽으로 공을 끌어서 굴리는 번트이다.

□ **F1 그랑프리** **

월드컵, 올림픽에 이어 전세계에서 인기를 끌고 있는 3대 국제스포츠행사의 하나인 세계 최고의 자동차경주대회를 의미한다. 매년 3월부터 10월까지 스페인 · 프랑스 · 영국 · 독일 · 헝가리 · 호주 · 일본 등 대륙을 오가며 17차례 경기를 펼쳐 점수를 합산해 종합우승자를 가린다.

08 출제예상문제

1 스포츠 용어로 출전자격을 취득하지 못했으나 특별히 출전이 허용되는 선수나 팀을 지칭하는 것은?

① 멤버십카드   ② 와일드카드
③ 히든카드   ④ 체크카드

> **TIP** 와일드카드(Wild Card) … 스포츠 용어로는 축구, 테니스, 사격, 체조, 야구 등 일부 종목에서 출전자격을 따지 못했지만 특별히 출전이 허용된 선수나 팀을 의미한다. 이러한 와일드카드는 1994년 232일 간의 긴 파업 끝에 개막된 1995년의 포스트시즌부터 시작되었다. 파업 후유증으로 페넌트 레이스 경기 수가 줄어든 대신 1994년 불발에 그친 와일드카드가 관중들의 흥미를 돋우기 위해 처음 도입된 것이다.

2 회화 · 소묘에서 색을 매우 미묘하게 연속 변화시켜서 형태의 윤곽을 엷은 안개에 싸인 것처럼 차차 없어지게 하는 기법은?

① 스푸마토   ② 카프리치오
③ 구스토   ④ 그라타주

> **TIP** 스푸마토 … '연기처럼 사라지다'라는 뜻의 이탈리아어의 형용사 'Sfumare'에서 유래했으며 물체의 윤곽선을 자연스럽게 번지 듯 하는 기법이다. 안개와 같이 색을 미묘하게 변화시켜 색깔 사이의 윤곽을 명확히 구분 지을 수 없도록 명암을 주는 것이 며 레오나르도 다 빈치가 명명했다.

3 존경의 표시로 다른 작품을 일부러 모방하는 것은?

① 표절   ② 오마주
③ 패러디   ④ 리메이크

> **TIP** ① 표절 : 다른 사람의 저작물의 일부 또는 전부를 몰래 가져다 쓰는 행위이다.
> ③ 패러디 : 특정 작품의 소재나 문체를 흉내내어 익살스럽게 표현하는 수법 혹은 작품이다.
> ④ 리메이크 : 이미 발표된 작품을 부분적인 수정을 가하여 다시 만드는 것이다.

Answer 1.② 2.① 3.②

4 골프 용어가 아닌 것은?

① 퍼트(put)
② 이글(eagle)
③ 엘리웁(alleyoop)
④ 알바트로스(albatross)

TIP ③ 엘리웁(alleyoop) : 농구에서 사용하는 용어이다. 바스켓 근처에서 점프한 선수가 공중에서 공을 받아 발이 땅에 닿기 전에 슛을 쏘는 동작을 말한다.
① 퍼트(put) : 그린 위에서 공을 홀에 넣기 위해 치는 동작을 말한다.
② 이글(eagle) : 한 홀에서 기준 타수보다 2타 적은 타수로 홀인하는 것을 말한다.
④ 알바트로스(albatross) : 한 홀에서 기준 타수보다 3타 적은 타수로 홀인하는 것을 말한다.

5 다음이 설명하는 화가는?

> TV 채널 사이에 홈쇼핑 채널을 넣어 예능 등 방송 프로그램이 끝나면 채널을 돌리는 시청자들에게 쇼핑을 유도하는 행위 역시 (   )이다.

① 고갱
② 고흐
③ 피사로
④ 렘브란트

TIP 고갱 … 프랑스 파리 출생인 그는 화가로서 생활이 어려워지자 문명을 부정하고 원시를 그리워하며 당시 프랑스의 식민지였던 타히티 섬으로 떠나 그곳에서 그림을 그렸다.

6 우리나라 세계유산에 해당하지 않는 것은?

① 한국의 갯벌
② 하회와 양동
③ 광화문
④ 수원화성

TIP 우리나라 세계유산으로는 해인사 장경판전(1995년), 종묘(1995년), 석굴암 · 불국사(1995년), 창덕궁(1997년), 수원화성(1997년), 고창 · 화순 · 강화 고인돌 유적(2000년), 경주역사유적지구(2000년), 제주 화산섬과 용암동굴(2007년), 조선왕릉(2009년), 한국의 역사마을 : 하회와 양동(2010년), 남한산성(2014년), 백제역사유적지구(2015년), 산사, 한국의 산지승원(2018년), 한국의 서원(2019년), 한국의 갯벌(2021년), 가야고분군(2023년)이 있다.

Answer 4.③ 5.① 6.③

7 세계 4대 남자 골프 메이저 대회가 아닌 것은?

① 마스터즈토너먼트　　　　　② US오픈

③ PGA 챔피언　　　　　　　　④ 윔블던

> **TIP** 세계 4대 남자 골프 메이저 대회로는 마스터즈토너먼트, US오픈, PGA 챔피언, 디오픈 챔피언십(브리티시 오픈)이 있으
> 며 윔블던은 테니스 대회다.

8 우리 농촌의 민속놀이인 사물놀이에 쓰이는 악기가 아닌 것은?

① 소고　　　　　　　　　　　② 꽹과리

③ 장구　　　　　　　　　　　④ 징

> **TIP** 사물놀이 … 꽹과리, 장구, 징, 북을 치며 노는 농촌의 민속놀이로 꽹과리는 별, 장구는 인간, 북은 달, 징은 해에 해당한다.

9 예술의 창작이나 그 발상면에서 독창성을 잃고 평범한 경향으로 흘러, 표현수단의 고정으로 인하여 예술
의 신선미와 생기를 잃는 일을 일컫는 말은?

① 리리시즘(Lyricism)　　　　　② 매너리즘(Mannerism)

③ 모더니즘(Modernism)　　　　④ 다다이즘(Dadaism)

> **TIP** ① 리리시즘(Lyricism) : 예술적 표현의 서정적 · 주관적 · 개성적인 정서를 표현하고 추구하는 정신 또는 문체이다.
> ③ 모더니즘(Modernism) : 제1차 세계대전 후의 근대주의, 현대주의를 의미한다.
> ④ 다다이즘(Dadaism) : 제1차 세계대전 중 1920년대에 걸쳐 유럽의 여러 도시에서 일어난 반예술운동이다.

Answer 7.④ 8.① 9.②

10 아이러니한 상황 또는 사건 등을 통해 웃음을 유발하는 코미디는?

① 블랙 코미디   ② 블루 코미디

③ 레드 코미디   ④ 그린 코미디

TIP 블랙 코미디(Black Comedy) … 주로 부조리, 죽음과 같은 어두운 소재나 정치·사회적으로 비난받을 만한 소재를 풍자하며 웃음을 유발한다. 이러한 블랙 코미디는 웃기지만 생각해보면 상황을 지독히 현실적이고 냉정하게 바라보는 것이 특징이다.

11 미국 브로드웨이에서 연극인들과 극장 관계자들에게 수여하는 상(賞)으로 '연극의 아카데미상'이라고도 불리는 상은 무엇인가?

① 골든글로브상   ② 토니상

③ 템플턴상   ④ 에미상

TIP ② 토니상 : 미국 브로드웨이에서 앙투아네트 페리를 기리기 위해 1947년 만들어진 상으로 앙투아네트 페리의 애칭인 토니에서 딴 명칭이다.
　　① 골든글로브상 : 세계 84개국의 신문 및 잡지 기자로 구성된 할리우드 외국인기자협회가 그 해 영화인에게 수여하는 상이다.
　　③ 템플턴상 : 종교계의 노벨상으로 불리며, 매년 종교 분야에서 인류를 위해 크게 이바지한 인물들에게 시상한다.
　　④ 에미상 : 텔레비전의 아카데미상이라 평가되는 미국 최대의 프로그램 콩쿠르상으로 텔레비전 작품 관계자의 우수한 업적을 평가하여 미국텔레비전 예술과학 아카데미가 주는 상이다.

12 테니스 0 포인트를 부르는 용어는?

① 콜   ② 포티

③ 서티   ④ 러브

TIP ① 콜 : 경기 진행을 위해 심판이 내리는 선고를 말한다.
　　② 포티 : 2포인트를 의미한다.
　　③ 서티 : 1포인트를 의미한다.

Answer 10.① 11.② 12.④

13 종래의 미술개념을 거부하는 입장에서 엄격하고 비개성적이며 소극적인 화면을 구성하고자 한 미술경향으로 알맞은 것은?

① 에어 아트　　　　　　　　　　② 옵 아트
③ 미니멀 아트　　　　　　　　　④ 미디어 아트

> **TIP** ① 에어 아트 : 환경예술과 키네틱 아트의 한 종류로서 압축 공기나 자연적인 바람을 이용하여 부풀리거나 혹은 띄워 올리는 여러 가지 구조물 및 그것에 뒤따르는 광범위한 행위를 포함하는 개념을 말한다.
> ② 옵 아트 : 옵티컬 아트(Optical Art)를 줄여서 부르는 용어로 시각적인 미술이라고 할 수 있다.
> ④ 미디어 아트 : 매체예술이라고도 하며, 사진, 전화, 영화 등의 신기술을 활용하는 예술을 통틀어 일컫는다.

14 민속 음악의 장단을 빠른 순서부터 바르게 나열한 것은?

① 중중모리 – 중모리 – 자진모리 – 진양조 – 휘모리
② 자진모리 – 중모리 – 중중모리 – 휘모리 – 진양조
③ 중중모리 – 중모리 – 자진모리 – 진양조 – 휘모리
④ 휘모리 – 자진모리 – 중중모리 – 중모리 – 진양조

> **TIP** 휘모리(가장 빠름) – 자진모리 – 중중모리 – 중모리 – 진양조(가장 느림)

15 다음 중 합창, 중창, 독창 등으로 구성된 대규모의 성악곡은?

① 세레나데(Serenade)　　　　　② 칸초네(Canzone)
③ 랩소디(Rhapsody)　　　　　　④ 칸타타(Cantata)

> **TIP** ④ 칸타타(Cantata) : 종교적인 요구에 의해 삭곡뇌는 내규모의 서싱식 싱악푝이다.
> ① 세레나데(Serenade) : '저녁의 음악'이란 뜻으로 애정이나 존경을 품은 사람에게 바치는 노래를 통칭하여 일컫는다.
> ② 칸초네(Canzone) : 상송과 같은 위치의 이탈리아 민요를 일컫는 말
> ③ 랩소디(Rhapsody) : 광상곡으로 대개 일정한 형식이 없이 환상적이고 자유로운 기악곡이다.

Answer 13.③　14.④　15.④

16 슈베르트의 작품이 아닌 것은?

① 겨울 나그네 ② 백조의 노래
③ 군대 행진곡 ④ 한여름 밤의 꿈

TIP '한여름 밤의 꿈'은 멘델스존의 작품이다.
※ **슈베르트**(Franz Peter Schubert) … 오스트리아의 초기 독일 낭만파의 대표적 작곡가로 '가곡의 왕'이라고 불린다. 주로
빈에서 활동하며 다양한 장르의 작품을 남겼고 가곡을 독립된 주요한 음악의 한 부문으로 끌어올려 독일 가곡에 큰
영향을 주었다. 주요작품으로는 '아름다운 물방앗간의 처녀', '겨울 나그네', '죽음과 소녀' 등이 있다.

17 대한민국이 처음 출전한 올림픽은?

① 이탈리아 로마 올림픽(1960) ② 영국 런던 올림픽(1948)
③ 미국 로스앤젤레스 올림픽(1932) ④ 서독 뮌헨 올림픽(1972)

TIP 1948년 제14회 영국 런던 하계올림픽에서 처음 출전하였으며 역도와 복싱에서 각각 동메달 하나씩 회득했다.

18 다음 중 '느리게'를 의미하는 빠르기말은?

① 비보 ② 안단테
③ 알레그로 ④ 프레스토

TIP ① 비보 : Vivo, 빠르고 활발하게
③ 알레그로 : Allegro, 빠르게
④ 프레스토 : Presto, 매우 빠르게

Answer 16.④ 17.② 18.②

19 일반적으로 스포츠에서 해당 팀에서 권리 포기를 한다는 의미로 FA(Free Agent)나 임의 탈퇴로 처리하기 전에 선수를 다른 팀으로 보내기 위한 하나의 방법을 무엇이라 하는가?

① 웨이버(Waiver) 공시
② 메이어(Meyer) 공시
③ 올리버(Oliver) 공시
④ 레드리버(Redriver) 공시

TIP 웨이버 공시(Waiver 公示) … '권리포기'라는 뜻으로, 구단이 소속선수와 계약을 해제하려 할 때 다른 구단에 대해 해당 선수의 계약 양도에 관한 여부를 공시하는 것을 지칭한다.

20 다음 중 피아노 3중주 악기로 옳은 것은?

① 피아노, 비올라, 바이올린
② 피아노, 비올라, 오보에
③ 피아노, 오보에, 첼로
④ 피아노, 첼로, 바이올린

TIP 보통 피아노 3중주 악기는 피아노, 첼로, 바이올린을 뜻한다. 현악 3중주는 바이올린, 비올라, 첼로, 플루트 3중주는 플루트, 바이올린, 첼로, 목관 3중주는 플루트, 오보에, 바순이다.

Answer 19.① 20.④